Kontaktadresse nach EU-Produktsicherheitsverordnung:
produktsicherheit@fischerverlage.de

Die hier versammelten Texte belegen, daß Richard Wagner für Thomas Mann ein Leben lang im Zentrum seiner künstlerischen Auseinandersetzung und Kreativität stand. Kein anderer Künstler, weder Goethe noch Schiller oder Tolstoj, ja nicht einmal Nietzsche oder Schopenhauer hatten für ihn eine vergleichbare Bedeutung. Seine Beschäftigung mit Wagner verdankt sich nicht zuletzt der Wagner-Kritik Nietzsches, an ihr hatte Thomas Mann seine Position zu messen und kreativ weiterzuentwickeln. Trotz aller kritischen Anmerkungen zur Person und zum Schaffen Wagners überwiegt bei Thomas Mann schließlich doch die Dankbarkeit für eine das Leben lang nachzitternde »geistige Beglückung«. Der vorliegende Band basiert auf der von Erika Mann herausgegebenen Sammlung ›Thomas Mann, Wagner und unsere Zeit‹. Er ist um wesentliche Texte aus Essays, Briefen und vor allem aus den Tagebüchern, die seinerzeit noch nicht greifbar waren, erweitert worden. Die Stellenkommentare geben kurze Sachinformationen und Quellenangaben, die es dem Leser ermöglichen, den jeweiligen Kontext und Anspielungshorizont nachzuvollziehen. Für die zweite Auflage wurde der Band erneut durchgesehen und ergänzt.

Hans Rudolf Vaget, 1938 in Marienbad geboren, promovierte 1969 an der Columbia University, New York, mit einer Arbeit über das Dilettantismus-Problem bei Goethe. Er lehrt German Studies am Smith College in Northampton, Massachusetts, und ist mit zahlreichen Veröffentlichungen zu Goethe, Richard Wagner und Thomas Mann hervorgetreten. Verschiedene Gastdozenturen in den USA und in Deutschland bestätigen seinen internationalen Ruf. 1994 wurde ihm für die Edition des Briefwechsels zwischen Thomas Mann und Agnes E. Meyer (S. Fischer 1992) die Thomas-Mann-Medaille verliehen. Er ist Herausgeber der ›Großen kommentierten Frankfurter Ausgabe‹ der Werke Thomas Manns.

Im Schatten Wagners

Thomas Mann über Richard Wagner
Texte und Zeugnisse
1895–1955

Ausgewählt, kommentiert und
mit einem Essay von
Hans Rudolf Vaget

Dritte Auflage

Fischer Taschenbuch Verlag

3. Auflage

Druck und Bindung: BoD – Books on Demand GmbH,
Norderstedt, Germany
ISBN 978-3-596-16634-3

Inhalt

Vorwort
von Hans Rudolf Vaget

Der vorliegende Band ist die gründlich revidierte und beträchtlich erweiterte Neubearbeitung eines Standardwerks der Thomas-Mann- und der Wagner-Literatur: ›Thomas Mann, Wagner und unsere Zeit. Aufsätze, Betrachtungen, Briefe‹, hg. von Erika Mann, mit einem Geleitwort von Willi Schuh, Frankfurt am Main 1963. Erika Manns Anthologie – und dies bleibt ihr Verdienst – dokumentierte zum ersten Mal im Zusammenhang die offenkundige Bedeutung Wagners für das Werk ihres Vaters und lieferte darüber hinaus unverzichtbare Bausteine zu einer Mentalitätsgeschichte »unsere[r] Zeit«.

Das war 1963, acht Jahre nach des Autors Tod und einige Jahre bevor eine auf Archivstudien gründende Thomas-Mann-Forschung in Gang kam. Viel hat sich seither verändert. Werk und historische Bedeutung Thomas Manns stellen sich uns heute anders dar als damals. Selbst die Zeit, in der er lebte, hat mit wachsender Distanz ein anderes Gesicht angenommen. Wir haben heute ein klareres Bild von dem erstaunlichen Nachleben Richard Wagners, der nicht nur eine dominierende Gestalt der deutschen Musik- und Kulturgeschichte war, sondern auch ein »Großideologe« (Joachim Fest) von immer noch unabsehbarer Fernwirkung. Und selbstverständlich sehen wir heute deutlicher, welch überragende Bedeutung Wagner für Thomas Mann besaß. Gleichwohl konnte die Grundkonzeption Erika Manns und Willi Schuhs beibehalten werden, nämlich die Präsenz Wagners in Leben und Werk dieses Autors zu dokumentieren und darüber hinaus durch das Prisma seiner kritischen Auseinandersetzung mit dem Wagner-Erbe einen umstrittenen Aspekt der deutschen Geschichte: die mentalitätsgeschichtlichen Folgeerscheinungen Richard Wagners, näher zu beleuchten.

Wie zu erwarten, übertrifft der Gesamtumfang der vorliegenden

Texte den der Erika Mannschen Anthologie bei weitem; auch den der von Patrick Carnegy besorgten englischsprachigen Sammlung von 1985 (›Thomas Mann: Pro und Contra Wagner‹, translated by Allan Bunden, with an Introduction by Erich Heller), die die 41 Dokumente der Originalausgabe um fünf Stücke ergänzte. Der beträchtliche Zuwachs an Textmasse in dieser Ausgabe reflektiert den derzeitigen, im Vergleich zu 1963 bedeutend erweiterten Wissensstand. Das essayistische Werk Thomas Manns darf heute als erschlossen gelten; als Erika Mann ihre Edition vorbereitete, war dies noch nicht der Fall. Noch viel weniger war damals das immense, selbst heute noch nicht gänzlich zugängliche Briefwerk erschlossen, und was die Tagebücher betrifft, so begann deren Veröffentlichung erst viel später. Gerade die Briefe und Tagebücher aber haben die historisch interessantesten Ergänzungen und Differenzierungen zu unserem Thema erbracht.

Dies bedeutet jedoch nicht, daß hier alle bloßen Erwähnungen Wagners bei Thomas Mann nachgewiesen wären. Das Ideal der Vollständigkeit, wie es von Dieter Borchmeyer und Jörg Salaquarda für Nietzsches Äußerungen über Wagner realisiert worden ist, kam aus Gründen des Umfangs nicht in Betracht. Es konnte hier nur darum gehen, die substantiellen Aussagen Thomas Manns zu Wagner und zu seinem Nachleben möglichst vollständig zu versammeln und, soweit erforderlich, zu erläutern.

Schon Erika Mann sah sich vor das Problem der Wiederholungen gestellt. Was die essayistischen Schriften betrifft, so sind gewisse Wiederholungen ohne weiteres in Kauf zu nehmen, denn es macht einen Unterschied, ob wir, wenn Thomas Mann seine Liebe zu Wagner als Passion charakterisiert, das Jahr 1915 oder 1933 zählen. Dies gilt auch für den in den persönlichen Zeugnissen mehrfach variierten Gedanken der Antizipation Hitlers durch Wagner. Dort hingegen, wo in zeitlich nahe beieinanderliegenden Briefen zweimal dasselbe berichtet wird, konnte auf Wiederholung verzichtet werden, da damit kein substantieller Verlust verbunden war. Von den zwei Briefen über den Bayreuther ›Parsifal‹ von 1909 kommt somit nur der eine, geringfügig detailliertere zum Abdruck. Grundsätzlich anders verhält es sich in den wenigen Fällen, in denen in Briefen, Tagebüchern oder Essays von derselben Sache die Rede ist;

hier durfte keine Nuance geopfert werden. Im Text-Teil wird die Originalschreibweise Thomas Manns, auch dort wo sie falsch ist, grundsätzlich beibehalten.

Für die essayistischen Schriften wurde die jeweils beste Druckvorlage herangezogen, d. h., wenn immer möglich, die sechsbändige, textkritisch revidierte Ausgabe der Essays von Hermann Kurzke und Stephan Stachorski (Kurzke / Stachorski). Bei dem ›Versuch über das Theater‹ und den ›Betrachtungen eines Unpolitischen‹, in denen verschiedentlich von Wagner gehandelt wird, habe ich unter rein sachlichen Gesichtspunkten die Selektion der Textauszüge bei Erika Mann geringfügig geändert; für zwei der essayistischen Texte, die dort auf englisch erscheinen, konnte hier auf die deutsche Originalfassung zurückgegriffen werden. Einige der von Erika Mann abgedruckten Briefzeugnisse wurden ausgeschieden, um Platz zu gewinnen für interessantere, gewichtigere.

Sechs Briefauszüge werden hier überhaupt zum ersten Mal veröffentlicht. Eine Neuerung gegenüber der Erika Mannschen Sammlung stellt die ausführliche Dokumentation zu dem ›Protest der Richard-Wagner-Stadt München‹ von 1933 dar. Hier waren selbstverständlich auch Zeugnisse anderer (Knappertsbusch, Pfitzner, Schuh u. a.) einzubeziehen, und so empfahl sich ein separater Abdruck des ganzen Komplexes.

Mit alledem hat sich der Charakter dieser Anthologie unter der Hand verändert, so daß der schlichte, unverbindliche Titel ›Wagner und unsere Zeit‹ nicht länger angemessen erschien. Dies ist nun entschieden ein Thomas-Mann-Lesebuch besonderer Art. Es belegt, in welch unvermutetem Ausmaß dieses Leben ein Leben im Schatten Wagners war – in einer Zeit, auf die selbst der Schatten Wagners fiel. Wenn wir heute Thomas Mann Repräsentanz zuerkennen, so nicht zuletzt aus dem Grund, daß er es zu seiner Sache machte, diesen Schatten aufzuhellen und seinen dunkel lockenden Zauber zu bannen. Der abschließende Essay (›Im Schatten Wagners‹) ist ein Versuch, Thomas Manns Verhältnis zu Wagner und zu Bayreuth überblickshaft und im Zusammenhang darzustellen und die Entwicklung dieses Verhältnisses im Lichte der historischen Erfahrung, zumal angesichts von Hitlers Wagner-Kult, zu erhellen. Es dürfte heute nicht länger strittig sein, daß die Konstellation Hitler – Wagner – Thomas

Mann in der noch zu schreibenden Wirkungsgeschichte Wagners eine zentrale Stelle einnehmen wird.

Während Erika Mann auf Anmerkungen verzichtete, scheint das aktuelle Erkenntnisinteresse an Wagner wie an Thomas Mann und nicht zuletzt der derzeitige Wissensstand eine detaillierte Kommentierung geradezu zu gebieten. Der Anmerkungsteil gibt Auskunft über die jeweilige Textvorlage und bietet einen knapp gehaltenen Sachkommentar, der es dem Leser erleichtern soll, den jeweiligen Kontext und Anspielungshorizont nachzuvollziehen. Im übrigen habe ich mich bemüht, alle Wagner-Zitate zu identifizieren, um Thomas Manns eigenwillige Zitierweise und aufschlußreichen Umgang mit den Quellen zu dokumentieren. Aus historischen und sachlichen Gründen schien es auch wünschenswert, die nötigen Informationen zu den von Thomas Mann kommentierten Wagner-Aufführungen beizubringen. Bei der Annotierung von vier Texten (›Versuch über das Theater‹, ›Leiden und Größe Richard Wagners‹, ›Zu Wagners Verteidigung‹ und ›Richard Wagner und kein Ende‹) konnte ich mich dankbarerweise auf den vorzüglichen Kommentar von Kurzke / Stachorski stützen.

Die archivalischen Vorarbeiten zu dieser Edition wurden mir beträchtlich erleichtert durch die bereitwillig und großzügig gewährte Hilfe der zuständigen Archivare und ihrer Mitarbeiter. Mein Dank dafür gilt Christa Sammons (Yale University, Beinecke Rare Book and Manuscript Library), Frauke Bartelt (Universitäts- und Landesbibliothek Düsseldorf), Ursula Hummel (Münchner Stadtbibliothek Monacensia) sowie Martina Peter und Thomas Sprecher (Thomas-Mann-Archiv Zürich).

Die nähere Identifizierung der Wagner-Aufführungen, zu denen sich Thomas Mann brieflich und im Tagebuch geäußert hat, wäre nicht möglich gewesen ohne Nachforschungen an Ort und Stelle. Dafür möchte ich Hanspeter Krellmann und Markus Wyler, den Dramaturgen an der Bayerischen Staatsoper beziehungsweise am Opernhaus Zürich, sowie Sven Friedrich, dem Direktor des Richard-Wagner-Museums Bayreuth meinen aufrichtigen Dank aussprechen.

Groß ist die Anzahl der Wagner- und Thomas-Mann-Experten, die mir behilflich waren, Zitate und Namen zu identifizieren, undurchsichtige Zusammenhänge aufzuklären und durch ihren freundlichen Zuspruch auf die richtige Spur zu kommen. Hier sind zu nennen: Peter Bloom (Northampton, Massachusetts), Dieter Borchmeyer (Heidelberg), Gert Heine (Kopenhagen), Inge Jens (Tübingen), Michael H. Kater (Toronto), Christoph König (Marbach), Klaus Kropfinger (Berlin), Hermann Kurzke (Mainz), Herbert Lehnert (Irvine, California), Irmela von der Lühe (Göttingen), Jürgen Maehder (Berlin), Georg Potempa (Oldenburg), Albrecht Riethmüller (Berlin), Stewart Spencer (London), Stephan Stachorski (Mainz) und Egon Voss (München). Ihnen allen sei auch an dieser Stelle noch einmal herzlich gedankt.

Northampton, Massachusetts, Juni 1998

Vorwort zur 2. Auflage

Seit der Erstveröffentlichung der vorliegenden Sammlung sind im Rahmen der Großen kommentierten Frankfurter Ausgabe zwei Bände Essays (1893–1913; 1914–1926) und zwei Bände Briefe (1889–1913; 1914–1923) erschienen. Die Zeugnisse von Thomas Manns Wagner-Rezeption wurden mit den bereinigten Texten der GKFA verglichen und, wo nötig, korrigiert.

Die Neuauflage ist nun um fünfzehn, aus Platzgründen zunächst unberücksichtigte Zeugnisse vermehrt. Auch das Literaturverzeichnis ist aktualisiert und um mehrere Titel ergänzt worden.

Ein besonders herzlicher Dank gilt Peter Bloom (Northampton, MA), Dieter Borchmeyer (Heidelberg), Volker Scherliess (Lübeck), John Sessions (Northampton, MA) und Roland Spahr (S. Fischer Verlag), die sich auf je ihre Weise um diese Neuauflage verdient gemacht haben.

Northampton, Massachusetts, Oktober 2004

Texte und Zeugnisse

1895–1955

Meister und nordischer Gott
1895–1918

Aus **Erkenne Dich selbst** (1895)

[...]
Deine Lieblingskomponisten? Wagner, *Richard* Strauss, Grieg, Lassen, Fielitz ...

[...]

Lieblingscharakter in der Poesie? Hamlet, Tristan, Faust *und* Mephisto, Parsifal ...

An **Paul Ehrenberg,** 29.6.1900

[...] neulich waren Carla und ich in der »Götterdämmerung« und zwar, um uns populär zu machen (natürlich nur deshalb!) auf der Gallerie. Wir haben nicht viel gesehen, aber das Orchester machte sich großartig dort oben, und Gerhäuser war wirklich ganz ausgezeichnet. Seine Stimme könnte ja glänzender sein, aber seine Darstellungskunst ist eminent. Was ich besonders an ihm schätze, ist die heftige und leidenschaftliche Hingabe, mit der er zu Werke geht und mit der ein ausgeprägtes Stilgefühl und viel Sinn für schöne plastische Bilder [sich] verbindet. Ich bin sehr neugierig auf seinen »Tristan«, den ich mir am Montag ansehen werde. [...]

An **Paul Ehrenberg,** 18.7.1901

[...]
Über die interessanten Theaterabende hast Du, glaube ich, meistens gleich per Karte Nachricht erhalten. Zumpe hat viel Leben in die Bude gebracht, und sein Temperament imponirt mir gewaltig, obgleich mir in gewissen Fällen (Tristan) Fischers *germanische*

Schwerfälligkeit (Zumpe ist augenscheinlich Jude) sympathischer ist. Aber ich habe den Fidelio, die Meistersinger und den Tannhäuser unter Zumpe gehört, und es waren wirklich schönheitsvolle Abende.

[...]

An **Paul Ehrenberg**, 28.1.1902

[...]
Wo ist der Mensch, der zu mir, dem Menschen, dem nicht sehr liebenswürdigen, launenhaften, selbstquälerischen, ungläubigen, argwöhnischen aber empfindenden und nach Sympathie ganz ungewöhnlich heißhungrigen Menschen, Ja sagt –? *Unbeirrbar*? Ohne sich durch scheinbare Kälte, scheinbare Abweisungen einschüchtern und befremden zu lassen? Ohne zum Beispiel solche Kälte und solche Abweisungen aus Bequemlichkeit und Gleichgültigkeit damit erklären zu wollen, »*daß ich mich erst wieder an ihn gewöhnen müsse*«, sondern aus Neigung und Vertrauen unverbrüchlich zu mir hält? Wo ist dieser Mensch?!? – *Tiefe Stille.* Und wenn irgendwo ein Cello oder Contrabaß ein bischen pizzicato machte, so wäre es eine Stimmung wie im »Lohengrin«, Akt I, nach dem »Wer hier im Gotteskampf ...« [...]

An **Paul Ehrenberg**, 20./21.8.1902

[...]
Mit dem »Parsifal« ist es diesmal noch nichts geworden, hauptsächlich, weil ich keinen rechten Anschluß fand. Aber eine Tristan-Aufführung im Prinz-Regenten-Theater habe ich auch dieses Jahr schon erlebt und zwar auf Kosten des hiesigen Wagner-Vereins, der mir und Carla zu unserem eigenen Erstaunen je einen Freiplatz bewilligt hatte. Die Aufführung, von allen Schauern Bayreuthischer Stimmungsmache süß umsponnen, war gut, stellenweise vortrefflich, wenn auch durch die sichtliche Befangenheit der Hauptdarsteller zum Theil ein wenig gedrückt. Augenscheinlich machen eben der ungewohnte Zuschauerraum, das unsichtbare Orchester, die Dunkelheit, die Fanfaren, die außerordentliche Anfangszeit (4 Uhr), der

durchdringende feierliche Charakter des Ganzen nicht nur den Zuschauern sondern auch den Mitwirkenden Herzklopfen, denn selbst einem Manne wie Forchhammer, dessen Tristan übrigens über alles Lob erhaben ist, war anfangs eine gelinde Kurzathmigkeit anzumerken. Auch finde ich Possarts Feierlichkeitsmaßregeln zum Theil affectirt und unerfreulich. Es ist einfach eine Ziererei, daß neuerdings die Darsteller dem Hervorruf nicht mehr folgen und nicht mehr vorm Vorhang erscheinen dürfen. Für mein Gefühl wirkt es schrecklich flau und ernüchternd, wenn am Schlusse nur hie und da ein paar Leute klatschen, weil man weiß, daß es doch nichts nützt, und wenn nach dem letzten Accord das Publikum einfach stillschweigend das Theater räumt, ohne daß man für die vorhandene Begeisterung irgendwelchen Maßstab hat. Ja, die Begeisterung ist ganz einfach *geringer*, als wenn die Sänger hervorgejubelt werden dürfen, das ist eine psychologische Thatsache. [...] Ich selbst wenigstens bin Künstler, Schauspieler, Amüseur, Clown genug, um zu empfinden: *Applaus muß sein.* Und ich zweifle sehr, daß Herr von Possart jemals an Abenden, wo er selbst auf der Bühne beschäftigt ist, den Hervorruf verbieten wird! – Ich bin wohl zu ausführlich? Aber die Sache ärgert mich, und der Ärger, wie bekannt, ist geschwätzig.

Forchhammers Tristan mit dem Gerhäusers zu vergleichen, war mir sehr interessant. Der wesentliche Unterschied zwischen beiden besteht wohl darin, daß Gerhäuser der Mann der stilisirten Pose und des plastischen Sinnes ist, während Forchhammer naturalistischer wirkt. Im Übrigen hat Gerhäuser Feinheiten, auf die Forchhammer nicht verfällt – und umgekehrt. Es ist schwer, zu entscheiden, wem die Palme gebührt: auch in gesanglicher Beziehung, denn Forchhammers Mittellage und Tiefe ist ja keineswegs einwandfrei. – Die Senger-Bettaque, Klöpfer, die Fremstad waren vorzüglich wie immer. Das Orchester, unter Fischer, spielte besonders im zweiten Akt bethörend schön.

Nun bin ich schon drei Seiten lang beim Tristan, aber das ist wirklich verzeihlich; der Abend war ja das wichtigste künstlerische Ereignis der letzten Zeit. [...]

An **Kurt Martens,** 16.10.1902

[...] Hat Sie übrigens Bayreuth nicht eingeschüchtert und Ihrer eigenen Sache entfremdet? Mir wäre es unfehlbar so ergangen. Ich bin gerade der Kunst Wagners gegenüber vollständig wehrlos und könnte sicher vierzehn Tage nach dem »Parsifal« keinen Strich thun.

[...]

Aus **Das Ewig-Weibliche** (1903)

[...] Was ich sagen wollte, ist dies: Uns armen Plebejern und Tschandalas, die wir unter dem Hohnlächeln der Renaissance-Männer ein weibliches Kultur- und Kunstideal verehren, die wir als Künstler an den Schmerz, das Erlebnis, die Tiefe, die leidende Liebe glauben und der schönen Oberflächlichkeit ein wenig ironisch gegenüberstehen: uns muß es wahrscheinlich sein, daß von der Frau *als Künstlerin* das Merkwürdigste und Interessanteste zu erwarten ist, ja, daß sie irgendwann einmal zur Führer- und Meisterschaft unter uns gelangen kann. Ist das kleine Frauenbuch, von dem ich rede, nur ein zartes und schwaches Anzeichen dafür? Habe ich ihm vielleicht gegeben, was nicht sein ist? Manchmal beim Schreiben fürchtete ich's. Aber es könnte mich nicht beirren. Es ist nichts mit dem, was steife und kalte Heiden »die Schönheit« nennen. Das Endwort des »Faust« und das, was am Schlusse der »Götterdämmerung« die Geigen singen, es ist Eins, und es ist die Wahrheit. *Das Ewig-Weibliche zieht uns hinan.*

Aus **Der französische Einfluß** (1904)

[...]

Fragte man mich nach meinem Meister, so müßte ich einen Namen nennen, der meine Collegen von der Literatur wohl in Erstaunen setzen würde: Richard Wagner. Es sind in der That die Werke dieses Mächtigsten, die so stimulierend, wie sonst nichts in der Welt auf meinen Kunsttrieb wirken, die mich immer aufs Neue mit einer neidisch verliebten Sehnsucht erfüllen, wenigstens im Kleinen und Leisen »auch dergleichen zu machen«, – und ich bin freudig bewegt, dies einmal aussprechen zu dürfen; denn da ich noch nicht so weit bin, daß bessere Psychologen genötigt wären, sich mit mir zu beschäftigen – in weiteren Kreisen bin ich, glaub' ich, als Schilderer guter Mittagessen geschätzt –, so weiß natürlich niemand etwas davon, obwohl der Titel meines letzten Buches Einiges darüber aussagt. Oder hat von den acht- oder zehntausend geduldigen Leuten, die meine »Buddenbrooks« gelesen haben, dennoch einer oder der andere in diesem epischen, von Leitmotiven verknüpften und durchwobenen Generationenzuge vom Geiste des »Nibelungenringes« einen Hauch verspürt? Buddenbrooks und die Wälsungen, das ist komisch, nicht wahr? Aber ich sagte ja: im Kleinen. Und meinetwegen auch im Komischen. – Das Motiv, das Selbstcitat, die autoritative Formel, die wörtliche und gewichtige Rückbeziehung über weite Strecken hin, das Zusammentreten von höchster Deutlichkeit und höchster Bedeutsamkeit, das Metaphysische, die symbolische Gehobenheit des Moments – alle meine Novellen haben den symbolischen Zug –: Diese wagnerischen und eminent nordischen Wirkungsmittel (man findet die meisten davon ja auch bei Ibsen) sind schon völlig Instinct bei mir geworden.

[...]

Was deutsch ist, steht im »Meistersinger«-Vorspiel ziemlich restlos ausgedrückt. Allein derselbe große Räthselrater, der zu verstehen gab, daß der ganze moderne Nationalismus nur die raffinirteste Form des romantischen Exotismus sei, er hat Richard Wagner, meinen Meister und nordischen Gott, mit feiner Hand in die *französische* Romantik verwiesen ...

[...]

Aus **Notizen [I]** (1905)

In Wagners »*Tristan*« steckt mehr Novalis als Schopenhauer, wie man wahrscheinlich schon weiß. Aber was geht das mich an.

Aus **Dichterische Arbeit und Alkohol** (1906)

[...]
Ich verstehe mich wenig auf den physischen Rausch und befinde mich damit, glaube ich, nicht in der schlechtesten Gesellschaft. Kann man sich Wagner im Weindunst denken, als er das rauschvollste und totseligste Werk, den Tristan, machte? Kann man sich Ibsen denken, am Solneß sinnend, ein wenig angekneipt? [...]

An **Heinrich Mann**, 6.2.1908

[...]
Dagegen hat sich jetzt in Berlin der »Werdandi-Bund« konstituiert, und das ist, wie Oncle Friedl sagen würde, »das Allerschlimmste«. Geheimrath Thode, Wagners Schwiegersohn leider Gottes, sitzt ihm vor, und in einem ersten Aufruf tritt der Bund mit Bieremphase und in unglaublichem Deutsch für Gesundheit und deutsches Gemüth in der Kunst ein. Es ist das Ekelhafteste, was man sich denken kann, und Nordhausen hat es [in] den Neuesten schon freudig begrüßt. Daß durch diesen Esel von Thode Wagners Name mit der Sache verquickt ist, könnte einen grämen, aber es ist schließlich ganz recht. Mir wird immer wohl, wenn ich merke auf welchem lächerlichen Mißverständnis Wagners bürgerliche Popularität beruht. Gott Lob, den wahren Wagner hat man schließlich doch für sich.

[...]

Aus **Versuch über das Theater** (1908)

[...]
»Das Drama«, sagte der Oberlehrer, »ist das Höchste, denn es ist die Dichtungsart, welche die übrigen in sich vereinigt.« – Sehr gewiß. Und zwar dergestalt, daß es zuweilen gerade das Epos ist, was eigentlich aus dem Drama *wirkt*. Ich denke an Wagner (wer dächte nicht unausgesetzt an ihn, wenn vom Theater die Rede ist?). Ich habe oft Mühe, ihn als Dramatiker zu empfinden. Ist er nicht eher ein theatralischer Epiker? Keins seiner Gebilde verleugnet im Untertone das Epos, und von den schildernden musikalischen Vorspielen zu schweigen, so habe ich stets seine großen Erzählungen am

meisten geliebt, eingerechnet die Nornenszene der »Götterdämmerung« und das unvergleichlich epische Frage- und Antwortspiel zwischen Mime und dem Wanderer. Was ist der dramatische Wotan, den wir im »Rheingold« auf der Bühne sahen, verglichen mit dem epischen in Sieglindens Erzählung vom Alten im Hut? – Grillparzer verwarf das mehrteilige Drama als Form. Das Drama sei eine Gegenwart, es müsse alles, was zur Handlung gehöre, in sich enthalten. Die Beziehung eines Teiles auf den anderen gebe dem Ganzen *etwas Episches, wodurch es freilich an Großartigkeit gewönne* … Aber das ist die Wirkung des »Ringes«! Und ich begreife nicht, wie man im »Leitmotiv« ein wesentlich dramatisches Mittel erblikken kann. Es ist im Innersten episch, es ist homerischen Ursprungs …

[…]

Was aber die *Gegenwärtigkeit* des Dramas betrifft (gesetzt, daß man sie ernstlich als einen Vorzug anführen will), so lehrt der zweite, wenn nicht der erste Blick, daß es damit eine heikle Bewandtnis hat. Stellt wirklich das Drama eine Gegenwart vor? Wäre eine Kunst, die Gegenwärtigkeit vorgäbe, überhaupt noch Kunst und nicht vielmehr Gaukelei? Hebt nicht alle Kunst über das Gegenwärtige hinaus und spricht nicht alle Kunst, wie das Märchen: »Es war einmal?«

[…]

Ist Wagner gegenwärtig? Dies Werk, das dort oben in kindlich hohen Gesichten erscheint, während die Musik ihre singende, sagende Flut zu den Füßen der Ereignisse dahinwälzt, – trachtet es wirklich nach Gegenwart? Aber was frage ich! Schiller hat geantwortet, als er erklärte, daß »die Tragödie in ihrem höchsten Begriffe immer zu dem epischen Charaker *hinauf*, das epische Gedicht ebenso zu dem Drama *herunter*strebe.« Hinauf, sagt er, und: herunter. Was bedeutet das? Das bedeutet, daß der mächtigste deutsche Theatraliker bis Wagner den epischen Kunstgeist als den höchsten empfunden hat.

[…]

Aber später war Gerhäuser am Stadttheater. Er sang, mit seiner impetuosen Inbrunst, den Tannhäuser. Er sang jeden zweiten Abend den Lohengrin. Er kam im Sturm der Instrumente ein wenig ruckweise herangeschwommen und sang mit weichen Bewegungen: »Nun sei bedankt.« Er kam mit leise klirrenden Schritten nach vorn, er sang: »Heil, König Heinrich!«, und seine Stimme klang wie eine silberne Trompete. Es war damals, daß mir zuerst die Kunst Richard Wagners entgegentrat, diese moderne Kunst, die man erlebt, erkannt haben muß, wenn man von unserer Zeit irgend etwas verstehen will. Und dieses ungeheure und fragwürdige Werk, das zu erleben und zu erkennen ich nicht satt werde, dieser kluge und sinnige, sehnsüchtige und abgefeimte Zauber, diese fixierte theatralische Improvisation, die außerhalb des Theaters *nicht vorhanden ist*, – sie ist es in der Tat, und sie allein, die mich auf Lebenszeit dem Theater verbindet. Daß man die dramatischen Dichter, Schiller, Goethe, Kleist, Grillparzer, daß man Henrik Ibsen und unsere Hauptmann, Wedekind, Hofmannsthal nicht ebenso gut lesen als aufgeführt sehen könne, daß man in der Regel nicht *besser* tue, sie zu lesen, wird niemand mich überzeugen. Aber Wagner ist nur im Theater zu finden, ist ohne Theater nicht denkbar. Das zu beklagen, ist eitel. Zu wünschen, Instinkt und Ehrgeiz möchten ihn nicht zur großen Oper getrieben haben, ist müßig, seine Wirkung vom Theater zu lösen unmöglich. Er hat, mit größerer praktischer Kraft, als Schiller, das Pathos des Theaters erhöht, hat ihm, zur höheren Glorie seines eigenen Werkes, Würde und Weihe ertrotzt. Aber jeder Radikalismus lag diesem Reformator fern. Er hat das Theater nicht eigentlich erneut und verjüngt. Er hat keinen Versuch unternommen, aus der Bühne irgend etwas Künstlerisches zu machen, keinen, das Dekorationswesen ins Ernsthafte umzugestalten. Er hatte Lust, sich von Makart Kulissen malen zu lassen, – ein bedenklicher Zug, der vielleicht auf eine Verwandtschaft in wichtigen Instinkten deutet. Er hat den ganzen kindischen Apparat gelassen, wie er war, und sein Theater ist Theater wie jedes andere auch. Er ist der Triumph unserer selbst, die Epoche als Kunst, die Sehnsucht als Meisterschaft, und er ist Theater. Wir haben uns damit abzufinden.

Und so macht man sich denn auf zur Tempelbude, diesem musischen Staatsinstitut. Man wirft sich in Schwarz, man hat Gesellschaftsfieber. Es trifft sich möglicherweise schlecht, man ist vielleicht müde, verstimmt, ruhebedürftig; aber man hat sechs Tage vorher unter bedeutenden Opfern an Zeit und Bequemlichkeit sein Billett von einem Beamten erstanden und ist gebunden. Man wallfahrtet per Droschke zur Gnadenstelle. Man kämpft den Kampf der Garderobe, legitimiert mehrmals, das Billett in der Hand, sein Recht auf Kunst und bekommt seinen Sammetsitz in der Menge angewiesen. Parfums, Geschwätz, Atlastaillen, die in den Nähten krachen, schlechte Menschengesichter, – Gesichter von Menschen, denen man es ansieht, daß sie weder eines guten Satzes noch einer guten Handlung fähig wären. Und dann dort oben das Ideal, zu dem man, rasch trunken von Musik, emporstarrt, die Scham und Frage im Herzen: Ist das gut, ist es hoch, da es all denen *auch* gefällt? – Das Ideal hat seine komische Seite. Hunding ist bauchig und X-beinig wie eine Kuh. Sieglindens gepuderter Busen wogt in der Dekolletage ihres Fellgewandes, einer Art prähistorischer Balltoilette. Siegmund, knapp und gespannt auf der Kante des Sessels, läßt die Besorgnis erkennen, seinen Trikots möchte etwas Fürchterliches begegnen. Daß dieser rosige und dralle Mann geradeswegs aus Wildnis, Wetter und tiefstem Elend kommt, ist übrigens nicht zu glauben. Das Herdfeuer stäubt Funken gegen die Kulisse: einen Augenblick verstört dich die Erinnerung an Schreckensberichte von Theaterbränden. Später laufen Frickas Widder, eine Glanznummer der Regie, ein großes Spielzeug mit Uhrwerk, wirklich über die Bühne, und ihre Beine klappern in den Scharnieren. Warum blöken sie nicht? Man kann heute verlangen, daß sie blöken! … Und zwischen all dem Schauer und kurze Seligkeiten, Wonnen der Nerven und des Intellekts, Einblicke in wundervolle Beziehungen, in rührende und große Bedeutsamkeiten, wie nur diese nicht zu überbietende Kunst sie gewährt …

[…]

… Was verdanke ich dem Theater? Das Erlebnis der Kunst Richard Wagners; ein Erlebnis, das ich dem Theater abgewinnen mußte und ohne das ich mein Wollen und mein geringes Vollbringen nicht denken kann. – Hat mir je das Theater einen reinen Genuß, eine hohe und zweifellose Schönheitserfahrung vermittelt? *Nein.*

[…]

Der improvisatorische Grundcharakter alles Theaters wird klar, wo irgend das Theater sich noch naiv und unumwunden als Selbstzweck und *causa sui* gibt. Er wird klar bei dem geselligen Theaterspiel, wo nach flüchtiger Verständigung über den Hergang, jeder Mitwirkende spricht, was er mag und kann; er wird klar bei dem Ballett-Divertissement, dessen »Drama« eben nur im Kopf der arrangierenden Ballettmeisterin vorhanden ist; er wird am klarsten bei dem ursprünglichen Volksschauspiel, dem Kasperltheater, wo Goethes Auseinandersetzung zwischen Direktor, Theaterdichter und lustiger Person hinfällig ist, weil alle drei in *einer* Person das Spiel betreiben, – und man erinnere sich des »atemlosen« Entzückens, das Richard Wagner eines Tages angesichts solcher Volksunterhaltung empfand, wie er in seinem Aufsatz »Über Schauspieler und Sänger« erzählt! Kein Wunder, dieses Entzücken, bei dem Theaterdirektor von Bayreuth, bei dem, der den »Ring der Nibelungen« in Szene setzte, dies ideale Kasperletheater mit seinem unbedenklichen Helden! Hat denn noch niemandem die hohe Ähnlichkeit dieses Siegfried mit dem kleinen Pritschenschwinger vom Jahrmarkte eingeleuchtet?

[...]

Alle Welt übersetzt »Drama« mit »Handlung«. Trotzdem ist sie vielleicht im Irrtum. [...]

Wollte man »Drama« im Sinne eines Tuns, einer *actio*, übersetzen, so müßte man zuvor den Begriff der »Handlung« in den der »*heiligen* Handlung«, des Weiheaktes umbiegen, und wie die erste dramatische Handlung eine rituelle Handlung war, so scheint es in der Tat, daß immer das Drama auf dem Gipfel seines Ehrgeizes diesen Sinn wieder anzunehmen strebt. Die Rütliszene ist eine »Handlung« ja nur im Sinne von Zeremonie; und im »Parsifal« ist der *Kultus* in Form von Taufe, Fußwaschung, Abendmahl und Monstranzenthüllung auf die Bühne zurückgekehrt. [...]

Henrik Ibsens Wirkung ist gewiß nicht oratorischer Art, aber was war es, technisch genommen, was schon seinen ersten Verehrern, bei den »Gespenstern« etwa, bei »Rosmersholm«, die Erinnerung an die antike Tragödie weckte? Seine analytische Technik, offenbar, und daß er gewissermaßen begann, wo die Handlung zu Ende war, daß er sehr die »Vorgeschichten« liebte, – im Gegensatz hierin zu Richard Wagner, diesem fanatischen Szeniker, dem Vorgeschichten ersichtlich etwas schwer Erträgliches waren. Wagner, mit der Gestaltung seines dramatischen Entwurfes »Siegfrieds Tod«

beschäftigt, *ertrug es nicht* (er erzählt es selbst), daß eine große Vorgeschichte vorm Anfang lag. Er schrieb den Jungen Siegfried, die Walküre, das Rheingold, er ruhte nicht, bis er *alles* zur direkten »sinnlichen« Darstellung gebracht hatte, in vier Abenden alles, von der Urzelle, dem Erzbeginn, dem ersten tiefen *es* des Rheingoldvorspiels an. Er glaubte, nur so sei es dramatisch. Dennoch sieht jeder Künstler, daß nur seine motivische Technik, eine *epische* Technik, wie gesagt, ihm diese Ausführlichkeit wünschenswert machte. Was er schuf, war ein *szenisches Epos*, – etwas Wundervolles, aber *kein* Drama, im modernen nicht und gewiß nicht im Sinn der Tragödie.

[...]

Uns Deutschen ist eine Ehrfurcht vor dem Theater eingeboren, wie keine andere Nation sie kennt. Was dem übrigen Europa eine gesellige Zerstreuung ist, ist uns zum mindesten ein Bildungsfaktor. Noch neulich hat der deutsche Kaiser gegen eine französische Schauspielerin geäußert: Wie die Universität die Fortsetzung des Gymnasiums sei, so sei uns die Fortsetzung der Universität das Theater. Das ist, wie gesagt, das Mindestmaß von Respekt. Nur bei uns konnte eine Schrift wie »Die Schaubühne als eine moralische Anstalt betrachtet« ans Licht treten. Nur bei uns konnte »Bayreuth« konzipiert und verwirklicht werden. Daß das *Theater als Tempel* möglich sei, ist ein nicht zu entkräftender deutscher Glaube, und dieses tiefernste theatralische Ideal ist vielleicht schuld daran, daß die deutsche Bühne so arm an *heiteren* Meisterwerken geblieben ist. Selbst für den aber, der die künstlerische Hegemonie des Theaters aus guten Gründen bekämpft, wird jene Möglichkeit immer ein Problem von großem Reiz bedeuten.

Als der tragische Chor im Tanz um den Altar der Thymele schritt, da *war* das Theater ein Tempel. Und in Bayreuth hat es nach Jahrtausenden zum zweiten Male – wenigstens die *Miene* eines Nationalaktes und künstlerischen Gottesdienstes angenommen: wobei der Verdacht, daß dieses Bayreuth doch schließlich nur der Ausdruck höchsten Künstlerehrgeizes und *nicht* ein Nationalausdruck sei, freilich nicht ganz zu unterdrücken ist. Auf jeden Fall ist es dem hieratischen Genie Richard Wagners gelungen, ein Theater, ein bestimmtes, *sein* Theater zu einer Weihestätte, einem über alles gemeine Theaterwesen erhöhten Haus der Mysterien zu machen, –

[...]

Symbolik und Zeremoniell, – einen Schritt weiter noch, oder kaum noch einen Schritt, und wir haben die szenische Handlung an dem Punkte, wo sie rituell und Weiheakt wird, wir haben das Theater auf seinem Gipfel – nämlich auf dem Hügel von Bayreuth, wir haben das Schauspiel dort, wo es »Parsifal« heißt ... Kein Zweifel, daß der »Parsifal« Richard Wagners theatralischstes Werk ist, und sehr zweifelhaft eben darum, ob es sein künstlerischstes ist. Auf jeden Fall mußte er mit diesem Werke enden, und nicht leicht war eine Künstlerlaufbahn logischer, als seine. Eine Kunst der Sinnlichkeit und des symbolischen Formelwesens (denn das »Leitmotiv« ist eine Formel, – mehr noch: es ist eine *Monstranz*, es nimmt eine fast schon religiöse Autorität in Anspruch) führt mit Notwendigkeit ins Zelebrierend-Kirchliche *zurück*, – ja, ich glaube, daß die heimliche Sehnsucht, der letzte Ehrgeiz *alles* Theaters der Ritus ist, aus welchem es bei Heiden und Christen hervorgegangen. Kirche und Theater, so weit auch ihre Wege auseinander gegangen sind, so sind sie doch stets durch ein geheimes Band verbunden geblieben; und ein Künstler, der, wie Richard Wagner, gewohnt war, mit Symbolen zu hantieren und Monstranzen emporzuheben, mußte sich schließlich als Bruder des Priesters, ja, selbst als Priester fühlen. Die »Wirklichkeit« des Theaters, seine direkte Wirkung auf eine konkrete Versammlung, zusammen mit seiner unter allen Künsten außerordentlichen Wirkungs*sucht*, war der Grund, warum es sich von jeher nur zu gern, nur zu skrupellos *außer*künstlerischer Wirkungen bedient, die Sache auf fremde Gebiete hinübergespielt und an alle erreichbaren Glocken geschlagen hat. Es hat sich nationalistische, moralistische, philosophische Wirkungen zunutze gemacht, – es hat sich die ehrwürdigste Wirkung, die religiöse, nicht entgehen lassen und wird sie sich in Zukunft vielleicht noch weniger entgehen lassen. Schiller hat in seiner Abhandlung über die Schaubühne die Verwandtschaft der Wirkungen von Religion und Theater in Meistersätzen ans Licht gestellt. Denkt man seine Gedanken zu Ende, so scheint es einem nicht mehr unmöglich, daß in irgend einer Zukunft, wenn es einmal keine Kirche mehr geben sollte, das Theater allein das symbolische

Bedürfnis der Menschheit zu befriedigen haben –, daß es die Erbschaft der Kirche antreten und dann allen Ernstes ein Tempel sein könnte.

Dazu müßte es sich freilich vor allen Dingen seines natürlichen und ursprünglichen Berufes als *Volks*kunst, als Anstalt zur Unterhaltung und Erhebung des Volkes wieder bewußt werden, – und ob es nun wirklich die Möglichkeiten zu einer so ehrwürdigen Zukunft, wie ich sie andeutete, in sich trägt oder nicht: fast gewiß ist, daß dem *Volkstheater* die Zukunft gehört. Ein Wort noch über dieses und ein Wort zugleich über die neuesten theatralischen Reformbestrebungen.

Die Demokratisierung des Zuschauerraumes, seine Nivellierung (wenn das Bild erlaubt ist) zum Amphitheater, wie sie nun mehrfach mit Glück vollzogen worden, war etwas dringlich Zeitgemäßes, ist eine bewiesene Notwendigkeit, und seit Bayreuth und das Prinz-Regententheater bestehen, seit das Schillertheater in Charlottenburg *Erfolg* hat, sind die Tage des aristokratisch gesellschaftlichen Rang- und Logenhauses gezählt. Nicht einmal im höfischen Interesse wird sein Fortbestehen geboten sein, denn das Amphitheater ist zwar antiaristokratisch, aber keineswegs antimonarchisch, – wofür Beweis genug ist, daß Richard Wagner, dieser Romantiker und Königsfreund, der Erste war, der es wiedererstehen ließ. In der Tat ist Bayreuth seinem Ideale, seiner *Idee* nach ja ein Volkstheater: daß ein Platz zwanzig Mark kostet, gehört, wie das Publikum und wie manches andere, nur zur »Erscheinung«. Wovon Wagner sich *enthalten* hat – ach, es handelte sich dabei um das Gegenteil von »Enthaltsamkeit«! – war eine künstlerische und im schönen Sinne volkstümliche Reform der Bühne, – und übrigens sollte man es ihm nicht so ganz und gar vergessen, daß er, theoretisch wenigstens und in Hinsicht auf die *Schauspiel*bühne (im Gegensatze zu *seiner* Bühne, zur Bühne der Großen Oper), sich auch diesem Problem mit Leidenschaft hingegeben und fast alles darüber gesagt hat, was unsere jüngsten Neuerer bisher darüber zu sagen gewußt haben. *Daß* man es ihm vergißt, daß man seine Forderungen und Fingerzeige in den Theaterdiskussionen von heute fast niemals erwähnt findet, zeigt auf eine nachdenkliche Art, wie wenig bekannt eigentlich die Schriften des Bayreuthers der heutigen Generation sind, einer Generation, deren rein-künstlerisches Sehnen und Wollen doch schließlich in seinen gewaltigen Namen mündet. Woher dieser Mangel an Interesse für den Schriftsteller Wagner? Daher, daß seine Schriften Parteischriften und *nicht* Bekenntnisse sind? Daß sie sein *Werk*, worin er wahrhaftig in seiner leidenden und fragwürdigen Größe lebt, sehr mangelhaft, sehr mißverständlich kommentieren? Man müßte diese Entschuldigungen hinnehmen. Es ist wahr, man kann aus Wagners Schriften nicht viel über Wagner lernen …

Das Wort, das in den Beratungen über die Reform der Szene beständig wiederkehrt, lautet »Andeutung«. Auch Wagner hat es gebraucht: Es sei zu erwarten, sagt er, daß es sich auf einer zukünftigen, gesundeten deutschen Schauspielbühne nicht um »Ausführungen«, sondern nur um »sinnreiche Andeutungen« handeln werde.

[…]

Wie wird sie aussehen, diese neue Bühne? Wagner hat für das Zukunftsschauspiel unser modernes Halbtheater mit seiner nur im Bilde *en face* uns vorgeführten Szene überhaupt von der Hand gewiesen und also auf den alten, nach allen Seiten offenen Schauplatz zurückgedeutet. Professor Litmann, der Erbauer des Prinz-Regenten- und des Schillertheaters, hat in einem gescheiten und anregenden Vortrage die unkünstlerische Raum-Naturalistik der modernen »Guckkasten-Bühne« zu überwinden gesucht, indem er das *reliefartige* Bühnenbild empfahl, das bei den Japanern erhalten ist und dessen in Deutschland schon Goethe sich gelegentlich bedient hat. In jedem Fall wird auf der neuen Szene das Symbol, die künstlerische Andeutung herrschen […]

»Gut, aber ich sehe nicht ab, wie man auf dieser euerer neuen Bühne etwa Klingsors Zaubergarten …« Selbstverständlich, Klingsor kommt nicht in Betracht. Daß dieser wollüstige alte Hexenmeister sich niemals von seinem Makartgarten wird trennen können, ist ohne weiteres klar. *Desto schlimmer für ihn*. Sein Reich wird heute im Metropolitan Opera House fast besser schon den betörten Sinnen vorgeführt, als in Bayreuth: ein Grund mehr für gute Europäer, sich davon abzuwenden. Im Ernst, mit Wagners Werk ist bei den Bemühungen um eine neue Szene nichts anzufangen. »Schlichte« Wagnerauffführungen, wie sie hie und da versucht werden, sind *gegen* den Sinn des Meisters, daran ist nicht zu rütteln. Wagner, nicht weniger prachtliebend als sein junger König, hatte szenisch durchaus den Geschmack der Großen Oper, sein Werk verlangt Massenwirkung und Prachtentfaltung, und wer sie ihm entzieht, entstellt es. Daß es so ist, darin liegt – vielleicht – eine Gefahr für sein Werk. Seine Sinnlichkeit, seine Üppigkeit, sein Steckenbleiben in der Großen Oper wird sich möglicherweise rächen, der Barockmensch, der Dekorateur, der Bernini in ihm vielleicht nicht lange mehr vor dem europäischen Geschmack bestehen. Er hat, als Apostel seiner selbst, stets die größten Worte ertönen lassen – und etwas viel weniger Großes damit gemeint. Er sagte »Drama!« und er *meinte* Theater. Er sagte »Kunst!« und er *wollte* – Zauberei. Das wird sich rächen. Sein ungeheures Werk wird vielleicht früher antiquieren, früher historisch werden, als man sich heute träumen läßt. In dem Augenblick, wo das Theater sich anschickt, der Zauberei zu entsagen und irgend etwas Reineres und Strengeres, irgend etwas Kunstähnliches zu werden, – in diesem Augenblick ist Wagners Werk bereits in Gefahr …

[…]

Aus **Süßer Schlaf!** (1909)

[…]

Der ist gewiß der Größte, welcher der Nacht die Treue und Sehnsucht wahrt und dennoch die gewaltigsten Werke des Tages tut. Darum liebe ich das Werk am meisten, das aus der »Sehnsucht hin zur heiligen Nacht« geboren wurde und gleichsam trotz seiner selbst dasteht in seiner Willens- und Schlummerherrlichkeit – ich meine den »Tristan« von Richard Wagner.

Aus **Fragmente zu »Geist und Kunst«** (1908–1912)

[...]

8. Wenn *Wagner* von »Literaturlyrik« spricht oder vom Epos, das er den »dürftigen Todesschatten etc.« nennt, so möchte man an den Wänden hochgehen.

Das sind keine Kunstschriften, sondern *Künstler*schriften, und zwar von der allernaivsten, kompromittierendsten, kindisch egozentrischen Art. Als Denker vollkommen dilettantisch, abhängig, kindlich. (›Tristan‹: Künstlerpessimismus. Süßigkeit. Novalis, nicht Schopenhauer.)

[...]

10. Die Literaturfeindschaft den Deutschen gewissermaßen eingeboren. Rolle der Literatur in *München*. Scheu; unheimlich. *Gegensatz* zur »Kunst«. In Berlin besser dran, weil Helligkeit, Witz und jederlei Kulturstreben ihr entgegenkommen. Außerdem jüdischer Geist. Volk des Buches. Anti-»künstlerisch«. Wagner sehr deutsch in seiner *Literaturfeindlichkeit*. Hebbel, auch ein Deutscher, fand ihn lächerlich.

Wagner freilich kein Snob, sondern ein *Demagoge*. Nie hat ein Künstler mit dem Volk geliebäugelt, wie Wagner es in den ›Meistersingern‹ tut. Goethe, Schiller haben nicht mit dem Volke »gar unbelehrt«, sondern mit den strengsten Kunstidealen geliebäugelt.

[...]

14. *Überliterarisch:* Wagners *Gedichte!!* (Unter oder über? Zweifelhafter Fall!)

15. Ausspruch eines *jungen Musikers*: »Ach, wissen Sie, Wagner ist doch eigentlich mehr *für die Jugend*.«

16. *Frage:* Hat Wagner Dichtung (Literatur) und Musik einander genähert? Er hat die Musik literarisch behandelt. Aber ist es die Wirkung hiervon, daß heute die Musiker literarisch sein wollen und »Literaturlyrik« komponieren? Auch »Literaturdramen«? Übrigens

sind das wahrscheinlich die schwächeren Musiker – oder die aktuellen Spekulanten. Der absolute (echte) Musiker unliterarisch. Aber wie kam Wagner eigentlich zu seiner Verachtung alles Literarischen? Aus Demagogie? Aus Romantik?

17. Wagner ist niemals fein, aber immer sinnig. Seine (unfeine) Deutlichkeit, lebhafte Aufdringlichkeit – Erfordernis des Theaters, mehr noch seines *volkstümlichen* Ehrgeizes.

Moderne Ambition zum Volkstümlichen. (Zeitungsausschnitt *Kothe*. Wedekind etc.) Eine romantische Velleität. Es sei denn, daß man poetisch genug veranlagt ist, die faule Bourgeoisie »Volk« zu nennen. Wagner darin Achtundvierziger geblieben, daß er den Mittelstand mit dem Volk verwechselt? Hoftheaterpublikum ist nicht Volk. Das Volk kennt von Wagner ›Tannhäuser‹ und ›Lohengrin‹ (einiges). Was es sonst noch etwa auf dem Keller von Musikkapellen hört, sind ihm Fanfaren. Kein Vergleich mit Verdi, Puccini, Weber.

[...]

23. Wagner und *Possart*. Sehr ähnliche Instinkte. Theaterleute. Wirkung. Als Shylock. (Jud! Jud!) Richard III. Possart und die Musik. Melodrama. Abschätzige Fremdheit gegen die Literatur. Erwartungen, die man auf den Schauspieler als Direktor setzte, wurden enttäuscht. Mit der Oper war mehr zu machen. Die größere Veranstaltung. Toiletten. Apparat. »Hexenlied« der Gipfel und auch dies nur mit Musik. Possart *dichtet* wie Wagner – schauderhaft.

24. Wagners Einfluß auf die Zeit: Volkstümlichkeit, *Kind*lichkeit (»für die Jugend«), Humperdinck mit ›Hänsel und Gretel‹. Siegfried Wagner mit seinen Schlichtheiten. – Daß *Strauss* König werden konnte – erstaunlich. Jedenfalls wirken sein Virtuosentum, seine stofflich sehr unsimplen Neigungen oft genug als Labsal.

25. Äußerung eines unbefangenen jungen Mannes (Ladenburg) über die Nibelungen-Dichtung: »*Lächerlich* – wenn man gleich darauf im ›Faust‹ liest.«

26. *Striche bei Wagner:* Nein. Berufung auf Schiller, Shakespeare etc. hinfällig. Wagner ist viel zu modern, als daß nicht sein *Detail* eine ungeheure Wichtigkeit hätte – als daß es antastbar wäre. Sein Stil, seine Kompositionsart lassen keine Striche zu, am wenigsten im ›Ring‹; eher noch in den ›Meistersingern‹ (Schusterlied). Aber die Nornenszene etwa, dramatisch unnötig, ist notwendig wegen der Motive, mit denen nachher anspielungsweise gearbeitet wird. Mime – Wanderer.

[...]

34. In einem Gespräch über Nietzsche und Wagner soll Gerhart Hauptmann gesagt haben: »Wagner war eben doch der Vornehmere.« – Das verstehe, wer mag und kann! Wagner – der Vornehmere?!

[...]

37. Wagner und die bildende Kunst. Ganz ohne Verhältnis. »Augenmenschen« etc. Siehe Briefe an Frau Wesendonk, S. 203.

(Zum Künstlertheater. Wagner und Schiller antikünstlerisch.) *Schiller*, ein musikalischer Dichter, nannte sich einen Barbaren in allem, was bildende Kunst betrifft. Siehe das Weitere ›Marbacher Schillerbuch‹, S. 44!

[...]

44. Nietzsches Meinung vom Künstler, seine Skepsis, sein heiterer Pessimismus über das »Künstlerkind«, den »eitlen und sinnlichen Affen etc.«, über seine wesentlich parodische Natur – diese Meinung, die sich ohne weiteres auch auf Schiller erstreckte, auf alle und dabei ungerecht verallgemeinerte, ist ganz und gar durch seine Erkenntnis Wagners bedingt. *Desto schlimmer für Wagner.* Der Nietzschesche Künstlertyp ist Wagner, sein Porträt, er hat dazu gesessen. Wie muß er ausgesehen haben!

[...]

48. ›*Coriolan*‹ als Gegenstück zu den ›*Meistersingern*‹. Künstler-*Aristokratismus* und Künstler-*Demagogie. Stolz* und *Ehrgeiz.* Wagner, weich wie Rousseau, war nicht stolz – er jammerte eigentlich unaus-

gesetzt (um Liebe, um Geld). Aber er war ehrgeizig wie jener. (Hauptmann. »Der Vornehmere«?) Wagner wagt es, sich immer wieder auf Shakespeare zu berufen!

Die Szene, wo Coriolan um die Stimmen der Plebs werben muß. Wieviel besser, reiner, zuverlässiger ist das als die ›Meistersinger‹! Wieviel Charakterlosigkeit, Perversität, *Verrat* liegt in der Popularitätssehnsucht, dem Demagogismus, dem Volksschmeichlertum eines Künstlers!

[...]

52. (16) Wagners »Originalgenie«, unliterarisch, ohne Überlieferung und Gleichzeitigkeit? Es gab Weber und die romantische Oper. Es gab Beethoven. Berlioz hatte instrumentiert. Der Nibelungenstoff lag in der Luft. Hebbel. *W. Jordan.* Schumann (auch ein Romantiker) hatte »Nibelungen« im Pult. Wagners Ehrgeiz war es gerade, Überlieferung zu haben, *nicht* allein zu stehen. Man schlage die Tafel seiner »Vorläufer« auf. Seine Texte, die freilich an sich keine literarische Überlieferung haben, sind denn auch wunderlich genug. (Der unbefangene junge Mann.) Er hat zur Erklärung oft genug betont, daß er »kein Literat« sei. Er war als Dichter Musiker (Musiker schreiben im ganzen gräßlich, haben keinen sprachlichen Geschmack) und als Musiker Dichter. Seine Texte sind als Dichtungen, als sprachliche Gebilde nicht haltbar (er wäre nicht sehr berühmt damit geworden), seine Musik nicht als Musik. Jene sind nicht ohne Musik möglich, diese ist literarisch. Die Elementarmotive des ›Ringes‹, die primitive Chromatik des ›Tristan‹: das ist dichterisch empfunden. Er hat zur Erklärung seiner Musik oft genug betont, daß er kein Musiker oder »nicht nur« Musiker sei. Sehr wahr. Er war sicher weit früher Dichter als Musiker. Der Holländer ist, wenn Van Roy ihn darstellt, eine überaus rührende dichterische Gestalt. Und wie ordinär ist die Melodik dieser Oper, verglichen mit der Mozarts und Beethovens!

[...]

53. Wagner-Kritik! – Wagner als Klassiker, als Autorität! Generalmusikdirektoren dirigieren ihn; 60000-Mark-Tenöre deklamieren ihn; Offiziere, Bürgerfrauen, höhere Töchter, Studenten (kurz, das

»Volk« aus den ›Meistersingern‹) lauschen in absoluter Gläubigkeit. (Kein Wunder; er war sehr deutsch darin, daß er sich immer in genialer Weise auf das Autoritative verstand. Das Leitmotiv.) Er ist sakrosankt, er ist tabu, niemand denkt an Kritik. Für die Musiker ist er »Klassiker«, groß, weit zurückliegend, ein Titan von vorvorgestern. Diese Herren haben sonderbar ingenieurhafte Begriffe von Fortschritt. Für mich, für uns, denen eine Baßtuba, ein Schlagwerkzeug und zehn Kakophonien *mehr* nichts sehr Wesentliches bedeutet, ist Wagner noch immer etwas brennend Aktuelles, ein Problem, das Problem der Modernität selber – und alles Spätere, ›Elektra‹ mit einbegriffen, vergleichsweise uninteressant.

[...]

60. *Wagner-Kritik.* Man lasse sich nicht täuschen durch den Begeisterungslärm der jungen Leute im Stehparterre. In Wahrheit ist in der nach 1870 geborenen Generation, in der höheren Jugend viel Wagner-Kritik, viel instinktives, wenn auch stummes Mißtrauen gegen Wagner lebendig. Hofmiller sagte sehr richtig, daß die junge Generation ihm mit *zweifelnder* Bewunderung gegenüberstehe. Wagner ist suspekt. Die Hingabe an Beethoven, an Mozart ist eine unvergleichlich vertrauensvollere, gewissere. (Der unbefangene junge Mann.)

[...]

76. *»Literaturdichtung«*, der Gegensatz zu was? Zu einer »eigentlichen« Dichtung? Von Wagner unverschämterweise erfunden und von ihm und den Schülern seines Denkens unredlich gehandhabt. Goethes Lyrik ist Literaturlyrik, Shakespeares, Schillers, Kleistens Dramen sind Literaturdramen: in diesen Fällen kann die Bezeichnung und Unterscheidung nichts Abschätziges haben. Aber mit Vorliebe wird sie auf geringere Fälle, ärmere, künstlerisch blutlosere angewandt (Gutzkow) und tut dann die beabsichtigte Wirkung, das betreffende Produkt als etwas Graues, Dürres, Niedrig-Vernünftiges, Gottverlassenes, Gedrücktes, *Gedrucktes* – im Gegensatz zu der klingenden, sinnlichen Zauberwelt des Musikdramas erscheinen zu lassen. Und diesen Beigeschmack behält das Wort dann heimtückischerweise und in majorem gloriam Wagners auch in den großen Fällen.

Der Aufsatz des Herrn *Pfitzner*, eines Musikers von Genie, ist bedeutend und anregend. Aber er verlangt, im Interesse der Operndichtung, vom Dichter zuviel der Selbstentäußerung. Wagners Texte enthalten, rein sprachlich-literarisch genommen, nicht viel weniger Lächerlichkeiten als andere Librettos. (Noch im »Holländer« klingt manches wie Meyerbeer-Scribe.) Sein Dichtertum leugnet dennoch nur ein Pedant. Er ist in der Tat diejenige künstlerische Erscheinung, die zu dem Glauben an die Möglichkeit eines unliterarischen Dichtertums verführt.

[...]

85. Wagners Meistersinger-Demagogie macht überall Schule, auch in der Politik. Fürst Bülow als politischer Wagnerianer und »Rattenfänger politisch unbefleckter Seelen«, wie ein Kritiker ihn genannt hat. »Alle großen Wahlkämpfe wurden, genaugenommen, von den unpolitischen Menschen entschieden«, sagt Naumann. »Das liegt im System des Wählers. Es fragt sich nur, wer die Unpolitischen in der Hand hat. Im Januar 1907 gingen sie mit Bülow ...« Es ist der Appell an die Ahnungslosen, ganz Wagnerischer Observanz. Auch bei der »Finanzreform«. Was gegen Wagner am instinktmäßigsten revoltierte, war die kunst*aristokratische* Kritik, die dem Volke »gar unbelehrt« kein Wahlrecht in Kunstdingen zugestehen wollte. Ich verstehe den politischen Fachmann, der in Bülow einen Dilettanten und Demagogen sieht.

[...]

89. Nach allem, was ich höre und sehe, sind die jüngsten Theaterreformatoren und -versucher einig darin, daß *nicht* von Wagners Kunstwerk eine neue Entwicklung anknüpfen wird. Niemand glaubt mehr an die Addition von Malerei, Musik, Wort und Gebärde, die Wagner für die Erfüllung aller künstlerischen Sehnsucht auszugeben die Unbefangenheit hatte. Niemand glaubt mehr an eine Rangordnung der Gattungen, in welcher der ›Tasso‹ dem ›Siegfried‹ nachstünde ...

[...]

97. Wagner an Uhlig: »Der ›Ring‹ ist das Größte, was je gedichtet.« Der unbefangene junge Mann, gar nicht literarisch voreingenom-

men, gibt ihm nicht recht. Wenn er gesagt hätte: die größte Dichtung, die je komponiert worden ist. Weniger eine Sache des Intellekts als des Charakters. Braucht wirklich, wie Pfitzner meint, nur die »literarische Schranke« zu fallen, damit man diese Torheit nicht nur verstehe, sondern ihr auch zustimme? Mir scheint, das Verstehen genügt. Wenn Wagners Dichtungen nicht die Diktion von Operntexten hätten, sondern sprachlich durchaus ernst zu nehmen wären, so wären sie noch immer keineswegs »das Größte, was je gedichtet«. Der »große Stil« macht nicht den größeren Dichter. Denn neben jener idealisch-romantisch typisierenden Al-fresco- und Theatergröße (fürs Musikdrama geeignet), in der Wagners Begabung beruhte, gibt es Dichtergröße noch (und wer beweist, daß nicht diese, neben einer Scheingröße, die eigentliche ist?) auf dem Gebiete des Individuellen, Charakteristischen, Psychologischen, Innig-Menschlichen, und als Zeitgenosse Dostojewskis, angesichts der riesigen Lebenswerke Shakespeares, Goethes, Balzacs, jene Behauptung ausstoßen konnte einzig ein Künstler, dessen Charakter zu seinem Talente in dem betrübendsten Mißverhältnis stand. Es war anders mit Schiller, den, seit Nietzsche, die höhere Kritik gern mit Wagner in einem Atem nennt. Er war weit entfernt, sich von seinem hehren Stil zur Überheblichkeit verführen zu lassen. Mit der schönsten Gerechtigkeit, Einsicht und Würde hat er seine Art gegen die des realistischen Nachbarn abgegrenzt, nicht abgewogen, und seine wundervolle Untersuchung ›Über naive und sentimentalische Dichtung‹ ist, trotz Nietzsche, eine Künstlerschrift, im Vergleich mit welcher die Schriften Wagners nur ein ehrgeiziges Geflunker sind. »Ich kann, ich *kann* den Menschen nicht vergessen!« Wie hätte Goethe über Wagner geurteilt? Sehr milde, nach seiner Art … Nein, man kann Wagner nicht verehren! Weder sein Charakter noch sein Intellekt gewähren die Möglichkeit. Sein Talent ist, in seiner suspekten Modernität, bewunderungswürdig. Aber nur für *sehr* junge Leute sind Bewunderung und Verehrung eins, und das Talent allein macht noch nicht den großen Mann … Auch nicht der »große Stil« … Und was ist es, was ihm fehlt? Welcher Mangel an seiner Persönlichkeit, seiner geistigen Haltung entmutigt die Verehrung und macht ihn würdelos, ungerecht, mißtrauisch, anmaßend, ehrsüchtig, neidisch, gemein? Es ist der Mangel, dessen er sich sein Leben lang als einer Tugend gerühmt hat und den die Deutschen ihm auch als Tugend angerechnet haben: der Mangel an Literatur.

»Wagners trübe und mangelhafte Geistigkeit« –

[...]

102. Der Fall *Reinhardt*: für mich ein künstlerisches Erlebnis hohen Ranges. Es ist nämlich ein ermutigendes, mich selbst bestätigendes Erlebnis. Daß *Modernität*, daß Kleinheit, Detailaddition, Geniemangel, Intellektualität, verbunden mit Zähigkeit, Arbeit, Willensdauer, sich mit Glück an Aufgaben großen Stiles wagen darf: der Fall Reinhardt beweist es. [...]

Anzumerken noch: die starken Wirkungsmittel innerhalb der modernen Kleinheit. Intellektuell *und* übertrieben. Das Stärkste gerade stark genug. Der tragische Schauspieler im »Hamlet« mußte sich grotesk übernehmen, um als Schauspieler gegen das allgemeine Espressivo abzustechen. Alles Komische ist exzentrikhaft, grenzt an den Zirkus (was übrigens wohl shakespearisch ist). – Kurz, jene Aufdringlichkeit des Details, die Wagner »Deutlichkeit« nannte. Und ich zweifle nicht, daß Reinhardt einen Wagner-Regisseur ersten Ranges abgeben würde. –

[...]

[119.] *Moderne Trivialität.* Kritik aus dem Jahre 1866 in der Berliner ›Nationalzeitung‹ über den ›Lohengrin‹: »Wo etwas wie eine gegliederte Kantilene aus dem chaotischen Gewoge der Tonmassen aufzutauchen trachtet, streift, was wir vernahmen, haarscharf an den landläufigen Bänkelgesang heran. Statt zahlloser Beispiele erinnern wir nur an das von Elsas Lippen so anspruchsvoll gebotene: ›Es gibt ein Glück!‹«

Bei geistreichen Neuerern in der Kunst findet man nicht selten neben den raffiniertesten Bedürfnissen einen Hang zum hinreißend Trivialen, mit welchem sie ebensoviel Anstoß erregen wie mit ihren kühnsten Abweichungen. Man sehe den vielgescholtenen »Nichts in der Welt«-Reißer in Straussens ›Salome‹. Dieser Hang kann demagogischen Ursprung haben – wie denn in Wagners Psychologie und der seiner geistigen Erben der demagogische Zug nicht verkannt werden darf. Aber die Schwäche gegenüber dem Trivialen braucht nicht einfach Ehrgeiz und Schielen nach Volksgunst zu bedeuten, sondern kann ehrliche und selbstgenügsame Äußerung der modernen Kunstseele sein. Sie gehört dann zu den narkotischen Bedürfnissen dieser beladenen Seele; oder sie deutet auf die geistige Anarchie und Haltlosigkeit, die zynische Charakterschwäche unserer Zeit; oder sie zeigt eine Intellektualität, welche sich überschlägt ... Trivialität, ehrbar mittleren Talenten ein Greuel, kann etwas geistig Äußerstes bedeuten.

[...]

[145.] Künstlerschriften: Wagners Kommentare abschreckend. Seine Theorie hinfällig, lächerlich, kompromittierend. Wozu – da sein Werk an und für sich unantastbar, unwiderleglich ist.

[...]

[149.] *Hebbel über den ›Ring‹:* »Und bei aller Bescheidenheit, die die Größe der Aufgabe mit sich bringt, wollen wir auf Geibels Marzipan und Richard Wagners Krüppelholz mit Lächeln herabschauen ...« (»Briefe«, VII, S. 138.)

Protest gegen die Zusammenstellung mit Wagner: »Ich war, als ich auftrat, weit davon entfernt, ein neues Evangelium zu predigen; ich wollte das alte, aus Sophokles und Shakespeare geschöpfte wieder in seine Rechte einsetzen. Er hatte aber eine Kunsttheorie ausgeheckt, die im schneidendsten Widerspruch mit der großen Vergangenheit stand, die das Wesen der Kunst selbst vernichtete und ohne Frage nur das eigene Defizit, den Mangel an Melodien decken sollte ...« (»Briefe«, VII, S. 217.)

»Lächerliche Theorie«: »So viel ist an Richard Wagners lächerlicher Theorie richtig, daß die Oper ihre Stoffe immer aus der Mythe entlehnen sollte; wenn ein Schwanenritter singt, wird sich niemand wundern, denn ein Mensch, der den Ozean auf dem Rücken eines Vogels durchschneidet, kommt aus einer Welt, worin es anders hergeht wie in der unsrigen; aber wenn ein Notar sich in Rouladen erschöpft, während er einen Heiratskontrakt zu Papier bringt, klafft uns ein Widerspruch entgegen, den wir uns nur dadurch erträglich machen, daß wir uns bemühen, das Ganze über das Einzelne zu ver-

gessen und also auf die höchste Wirkung der Kunst, die umgekehrt alles Einzelne ins Ganze auflösen will, Verzicht leisten.« (»Tagebücher«, IV a, 274.)

[...]

[151.] *Wagner über Italien:* »Sehen und schauen Sie für mich mit: ich habe es nötig, daß jemand es für mich tut ... Mit mir hat es da eine eigene Bewandtnis: Das habe ich wiederholt *und endlich am bestimmtesten in Italien kennengelernt.* Ich werde eine Zeitlang durch bedeutende Wirkung auf mein Auge ungemein lebhaft ergriffen: aber – es dauert nicht lange. Gewiß kommt es nicht daher, daß mein Auge unersättlich wäre; es scheint aber, daß es mir als Sinn der Wahrnehmung der Welt nicht genügt. Vielleicht geht es mir, wie dem so augenseligen Goethe selbst widerfahren, als er im ›Faust‹ ausrief: ›Welch Schauspiel! Aber ach – ein Schauspiel nur!‹«

»Goethe in Rom ist eine sehr erfreuliche und höchst bedeutende Erscheinung: Was er da ausbeutete, kam allen zugute, und Schiller ersparte er dadurch entschieden das Selbstsehen; dieser konnte sich nun vortrefflich behelfen und seine edelsten Werke schaffen, während Goethe mit der Zeit seine Augenlust bis zur Grille verfolgte, so daß wir ihn am Ende mit wunderlicher Begier beim Münzensammeln ankommen sehen. Er war ein ganzer und vollkommener Augenmensch.«

[152.] Daß deutsches Wesen quälend problematisch ist, wer möchte es leugnen! Wagners Werk zum Beispiel das problematischste der Kunstgeschichte, kritisierbar im höchsten Grad und unkritisierbar doch schließlich als ungeheures europäisches Faktum – wer es nicht durchlebt, durchlitten hat, weiß schwerlich etwas von der tiefen Fragwürdigkeit der deutschen Seele, des deutschen Geistes. Aber dieser Geist hat in ungeheuren Waffengängen (im Teutoburger Wald, in Wittenberg, in den Befreiungskriegen) sich gegen den andringenden römisch-gallischen behauptet und *bewiesen.* Ihn zu negieren, wie mancher Radikale es tut, zu verlangen, daß Deutschland geistig und politisch französisch werde und deutsches Wesen zugunsten von humanité und raison von der Erde verschwinde; zu tun, als sei der deutsche Geist der faulste, unrevolutionärste der Welt und als wögen Luther und Kant die Französische Revolution nicht mindestens auf (mancher Radikale tut wirklich so) – ist absurd, ist nicht mehr Politik, ist Fremdheit und Haß.

An **Julius Bab**, 24.7.1909

[...]
Nehmen Sie schönsten Dank für Ihren ebenso scharfsinnigen wie tiefsinnigen Essay! Alles, was Sie gegen die Vorherrschaft der bildenden Kunst auf dem Theater sagen, ist mir aus der Seele gesprochen. An anderen Stellen mußte ich zweifeln. Es geht nicht, Wagner einfach zur Oper zu schlagen und ihn fürs Theater nicht in Betracht kommen zu lassen. Er gehört als Dramatiker zu Schiller und Hebbel, ist aber außerdem *mimischer* Künstler par excellence. Sie vergessen, daß, wenn Sie der Herrschaft des Schauspielers im Theater das Wort reden, Sie unmittelbar von Wagner abhängig sind. Übrigens scheinen Sie mir »den« Schauspieler zu feierlich zu nehmen. Nach meiner Meinung ist er zwar der deutlichste Fall des Künstlers, aber keineswegs der deutlichste Fall des Menschen überhaupt, – was ein großer Unterschied ist! [...]

An **Ludwig Ewers**, 23.8.1909

[...]
Anfang des Monats bekam ich durch Zufall ein Parsifal-Billet und fuhr nach Bayreuth, – zum ersten Mal und zu spät eigentlich, denn meine Passion für Wagner hat in den letzten Jahren bedeutend nachgelassen. Aber obgleich ich recht skeptisch hinging und das Gefühl hatte, nach Lourdes oder zu einer Wahrsagerin oder an sonst an einen Ort suggestiven Schwindels zu pilgern, war ich schließlich doch tief erschüttert. Gewisse Stellen namentlich im III. Akt, die Charfreitagsmusik, die Taufe, Salbung etc, dann aber auch das unvergeßliche Schlußbild – sind bedeutend und durchaus unwiderstehlich. Die Musik überhaupt der Gipfel der Modernität und von niemandem irgendwie überboten. R. Straussens »Fortschritt« ist Gefasel. Gerade vom Parsifal erben und zehren alle Heutigen. Eine so furchtbare Ausdruckskraft giebt es doch wohl in allen Künsten nicht

wieder. Die Accente der Zerknirschung und Qual, an denen W[agner] sein ganzes Leben lang geübt hat, kommen erst hier zu ihrer endgültigen Intensität. Tristans Sehnsucht ist thatsächlich noch überboten durch dieses Miserere mit seinen durchdringenden Einzelheiten, seinen inbrünstigen Grausamkeiten. Ob freilich dieser ganze Geist und Geschmack noch eine Zukunft hat, ob er nicht schon sehr historisch ist, ist eine andere Frage. Ich glaube, daß auf die jüngste Generation Walt Whitman mehr Einfluß hat, als Wagner.

Aus **Die gesellschaftliche Stellung des Schriftstellers in Deutschland** (1910)

[...]
Wenn Richard Wagner von »Litteratur-Drama« und »Litteratur-Lyrik« in einem Tone spricht, daß man an den Wänden hinaufgehen möchte, so hängt das mit seiner ganzen Kunsttheorie zusammen, die Hebbel nicht unzutreffend als »lächerlich« bezeichnete. Aber Wagner war sehr deutsch in seiner Verachtung des Litterarischen, und die verwirrenden Wirkungen, die von seinen Schriften ausgehen, sind erst jetzt in unserem geistigen Leben so recht spürbar geworden. Das Wort »Litterat« wird heute bei uns ganz in seinem Tone und Sinne gebraucht, ja, man beobachtet, daß es zu einem Schimpfwort geworden ist, gefürchteter, brandmarkender, als »Stümper«, »Hohlkopf« und »Langfinger«.

[...]

An **Kurt Martens**, 7.3.1910

[...]
Zweierlei nehme ich Dir übel. Erstens daß Du es Dir, wieder mal, nicht verkneifen konntest, von »Wälsungenblut« zu sprechen, das ich doch darum sistiert habe, damit es für die Oeffentlichkeit *nicht* in Betracht kommt. Und zweitens Deine Kritik der »Imma Spoelmann«, – eine Kritik, die entschieden persönlichen Charakter trägt.
[...]

An **Hermann Hesse**, 1.4.1910

[...] Die populären Elemente in »Kgl. Hoheit« z. B. sind ebenso ehrlicher und instinktiver Herkunft wie die artistischen, soviel ich weiß. Oft glaube ich, daß das, was Sie »Antreibereien des Publicums« nennen, ein Ergebnis meines langen leidenschaftlich-kritischen Enthusiasmus für die Kunst Richard Wagners ist – diese ebenso exklusive wie demagogische Kunst, die mein Ideal, meine Bedürfnisse vielleicht auf immer beeinflußt, um nicht zu sagen, korrumpiert hat. Nietzsche spricht einmal von Wagners »wechselnder Optik«: bald in Hinsicht auf die gröbsten Bedürfnisse, bald in Hinsicht auf die raffiniertesten. Dies ist der Einfluß, den ich meine, und ich weiß nicht, ob ich je den Willen finden werde, mich seiner völlig zu entschlagen. Die Künstler, denen es nur um eine Coenakel-Wirkung zu thun ist, war ich stets geneigt, gering zu schätzen. Eine solche Wirkung würde mich nicht befriedigen. *Mich verlangt auch nach den Dummen.* [...]

An **Maximilian Harden**, 30.8.1910

[...] Fontanes nur auf den ersten Blick zweideutiges Verhältnis zu Bismarck ist mir – seien Sie nicht böse – sympathisch; denn ich finde, daß die Größe nicht nur verehrungswürdig, sondern vor allem auch *interessant* ist, und ich finde, daß man lieben, verehren und dabei *zweifeln* kann, ja, daß diese Art Liebe und Verehrung die tiefste ist. Aus guten Pamphleten lernt man, meine ich, mehr über einen Geist, als aus Hymnen. Was wüßte man ohne Nietzsche heute in Deutschland über Wagner? Wirklich ist das Verhältnis der deutschen Intellektualität zu Wagner heute ganz ähnlich dem Fontanes zu Bismarck ... [...]

Aus **Der alte Fontane** (1910)

[...]
Seine nervöse Verfassung muß eine gewisse Ähnlichkeit mit der Wagners gehabt haben, der freilich munter bis zur Albernheit sein konnte, in dessen langem, ergiebigem Schöpferleben das Gefühl des Wohlseins aber eine Ausnahme gewesen zu sein scheint; der, kon-

stipirt, melancholisch, schlaflos, allgemein gepeinigt, sich mit dreißig Jahren in einem Zustand befindet, daß er sich oft niedersetzt, um eine Viertelstunde lang zu weinen; der vor der Beendung des »Tannhäuser« zu sterben fürchtet und mit fünfunddreißig Jahren sich für zu alt hält, um die Ausführung des Nibelungenplanes zu unternehmen; der fortwährend erschöpft, jeden Augenblick »fertig« ist, mit Vierzig »täglich an den Tod denkt« und mit fast Siebenzig den »Parsifal« schreiben wird. Der Temperamentunterschied ist groß, und bei Fontane ist Alles kühler, gemäßigter.

[...]

Richard Wagner hat, wie jeder Künstler, der diesen Namen verdient, nie zweimal das Selbe gemacht und ist in jedem seiner Werke stilistisch vollkommen ein Anderer. Das hindert nicht, daß er an einer einzigen Zeile, einem einzigen Takt aus irgendeinem seiner Werke als ganz er selbst zu erkennen ist. [...]

Auseinandersetzung mit Wagner (1911)

Was ich Richard Wagner an Kunstglück und Kunsterkenntnis verdanke, kann ich nie vergessen und sollte ich mich noch so weit im Geiste von ihm entfernen. Prosaist, Erzähler, Psycholog, hatte ich von dem symphonischen Theatraliker, dessen dichterische Wirkung, gleich der Klopstocks, außer dem Gebiete des Individuellen liegt und dessen Prosastil meiner Liebe stets eine Verlegenheit war, nichts Direktes und Handwerkliches zu lernen. Aber die Künste sind ja nur die Erscheinungsformen der Kunst, welche in allen dieselbe ist und Wagner hätte der große Vermischer der Künste nicht zu sein brauchen, der er war, um auf jede Art von Künstlertum lehrend und nährend wirken zu können. Was überdies meinem Verhältnis zu ihm etwas Unmittelbares und Intimes verlieh, war der Umstand, daß ich heimlich stets, dem Theater zum Trotz, einen großen Epiker in ihm sah und liebte. In einer seiner wahrhaft theatromanischen Kunstschriften hat er es gewagt, das Epos den dürftigen Todesschatten des lebendigen Kunstwerks, des Dramas zu nennen. Aber in seiner Stoffwahl bekundete er einen merkwürdig epischen Geschmack und für mich ist es in dem Grade das Epos, das eigentlich aus seinem Drama wirkt, daß ich fast Mühe habe, ihn als Dramatiker zu empfinden. Von den schildernden musikalischen Vorspielen zu schweigen: so sind zweifellos immer die großen Erzählungen die Höhepunkte seiner Werke, eingerechnet die Nornenszene der »Götterdämmerung« und das unvergleichlich epische Frage- und Antwortspiel zwischen Mime und dem Wanderer. Was ist der dramatische Wotan, den wir im »Rheingold« auf der Bühne sahen, verglichen mit dem erzählten, in Sieglindens Gesang vom Alten im Hut? – Grillparzer verwarf das mehrteilige Drama als Form. Das Drama sei eine Gegenwart, es müsse alles, was zur Handlung gehöre, in sich enthalten. Die Beziehung eines Teiles auf den anderen gebe dem Ganzen etwas Episches, wodurch es freilich an Großartigkeit gewönne. Aber das ist die Wirkung des »Ringes«! Und wer das »Leitmotiv« als ein wesentlich dramatisches Kunstmittel ansprechen wollte, vergäße, daß es seit den Tagen Homers fast ausschließlich von Künstlern der Erzählung gehandhabt worden ist.

Lange Zeit stand des Bayreuthers Name über all meinem künstlerischen Denken und Tun. Lange Zeit schien mir, daß alles künstlerische Sehnen und Wollen unserer Zeit in diesem gewaltigen Namen münde. Zu keiner Zeit aber, auch nicht, als ich keine »Tristan«-Aufführung des Münchner Hoftheaters versäumte, wäre mein Bekenntnis über Wagner eigentlich ein Bekenntnis zu Wagner gewesen. Als Geist, als Charakter schien er mir suspekt, als Künstler unwiderstehlich, wenn auch tief fragwürdig in Bezug auf den Adel, die Reinheit und Gesundheit seiner Mittel und nie hat meine Jugend sich ihm mit jener vertrauensvollen Hingabe überlassen, mit der sie den großen Dichtern und Schriftstellern anhing – jenen Geistern, von denen Wagner als von »Literaturdichtern« fast mitleidig sprechen zu dürfen glaubte. Meine Liebe zu ihm war eine Liebe ohne den Glauben – denn stets schien es mir pedantisch, nicht lieben zu können, ohne zu glauben. Es war ein Verhältnis, – skeptisch, pessimistisch, hellseherisch, fast gehässig, dabei durchaus leidenschaftlich und von unbeschreiblichem Lebensreiz. Wunderbare Stunden tiefen, einsamen Glückes inmitten der Theatermenge, Stunden voller Schauer und kurzer Seligkeiten, voll von Wonnen der Nerven und des Intellekts, von Einblicken in rührende und große Bedeutsamkeiten, wie nur diese nicht zu überbietende Kunst sie gewährt!

Heute jedoch glaube ich nicht mehr, wenn ich es jemals glaubte, daß die Höhe eines Kunstwerkes in der Unüberbietbarkeit seiner Wirkungsmittel bestehe. Und ich meine zu wissen, daß Wagners Stern am Himmel des deutschen Geistes im Sinken begriffen ist.

Ich rede nicht von seiner Theorie. Wäre sie nicht so durchaus etwas Sekundäres, nicht so ganz nur eine nachträgliche und überflüssige Verherrlichung seines Talentes, so wäre sein Werk ohne Zweifel so unhaltbar geworden wie sie, und nie hätte jemand sie auch nur einen Augenblick ernst genommen, ohne das Werk, das sie, so lange man im Theater sitzt, zu beweisen scheint und das doch eben nichts weiter beweist als sich selber. Ja, hat überhaupt je jemand ernstlich an diese Theorie geglaubt? An die Addition von Malerei, Musik, Wort und Gebärde, die Wagner für die Erfüllung aller künstlerischen Sehnsucht auszugeben die Unbefangenheit hatte? An eine Rangordnung der Gattungen, in welcher der Tasso dem Siegfried nachstünde? Werden denn Wagners Kunstschriften auch nur gelesen? Woher eigentlich dieser Mangel an Interesse für den Schriftsteller Wagner? Daher, daß seine Schriften Parteischriften und *nicht* Bekenntnisse sind? Daß sie sein Werk, worin er wahrhaftig in seiner leidenden Größe lebt, sehr mangelhaft, sehr mißverständlich kommentieren? Man müßte diese Entschuldigung gelten lassen. Es ist wahr, man kann aus Wagners Schriften nicht viel über Wagner lernen.

Nein, ich spreche von seinem mächtigen Werke selbst, das heute beim bürgerlichen Publikum den Höhepunkt seiner Popularität erreicht hat, von seiner Kunst als Geschmack, als Stil, als Weltempfindung. Man lasse sich nicht täuschen durch den Begeisterungslärm der jungen Leute im Stehparterre. In Wahrheit ist heute in der höheren Jugend viel Wagnerkritik, viel instinktives, wenn auch stummes Mißtrauen, ja, es muß gesagt werden, viel Gleichgiltigkeit gegen Wagner vorhanden. Und wie könnte es anders sein? Wagner ist neunzehntes Jahrhundert durch und durch, ja, er ist der repräsentative deutsche Künstler dieser Epoche, die vielleicht als groß und gewiß als unglückselig im Gedächtnis der Menschheit fortleben wird. Denke ich aber an das Meisterwerk des zwanzigsten Jahrhunderts, so schwebt mir etwas vor, was sich von dem Wagnerschen sehr wesentlich und, wie ich glaube, vorteilhaft unterscheidet, – irgend etwas ausnehmend Logisches, Formvolles und Klares, etwas zugleich

Strenges und Heiteres von nicht geringerer Willensspannung als jenes, aber von kühlerer, vornehmerer und selbst gesünderer Geistigkeit, etwas, das seine Größe nicht im Barock-Kolossalischen und seine Schönheit nicht im Rausche sucht, – eine neue Klassizität, dünkt mich, muß kommen. Aber noch immer, wenn unverhofft ein Klang, eine beziehungsvolle Wendung aus Wagners Werk mein Ohr trifft, erschrecke ich vor Freude, eine Art Heim- und Jugendweh kommt mich an, und wieder, wie einstmals, unterliegt mein Geist dem alten klugen und sinnigen, sehnsüchtigen und abgefeimten Zauber.

An **Ernst Bertram**, 11.8.1911

[...]
Über Wagner mich zu aeußern, habe ich mich nur sehr widerstrebend und unter dem Zwange eines alten Versprechens an die Redaktion des »Merker« entschlossen. Dies Blatt nämlich (es erscheint in Wien) veranstaltete für sein Bayreuth-Heft eine Art Umfrage über Wagner; es lud schon vor etwa einem halben Jahr dazu ein, und da ich bei der Gründung des Blattes die Zusage gelegentlicher Mitarbeit gegeben hatte, so glaubte ich, mich bei dieser Gelegenheit auf bequeme Art loskaufen zu können. Als es dann ernst wurde und die Redaktion drängte, war mir die Sache freilich durchaus nicht bequem, und was der Merker meine »Abrechnung mit Wagner« nennt, ist die eigentlich unverantwortlich skizzenhafte und journalistische Abfertigung eines Gegenstandes, den auf eine gründliche und entscheidende Weise zu behandeln eigentlich der Augenblick gekommen wäre. (»Wenn ich bloß Zeit hätte!«) Nehmen Sie also vorlieb. Von der Krise, in der ich mich dieser Kunst gegenüber befinde, giebt das Aufsätzchen keine Vorstellung. Ich hörte letzten Montag probeweise die »Götterdämmerung« – mein innerer Widerstand gegen die wüste Schau-Spielerei mit menschlicher Leidenschaft und menschlicher Tragik ging bis zur halblauten Empörung. Dieser Produktion Tempel bauen, dachte ich in meiner Bitterkeit, kann nur eine barbarische und geistig halbblinde Nation. Gut, daß ich dergleichen nicht geschrieben habe; mit der Zeit werde ich wohl ruhiger und gerechter denken lernen. [...]

An **Julius Bab**, 14.9.1911

[...]
Sie haben dreimal Recht: Goethe hätte Wagner als grundwiderwärtige Erscheinung empfinden müssen. Freilich war er großen Thatsachen und Wirkungen gegenüber moralisch sehr tolerant, und zuweilen frage ich mich, ob er uns nicht geantwortet hätte: »Der Mann ist euch zu groß.« Aber das wäre seine Sache. Die Deutschen sollte man vor die Entscheidung stellten: Goethe oder Wagner. Beides zusammen geht nicht. Aber ich fürchte, sie würden »Wagner« sagen. Oder doch vielleicht nicht? Sollte nicht doch vielleicht jeder Deutsche im Grunde seines Herzens *wissen*, daß Goethe ein unvergleichlich verehrungs- und vertrauenswürdigerer Führer und Nationalheld ist, als dieser schnupfende Gnom aus Sachsen mit dem Bombentalent und dem schäbigen Charakter? Quaeritur.

An **Ernst Bertram**, 16.10.1911

[...]
Von Flaubert wird man, wie von Goethe, immer reden müssen, wenn es ernstlich gilt, mit Wagner abzurechnen. Das Schlimme ist nur, daß beide ihn möglicherweise acceptiert hätten, – Goethe aus moralischer Duldsamkeit gegen alles großartig Schöpferische und Flaubert etwa aus Hang zum Barbarisch-Raffinierten. W. hat ja in Paris ein artistischeres Publikum, als bei uns. Es ist eine vertrackte Geschichte.

[...]

Aus **Maler und Dichter** (1913)

Ich muß mir das Armutszeugnis ausstellen, daß ich zur modernen Malerei, ja, zur Malerei überhaupt wenig Verhältnis habe. Ich bin ein »Ohrenmensch«, bin durch Musik und Sprache gebildet, und meine Vorstellung von künstlerischer *Komposition* besonders ist musikalischer Herkunft. Genauer: es war – ich muß wohl sagen: leider – das Werk Richard Wagners, das mir, zusammen mit Nietzsches leidenschaftlich-skeptischer Kritik dieses Werkes, alle meine Grundbegriffe von Kunst und Künstlertum in entscheidenden Jahren einprägte. [...]

Aus **Friedrich und die große Koalition** (1915)

Ja, womit soll man anfangen! Der Geschichtschreiber – und nun gar der Gelegenheitshistoriker – ist immer jener Versuchung ausgesetzt, der Wagner auf das großartigste erlag, als er, eigentlich nur gesonnen, den Untergang seines Helden aufzuführen, von einer begeisterungsvollen Pedanterie sich immer weiter im Mythos rückwärts locken ließ, ein immer größeres Stück der »Vorgeschichte« mit aufzunehmen sich genötigt fand, bis er endlich am Grundanfange und Anbeginn aller Dinge notgedrungen haltmachte: beim tiefsten Es des Vorspieles vom Vorspiel, womit er denn feierlichst und fast unhörbar zu erzählen anhob. Da aber Raum und Zeit den lebhaftesten Protest dagegen erheben, daß wir bei dieser Skizze der Ursprünge eines Krieges, dessen Wiederholung oder Fortsetzung wir heute erleben, mit dem tiefen Es beginnen, so wollen wir uns einen Stoß geben und mit dem *großen Mißtrauen* den Anfang machen, dem tief wurzelnden und, wenn wir billig sein wollen, ziemlich begründeten Mißtrauen der Welt gegen König Friedrich II. von Preußen.

[...]

An **Anton W. Heinitz**, 9.11.1915

[...] Wagner, – das ist, mit dem alten Briest zu reden, der mir zuweilen lieber ist, als Wotan, »ein weites Feld«. Er ist riesengroß, vielleicht der *stärkste* Künstler aller Zeiten. Aber als Geist und Charakter – auch als künstlerischer Charakter – so problematisch, daß es mir immer Einfalt schien, diesen Zauberer mit dem Großen, Reinen, Wahren, Guten, mit Goethe etwa, zusammen zu nennen, – immer, auch als ich jünger und für seine unerhörten Wirkungen noch empfänglicher war, als heute.

Aus **Betrachtungen eines Unpolitischen** (1918)

[...] Künstlerisch, literarisch beginnt meine Liebe zum Deutschen genau dort, wo es europäisch möglich und gültig, europäischer Wirkungen fähig, jedem Europäer zugänglich wird. Die drei Namen, die ich zu nennen habe, wenn ich mich nach den Fundamenten meiner geistig-künstlerischen Bildung frage, diese Namen für ein

Dreigestirn ewig verbundener Geister, das mächtig leuchtend am deutschen Himmel hervortritt, – sie bezeichnen nicht intim deutsche, sondern europäische Ereignisse: Schopenhauer, Nietzsche und Wagner.

Das kleine, hochgelegene Vorstadtzimmer schwebt mir vor Augen, worin ich, es sind sechzehn Jahre, tagelang hingestreckt auf ein sonderbar geformtes Langfauteuil oder Kanapee, ›Die Welt als Wille und Vorstellung‹ las. Einsam-unregelmäßige, welt- und todsüchtige Jugend – wie sie den Zaubertrank dieser Metaphysik schlürfte, deren tiefstes Wesen Erotik ist und in der ich die geistige Quelle der Tristan-Musik erkannte!

[...]

Es war um dieselbe Zeit, daß meine Passion für das Kunstwerk Richard Wagners auf ihre Höhe kam oder doch ihrem Höhepunkt sich näherte: ich sage »Passion«, weil schlichtere Wörter, wie »Liebe« und »Begeisterung«, die Sache nicht wahrhaft nennen würden. Die Jahre der größten Hingebungsfähigkeit sind nicht selten zugleich auch diejenigen der größten psychologischen Reizbarkeit, welche in meinem Falle durch eine gewisse kritische Lektüre noch mächtig verschärft wurde; und Hingabe zusammen mit Erkenntnis – eben dies ist Passion. Die innig-schwerste und fruchtbarste Erfahrung meiner Jugend war diese, daß Leidenschaft *hellsichtig* – oder ihres Namens nicht wert ist. Blinde Liebe, nichts als panegyrisch-apotheosierende Liebe – eine schöne Simpelei! Eine gewisse Art approbierter Wagner-Literatur habe ich nie auch nur lesen können. Jene verschärfend kritische Lektüre aber, von der ich sprach, war diejenige der Schriften Friedrich Nietzsche's: insbesondere sofern sie Kritik des Künstlertums, oder, was bei Nietzsche dasselbe besagt, *Wagner*kritik sind. Denn überall, wo in diesen Schriften vom Künstler und Künstlertum die Rede ist – und es ist auf keine gutmütige Weise davon die Rede –, da ist der Name Wagners, sollte er auch im Texte fehlen, unbedenklich einzusetzen: Nietzsche hatte, wenn nicht die Kunst selbst – aber auch dies könnte man behaupten –, so doch das Phänomen »Künstler« durchaus an Wagner erlebt und studiert, wie dann der so viel geringere Nachkömmling das Wagner'sche Kunstwerk und in ihm beinahe die Kunst selbst durch das Medium dieser Kritik leidenschaftlich erlebte – und dies in entscheidenden Jahren, so daß all meine Begriffe von Kunst und Künstlertum auf immer davon bestimmt, oder, wenn nicht bestimmt, so doch gefärbt und beeinflußt wurden – und zwar in einem nichts weniger als herzlich-gläubigen, vielmehr einem nur allzu skeptisch-verschlagenen Sinn.

Erkennende Hingabe, hellsichtige Liebe – das ist Passion. Ich versichere, daß die Inständigkeit meiner Wagner-Leidenschaft nicht die mindeste Einbuße dadurch erlitt, daß sie sich in Psychologie und Kritik brach – einer Kritik und Psychologie, die an Raffinement ihrem zauberischen Gegenstande, wie man weiß, gewachsen ist. Im Gegenteil, ihren feinsten und schärfsten Stachel erhielt sie erst eben hierdurch, sie wurde erst eben hierdurch recht zur Leidenschaft – mit all den Ansprüchen, die eine rechte Passion an die nervöse Spannkraft nur immer stellen kann. Die Kunst Wagners, so poetisch, so »deutsch« sie sich geben möge, ist ja an und für sich eine äußerst moderne, eine nicht eben unschuldige Kunst: Sie ist klug und sinnig, sehnsüchtig und abgefeimt, sie weiß betäubende und intellektuell wachhaltende Mittel und Eigenschaften auf eine für den Genießenden ohnehin strapaziöse Weise zu vereinigen. Aber die Beschäftigung mit ihr wird beinahe zum Laster, sie wird *moralisch*, wird zur rücksichtslos ethischen Hingabe an das Schädliche und Verzehrende, wenn sie nicht gläubig-enthusiastisch, sondern mit einer Analyse verquickt ist, deren gehässigste Erkenntnisse zuletzt eine Form der Verherrlichung und wiederum nur Ausdruck der Leidenschaft sind. Noch im ›Ecce homo‹ ist eine Seite über den ›Tristan‹, welche Beweis genug wäre, daß Nietzsche's Verhältnis zu Wagner bis in die Paralyse hinein heftigste Liebe geblieben ist.

[...]

[...] Nietzsche und Wagner – sie sind beide große *Kritiker des Deutschtums*: dieser auf mittelbar-künstlerische, jener auf unmittelbar-schriftstellerische Weise, – wobei, wie es modern ist, die künstlerische Methode an intellektueller Bewußtheit und Un-Einfalt der schriftstellerischen nicht nachsteht. Es hat, wie gesagt, wenn man Nietzsche beiseite nimmt, in Deutschland nie eine Wagner-Kritik gegeben, – denn das »unliterarische« Volk ist damit auch das un- und anti-psychologische. Baudelaire und Barrès haben bessere Dinge über Wagner gesagt, als in irgendwelchen deutschen Wagner-

Biographien und -Apologien zu finden sind, und in diesem Augenblick ist es ein Schwede, W. Peterson-Berger, der in seinem Buche ›Richard Wagner als Kulturerscheinung‹ uns Deutschen einige Winke darüber erteilt, in welcher Haltung etwa man gut tut, sich einer so im ungeheuersten Sinne interessanten Erscheinung zu nähern: in demokratisch aufrechter Haltung nämlich, die es gestattet, überhaupt etwas davon zu sehen. Der Schwede spricht da von Wagners Nationalismus, seiner Kunst als einer national deutschen, und bemerkt, daß die deutsche Volksmusik die einzige Richtung sei, die von seiner Synthese *nicht* umfaßt werde. Zu Charakterisierungszwecken könne er wohl mitunter, wie in den ›Meistersingern‹ und im ›Siegfried‹, den deutschen Volkston anschlagen, aber dieser bilde nicht die Grundlage und den Ausgangspunkt seiner Tondichtung, sei niemals der Ursprung, aus dem sie spontan hervorsprudele, wie bei Schumann, Schubert und Brahms. Es sei notwendig, zwischen Volkskunst und nationaler Kunst zu unterscheiden; der erstere Ausdruck ziele nach innen, der letztere nach außen. Wagners Musik sei mehr national als volkstümlich; sie habe wohl viele Züge, die *namentlich der Ausländer* als deutsch empfinde, aber sie habe dabei ein unverkennbar kosmopolitisches Cachet. – Nun, es ist leicht, treffend zu sein, wenn man sehr zugespitzt ist. In der Tat ist Wagner als geistige Erscheinung so gewaltig deutsch, daß mir immer schien, man müsse unbedingt sein Werk mit Leidenschaft erlebt haben, um von der tiefen Herrlichkeit sowohl wie von der quälenden Problematik deutschen Wesens irgend etwas – wenn nicht zu verstehen, so doch zu ahnen. Aber *außerdem*, daß dieses Werk eine eruptive Offenbarung deutschen Wesens ist, ist es auch eine schauspielerische Darstellung davon, und zwar eine Darstellung, deren Intellektualismus und plakathafte Wirksamkeit bis zum Grotesken, *bis zum Parodischen* geht, – eine Darstellung, die, sehr roh gesprochen, momentweise nicht völlig über den Verdacht erhaben ist, Beziehungen zur Fremdenindustrie zu unterhalten, und die bestimmt scheint, ein neugierig schauderndes Entente-Publikum zu dem Ausrufe hinzureißen: »Ah, ça c'est bien allemand par exemple!«

Wagners Deutschtum also, so wahr und mächtig es sei, ist modern gebrochen und zersetzt, dekorativ, analytisch, intellektuell, und seine Faszinationskraft, seine eingeborene Fähigkeit zu kosmopolitischer, zu planetarischer Wirkung stammt daher. Seine Kunst ist die sensationellste Selbstdarstellung und Selbstkritik deutschen Wesens, die sich erdenken läßt, sie ist danach angetan, selbst einem Esel von Ausländer das Deutschtum *interessant* zu machen, und die leidenschaftliche Beschäftigung mit ihr ist immer zugleich eine leidenschaftliche Beschäftigung mit diesem Deutschtum selbst, das sie kritisch-dekorativ verherrlicht. Sie wäre das an und für sich, aber wie sehr wird sie es erst sein, wenn sie sich von einer Kritik leiten läßt, die, während sie der Kunst Wagners zu gelten scheint, in Wahrheit dem Deutschtum im allgemeinen gilt, wenn auch nicht immer so unmittelbar ausgesprochenerweise wie in jener herrlichen Analyse des Meistersinger-Vorspiels zu Anfang des Achten Hauptstücks von ›Jenseits von Gut und Böse‹. In Wahrheit, wenn Nietzsche als Wagner-Kritiker im Auslande Rivalen hat, als Kritiker des Deutschtums hat er deren nirgends, weder draußen noch daheim: er ist es, der bei weitem das Böseste und Beste darüber gesagt hat, und die Genialität der Beredsamkeit, die ihn ergreift, die ihn trägt, wenn er auf deutsche Dinge, auf das Problem des Deutschtums zu reden kommt, ist Zeugnis seines durchaus leidenschaftlichen Verhältnisses zu diesem Gegenstand. Von Nietzsche's Deutschfeindlichkeit zu reden, wie es in Deutschland zuweilen geschieht – das Ausland, dank seinem weiteren Abstande, sieht richtiger –, ist ebenso plump, wie es wäre, ihn einen Anti-Wagnerianer zu nennen. Er liebte Frankreich aus artistisch-formalen, wenn auch gewiß nicht aus politischen Gründen; aber man zeige mir die Stelle, wo er von Deutschland mit jener Verachtung spricht, die englischer Utilitarismus, englische Unmusikalität ihm erweckten! Auf ihn, wahrhaftig! mögen jene politischen Sittenrichter sich nicht berufen, die sich anmaßen, ihr Volk literarisch zu züchtigen, es mit der klappernden Terminologie des westlichen Demokratismus zu schulmeistern, aber nie, niemals im Leben ein einziges Wort der erkennenden Leidenschaft fanden, welches ihr Recht erhärtet hätte, über deutsche Dinge auch nur mitzureden ... Ich wollte sagen: der junge Mensch, den Geschmack und Zeitumstände nötigten, die Kunst Wagners, die Kritik Nietzsche's zur Grundlage seiner Kultur zu machen, an ihnen hauptsächlich sich zu bilden, mußte gleichzeitig der eigenen nationalen Sphäre, mußte des Deutschtums als eines überaus merkwürdigen, zu leidenschaftlicher Kritik anreizenden europäischen Elementes ansichtig werden; eine Art von psychologisch orientiertem Patriotismus mußte sich zeitig in ihm ausbilden, der mit politischem Nationalismus natürlich überhaupt nichts zu schaffen hatte, aber eine gewisse Reizbarkeit des nationalen Selbstbewußtseins, eine gewisse Ungeduld gegen *plumpe*, der Unwissenheit entspringende Beschimpfungen dennoch hervorbrachte: in dem Sinne etwa, wie ein Kunstfreund, der tief durch das Erlebnis Wagners gegangen, aus höheren geistigen Gründen aber zum Gegner dieser Kunst geworden ist, Ungeduld in sich ausbrechen fühlen wird bei den Schimpfreden rückständig-banausischer Ahnungslosigkeit. »Interesse«, um es umgekehrt zu wiederholen, ist der intellektuelle Name eines Affektes, dessen sentimentaler Name – »Liebe« lautet.

Schopenhauer, Nietzsche und Wagner: ein Dreigestirn ewig verbundener Geister. Deutschland, die Welt stand in seinem Zeichen, bis gestern, bis heute – wenn auch morgen nicht mehr. Tief und unlösbar sind ihre Schöpfer- und Herrscherschicksale verknüpft. Nietzsche nannte Schopenhauer seinen »großen Lehrer«; welch ungeheures Glück für Wagner das Erlebnis Schopenhauers war, weiß der Erdkreis; die Freundschaft von Tribschen mochte sterben, – sie ist unsterblich, wie die Tragödie unsterblich ist, die nachher kam und die nie und nimmermehr eine Trennung, sondern eine geistesgeschichtliche Umdeutung und Umbetonung dieser »Sternenfreundschaft« war. Die drei sind eins. Der ehrfürchtige Schüler, dem ihre gewaltigen Lebensläufe zur Kultur geworden, möchte wünschen, von allen dreien auf einmal reden zu können, so schwer scheint es ihm, auseinanderzuhalten, was er dem einzelnen verdankt. Wenn ich von Schopenhauer den Moralismus – ein populäres Wort für dieselbe Sache lautet »Pessimismus« – meiner seelischen Grundstimmung habe, jene Stimmung von »Kreuz, Tod und Gruft«, die schon in meinen ersten Versuchen hervortrat: so findet sich diese »ethische Luft«, um mit Nietzsche zu reden, auch bei Wagner; in ihr steht ganz und gar sein riesenhaftes Werk, und ebensogut auf seinen Einfluß könnte ich mich berufen. Wenn aber eben diese Grundstimmung mich zum *Verfalls*psychologen machte, so war es Nietzsche, auf den ich dabei als Meister blickte; denn nicht so sehr der Prophet irgendeines unanschaulichen »Übermenschen« war er mir von Anfang an, wie zur Zeit seiner Modeherrschaft den meisten, als vielmehr der unvergleichlich größte und erfahrenste Psychologe der Dekadenz ...

Selten, denke ich, wird auf einen Nicht-Musiker – und entschiedeneren Nicht-Dramatiker – der Einfluß Wagners so stark und bestimmend gewesen sein, wie ich es von mir zu bekennen habe. Nicht als Musiker, nicht als Dramatiker, auch nicht als »Musikdramatiker« wirkte er auf mich, sondern als Künstler überhaupt, als der moderne Künstler par excellence, wie Nietzsche's Kritik mich gewöhnt hatte ihn zu sehen, und im besonderen als der große musikalisch-epische Prosaiker und Symboliker, der er ist. Was ich vom Haushalt der Mittel, von der Wirkung überhaupt – im Gegensatz zum Effekt, dieser »Wirkung ohne Ursache« –, vom epischen Geist, vom Anfangen und Enden, vom Stil als einer geheimnisvollen Anpassung des Persönlichen an das Sachliche, von der Symbolbildung, von der organischen Geschlossenheit der Einzel-, der Lebenseinheit des Gesamtwerkes, – was ich von alldem weiß und zu üben und auszubilden in meinen Grenzen versucht habe, ich verdanke es der Hingabe an diese Kunst. Heute noch, wenn unverhofft eine beziehungsvolle Wendung, irgendein abgerissener Klang aus Wagners musikalischem Kosmos mein Ohr trifft, erschrecke ich vor Freude. Aber dem jungen Menschen, für den zu Hause kein Platz war und der in einer Art von freiwilliger Verbannung in ungeliebter Fremde lebte, war diese Kunstwelt buchstäblich die Heimat seiner Seele. Schaufahrt mit Konzert auf dem Pincio ... und eingesprengt in das banal genießende Gewimmel internationaler Eleganz stand der ärmliche und halb verwahrloste Junge zu Füßen des Podiums, unter einem dickblauen Himmel, der nie aufhörte, ihm auf die Nerven zu fallen, unter Palmen, die er mißachtete, und empfing, schwach in den Knien vor Begeisterung, die romantischen Botschaften des Lohengrin-Vorspiels. Erinnerte er sich solcher Stunden, zwanzig Jahre später, als Krieg wurde zwischen dem Geist des Lohengrin-Vorspiels und der internationalen Eleganz? Sind vielleicht solche Erinnerungen mitschuldig an seiner wahllos-unliterarischen Stellungnahme in diesem Kriege? – Wagner-Demonstration auf Piazza Colonna! Maëstro Vessella, damals Dirigent des Munizipal-Orchesters (mit Kesselpauken: wenn Kesselpauken auf die Piazza gebracht wurden, so hieß das, daß nicht die dumme Militärkapelle, sondern das Stadtorchester konzertieren und daß Wagner auf dem Programm stehen werde) – Vessella also, Verkündiger der deutschen Musik in Rom, spielt die Totenklage um Siegfried. Jedermann weiß, daß es Skandal geben soll. Der Platz ist gedrängt voll, alle Balkons sind besetzt. Man hört das Fragment zu Ende. Dann beginnt in der ganzen Runde der Kampf zwischen ostentativem Beifall und nationalem Protest. Man schreit »Bis!« und klatscht in die Hände. Man schreit »Basta!« und pfeift. Es sieht aus, als ob die Opposition das Feld behaupten werde; aber Vessella bissiert. Diesmal wird schonungslos in das Stück hinein demonstriert. Pfiffe und Schreie nach einheimischer Musik zerreißen die piano-Stellen, während beim forte die Zustimmungsrufe der Enthusiasten die Oberhand haben. Aber nie vergesse ich, wie unter Evvivas und Abbassos zum zweiten Male das Nothung-Motiv heraufkam, wie es über dem Straßenkampf der Meinungen seine gewaltigen Rhythmen entfaltete, und wie auf seinem Höhepunkt, zu jener durchdringend schmetternden Dissonanz vor dem zweimaligen C-Dur-Schlage, ein Triumphgeheul losbrach und die erschütterte Opposition unwiderstehlich zudeckte, zurücktrieb, auf längere Zeit zu verwirrtem Schweigen brachte ... Der zwanzigjährige Fremde – fremd hier wie diese Musik, *mit* dieser Musik – stand eingekeilt in der Menge auf dem Pflaster. Er schrie nicht mit, da die Kehle ihm zugeschnürt war. Sein Gesicht, nach dem Podium spähend, das wütende Italianissimi stürmen wollten und das von den Musikern mit ihren Instrumenten verteidigt wurde, – sein aufwärts gekehrtes Gesicht lächelte im Gefühl seiner Blässe, und sein Herz pochte in ungestümem Stolz, in jugendlich krankhafter Empfindung ... Im Stolz worauf? In Liebe wozu? Nur zu einem umstrittenen Kunstgeschmack? – Wohl möglich, daß er an Piazza Colonna dachte, zwanzig Jahre später, im August 1914, und an die nervösen Tränen, die einst beim Siege des Nothung-Motivs jäh seine Augen überfüllend ihm über das kalte Gesicht gelaufen waren und die er nicht hatte trocknen können, weil ein fremdes Volksgedränge ihn hinderte, den Arm zu heben. Trotzdem, ich täusche mich nicht. Mochte immerhin das inständige Erlebnis dieser Kunst dem Jüngling zur Quelle patriotischer Gefühle werden, – es war ein überdeutsches Geisteserlebnis, es war ein Erlebnis, das ich mit dem intellektuellen Europa gemeinsam hatte, wie Thomas Buddenbrook das seine. Dieser deutsche Musiker war ja kein »deutscher Musiker« mehr im alten, intimen und echten Sinne. Er war wohl freilich sehr deutsch (kann man Musiker sein, ohne deutsch zu sein?). Aber es war nicht das Deutsch-Nationale, Deutsch-Poetische, Deutsch-Romantische an seiner Kunst, was mich bezauberte – oder doch nur, insofern dies alles intellektualisiert und in dekorativer Selbstdarstellung darin erschien –: es waren vielmehr jene allerstärksten europäischen Reize, die davon ausgehen und für die Wagners heutige, fast schon außerdeutsche Stellung Beweis ist. Nein, ich war nicht deutsch genug, um die tiefe psychologisch-artistische Verwandtschaft seiner Wirkungsmittel mit denen Zola's und Ibsens zu übersehen: welche beide vor allem Herren und Meister des Symbols, der tyrannischen Formel waren, gleich ihm, und von denen besonders der westliche Romancier, Naturalist und Romantiker wie er, als sein echter Bruder im Willen und Vermögen zur Massenbetäubung, Massenüberwältigung erscheint … Die ›Rougon-Macquart‹ und der ›Ring des Nibelungen‹, – der »Wagnerianer« denkt das nicht zusammen. Trotzdem *gehört* es zusammen: für die Anschauung, wenn auch nicht für die Liebe. Denn es gibt freilich Fälle, in denen der Verstand auf einem Vergleiche besteht, den der Affekt auf immer von der Hand weisen möchte. Die ›Rougon-Macquart‹ und der ›Ring des Nibelungen‹! Man stellt mich hoffentlich nicht vor die Wahl. Ich fürchte, daß ich mich ›patriotisch‹ entscheiden würde.

[…]

Zu sagen, bei Schopenhauer und Wagner befinde man sich in bürgerlicher Sphäre, es sei eine bürgerliche Erziehung, die man durch sie erhalte, scheint eine widersinnige Behauptung; denn es fällt schwer, den Begriff der Bürgerlichkeit mit dem der Genialität zu vereinigen. Was wäre auch unbürgerlicher, als ihr hochgespannter, tragischer, heftig-qualvoller und in Weltruhmesglanz mündender Lebensgang! Trotzdem sind sie rechte Kinder ihres bürgerlichen Zeitalters, und überall ist in ihrer Menschlichkeit und Geistigkeit das Bürgerliche nachweisbar.

[…]

Was aber Wagner betrifft, so findet sich ja in seiner menschlichen und künstlerischen Persönlichkeit ein nicht nur bürgerlicher, sondern geradezu bourgeoiser und parvenühafter Einschlag, – der Geschmack am Üppigen, am »Atlas«, am Luxus, an Reichtum und bürgerlicher Pracht, – ein Zug des Privatlebens zunächst, der aber tief ins Geistig-Künstlerische reicht. Ich bin nicht sicher, ob die Bemerkung mein Eigentum ist, daß Wagners Kunst und das Makartbukett (mit Pfauenfedern) derselben zeitlichen und ästhetischen Herkunft sind? Aber wenn Wagner ein wenig bourgeois war, so war er auch Bürger in einem hohen, deutschen Sinn, und seine Selbst-Inszenierung und Kostümierung als deutscher »Meister« hatte ihre gute innere und natürliche Berechtigung: man täte unrecht, über dem Feuerflüssig-Vulkanischen, dem Dämonischen und Genialen in seiner Produktion das altdeutsch-kunstmeisterliche Element zu übersehen, – das Treublickend-Geduldige, Handwerksfromme und Sinnig-Arbeitsame ... »An ihren Früchten sollt ihr sie erkennen.« Wagners europäischer Intellektualismus findet sich wieder in Richard Strauß, sein deutschbürgerliches Teil aber in dem Käppchen-Meistertum und Treuefleiß des liebenswerten Engelbert Humperdinck.

Bürgerliches Künstlertum, ein verwirklichtes Paradoxon, ein Paradoxon immerhin, eine Doppeltheit und Zwiespältigkeit auf jeden Fall, trotz der Legitimität, die diese geistige Lebensform gerade in Deutschland besitzt. Als ich von dem bestimmenden Einfluß sprach, den Wagners Künstlertum auf mich ausgeübt, ließ ich etwas Bedenkliches weg, versparte es mir bis auf diese Stelle, und es handelt sich dabei weniger um Wagners eigenes Bürgertum, als um seine Beziehungen zur Bürgerlichkeit, um seine *Wirkung* auf den Bürger. Gerade sie ist aber der Punkt, in dem Wagners Einfluß zu einer Art von Verderb werden kann und vielleicht in meinem Falle dazu geworden ist: ich meine das, was Nietzsche die »doppelte Optik« nennt, die artistische *und* die bürgerliche nebeneinander und auf einmal, den Instinkt – denn es ist natürlich ein Instinkt, keine Berechnung; etwas durchaus Objektives, nichts Subjektives –, raffinierte und gutmütigere Bedürfnisse zugleich zu befriedigen, die Wenigen zu gewinnen, und die Vielen obendrein, – ein Instinkt, der, nach meiner Einsicht, mit Wagners Eroberertum, seinem Weltdurst, seiner »Sündhaftigkeit« im asketischen Sinne zusammenhängt, mit dem, was Buddha das »Anhangen« nennt, seiner Sehnsucht, seinem sinnlich-übersinnlichen Liebesverlangen. Es gibt ja eine Art von Künstlertum, bei welchem von all diesem, oder von diesem einen, durchaus nicht die Rede sein kann, ein keusches, strenges, kaltes, stolzes, ja steifes, das für die »Welt« nichts als Verachtung und Hohn im Herzen und Geiste hegt und von keinerlei Demagogie, keiner unbewußtesten Rücksicht und Kondeszendenz, keinem weltlichen Wirkungs-, Vereinigungs- und Liebesverlangen auch nur berührt ist. Wagner war weit davon entfernt. In seinem Werk findet sich eine Stelle, die ihn in jedem Sinne, auch in diesem, resümiert: es ist das Zitat des Sehnsuchtsmotivs auf dem Worte »Welt« im II. Akt ›Tristan‹ – (»Selbst dann bin ich die Welt!«). Man wird mich nicht hindern, in Wagners Begierde, seiner Welt-Erotik den Grund und Ursprung dessen zu finden, was Nietzsche seine zweifache Optik genannt hat, eines aus Bedürfnis entsprungenen Vermögens, nicht nur die Feinsten – das ist selbstverständlich – zu fesseln, zu faszinieren, sondern auch die breite Masse der Schlichten; ich sage: aus Bedürfnis entsprungen, weil ich überzeugt bin, daß jeder Künstler ohne Ausnahme genau das macht, was er *ist*, was seinem eigenen ästhetischen Urteil und Bedürfnis entspricht. Ein unehrliches Künstlertum, welches Wirkungen berechnete und erzielte, die ihm selber ein Spott, denen es selbst überlegen wäre und die nicht zuerst auch Wirkungen auf ihren Urheber wären, ein solches Künstlertum gibt es nicht. Und daraus folgt, daß die objektiven Wirkungen eines Künstlers, auch die breit bürgerliche Wirkung Wagners, immer für sein eigenes Sein und Wesen beweisend sind. Er war ein sehnsüchtiger oder, um das kältere Wort dafür einzusetzen, ein ehrgeiziger Künstler. Was man aber in der Jugend wünscht, wirklich und von Naturrecht wegen wünscht, nicht nur zu wünschen sich fälschlich und unnatürlicherweise einredet, – das hat man im Alter die Fülle; und die Folge jener aristokratisch-demokratischen, artistisch-bürgerlichen Optik ist der *Erfolg*, als welcher eben immer ein doppelter Erfolg ist: bei den Artisten *und* bei den Bürgern, denn weder der reine Boheme- und Zönakel-, noch der reine Publikumserfolg trägt mit Recht seinen Namen. Glaube man doch ja nicht, daß ich im geringsten aus Selbstgefälligkeit rede, wenn ich hinzufüge, daß ich vom »Erfolge« ein Lied, mein kleines Lied, zu singen weiß! Ich sehe in ihm eine Lebenserfahrung wie eine andere, und ich weiß, daß er für seinen Träger auf recht zweideutige Weise charakteristisch ist. Schlicht definiert bedeutet er: Diesen verlangte auch nach den Dummen ... Was ich aber ferner weiß, ist, daß der »Erfolg« als Folge jener doppelten Optik, die man schlimmer- und sündigerweise von Wagner lernt, eine prekäre und nicht geheuere Behausung ist; daß er Lebensgefahr und Eumenidenrache in sich selber birgt; daß ein Mann dieses Erfolges gewärtig sein muß, es auf die Dauer mit *beiden* Teilen zu verderben, mit der Bürgerlichkeit sowohl wie mit dem Radikalismus ...

[...]

Was Wagner betrifft, so steht es fest, daß er als Künstler und Geist sein Leben lang ein Revolutionär war. Aber ebenso sicher ist, daß dieser nationale Kultur-Revolutionär die politische Revolution nicht meinte und die Atmosphäre von 1848 / 49 durchaus nicht als sein Element empfand. In seinen Lebenserinnerungen spricht er von der »schrecklichen Seichtigkeit der Wortführer jener Zeit«, von ihrer »aus den abgedroschensten Phrasen zusammengesetzten Beredsamkeit bei Versammlungen und überhaupt im persönlichen Umgange«. Es habe ihn erstaunt, sagt er, zu hören und zu lesen, »mit welcher unglaublichen Trivialität es dabei herging, und wie bei allen es nur darauf hinauslief, zu erklären, daß allerdings die Republik das Beste sei, man sich indessen aber die Monarchie, wenn sie sich gut aufführe, zur Not noch gefallen lassen könne«. Und den Zivilisationsliteraten, den Macht- und Geist-Antithetiker, muß es nicht wenig abstoßen und beleidigen, wenn Wagner vom Frankfurter Parlamente sagt, man habe nicht wohl ersehen, wozu dieses gewaltige Reden der *allermachtlosesten* Menschen führen sollte. Der machtlosesten! Dieser brutale Schwärmer hatte eine Schwäche für »die Macht«, wie es scheint, er besann sich nicht, mit »der Macht« zu paktieren im Jahr 1870, – nein, ihr zuzujauchzen, ihr trunken zuzujauchzen und sich ihr zuliebe begeisterter aufzuführen, als je in den Tagen des Paulskirchen-Geistes. Wenn es nach dem Zivilisationsliteraten ginge, wäre er also »kein Kämpfer« gewesen, – o mein Gott! Er pries den »ungeheuren Mut« Bismarcks, feierte das deutsche Heer vor Paris; der Sieg über Frankreich, die Neuschöpfung des Reiches, die Krönung eines deutschen Kaisers: das war zuviel für sein Künstlerherz, es brach in eine Art von Gesang aus, der ungefähr lautete wie: »Es strahlt der Menschheit Morgen; nun dämm're auf, du Göttertag!« Kurzum, er trieb es ärger als irgendein Kriegsbejaher von 1914; denn niemand von uns war so groß und heftig von Natur, um es ihm an widergeistiger Ungebühr gleichzutun. – Will man sich Wagners Verhältnis zur Politik überhaupt und zum Jahre 48 im besonderen bis zur Erheiterung klarmachen, so braucht man sich nur zu erinnern, daß er damals ganz kürzlich den ›Lohengrin‹ vollendet und mit dem Vorspiel, diesem romantisch gnadenvollsten aller existierenden Musikstücke, gekrönt hatte. ›Lohengrin‹ und das Jahr 48 – das sind zwei Welten, verbunden höchstens durch eines: das nationale Pathos. Und der Zivilisationsliterat wird von einem richtigen Instinkt geleitet, wenn er in satirischen Gesellschaftsromanen den ›Lohengrin‹ verulkt, indem er ihn ins Politische übersetzt. Wahrscheinlich lag Wagnern der schöne Baß seines Königs Heinrich im Sinne, als er im Dresdener ›Vaterlandsverein‹ jene grundsonderbare Rede hielt, worin er sich als glühender Anhänger des Königtums, als Verächter alles Konstitutionalismus bekannte und Deutschland beschwor, die »fremdartigen, undeutschen Begriffe«, nämlich den westlichen Demokratismus zum Teufel zu jagen und das einzig heilwirkende altgermanische Verhältnis zwischen dem absoluten König und dem freien Volk wiederherzustellen: denn im absoluten König werde der Begriff der Freiheit selbst zum höchsten, gotterfüllten Bewußtsein erhöht, und frei sei das Volk nur, wenn *einer* herrsche, nicht wenn *viele* herrschen. Eine wunderlichere Politik treibt selbst Friedrich Wilhelm Foerster nicht. Aber was hat dieser unmögliche Achtundvierziger nicht alles gesagt! Zum Beispiel, daß die Kunst zur Zeit ihrer Blüte *konservativ* gewesen sei und es *wieder werden werde.* Ferner den lapidaren, nie zerstörbaren Satz: *»Der Deutsche ist konservativ.«* Ferner den nur von Franzosen und radikalen Weltverbesserern anfechtbaren Satz: »Die Zukunft ist nicht anders denkbar, als aus der Vergangenheit bedingt.« Ferner den überhaupt nicht anfechtbaren, den unsterblichen und erlösenden Satz: »Die Demokratie ist in Deutschland ein durchaus übersetztes Wesen. *Sie existiert nur in der Presse.*« Sicher, Wagner hat den Gedanken der Völkerverbrüderung geliebt, aber von internationalistischen Neigungen war er recht weit entfernt: sonst hätten die Worte »fremdartig«, »übersetzt«, »undeutsch« in seinem Munde nicht ein Urteil, eine Verurteilung, ja

Haß bedeutet, – und dergleichen bedeuteten sie. Warum aber haßte er die »Demokratie«? Weil er *die Politik selbst haßte*, und weil er *die Identität von Politik und Demokratismus* erkannte. Warum glauben, wollen, haben die mit Lust und Talent politisierenden Völker die Demokratie? Eben weil sie die politisierenden Völker sind! Nichts ist klarer. Der Geschmack eines Volkes an der Demokratie steht im umgekehrten Verhältnis zu seinem Ekel vor der Politik. Wenn Wagner irgendwie ein Ausdruck seines Volkes, wenn er irgendworin deutsch war, deutsch-human, deutsch-bürgerlich im höchsten und reinsten Sinne, so war er es in seinem Haß auf die Politik. Man mag es auf die geistige Enttäuschung schieben, die er aus seiner Teilnahme an dem Dresdener Mai-Aufstande davontrug, wenn er es gleich darauf abschwört, sich je wieder auf solche Dinge einzulassen, und das Gebiet der Politik für »durchaus unfruchtbar« erklärt. Aber Sätze wie *»Ein politischer Mann ist widerlich«* (aus einem Briefe an Liszt) kommen aus tieferen, unpersönlichen Gründen: wann hätte je ein Engländer, Franzose, Italiener, ja ein Russe einen solchen Ausspruch getan? Er kam hier aus vagen und innigen Künstlergrübeleien und -hypothesen von einer Verderbnis, einer anarchisch-doktrinären Politisierung der Menschheit, die von der Auflösung des griechischen Staates und der Zertrümmerung der Tragödie her datiert; von einer »ganz entschieden sozialen Bewegung«, die mit politischer Revolution gar nichts zu tun hatte, sondern im Gegenteil einen menschlichen Zustand herbeiführen werde, der »das Ende der Politik« bedeuten, in dem es überhaupt keine Politik mehr geben und in dem *also* »die Kunst in ihrer Wahrheit« möglich sein werde; von einer entpolitisierten, menschlichen und künstlerischen Lebens- und Geistesform also, die so recht eine deutsche und allem Deutschen günstige Lebens- und Geistesform sein werde, denn: »Große Politiker, so scheint es, werden wir Deutsche nie sein; aber vielleicht etwas viel Größeres, wenn wir unsere Anlagen richtig ermessen ...« Von einer Entpolitisierung und Vermenschlichung der Erde, von ihrer Deutschwerdung in des Wortes humanster und widerpolitischster Bedeutung träumte dieser aus Deutschtum und Künstlertum gemischte Geist, wenn er von jener Sehnsucht sprach, die »nach dem einzig Wahren – dem Menschen« verlange: sehr im Gegensatz zum Zivilisationsliteraten, welcher vielmehr von der »Vermenschlichung« Deutschlands auf dem Wege seiner demokratischen Politisierung »träumt« ... Aber ich sagte ja schon, daß der Zivilisationsliterat wohl weiß, warum er Wagner satirisiert: er weiß es von Instinkt, denn gelesen hat er ihn nicht, und von seiner Musik versteht er nicht einen Ton. Was ihm aber neu und dabei Wasser auf seine Mühle sein dürfte, ist, daß Wagner Imperialist war, – auch das noch, es ist nachzuweisen! Schon 1848, in eben jener grundsonderbaren Rede, die er dem demokratischen ›Vaterlandsverein‹ in Dresden hielt, forderte er die Begründung deutscher Kolonien. »Wir wollen es besser machen«, sagte er, »als die Spanier, denen die neue Welt ein pfäffisches Schlächterhaus, anders als die Engländer, denen sie ein Krämerkasten wurde. Wir wollen es deutsch und herrlich machen!« Die Kolonialidee hat nie aufgehört, ihn zu beschäftigen, und vielleicht waren es Reminiszenzen an Friedrich und Faust, die dabei mitwirkten. Wie aber sollte der Zivilisationsliterat nicht satirisch gestimmt werden angesichts einer Geistigkeit, die sich antipolitisch – aber national, antipolitisch – aber imperialistisch gebärdet: er, der mit geübter Leidenschaft dafürhält, daß man zwar unbedingt Politiker sein müsse, beileibe aber nicht national empfinden dürfe, und der von »Imperialismus« nur wie von verruchtestem Teufelswerk und einem Verbrechen an der Menschheit redet?

Der gegenwärtige Krieg lehrt wieder, daß in stürmisch-aufgewühlten Zeiten jeder das Seine findet. Es gibt keine Weltanschauung, keine Ideologie, keine Glaubenslehre, auch keine Schrulle und Marotte, die sich nicht durch den Krieg bestätigt und gerechtfertigt fände, die nicht freudig überzeugt wäre, daß gerade ihre Stunde und Zukunft nun angebrochen sei. Wagner fand in der sogenannten Deutschen Revolution einiges von sich selbst; er war jung und sehnsüchtig genug, ihr die Verwirklichung seiner Kulturträume vom »Ende der Politik« und vom Anbruch der Menschlichkeit zuzutrauen. Sie hat ihn aufs tiefste enttäuscht, er hat seine Teilnahme daran als »dumme Streiche« verleugnet, hat ihrem Todfeinde, dem listig-gewalttätigen Reichsgründer zugejauchzt, obgleich Bismarcks Lösung der deutschen Frage nichts weniger als »das Ende der Politik«, sondern erst recht ihren Anfang für Deutschland bedeutete; und wenn auch jene »dummen Streiche« sehr ernste und schwere Folgen für Wagners äußeres Leben nach sich zogen, so wäre es doch ganz und gar absurd, zu behaupten, der politische Trubel von 48 sei ein inneres Erlebnis ersten Ranges für ihn, das große geistige Erlebnis seiner selbst gewesen. Dieses fand er beträchtlich später, und es war so unpolitisch wie möglich, es war ein recht deutsches Erlebnis, moralistisch-metaphysischer Art, – es kam zu ihm in die Einsamkeit seines Schweizer Exils, und es war nur ein Buch: es war die Philosophie Arthur Schopenhauers, worin er die geistige Erlösung des eigenen Wesens, die wahre Heimat seiner Seele erkannte.

[...]

Wir dachten nach über Schopenhauers höhnische Ablehnung jedes patriotischen Pathos (eine Ablehnung, die einzig im Punkte der deutschen Sprache sich in leidenschaftliche Teilnahme verkehrte), und wir fanden, daß er Patriotismus und Demokratie, wie jedermann damals, gleichsetzte und daß er nicht Patriot und »deutscher Bruder« sein konnte und wollte, weil er nicht politischer Demokrat sein konnte und wollte, weil sein individualistischer Aristokratismus ihn die Demokratie verabscheuen ließ. Wir erinnerten uns, daß Wagner nicht müde wurde, die Demokratie in irgendeinem westlichen Sinn und Verstand für fremdartig, übersetzt, undeutsch zu erklären, daß er sie haßte, und zwar mit demselben Haß, den ihm die Politik selbst, alles politische Wesen überhaupt einflößte; denn dies Wesen selbst schien ihm undeutsch, widerdeutsch, und nichts war widriger den Wünschen und Träumen dieses Mannes von 48 als die demokratische Politisierung seines Volkes, dessen Anlagen es, wie er meinte, zu Höherem als zur Politik beriefen ...

[...]

Nie wird die Kunst im politischen Sinn moralisch, nie tugendhaft sein; nie wird der Fortschritt sich auf sie verlassen können. Sie hat einen unzuverlässigen, verräterischen Grundhang; ihr Entzücken an skandalöser Anti-Vernunft, ihre Neigung zu Schönheit schaffender »Barbarei« ist unaustilgbar, ja, möge man diese Neigung hysterisch, widergeistig, unmoralisch bis zur Weltgefährlichkeit nennen: sie ist eine unsterbliche Tatsache, und wollte, könnte man sie ihr exstirpieren, so hätte man wohl die Welt von einer argen Gefahr befreit, aber man hätte sie fast zuverlässig zugleich von der Kunst befreit, – und das wollen nur wenige. Eine irrationale Macht, aber eine große

Macht; und die Anhänglichkeit der Menschen an sie beweist, daß die Menschen mit dem Rationalen, das heißt: mit der berühmten dreiteiligen Gleichungsformel demokratischer Weisheit »Vernunft = Tugend = Glück«, weder auskommen können noch wollen. Man lese doch, in diesem Zusammenhang, die sündhaft enthusiastische Beschreibung nach, die Baudelaire vom Tannhäuser-Marsch gibt! »Wer vermöchte«, ruft er aus, »beim Anhören dieser so reichen und stolzen Akkorde, dieses elegant kadenzierten, prachtvollen Rhythmus, dieser königlichen Fanfaren etwas anderes sich vorzustellen als einen feenhaften Prunk, einen Aufzug von heroischen Männern in glänzenden Kostümen, alle hohen Wuchses, alle starken Willens und naiven Glaubens, ebenso herrlich in ihren Wonnen wie furchtbar in ihren Fehden?« Und wer, fügen wir hinzu, könnte verkennen, daß es, im Sinne politischer Tugend, *bedenklichste* Vorstellungen sind, die die Kunst da erweckt?

Aus **Musik in München** (1917)

[...]

Was ist das Romantische? Die »Winterreise« könnte es lehren. Es ist das Volkstümlich-Dämonische. Es ist die Kunst, die tief ist und doch allgemeinverständlich, die hoch und nieder angeht, Wissende und Einfältige gleich stark, wenn auch auf verschiedene Weise, in Atem hält; es ist die Kunst, die zusammenhält und brüderlich bindet, – Volkskunst in einem Sinne, der von Klassenranküne und sozialer Verhetzung noch nichts oder nichts mehr weiß: nationale Kunst also, ja, das Romantische ist das Nationale, – oder es ist doch die Sehnsucht nach alldem, die Sehnsucht einer anarchischen Zeit nach dem alles Bindenden, nach Vereinigung, nach Religion, nach Kultur. Man sage, was man wolle, so ist doch Richard Wagner mit seinem Festspiel vom Ring des Nibelungen, und zwar namentlich mit dem »Rheingold«, der Erfüllung solcher Sehnsucht am nächsten gekommen. Und wenn es ein Wahn bleibt, daß Kunst Kultur schaffen könne; wenn die Wahrheit vielmehr ist, daß wirkliche Volkskunst nur die Blüte einer Gemeinschaftskultur sein kann, wie sie es in glücklichen Zeiten war, so ist es dem Künstler, ist es besonders dem deutschen Musiker doch zu verzeihen, wenn er dem Glauben an die Gemeinschaft schaffende Kraft seiner Kunst nicht absagen will und kann: Er namentlich darf sich als nationaler Künstler fühlen, denn die Musik ist die Nationalkunst in Deutschland, und eher, als andere Mächte, eher, als Literatur und Politik, darf sie hoffen, zu binden und zu vereinigen. [...]

Avantagen des Barbarismus

1919–1933

Aus **Tischrede auf Pfitzner** (1919)

[...] Wir kennen riesenhafte Fälle von Künstlertum, denken Sie an Wagner und Dostojewskij, in denen sich Elemente, die wir romantisch und reaktionär zu nennen gewohnt sind, (das nationale Element zum Beispiel), höchst organisch mit solchen verbanden, die wir revolutionär nennen; und wir wissen, daß der Schöpfer des »Armen Heinrich« als musikalischer Revolutionär auf den Plan trat, während er als Geist, als Dichter sich in allen seinen Konzeptionen und Trieben als Erzromantiker erwies. [...]

Tagebuch vom 29.6.1919

[...] Mit K. und Erika in den »Lohengrin«, den wieder zu hören mich sehr beglückte. Schickte dem Kammersänger Wolf meine Karte in die Garderobe, damit er sich Mühe gäbe. Die Aufführung sehr gut. Ich hatte an der Reinhart große Freude und genoß innig die langgeliebten Klänge. Der mythisch höchste Moment: Das »Elsa, ich liebe dich!« Das Milieu, fromm und früh, fesselte mich sehr. Ich dachte an Spenglers Leben der Kultur-Individuen. Dies ist die Jugend der unseren, romantisch gespiegelt. Heinrichs civilisatorische Verulkung im »Untertan« ist häßlich. [...]

Tagebuch vom 19.9.1919

[...] 5 Uhr Prinzregenten-Theater: »Parsifal«, mit Bertram und Glöckner, centrale Plätze. Sehr starker Eindruck: Rührung, Bewunderung und das gewohnte interessierte Mißtrauen. Nie war ein Kunstwerk so sehr naives Künstlerwerk, Produkt aus sakralem Willen, schlimmer Wollust und sicherstem Können, das als Weisheit wirkt. Die Krankheitssphäre: »Rettungslos zu Hause« fühlte ich mich darin, sagte ich zu Bertram. Worauf wir beide wie aus einem Munde: »Es ist eben der Zauberberg.« [...]

Tagebuch vom 29.4.1920

[...] Auf dem Mittagsspaziergang erging ich mich in tiefer Begeisterung in Erinnerungen aus dem »Ring d. Nibelungen« – mit schließlicher innerer Zorneswendung gegen H. und sein liederliches politisches Geschwätz gegen Wagner. Haßempfindung. [...]

An Ernst Bertram, 4.6.1920

[...] gestern von 5 bis 10, hatte ich mit meinen beiden Aeltesten, an denen meine Augen immer mehr Freude haben und mein Herz immer mehr teilnimmt, die »Walküre« gehört. Ich hatte das Vier-Abende-Werk, das mir immer das Prototyp des »Werkes« bleiben wird, innerlich nie aus den Augen verloren, aber seit einer Reihe von Jahren keinen seiner Teile mehr im Theater aufgenommen. Antäus! Er fühlte sich nicht wenig »durchströmt«, während die Kinder, zuweilen mit feuchten Augen, staunten. Genauer: Das Werk, das ich von diesem Punkt aus im Ganzen übersah, lag mir anfangs in einem etwas nüchternen Licht. Es fehlte das Element des Geheimnisvollen, Nebelhaften, nur halb Erkennbaren, das für den jugendlichen Sinn seine Größe noch steigerte, seine Tiefen noch vertiefte. Dafür merkte ich, daß es damals eigentlich nur artistisch auf mich gewirkt hatte, während ich mich ihm menschlich jetzt weit mehr gewachsen fühlte. Es ist ohne Frage das menschlich empfindungsstärkste unter den vier Stücken. Siegmund, der, das Weib im Schoß, die Todesverkündigung vernimmt, Wotan, der das große Lieblingskind zum epischen Schlafe bettet, es sind Dinge, auf deren hehre Menschlichkeit der Mann nicht mehr mit der Scheu des Jünglings, sondern mit wissenderer Rührung blickt. Auf jeden Fall bleibt Wagner der Künstler, auf den ich mich am besten verstehe und in dessen Schatten ich lebe. Das Verhältnis dieses schon demokratischen Europäers zum Deutschtum war romantisch, wie sein Verhältnis zu Volk und

Volkstümlichkeit, ja zur Musik selbst es war. Denn Romantik ist Intellektualismus und Sehnsucht. Dabei versteht man wohl, daß der Demokratismus seiner Kunst- und Wirkungsmittel auf Kultur-Konservative pöbelhaft und zerstörerisch wirken mußte und, solange es solche giebt, immer wird wirken müssen. Zuletzt ist es eine Musik für Unmusikalische, oder doch *auch* für Unmusikalische. Nun, es ist eine Erscheinungsform der Demokratie, die ich mir früh gefallen ließ, – die deutsche Form offenbar. Anders wird sie sich hierzulande kaum verwirklichen lassen. –

[...]

Tagebuch vom 13.6.1920

[...] Nach dem Abendessen lange in Bismarcks Lebensabriß von Marcks gelesen, den der Verf. mir zum Geburtstag schenkte. Von Größe berührt und ergriffen. Bismarck und Wagner, zwei späte und vielleicht letzte, wahrscheinlich letzte Ausbrüche großen Deutschtums, von denen aber der erstere echter und gesünder war, als der zweite.

An Paul Steegemann, 18.8.1920

[...] Große Moralisten waren meistens auch große Sünder. Von Dostojewski sagt man, daß er ein Kinderschänder gewesen sei. Außerdem war er ein Epileptiker, und man ist heute auf dem Punkte, diese mystische Krankheit für eine Form der Unzucht zu erklären. Jedenfalls öffnen in den Werken dieses Religiösen die Schlünde der Wollust sich jeden Augenblick. Sie tun es in manchem großen, erhabenen und unantastbaren Werk, vor dem die Dummheit, selbst wenn sie etwas merkte, sich des Kicherns oder der Entrüstung nicht unterstehen würde. Wagners »Tristan« ist ein überaus unzüchtiges Werk. Nietzsche, im »Ecce homo«, gebraucht dafür den Ausdruck »Wollust der Hölle« und fügt hinzu, die Anwendung einer Mystiker-Formel sei hier nicht nur erlaubt, sondern geboten. Es ist bemerkenswert, daß gewisse Wendungen der »Tristan«-Dichtung aus einem *berüchtigten* Buch, aus Schlegels »Lucinde« stammen. Anderes darin stammt aus des Novalis »Hymnen an die Nacht« oder doch aus diesem Bezirk der Romantik, der ebenfalls, ohne daß der Philister es »merkte«, ein äußerst wollüstiger Bezirk ist.

[...]

Tagebuch vom 8.4.1921

[...] Früher Thee und ins Hoftheater: Ein Abend, auf den ich mich lange gefreut habe, »Siegfried«. Im 1. Rang links seitwärts über dem Orchester, mit Litzmanns, Bertram und Glöckner. Höchste Aufmerksamkeit, Bewunderung und Freude. Musikalischer Höhepunkt für mich: Vorspiel zum III. Akt, stürmisch, mit dem Wanderermotiv in den Posaunen, Rhein und Götterdämmerung. Viel rein romantische Unmusik, populäre Stimmungsmache, für die »dramatisch« ein Euphemismus. Aber auch zahlreiche Schönheitstriumphe echter Musik, wenn auch auf Grund des Gedankens. Die Mischung, auch geistig, wahllos und habsüchtig, Märchen, Psychoanalyse, Sozialphilosophie und Gott weiß was. Das Menschliche gefühlvoll, feuchtäugig-väterlich, ungeheuer sinnig. Groß im Ganzen, unwidersprechlich. [...]

Aus Theater und Volk (1921)

Ich habe wenig, sehr wenig Lust, mich zu einer Arbeit über Bayreuth zu verpflichten, für die mein mit allerlei Schwierigkeiten im Kampfe liegender Kopf nicht frei ist. Das ist aber das wenigste; denn schlimmer ist, daß ich, wenn ich mich ehrlich prüfe, den rechten Glauben an den Gegenstand nicht aufbringe. Wagner und sein Werk sind insofern aktuell, als das *Volks*theater an der Tagesordnung ist und als das Theater, indem es sich als volkstümliches Institut wieder entdeckt, eigentlich recht zu sich selbst, zu seinem eingeborenen Wesen zurückfindet. Es ist das populär-sinnliche Grundelement des Theaters, wodurch es von jeher zur Volkskunst prädisponiert war. Hof und Bourgeoisie haben es bloß usurpiert und, wenn nicht verdorben, so doch für ihre Zwecke abgewandelt. Der Augenblick scheint gekommen, das Volk im Theater und das Theater im Volke wieder in seine Rechte einzusetzen und so weiter und so weiter. Darüber ließe sich etwas sagen, und schon vor zehn Jahren in meinem »Versuch über das Theater«, der in den neuen Band aufgenommen werden soll, habe ich einiges darüber gesagt. *Aber:* gibt es denn überhaupt noch so etwas wie »Volk«? Ist das nicht von Anfang an ein romantischer, politisch gesprochen reaktionärer Begriff heute? Ist es nicht Schwindel und Träumerei, die Idee aufrechtzuerhalten, ein modernes Massenpublikum könne durch ein Theaterspiel zum Volke geweiht werden? Quaeritur: Und ich fürchte, die Antwort steht fest. Gerade die Anknüpfung an Wagners romantisches Operntheater würde den Verdacht irgendwelcher -Tümelei von vornherein nahelegen.

Außerdem ist die Theatergeschichte seit Wagner weitergegangen. Die Reformbewegung vom Anfang des Jahrhunderts hat ihr Werk getan und tut es weiter. Da gibt es Theater vom Typ des Charlottenburger Schiller-Theaters, da gibt es sogar Reinhardts Zirkus, und das frühere Weimarer Hoftheater nennt sich, ich weiß nicht recht, mit wessen Erlaubnis, Deutsches Nationaltheater, womit es einem reorganisierten, entwickelten und von Wagner losgelösten »Bayreuth« den Titel vorweggenommen hat. Wenn aber das erneuerte »Bayreuth« von Wagner loszulösen wäre – warum dann überhaupt Bayreuth? Ich meine das geographische.

[...]

Aus **Zur jüdischen Frage** (1921)

[...] Da aber ist nun sogleich die Sache die, daß eben die Schwierigkeit des Durch die Welt kommens einem Menschen wie mir durch das Judentum aufs höchste erleichtert wird, – dies in dem Grade, daß ein Aufgreifen und Vorweisen antisemitischer Meinungen (die ja, wie die Annonce sagt »überall erhältlich« sind) meinerseits einer grotesken Undankbarkeit gleichzuachten wäre, einer Undankbarkeit kolossalischen Styles, wie sie allenfalls Richard Wagner zukam, aber doch mir nicht.

[...]

Die Zukunft Bayreuths (1924)

Wagner wird niemals aufhören, mich zu interessieren, und jede Berührung mit seinem Werk läßt mich die Welt-Unwiderstehlichkeit dieser klugen und mächtigen Kunst verstehen, durch die wir noch immer siegen. Aber Bayreuth, wie es sich heute darstellt, interessiert mich gar nicht, und ich muß glauben, auch die Welt wird es nie wieder interessieren.

An Josef Ponten, 31.1.1925

[...] Es war ein Franzose, Maurice Barrès, der die Iphigenie ein »civilisierendes Werk« genannt hat. Das Wort trifft fast noch intimer auf jenes andere Werk der Selbstzucht und -züchtigung, ja, der Kasteiung, den ob seiner Atmosphäre von Bildung, Hof und Zimperlichkeit gern verschmähten »Tasso« zu. Es sind Werke der »Entsagung«, Werke deutsch-erzieherischen Verzichts auf die Avantagen des Barbarismus, die der durchaus voluptuöse Richard Wagner mit so ungeheuerer Wirkung sich gönnte – und mit der gesetzmäßigen Straf-Folge, daß sein ethnisch-schwelgerisches Werk täglich einer roheren Popularität verfällt. Wirklich waltet hier ein Gesetz. Denn ist nicht die erzieherische Entsagungspflicht, der Goethe sich unterstellte, etwas mehr als Persönliches? Ist sie nicht die Schicksalsvorschrift, der eingeborene und bei schwerer geistiger Strafe unverbrüchliche Imperativ jedes Deutschtums, welches irgendwie und in welchem Grade immer zu bildender Verantwortlichkeit zu erwachsen bestimmt war?

[...]

Aus Unterwegs (1925)

Ich bin unterwegs seit Wochen, die mich wie Jahre dünken. Es treibt mich auf den Meeren um, ich bin der Fliegende Holländer. Ich habe in den Ohren die beiden Motive, mit deren Hilfe Wagner die Gestalt des Unseligen so eindrucksvoll dargestellt hat: das stille, öde, das die einförmige Horizontweite des unbewegten Meeres malt, und das balladeske Hoiho und Hoihe, womit die Ouvertüre beginnt. Ich habe das ewige Meer auf beide Arten erlebt, in Schläfrigkeit und Gebraus, ich habe die Sonne auf seiner Bläue, den Mond auf seiner schlummernden Finsternis spielen sehen und habe stundenlang beim Sausen des Windes und Knallen der Leinwand in seinen Aufruhr geblickt, wenn der Bug des stampfenden und sich bäumenden Dampfers auf seine vom Sturm ihm entgegengewälzten Wogen niederwuchtete und das ganze Vorderschiff von weißem Gischt übersprüht wurde. Des Morgens bekomme ich es heiß in die Wanne geliefert, das Meer, und esse danach Hafergrütze, Eier und gute Marmeladen zum Tee. Zuweilen gehe ich an Land, um berühmte Baulichkeiten auf mich wirken zu lassen, die Sitten fremder Völker zu beobachten und so den engen Bezirk meiner Bildung zu erweitern. Doch bald heißt es wieder, wie für Sentas bleichen Liebhaber: Aufs Meer! Aufs Meer!

[...]

An **Hans Pfitzner**, 23.6.1925

[...]

Natürlich war ich mir im Klaren darüber, daß meine neueren geistigen Entschlüsse Ihnen zuwider sein mußten. Glauben Sie wenigstens, daß sie einem guten Willen entstammen – und dem Gefühl einer Verantwortung, die strenger sein mag, als diejenige, die dem Musiker auferlegt ist. Du folgtest selig der Liebe Macht ... Nicht jedem ist das so ohne Weiteres erlaubt, und es gibt Fälle einer bewußten und nicht schmerzlosen Selbstdisziplinierung, die ihrem Manne den Namen des Judas eintragen. Unser Stück, lieber Meister, hat sich geistesgeschichtlich, im Großen und Repräsentativen, längst abgespielt; wir Heutigen sind nur eine journalistisch-aktuelle Durchführung des Falles Nietzsche contra Wagner. Nietzsche war, wie Wagner, von dem er sich mit seinem Gewissensurteil gelöst, den er aber bis in den Tod geliebt hat, seiner geistigen Herkunft nach ein später Sohn der Romantik. Daß aber Wagner ein mächtig-glückhafter Selbstverherrlicher und Selbstvollender, Nietzsche dagegen ein revolutionärer Selbstüberwinder war und »zum Judas wurde«, das macht es, daß jener auch nur der letzte Verherrlicher und unendlich bezaubernde Vollender einer Epoche blieb, dieser aber zu einem Seher und Führer in neue Menschenzukunft geworden ist.

[...]

An Erika Mann, 16.8.1925

[...]
Gestern hörten wir den Parsifal in vorzüglicher Besetzung, wenn man von Reinfelds Fett-Erscheinung absah. Die Ohms war hervorragend (schade, daß ich ihre Isolde noch nicht sah), und ebenso Mayr als Gurnemanz, auch die neue Ausstattung sehr ansehnlich, namentlich der Säulendom. Das ganze Werkchen hat seinen Eindruck auf mich wieder nicht verfehlt und ist in seiner frommen Verderbtheit und ungeheuerlichen Schmerzensausdruckskraft sicher mit das Merkwürdigste, was es gibt.

[...]

Aus Briefe aus Deutschland (1925)

[...]
In aller Kürze will ich zum Schlusse noch Nachricht geben von einer so kuriosen wie eindrucksvollen Publikation, die etwas für Amerikaner sein dürfte. Seit einigen Tagen hüte ich einen Hort: Es ist die wirkliche und wahre Handschrift der Orchester-Partitur von Wagners »Tristan und Isolde«! Man hat sie mir zum Geburtstag geschenkt; alltäglich halte ich meine Andacht davor. Ich will nicht sagen, dass es die eigentliche und einzige Original-Partitur dieser hochentwickelten Oper ist – die liegt in Bayreuth. Aber es ist, im allerprächtigsten Einband und hergestellt mit den Mitteln der raffiniertesten Technik, ein so vollkommenes Facsimile von Wagners minutiös-kolossalischem Manuskript, dass es keiner Phantasie bedarf, um die Einmaligkeit und Originalität zwanglos auf sich beruhen zu lassen und sich im verwirrenden Besitz von etwas Heiligem zu fühlen. Diese weitläufigen Massen reinlicher Runen bedeuten und bezeichnen ein Letztes, Höchstes und Geliebtestes, wovon Nietzsche für uns alle Abschied ohne Ende genommen hat, einen Abschied bis in den Tod: eine Welt, die allzusehr zu lieben, uns heutigen Deutschen von Gewissens wegen verboten ist. Es ist der Gipfel und die Erfüllung der Romantik, ihre äusserste künstlerische Expansion, der Imperialismus welterobernder Todestrunkenheit – nicht zuträglich der europäischen Seele, welche dem Leben und der Vernunft zu retten ein hartes Stück Arbeit und eine Sache jener Selbst-

überwindung ist, die Nietzsche heroisch-beispielhaft bewährte. Nie klaffte, für denjenigen wenigstens, der noch geboren ist, jene Welt zu lieben (denn die Jugend weiss kaum noch etwas davon), der Gegensatz ästhetischen Zaubers und ethischer Verantwortung tiefer als heute. Erkennen wir ihn als Ursprung der Ironie! Unsere Lebensfreundschaft ist es, die sich ironisch gegen die Faszination des Todes wehrt; aber unentschieden bleibt uns künstlerischer Weise, ob nicht jene Ironie, die sich gegen das Leben, die Tugend wendet und die Reize verbotener Liebe zu schätzen weiss, die tiefere, ja die religiösere ist. In diesem Sinne geschieht es, dass wir die Simili-Original-Partitur des »Tristan« feierlich zu schwermutsvoll-ironischem Kult in unserem Arbeitszimmer aufbauen.

Der Drei-Masken-Verlag in München ist der Spezialist dieser erstaunlichen Ausgaben. Die Nachbildung des »Meistersinger«-Manuskripts ist der des »Tristan« vorangegangen, diejenige des »Parsifal« ist im Begriffe, ihr zu folgen.

Aus **Kosmopolitismus** (1925)

[...]

Das »Mittelmäßige«, i. e. das Deutsch-Meisterliche bei Wagner war überwältigend. Die Verführung gewinnt hier beinahe den Sinn der Vexation, der Düpierung. Ja, Völker können angeführt werden von den zu ihrer Wandlung berufenen Helden, indem diese sich als »Meister« vermummen. Zu denken, daß Wagner noch heute, bei den Restaurationsversuchen Bayreuths, als Schutzherr einer höhlenbärenmäßigen Deutschtümelei und Vertreter roher Biederkeit mißbraucht werden kann, – während europäische Artisten und Dekadenten wie Baudelaire die ersten waren, die ihm zujubelten! Der ungeheure Spott Nietzsches über das Mißverständnis, das Wagner unter uns Deutschen angerichtet, bleibt das stärkste kritische Erlebnis meiner Tage.

Der Fall Wagner, ein ewig faszinierender Fall, zeigt überdies, welche Rolle das Deutschtum, das man als ein Element der Erhaltung und der frommen Einfalt zu denken gewohnt ist, gelegentlich schon in der Welt gespielt hat: nämlich die der Zersetzung, des schlimmen Europäismus. Davon handelt der, mag sein, nicht ganz bewältigte, aber unbändig interessante Verdi Roman Franz Werfels, und Leszer, mein Lehrer, spricht davon in dem Schweizer Aufsatz, auf den ich mich heute stütze. »Die Fremdheit«, sagt er, »zwischen der volkhaften alten heiligen italienischen Melodie Verdis und der metaphysisch-dialektischen Musik, dem europäisch-intellektualistischen Raffinement Wagners ... Die tiefe Fremdheit auch zwischen den Menschen: Verdis verlegene Scheu und Wirklichkeitsreinheit, Wagners Weltlust und sündhafter Siegerwille ...« Dergleichen lese ich mit einer Teilnahme, die an Leidenschaft grenzt. »Metaphysisch-dialektische Musik« – es ist nicht besser zu sagen. Hat aber Wagner, der Meister und Rattenfänger, in Deutschland selbst je eine andere Rolle gespielt als damals in Italien, als er die nationale Jugend von Verdi weg in seinen europäisch-intellektualistischen Zauberberg lockte? War seine Sendung, auch unter uns, trotz allzuviel deutscher Seele, womit er sein Blauauge feuchtete, je eine andere, als die der kosmopolitischen Auflösung und Wandlung, als die, »den mehr seelischen Deutschen von gestern in einen mehr geistigen zu wandeln«? Eine historische Frage und etwas wie eine Gewissensfrage dazu. Doch soll man sich beim Grübeln über Gewissensfragen nicht allzu lange verweilen, sondern seiend sein Schicksal bewähren. Unbedenklichkeit ist Bedingung der Produktivität, und mir und anderen habe ich oft gesagt, daß in nationalen Dingen wie in »kosmopolitischen« am Sagen und Meinen so gut wie nichts, am Sein, am Tun dagegen alles gelegen ist.

Ihre Frage lautete persönlich. Sie wünschten zu hören, was ich dem kosmopolitischen Geiste verdanke. Ich antworte, daß meine glücklichsten und fruchtbarsten Begegnungen mit diesem Geist intern deutsche waren, daß ich den Kosmopolitismus oder Europäismus im wesentlichen auf deutsch erlebte und daß diese Erlebnisse Goethe, Lichtenberg, Schopenhauer, Nietzsche und Wagner heißen. Die beiden letzten, die übrigens die ersten waren, ein kritisches und ein allgemein künstlerisches, waren die stärksten und bestimmendsten. Das kritische war reiner, sittlicher, ich möchte sagen: anständiger; das künstlerische suspekt und zweideutig, aber unendlich zaubervoll und stimulierend. Alles, was ich vom Guten weiß und von der Selbstüberwindung, verdanke ich dem einen. Alles, was ich vom Bösen weiß und von der Verführung, verdanke ich dem anderen. Und doch habe ich es beiden Erlebnissen zusammen, dem »bösen« nicht weniger als dem »guten«, zu danken, wenn jetzt ein französischer Beurteiler etwas schreiben konnte von der »lucidité critique de sa pensée qui est celle d'un moraliste européen«.

An **Ernst Fischer**, 25.5.1926

[...] Meine Wurzeln liegen in der autobiographischen Bildungssphäre Goethes, im Bürgerlichen, in der Romantik. Ihre Klugheit verkennt keinen Augenblick, daß der »Tonio Kröger« (ein Jugendwerk), der »Tod in Venedig« und der »Zauberberg« erzromantische Konzeptionen sind. Wagner war mein stärkstes, bestimmendstes künstlerisches Erlebnis. Hiezu kommt allerdings ein Element, das mich dem Neuen gewissermaßen verbindet und meinen Produkten heute überhaupt geistige Seinsmöglichkeit gibt: das Erlebnis der Selbstüberwindung der Romantik in Nietzsche. [...]

Aus **Lübeck als geistige Lebensform** (1926)

[...] Die Arbeit schwoll mir unter den Händen auf; alles nahm ungeheuer viel mehr Raum (und Zeit) in Anspruch, als ich mir hatte träumen lassen; während ich mich eigentlich nur für die Geschichte des sensitiven Spätlings Hanno und allenfalls für die des Thomas Buddenbrook interessiert hatte, nahm all das, was ich nur als Buddenbrooks Vorgeschichte behandeln zu können geglaubt hatte, sehr selbständige, sehr eigenberechtigte Gestalt an, und ein wenig fühlte sich meine Sorge über dies Wachstum erinnert an das ›Ring‹-Erlebnis Wagners, dem aus der Konzeption von ›Siegfrieds Tod‹ die leitmotiv-durchwobene Tetralogie geworden war.

[...]

An **Josef Ponten**, 16.8.1926

[...] Ihre rheinische Unschuld wird unter den Akzenten der gestrigen Geschlechtsorgie bis zum Ende schwer gelitten haben. Sie bleibt aber ein schrecklich großartiges Greisenwerk und als letzter Ausdruck einer romantisch-extremen Seele verehrungswürdig. Gewisse positive Momente, wie die Charfreitagsstimmung (das lyrisch Echteste des Ganzen, für mein Gefühl) oder das Geständnis der Kundry: »Und lachte«, endlich die mächtige letzte Verwandlungsmusik, Weg zum Heiligtum, werden Sie doch ergriffen haben, besonders, da Knappertsbusch, den ich sonst nicht sehr bewundere, mit großer Kraft auf alles hinwies. Ihre katholischen Richtigkeits-Einwände sind nicht stichhaltig. Das Werk ist garnicht katholisch und will es nicht sein, wie schon die protestantische Verherrlichung des allerheiligsten Charfreitag beweist. [...]

Wie stehen wir heute zu Richard Wagner? (1927)

Ich höre mit aufrichtigem Anteil von der ›Lohengrin‹-Neueinstudierung Ihres Theaters, die Sie auch literarisch begehen wollen. Sie erinnern mich an manches, was ich in Büchern und Schriften über Wagner und auch gegen Wagner gesagt habe; aber ich meine, daß bei einer solchen Gelegenheit situationskritische Feststellungen über den Niedergang des Wagner-Sternes am Himmel des deutschen Geistes – man könnte sogar von einem vollendeten Versunkensein unter den Horizont sprechen – sehr schlecht am Platze wären. Die literatenhafte Genie-Erledigung auf Grund armseliger Bescheidwisserei war mir immer in tiefster Seele zuwider, und ich würde mich selbst verachten, wenn ich auch nur das Bedürfnis in mir spürte, mich durch Verleugnung tiefster, lehrreichster, bestimmendster Jugenderlebnisse urteilend an die tête zu bringen. Ich weiß ganz gut, daß »Bayreuth« heute mehr eine Angelegenheit des Herrn aus San Franzisko als des deutschen Geistes und seiner Zukunft ist. Aber das ändert nichts daran, daß Wagner, als künstlerische Potenz genommen, etwas nahezu Beispielloses, wahrscheinlich das größte Talent aller Kunstgeschichte war. Wo ist zum zweitenmal eine solche Vereinigung von Größe und Raffinement, von Sinnigkeit und sublimer Verderbtheit, von Popularität und Teufelsartistik? Er bleibt das Paradigma welterobernden Künstlertums, und Europa erlag seinem Können, genau wie es der Staatskunst Bismarcks erlag. Sie wußten nicht viel von einander, aber zusammen bildeten sie den Höhepunkt einer romantischen Hegemonie des deutschen Geistes.

Wir wollen vom Menschlichen, Sittlichen, Dichterischen reden, wenn es sich um Goethe handelt. Der ›Ring‹ bleibt mir der Inbegriff des »Werkes«. Wagner war, im Gegensatz zu Goethe, ein Mann des Werkes ganz und gar, ein Macht-, Welt- und Erfolgsmensch durch und durch, ein politischer Mensch in dieser Bedeutung, und trotz der Rundheit, Geschlossenheit und Restlosigkeit seines Lebenswerkes denke ich zuweilen, seinesgleichen lebe nicht vollständig. Um vollständig zu leben, hätte er, so meine ich dann, neben dem politischen Weltwerk etwa ein geheimes und ganz wahrhaftiges Tagebuch führen müssen – ich weiß nicht, ob ich mich verständlich mache. Er war ein homme d'action, ohne tiefere Intimität. Seine Autobiographie ist null und nichtig. Man könnte sagen, nicht er sei unsterblich, sein Werk sei es, dies wirksame Werk, worin sein Leben restlos aufgegangen.

Unseren Werkinstinkt zu stacheln, ist niemand besser geschaffen als er. Unser menschlich-dichterisches Teil wendet sich zu Goethe. In ersterer Beziehung schulde ich ihm Unaussprechliches und zweifle nicht, daß die Spuren meines frühen und fortlaufenden Wagner-Werk-Erlebnisses überall deutlich sind in dem, was ich herstellte. Den ›Lohengrin‹ lernte ich am ehesten kennen, habe ihn unzählige Male gehört und weiß ihn nach Wort und Musik noch heute fast auswendig. Sein erster Akt ist ein Phänomen an dramatischer Ökonomie und theatralischer Wirkung, das Vorspiel etwas absolut Zauberhaftes, der Gipfel der Romantik. Es gab Zeiten, wo ich keine Aufführung des ›Tristan‹ im Münchner Hoftheater versäumte, dieses höchsten und gefährlichsten unter Wagners Werken, das in seiner sinnlich-übersinnlichen Inbrunst, seiner wollüstigen Schlafsucht recht etwas für junge Leute ist, für das Alter, in dem das Erotische dominiert. Über die ›Meistersinger‹ hat Nietzsche das psychologisch Blendendste gesagt. Ich denke hier nicht an seine bewunderungswürdige Analyse des Vorspiels, sondern an eine Notiz über das Werk überhaupt und seine geistige Stellung: »›Meistersinger‹«, schreibt er, »– gegen die Zivilisation; das Deutsche gegen das Französische.« Was hier mit der »Zivilisation« gemeint sei und mit »dem Deutschen«, darüber habe ich während des Krieges in den ›Betrachtungen eines Unpolitischen‹ breit gehandelt. Der kulturpsychologischen Feststellung Nietzsche's aber kann man hinzufügen, daß die ›Meistersinger‹ ein großer und allerseits zugegebener deutscher Sieg, ein voller Triumph des gegenzivilisatorischen Deutschtums waren und es *unter allen Umständen* historisch bleiben werden.

Heute ist mein Interesse merkwürdigerweise namentlich auf Wagners Altersdrama, den ›Parsifal‹ konzentriert, vielleicht, weil ich es am spätesten kennenlernte und immer noch am wenigsten beherrsche. Es ist, trotz ›Tristan und Isolde‹ und trotz einem gewissen Schon-mechanisch-geworden-Sein aller Mittel, das extremste seiner Werke, von einer seelisch-stilistischen Anpassungsfähigkeit, die selbst das bei Wagner gewohnte Maß zum Schlusse noch übertrifft, voll von Lauten, denen ich mit immer erneuter Beunruhigung, Neugier und Verzauberung nachhänge.

Aus **Kleists ›Amphitryon‹** (1927)

[...]
So ist es in jener schwer erträglichen Speer-Schwur-Szene im zweiten Akt der ›Götterdämmerung‹, wo ein rein äußerliches Mißverständnis, herbeigeführt durch das Märchenrequisit des Vergessenheitstrankes, eine heillos tragisch-theatralische Ausbeutung erfährt, die jeden, dem das heillos Tragische nicht um jeden Preis willkommen ist, unerlaubt anmuten muß. Ein goldener Knabencharakter wie Siegfried! Eine Handlungssphäre, in der Zaubertränke und unsichtbar machende Kappen gang und gäbe sind – und niemand, am wenigsten Brünnhilde, die ehemalige Göttin, deren rasende Kopflosigkeit bei diesem Auftritt schlechthin ärgerlich ist, kommt auf den Gedanken: Der Mann muß was getrunken haben! Liegen die Dinge im ›Amphitryon‹ nicht ähnlich? Ähnlich, ja, wenn Kleist auch gewissenhafter arbeitet. [...]

Ibsen und Wagner (1928)

Ibsens und Wagners dramatische Lebenswerke sind die beiden großen Kundgebungen, die der nordisch-germanische Kunstgeist im neunzehnten Jahrhundert den ebenbürtigen Schöpfungen anderer Rassen: dem französischen, russischen und englischen Roman, der impressionistischen Malerei Frankreichs an die Seite stellt. Sie werden in ihrer Größe und ihrem Raffinement, ihrer titanischen Morbidität unendlich kennzeichnend bleiben für die Epoche, die sie zeitigte, eben das neunzehnte Jahrhundert, von welchem mitleidig-despektierlich zu reden heute guter Ton ist, das aber zum mindesten im Format unserer durchaus schmächtigen europäischen Gegenwart so weit überlegen war. Größe, und zwar eine düstere, leidende, zugleich skeptische und wahrheitsbittere, wahrheitsfanatische Größe, welche im Augenblicksrausch hinschmelzender Schönheit ein kurzes, glaubensloses Glück zu finden weiß, war sein Wesen und Gepräge, und indem man den Beziehungen nachhängt, die Wagner und Ibsen, seine rechten Söhne, verbinden, findet man es sehr schwer, zwischen allgemein epochaler und intimerer Verwandtschaft zu unterscheiden. Unser Erlebnis, das Erlebnis einer Generation, verbindet sie, wie es sie mit Tolstoi und Zola verbindet, aber in Einzelzusammengehörigkeit sondert es sie ab gegen diese. Ein berühmter Bayreuther Dirigent, der in München zum ersten Male ein Stück von Ibsen sah, urteilte schließlich: »Das ist entweder lächerlich – oder es ist so groß wie Wagner.« Er war verwirrt genug, das erstere als theoretische Möglichkeit in Rechnung zu stellen, aber es ist ja klar, daß eine solche Alternative ihren negativen Wahlfall durch sich selbst ausschaltet, also keine ist. Lächerlich oder groß, das heißt: groß, groß wie Wagner, nämlich auf dieselbe ›moderne‹, gewagte und ungeheuerlich interessante Art groß wie dieser. Der Mann, Hermann Levi, obgleich Musiker und auf literarischem Gebiet wohl wenig zu Hause, war Künstler genug, in dem Dialog des ›bürgerlichen Schauspiels‹ Mittel, Wirkungen, Bestrickungen, tiefste Reize wiederzuerkennen, die ihm aus jener klingenden Welt vertraut waren, eine Brüderlichkeit durch Größe nicht nur, sondern auch in der Größe zu empfinden, die immer empfunden und festgestellt werden wird.

Man liebt Ibsen und Wagner nicht, wie man Goethe liebt, nicht mit derselben Liebe. Nicht wie bei diesem liegt bei ihnen der Liebes- und Wertakzent auf dem Leben, er liegt auf dem *Werk*, und unseren Werkinstinkt zu stacheln sind sie weit mehr geschaffen als Goethe, der zwar vom Vater her den produktionsethischen Imperativ des ›Fertigmachens‹ übernommen hatte, dessen autobiographischer Dichtung aber bei allem Reichtum, aller kanonisch-menschlichen Erfülltheit etwas lässig Bruchstückhaftes und Gelegentliches eigen ist. Herrliche, humane und vornehme Welt des Erlebnisses, der Selbstgestaltung, der Konfession, welcher das Objektive eigentlich nur als poetische Ironie bekannt ist – sollen wir unsere Vorliebe für sie bindend erklären? Ist Produktivität als Lebensspur und schöne Beiläufigkeit zu fassen oder als die Form, der primäre Ausdruck des Willens selbst? Es ist wichtiger, zu unterscheiden, als sich zu entscheiden. Ibsen und Wagner, im Gegensatz zu Goethe, waren Männer des Werkes ganz und gar, Macht-, Welt- und Erfolgsmenschen durch und durch, politische Menschen in dieser Bedeutung, und damit hängt die ungeheuere Geschlossenheit, Sphärenrundheit, Restlosigkeit ihrer gewaltigen, jugendlich sozial-revolutionären und alternd ins Magisch-Zeremonielle verbleichenden Theaterlebenswerke zusammen. ›Wenn wir Toten erwachen‹, die schaurig gehauchte Beichte des Werkmenschen, der *bereut*, die späte, zu späte Liebeserklärung an das ›Leben‹ – und ›Parsifal‹, das Oratorium der ›Erlösung‹ –, wie bin ich gewohnt, sie in eins zu sehen, in eins zu empfinden, die beiden Abschiedsweihespiele und ›letzten Worte‹ vor ewigem Schweigen, die zelesten Greisenwerke großer Ehrgeiziger in ihrer majestätisch-sklerotischen Müdigkeit, dem Schon-mechanisch-geworden-Sein all ihrer Mittel, dem Spätgepräge von Resümee, Rückschau, Selbstzitat, Auflösung. War nicht, was man ›Fin de siècle‹ nannte, ein recht klägliches Satyrspiel der kleinen Zeit zu dem eigentlichen und verehrungswürdigen Ausklang des Jahrhunderts, der sich in den Alterswerken der beiden großen Magier vollzog? Denn nordische Magier, schlimm verschmitzte alte Hexenmeister waren sie beide, tief bewandert in allen Einflüsterungs- und Faszinationskünsten einer so sinnigen wie ausgepichten Teufelsartistik, groß in der Organisation der Wirkung, im Kultus des Kleinsten, in aller Doppelbodigkeit und Symbolbildung, in der Zelebration des Einfalls, der Poetisierung des Intellekts – Musiker dazu und dabei, wie es sich für Nordmenschen von selbst versteht: nicht nur der eine, der die Musik, bewußt und weil er sie als Eroberer brauchte, erlernt hatte, obgleich sie nicht mit ihm geboren, ihm nicht in die Wiege gelegt worden war, sondern auch der andere, obschon nur heimlicher-, geistigerweise und hinter dem Wort.

Aber ich besinne mich auf das, was sie am engsten verbindet. Es ist der vor ihnen von niemandem als möglich geahnte Sublimierungsprozeß, den unter den Händen des einen wie des anderen eine vorgefundene, und zwar in geistig bescheidenem Zustande vorgefundene Kunstform erfuhr. Diese Kunstform war in Wagners Fall die Oper, in dem Ibsens das Gesellschaftsstück. Goethe sagt: »Alles Vollkommene in seiner Art muß über seine Art hinausgehen, es muß etwas anderes, Unvergleichbares werden. In manchen Tönen ist die Nachtigall noch Vogel; dann steigt sie über ihre Klasse hinüber und scheint jedem Gefiederten andeuten zu wollen, was eigentlich singen heiße.« Ganz so haben Wagner und Ibsen die Oper, das zivile Schauspiel »vollkommen« gemacht: sie machten etwas anderes, Unvergleichbares daraus. Und selbst jener Rest und Rückschlag im Beispiel von Goethe's Nachtigall findet sich bei ihnen wieder: zuweilen, und zwar bis hoch hinauf, bis in den ›Parsifal‹ hinein, gibt es bei Wagner noch Oper; zuweilen noch klappert bei Ibsen die Technik des Dumas-Dramas. Aber beide sind sie schöpferisch in dem perfektionierend-übersteigernden Sinn, daß sie, innig verwandt gerade hierin, aus dem Gegebenen das Neue und Ungeahnte entwickeln.

Aus **An die Preußische Akademie der Künste, Sektion für Dichtkunst** (1930)

[...] Es war Richard Wagner, der den eigentümlichen Unfug der Literaturverachtung auf die Spitze trieb und ad absurdum führte, indem er zum größeren Ruhme seiner persönlichen Gaben von aller Literatur-Dichtung selbst, vom Wortdrama sogar in abschätzigen Akzenten redete und nur den in Musik gesetzten Theatermythus als wahre und volle Kunst geschätzt wissen wollte. Wer sich gegen eine doktrinäre Rangordnung empört, in welcher der »Tasso«, oder auch die »*Wahlverwandtschaften*« dem »Siegfried« nachständen, wird, – mutmaßlich, – auch der Exclusivität abgeneigt sein, die unserer Sektion keinen Namen gönnen will, der dem Künstler des Essays grundsätzlich Eingang in sie verschaffte.

[...]

Aus **Erinnerungen ans Lübecker Stadttheater** (1930)

Später war es ein künstlerisches Kapital-Ereignis meines Lebens, die Begegnung mit der Kunst Richard Wagners, die das Theater meiner Heimatstadt mir vermittelte, – eine Begegnung, von deren entscheidender, prägender Wirkung auf meinen Kunstbegriff ich jedesmal gesprochen habe, wenn es Erläuterndes zur geistigen Geschichte meiner Bücher zu sagen galt. Damals war der junge Emil Gerhäuser Heldentenor der städtischen Oper. In seiner Stimme Maienblüte sang er den Tannhäuser, den Walther Stolzing und noch häufiger den Lohengrin. Ich will mich nicht vermessen, aber ich glaube, einen empfänglicheren, einen hingenommeneren Zuhörer hat das Stadttheater nie beherbergt, als ich es an jenen zaubervollen Abenden war.

[...]

Wahrscheinlich hätte ich heute allerlei auszusetzen an so einer Lohengrin-Aufführung, wie sie mich damals entrückte und mit allen Schauern der Romantik begnadete. Die Geigen des kleinen Orchesters waren nicht edelsten Klanges, obgleich mein Violinlehrer Winkelmann mitspielte, der Schwan kam manchmal ein bißchen ruckweise herangeschwommen, und namentlich im Chor gab es sonderbare Gestalten: Ich erinnere mich an ein Mitglied der Brabanter Gentry, einen tenorsingenden Greis, der immer mit dem Zeigefinger taktierend im Vordergrunde stand und dessen Stimme bei dem »Gar viel verheißet uns der Tag« im II. Akt als ein gequetschtes Falsett recht schauderhaft hervortrat. Was tat es? Die Abstraktionskräfte der Jugend sind mächtig. Ich war glücklich, ich war, wie der Franzose sagt, transporté, und noch heute weiß ich aus jener Zeit den ›Lohengrin‹ so gut wie auswendig.

[...]

Aus **Vom Beruf des deutschen Schriftstellers in unserer Zeit** (1931)

Ja, dies alles ist deutsches Meistertum. Aber unzertrennlich davon, gerade in seinen großen und größten Fällen, unzertrennlich geradezu von dem Begriff ist etwas Weiteres und Letztes: das Ungenüge an sich selbst, das Bedürfnis nach Ergänzung und Erlösung durch das ganz andere, den Süden, die Helligkeit, Klarheit und Leichtigkeit, das *Geschenk* des Schönen.

[...]

[...] Da ist Wagner, der, Schauspielerblut, das er war, sich eine Dürermütze aufsetzte und seinem gläubigen Volk den »deutschen Meister« in antiwelscher Reinkultur vorspielte – er, dessen erste Bewunderer und Verkünder aus guten Gründen europäische Artisten und Dekadents wie Baudelaire gewesen waren ... Ach ja, der deutsche Meister. [...]

An **Walter Opitz**, 20.1.1933

[...]
Die Teilnahme an der Veranstaltung des Sozialistischen Kulturbundes habe ich absagen müssen, weil meine Gesundheit zur Zeit wirklich zu wünschen läßt und ich dessen ungeachtet mit einer Arbeit belastet bin, die mit dem bevorstehenden fünfzigsten Todestage Wagners zusammenhängt. Ich soll einer schon älteren Verabredung zufolge am 13. Februar bei der Wagnerfeier in Amsterdam die Festrede halten und diese dann in Brüssel und Paris auf französisch wiederholen. Sie verstehen, mich auf das Thema Wagner einzulassen war gefährlich von vornherein, denn da gibt es gerade für mich nicht wenig zu sagen, und es ist ein Kunststück, kein Buch zu schreiben. Unter diesen Umständen noch die politische Reise auf mich zu nehmen, war unmöglich und ich mußte von einer Veranstaltung zurücktreten, an der ich mich wahrhaftig gern beteiligt hätte, um, wie das mündlich und publizistisch ja schon ein paar Mal geschehen, für meine Überzeugung einzutreten. [...]

Es ist viel »Hitler« in Wagner

1933–1947

Leiden und Größe Richard Wagners (1933)

Il y a là mes blâmes, mes éloges et tout ce que j'ai dit.
Maurice Barrès

Leidend und groß, wie das Jahrhundert, dessen vollkommener Ausdruck sie ist, das neunzehnte, steht die geistige Gestalt Richard Wagners mir vor Augen. Physiognomisch zerfurcht von allen seinen Zügen, überladen mit allen seinen Trieben, so sehe ich sie, und kaum weiß ich die Liebe zu seinem Werk, einem der großartig fragwürdigsten, vieldeutigsten und faszinierendsten Phänomene der schöpferischen Welt, zu unterscheiden von der Liebe zu dem Jahrhundert, dessen größten Teil sein Leben ausfüllt, dies unruhvoll umgetriebene, gequälte, besessene und verkannte, in Weltruhmesglanz mündende Leben. Wir Heutigen, beansprucht wie wir sind von Aufgaben, die an Neuigkeit und Schwierigkeit allerdings ihresgleichen suchen, haben keine Zeit und wenig Lust, der Epoche, die hinter uns versinkt (wir nennen sie die bürgerliche), Gerechtigkeit widerfahren zu lassen; wir verhalten uns zum neunzehnten Jahrhundert wie Söhne zum Vater: voller Kritik, wie billig. Wir zucken die Achseln über seinen Glauben sowohl, der ein Glaube an Ideen war, wie über seinen Unglauben, das heißt seinen melancholischen Relativismus. Seine liberale Anhänglichkeit an Vernunft und Fortschritt scheint uns belächelnswert, sein Materialismus allzu kompakt, sein monistischer Weltenträtselungsdünkel außerordentlich seicht. Und doch wurde sein wissenschaftlicher Stolz kompensiert, ja überwogen von seinem Pessimismus, seiner musikalischen Nacht- und Todverbundenheit, die es wahrscheinlich einmal stärker kennzeichnen wird als alles andere. Damit aber hängt ein Zug und Wille zusammen zum großen Format, zum Standardwerk, zum Monumentalen und grandios Massenhaften – verbunden, merkwürdig genug, mit einer Verliebtheit in das ganz Kleine und Minutiöse, das seelische Detail. Ja, Größe, und zwar eine düstere, leidende, zugleich skeptische und wahrheitsbittere, wahrheitsfanatische Größe, die im Augenblicksrausch hinschmelzender Schönheit ein kurzes, glaubensloses Glück zu finden weiß, ist sein Wesen und Gepräge; seine Statue müßte eine atlasmäßige moralische Muskelbelastung und -spannung aufweisen, die an Michelangelos Figurenwelt denken ließe. Welche Riesenlasten wurden damals getragen, epische Lasten, im letzten Sinn dieses gewaltigen Wortes, – weshalb man dabei nicht nur an Balzac und Tolstoi, sondern auch an Wagner denken soll. Als dieser dem Freunde Liszt (man schrieb 1851) in einem feierlichen Brief den Plan zu seinen »Nibelungen« entwickelt hatte, antwortete ihm Liszt aus Weimar: »Mach' Dich nur heran und arbeite ganz rücksichtslos an Deinem Werk, für welches man allenfalls dasselbe Programm stellen könnte, wie das Domkapitel zu Sevilla bei Erbauung der Kathedrale dem Architekten stellte: ›Bauen Sie uns solch einen Tempel, daß die künftigen Generationen sagen sollen, das Kapitel war närrisch, so etwas Außerordentliches zu unternehmen.‹ Und doch steht die Kathedrale da!« – Das ist neunzehntes Jahrhundert!

Der Zaubergarten der impressionistischen Malerei Frankreichs, der englische, französische, russische Roman, die deutschen Naturwissenschaften, die deutsche Musik, – nein, das ist kein schlechtes Zeitalter, im Rückblick ist das ein Wald von großen Männern. Und der Rückblick, die Distanz auch erst erlaubt uns, die Familienähnlichkeit zwischen ihnen allen zu erkennen, dies gemeinsame Gepräge, das bei allen Unterschieden ihres Seins und Könnens die Epoche ihnen aufdrückt. Zola und Wagner etwa, die »Rougon-Macquarts« und der »Der Ring des Nibelungen« – vor fünfzig Jahren wäre nicht leicht jemand darauf verfallen, diese Schöpfer, diese Werke zusammen zu nennen. Dennoch gehören sie zusammen. Die Verwandtschaft des Geistes, der Absichten, der Mittel springt heute ins Auge. Es ist nicht nur der Ehrgeiz des Formates, der Kunstgeschmack am Grandiosen und Massenhaften, was sie verbindet, auch nicht nur, im Technischen, das homerische Leitmotiv, es ist vor allem ein Naturalismus, der sich ins Symbolische steigert und ins Mythische wächst; denn wer wollte in Zolas Epik den Symbolismus und mythischen Hang verkennen, der seine Figuren ins Überwirkliche hebt? Ist jene Astarte des zweiten Kaiserreichs, Nana genannt, nicht ein Symbol und ein Mythus? Woher hat sie ihren Namen? Es ist ein Urlaut, ein frühes, sinnliches Lallen der Menschheit; Nana, das war ein Beiname der babylonischen Ischtar. Hat Zola das gewußt? Aber desto merkwürdiger und kennzeichnender, wenn er es nicht gewußt hat.

Auch Tolstoi hat das naturalistisch Umfangsmächtige, die demokratische Massenhaftigkeit. Auch er hat das Leitmotiv, das Selbstzitat, die stehende Sprachwendung, die seine Figuren charakterisiert. Seine Unerbittlichkeit im Ausführen, im Wiederholen und Einschärfen, seine Entschlossenheit, dem Leser nichts zu schenken, sein großartiger Wille zur Langweiligkeit ist ihm oft zum Vorwurf gemacht worden; und von Wagner sagt Nietzsche, er sei jedenfalls das unhöflichste aller Genies, er nehme den Hörer gleichsam als ob –, er sage eine Sache so oft, bis man verzweifele, bis man's glaube. Auch das ist eine Verwandtschaft, aber eine tiefere liegt in dem sozial-ethischen Element, das ihnen gemeinsam ist, wobei es wenig besagen will, daß Wagner in der Kunst ein heiliges Arkanum, ein Allheilmittel gegen die Schäden der Gesellschaft sah, während Tolstoi gegen das Ende seines Lebens sie als frivolen Luxus verwarf. Denn als Luxus hat auch Wagner sie verworfen. Ihre Reinigung und Heiligung galt ihm als Reinigungs- und Heiligungsmittel für eine verdorbene Gesellschaft, er war ein kathartischer, ein reinigender Mensch, der durch das Mittel ästhetischer Weihung die Gesellschaft von Luxus, Geldherrschaft und Lieblosigkeit befreien wollte, in seinem Sozialethos dem russischen Epiker ganz nahe. Und gemeinsam ist ihnen auch das Geschick, daß man in beider Leben einen Bruch hat finden wollen, der ihren Charakter, ihre Gesinnung gespalten und etwas wie einen moralischen Kollaps bedeutet habe, – während in Wahrheit diese Lebensläufe die vollkommenste Folgerichtigkeit und Geschlossenheit aufweisen. Wenn es den Leuten schien, als sei Tolstoi im Alter einer Art von religiösem Wahnsinn verfallen, so sahen sie nicht, daß das Endstadium seines Lebens in seinem vorangegangenen vorgebildet war; sie vergaßen oder hatten nicht bemerkt, daß in Gestalten wie dem Pierre Besuchow in »Krieg und Frieden« oder dem Lewin in »Anna Karenina« der alte Tolstoi seelisch schon präexistent ist. Und wenn Nietzsche es so darstellt, als sei Wagner gegen sein Ende plötzlich ein Überwundener, vor dem christlichen Kreuz niedergebrochen, so übersieht er oder will übersehen lassen, daß schon die Gefühlswelt des »Tannhäuser« diejenige des »Parsifal« vorwegnimmt und daß dieser aus einem im tiefsten romantisch-christlichen Lebenswerk die Summe zieht und es mit großartiger Konsequenz zu Ende führt. Das letzte Werk Wagners ist auch sein theatralischstes, und nicht leicht war eine Künstlerlaufbahn logischer als seine. Eine Kunst der Sinnlichkeit und des symbolischen Formelwesens (denn das Leitmotiv ist eine Formel – mehr noch, es ist eine Monstranz, es nimmt eine fast schon religiöse Autorität in Anspruch) führt mit Notwendigkeit ins zelebrierend Kirchliche zurück, ja, ich glaube, daß die heimliche Sehnsucht, der letzte Ehrgeiz alles Theaters der Ritus ist, aus dem es bei Heiden und Christen hervorgegangen. Theaterkunst, das ist in sich selbst schon Barock, Katholizismus, Kirche, und ein Künstler, der, wie Wagner, gewohnt war, mit Symbolen zu hantieren und Monstranzen emporzuheben, mußte sich schließlich als Bruder des Priesters, ja selbst als Priester fühlen. –

Oft habe ich den Beziehungen nachgehangen, die Wagner und Ibsen verbinden, und fand es schwer, zwischen der epochalen Verwandtschaft und einer intimeren noch zu unterscheiden, als Zeitgenossenschaft sie hervorbringt. Es war mir unmöglich, in dem Dialog von Ibsens bürgerlichem Schauspiel nicht Mittel, Wirkungen, Bestrickungen, tiefste Reize wiederzuerkennen, die mir aus Wagners Klangwelt vertraut waren, nicht eine Brüderlichkeit festzustellen, die wohl zum Teil einfach in ihrer Größe, aber so vielfach auch in ihrer Art groß zu sein bestand. Wieviel Gemeinsames in der ungeheuren Geschlossenheit, Sphärenrundheit, Restlosigkeit ihrer gewaltigen, jugendlich sozialrevolutionären und alternd ins Mythisch-Zeremonielle verbleichenden Lebenswerke! »Wenn wir Toten erwachen«, die schaurig gehauchte Beichte des Werkmenschen, der bereut, die späte, zu späte Liebeserklärung an das »Leben« – und »Parsifal«, das Oratorium der Erlösung –, wie bin ich gewohnt, sie in eins zu sehen, in eins zu empfinden, die beiden Abschiedsweihespiele und letzten Worte vor ewigem Schweigen, die zelesten Greisenwerke in ihrer majestätisch-sklerotischen Müdigkeit, dem Schon-mechanisch-geworden-Sein all ihrer Mittel, dem Spätgepräge von Resümee, Rückschau, Selbstzitat, Auflösung.

War nicht, was man »Fin de siècle« nannte, ein recht klägliches Satyrspiel der kleinen Zeit zu dem eigentlichen und verehrungswürdigen Ausklang des Jahrhunderts, der sich in den Alterswerken der beiden Magier vollzog? Denn nordische Magier, schlimm verschmitzte alte Hexenmeister waren sie beide, tief bewandert in allen Einflüsterungskünsten einer so sinnigen wie ausgepichten Teufelsartistik, groß in der Organisation der Wirkung, im Kultus des Kleinsten, in aller Doppelbodigkeit und Symbolbildung, in diesem Zelebrieren des Einfalls, diesem Poetisieren des Intellektes – Musiker dabei, wie es sich für Nordmenschen von selbst versteht: nicht nur der eine, der die Musik, bewußt und weil er sie als Eroberer brauchte, erlernt hatte, sondern auch der andere, auch Ibsen, obschon nur heimlicher-, geistigerweise und hinter dem Wort.

Was sie aber gar zum Verwechseln einander ähnlich macht, ist der von niemandem als möglich geahnte Sublimierungsprozeß, den unter den Händen des einen wie des anderen eine vorgefundene, und zwar in geistig bescheidenem Zustande vorgefundene Kunstform erfuhr. Diese Kunstform war in Wagners Fall die Oper, im Falle Ibsens das Gesellschaftsstück. Goethe sagt: »Alles Vollkommene in seiner Art muß über seine Art hinausgehen, es muß etwas anderes Unvergleichbares werden. In manchen Tönen ist die Nachtigall noch Vogel; dann steigt sie über ihre Klasse hinüber und scheint jedem Gefiederten andeuten zu wollen, was eigentlich Singen heißt.« Ganz so haben Wagner und Ibsen die Oper, das zivile Schauspiel vollkommen gemacht: sie machten etwas anderes, Unvergleichbares daraus. Und selbst jener Rest und Rückschlag im Beispiel von Goethes Nachtigall findet sich bei ihnen wieder: zuweilen, und zwar bis hoch hinauf, bis in den »Parsifal« hinein, gibt es bei Wagner noch Oper; zuweilen noch klappert bei Ibsen die Technik des Dumas-Dramas. Aber beide sind sie schöpferisch in dem perfektionierend-übersteigernden Sinn, daß sie aus dem Gegebenen das neue und Ungeahnte entwickeln.

Was erhebt das Werk Wagners geistig so hoch über das Niveau alles älteren musikalischen Schauspiels? Es sind zwei Mächte, die sich zu dieser Erhebung zusammenfinden, Mächte und geniale Begabungen, die man für feindlich einander entgegengesetzt halten sollte und deren kontradiktorisches Wesen man wirklich gerade heute wieder gern behauptet: sie heißen Psychologie und Mythus. Man will ihre Vereinbarkeit leugnen, Psychologie erscheint als etwas zu Rationales, als daß man sich entschließen könnte, etwa kein unüberwindliches Hindernis auf dem Wege ins mythische Land darin zu erblicken. Sie gilt als Widerspruch zum Mythischen, wie sie als Widerspruch zum Musikalischen gilt, obgleich eben dieser Komplex von Psychologie, Mythus und Musik uns gleich in zwei großen Fällen, in Nietzsche und Wagner, als organische Wirklichkeit vor Augen steht. Über den Psychologen Wagner wäre ein Buch zu schreiben, und zwar über die psychologische Kunst des Musikers wie des Dichters, sofern diese Eigenschaften bei ihm zu trennen sind.

Die Technik des Erinnerungsmotivs, in der alten Oper gelegentlich schon verwandt, wird allmählich zu einem tiefsinnig-virtuosen System ausgebaut, das die Musik in einem Maße, wie nie zuvor, zum Werkzeug psychologischer Anspielungen, Vertiefungen, Bezugnahmen macht. Die Umdeutung des naiv-epischen Zaubermotivs des »Liebestrankes« in ein bloßes Mittel, eine schon bestehende Leidenschaft freizumachen – in Wirklichkeit könnte es reines Wasser sein, was die Liebenden trinken, und nur ihr Glaube, den Tod getrunken zu haben, löst sie seelisch aus dem Sittengesetz des Tages –, ist die dichterische Idee eines großen Psychologen. Wie geht das Dichterische bei Wagner von Anfang an übers Librettomäßige hinaus – und zwar weniger sogar im Sprachlichen als im Psychologischen! »Die düstre Glut«, sagte der Holländer in dem schönen Duett mit Senta im zweiten Akt –

»Die düstre Glut, die hier ich fühle brennen,
Soll ich Unseliger sie Liebe nennen?
Ach nein, die Sehnsucht ist es nach dem Heil.
Würd' es durch solchen Engel mir zuteil!«

Das sind sangbare Verse, aber nie war etwas so kompliziert Gedachtes, seelisch so Verschlungenes vordem gesungen oder für den Gesang bestimmt worden. Der Verdammte liebt dieses Mädchen auf den ersten Blick, aber er sagt sich, daß seine Liebe eigentlich nicht ihr gilt, sondern dem Heil, der Erlösung. Sie nun aber wieder steht ihm als die Verkörperung der Heilsmöglichkeit gegenüber, so daß er zwischen der Sehnsucht nach geistlicher Rettung und der Sehnsucht nach ihr nicht zu unterscheiden vermag und nicht unterscheiden will. Denn seine Hoffnung hat ihre Gestalt angenommen, und er kann nicht mehr wollen, daß sie eine andere habe, das heißt, er liebt in der Erlösung dies Mädchen. Welche Verschränkung eines Doppelten, welcher Blick in die schwierigen Tiefen eines Gefühls! Es ist Analyse – und dies Wort drängt sich in einem noch moderneren, noch kühneren Sinn auf, wenn man das frühlingshaft keimende und hervorsprießende Liebesleben des Knaben Siegfried betrachtet, wie Wagner es im Wort und mit Hilfe der deutend untermalenden Musik lebendig macht. Da ist ein ahnungsvoller und aus dem unbewußten heraufschimmernder Komplex von Mutterbindung, geschlechtlichem Verlangen und Angst – ich meine jene Märchenfurcht, die Siegfried erlernen möchte –, ein Komplex also, der den Psychologen Wagner in merkwürdigster, intuitiver Übereinstimmung zeigt mit einem anderen typischen Sohn des neunzehnten Jahrhunderts, mit Sigmund Freud, dem Psychoanalytiker. Wie in Siegfrieds Träumerei unter der Linde der Muttergedanke ins Erotische verfließt; wie in der Szene, wo Mime den Zögling über die Furcht zu belehren sucht, im Orchester das Motiv der im Feuer schlafenden Brünhilde auf eine dunkel entstellte Weise sein Wesen treibt, – das ist Freud, das ist Analyse, nichts anderes; und wir wollen uns erinnern, daß auch bei Freud, dessen seelische Radikalforschung und Tiefenkunde bei Nietzsche in großem Stil vorweggenommen ist, das Interesse fürs Mythische, Menschlich-Urtümliche und Vorkulturelle mit dem psychologischen Interesse aufs engste zusammenhängt.

»Die Liebe in vollster Wirklichkeit«, sagt Wagner, »ist bloß innerhalb des Geschlechtes möglich: nur als Mann und Weib können die Menschen am wirklichsten lieben, während alle andere Liebe nur eine von dieser abgeleitete, von ihr herrührende, auf sie sich beziehende oder ihr künstlich nachgebildete ist. Irrig ist es, diese Liebe« (die sexuelle nämlich) »nur für *eine* Offenbarung der Liebe überhaupt zu halten, während *neben* ihr andere und wohl gar höhere Offenbarungen anzunehmen wären.« – Diese Zurückführung aller

»Liebe« aufs Sexuelle hat unverkennbar analytischen Charakter. Derselbe psychologische Naturalismus spricht aus ihr, der sich in Schopenhauers metaphysischer Formel vom »Brennpunkt des Willens« und in Freuds Kultur- und Sublimierungstheorien bekundet. Sie ist echt neunzehntes Jahrhundert. –

Übrigens findet der erotische Mutterkomplex sich auch im »Parsifal« wieder, in der Verführungsszene des zweiten Aktes – und damit sind wir bei der Figur der Kundry, der stärksten, dichterisch kühnsten, die Wagner je konzipiert hat: er selbst hat wohl gefühlt, welche außerordentliche Bewandtnis es mit ihr hatte. Sein Sinnen ging nicht zuerst von ihr aus, sondern von Karfreitagsgefühlen, aber bald sammelt sich das ideelle und formende Interesse mehr und mehr um sie, und die Eingebung, daß die wilde Gralsbotin ein und dasselbe Wesen sein solle mit dem verführenden Weib, der Gedanke der seelischen Doppelexistenz also, ist die entscheidende Erleuchtung und Verlockung, sie erzeugt die heimlichste Lust zu dem wundersamen Unternehmen. »Seitdem mir dies aufgegangen«, schreibt er, »ist mir fast alles an diesem Stoff klar geworden.« Und ein anderes Mal: »Namentlich geht mir eine eigentümliche Schöpfung, ein wunderbar weltdämonisches Weib (die Gralsbotin) immer lebendiger und fesselnder auf. Wenn ich diese Dichtung noch einmal zustande bringe, müßte ich damit etwas sehr Originelles leisten.« – Originell, das ist ein rührend stilles, bescheidenes Wort für das, was tatsächlich zustande kam. Die Heldinnen Wagners kennzeichnet überhaupt ein Zug von Edelhysterie, etwas Somnambules, Verzücktes und Seherisches, das ihre romantische Heroik mit eigentümlicher und bedenklicher Modernität durchsetzt. Aber die Figur Kundrys, der Höllenrose, ist geradezu ein Stück mythischer Pathologie; in ihrer qualvollen Zweiheit und Zerrissenheit, als instrumentum diaboli und heilssüchtige Büßerin, ist sie mit einer klinischen Drastik und Wahrheit, einer naturalistischen Kühnheit im Erkunden und Darstellen schauerlich krankhaften Seelenlebens gemalt, die mir immer als etwas Äußerstes an Wissen und Meisterschaft erschienen ist. Und nicht sie allein unter den Gestalten des »Parsifal« hat diesen seelisch extremen Charakter. Wenn es im Entwurf zu diesem letzten und äußersten Werk von Klingsor heißt, er sei der Dämon der verborgenen Sünde, das Wüten der Ohnmacht gegen die

Sünde, so fühlen wir uns in eine Welt christlichen Wissens um entlegene und höllische Seelenzustände versetzt, in die Welt Dostojewskis.

Wagner als Mythiker, als Entdecker des Mythus für die Oper, als Erlöser der Oper durch den Mythus, das ist das zweite; und wirklich, er hat seinesgleichen nicht an seelischer Affinität mit dieser Bild- und Gedankenwelt, nicht seinesgleichen in dem Vermögen, den Mythus zu beschwören und neu zu beleben: er hatte sich selbst gefunden, als er von der historischen Oper zum Mythus fand; und wenn man ihm lauscht, möchte man glauben, die Musik sei zu nichts anderem geschaffen und könne sich nie wieder eine andere Aufgabe setzen, als dem Mythus zu dienen. Ob dieser als Bote aus reiner Sphäre erscheint, der Unschuld zu Hilfe gesandt, und leider, da der Glaube nicht standhält, dahin zurückkehren muß, woher er kam der Fahrt; oder als singendes, sagendes Wissen von der Welt Anfang und Ende, als kosmogonische Märchenphilosophie – immer ist sein Geist, sein Wesen, sein Laut mit einer Sicherheit und wahlverwandtschaftlichen Intuition getroffen, seine Sprache mit einer Angeborenheit geredet, die in aller Kunst ohne Beispiel ist. Es ist die Sprache des »Einst« in seinem Doppelsinn aus »Wie alles war« und »Wie alles sein wird«; und die mythologische Stimmungsdichtigkeit, etwa in der Nornenszene zu Anfang der »Götterdämmerung«, in der die drei Erdatöchter sich in einer Art von weihevollem Weltenklatsch ergehen, oder der Erdaerscheinungen selbst im »Rheingold« und »Siegfried« ist unübertrefflich. Die übergewaltigen Akzente der Musik, die Siegfrieds Leiche hinweggeleitet, gelten nicht mehr dem Waldknaben, der auszog, das Fürchten zu lernen; sie belehrt das Gefühl, was eigentlich da hinter niedergehenden Nebelschleiern vorüberzieht: der Sonnenheld selbst liegt auf der Bahre, erschlagen von bleicher Finsternis; und das andeutende Wort kommt der Empfindung zu Hilfe: »Eines wilden Ebers Wut«, heißt es, und »Er ist der verfluchte Eber«, sagt Gunther, auf Hagen weisend, »der diesen Edeln zerfleischte«. Die Perspektive reißt auf bis ins Erste und Früheste menschlichen Bildträumens. Tammuz, Adonis, die der Eber schlug, Osiris, Dionysos, die Zerrissenen, die wiederkehren sollen als der Gekreuzigte, dem ein römischer Speer die Seitenwunde reißen muß, auf daß man ihn erkenne, – alles, was war und immer ist, die ganze Welt der geopferten, von Wintergrimm gemordeten Schönheit, umfaßt dieser mythische Blick – und so sage man nicht, der Schöpfer des »Siegfried« sei sich untreu geworden durch »Parsifal«.

Die Passion für Wagners zaubervolles Werk begleitet mein Leben, seit ich seiner zuerst gewahr wurde und es mir zu erobern, es mit Erkenntnis zu durchdringen begann. Was ich ihm als Genießender und Lernender verdanke, kann ich nie vergessen, nie die Stunden tiefen, einsamen Glückes inmitten der Theatermenge, Stunden voll von Schauern und Wonnen der Nerven und des Intellektes, von Einblikken in rührende und große Bedeutsamkeiten, wie eben nur diese Kunst sie gewährt. Meine Neugier nach ihr ist nie ermüdet; ich bin nicht satt geworden, sie zu belauschen, zu bewundern, zu überwachen – nicht ohne Mißtrauen, ich gebe es zu; aber die Zweifel, Einwände, Beanstandungen taten ihr so wenig Abbruch, wie die unsterbliche Wagnerkritik Nietzsches, die ich immer als einen Panegyrikus mit umgekehrtem Vorzeichen, als eine andere Form der Verherrlichung empfunden habe. Sie war Liebeshaß, Selbstkasteiung. Wagners Kunst war die große Liebesleidenschaft von Nietzsches Leben. Er hat sie geliebt, wie Baudelaire, der Dichter der »Fleurs du Mal«, sie geliebt hat, von dem man erzählt, er habe noch in der Agonie, in der Lähmung und halben Verblödung seiner letzten Tage, vor Freude gelächelt, wenn der Name Wagners genannt wurde – *il a souri d'allégresse.* So pflegte Nietzsche in seiner paralytischen Nacht beim Klang dieses Namens aufzuhorchen und zu erwidern: »Den habe ich sehr geliebt.« Er hat ihn sehr gehaßt, aus geistigen, kulturmoralischen Gründen, die hier und heute, an dem »heiligen Tage«, mit Nietzsche zu reden, an dem Richard Wagner in Venedig starb, nicht zur Erörterung stehen. Aber es wäre seltsam, wenn ich allein stände mit der Erfahrung, daß Nietzsches Polemik gegen Wagner der Begeisterung eher ein Stachel ist, als daß sie sie zu lähmen vermöchte.

Was ich beanstandete, von jeher, oder besser, was mich gleichgültig ließ, war Wagners Theorie, – kaum habe ich mich je bereden können, zu glauben, daß überhaupt je jemand sie ernst genommen habe. Was sollte ich anfangen mit dieser Addition von Musik, Wort,

Malerei und Gebärde, die sich als das allein Wahre und als die Erfüllung aller künstlerischen Sehnsucht ausgab? Mit einer Kunstlehre, der zufolge der »Tasso« dem »Siegfried« nachzustehen hätte? Es war ein starkes Stück, fand ich, die Einzelkünste aus dem Zerfall einer ursprünglich theatralischen Einheit abzuleiten, in die sie zu ihrem Glück dienend zurückkehren sollten. Die Kunst ist ganz und vollkommen in jeder ihrer Erscheinungsformen; man braucht nicht ihre Gattungen zu summieren, um sie vollkommen zu machen. Das zu denken, ist schlechtes neunzehntes Jahrhundert, eine schlimm mechanistische Denkungsweise, und Wagners siegreiches Werk beweist nicht seine Theorie, sondern nur sich selbst. Es lebt und wird lange leben, aber die Kunst wird es in den Künsten überleben und die Menschheit durch sie bewegen, wie eh und je. Es wäre kindliche Barbarei, zu glauben, Höhe und Intensität der Kunstwirkung ergäben sich aus dem gehäuften Maß ihrer sinnlichen Aggression.

Wagner als leidenschaftlicher Theatraliker, man kann wohl sagen, als Theatromane, neigte zu solchem Glauben, insofern ihm die unmittelbarste und restloseste Mitteilung alles zu Sagenden an die Sinne als die erste Forderung der Kunst erschien. Und es ist merkwürdig genug, zu sehen, was dank diesem unerbittlichen Bedürfnis im Falle seines Hauptwerkes, des »Ringes des Nibelungen«, aus dem Drama wurde, dem doch all sein Trachten galt und als dessen Grundgesetz ihm eben das restlos Sinnliche erschien. Man kennt die Entstehungsgeschichte dieses Werkes. Wagner, mit der Gestaltung seines dramatischen Entwurfes »Siegfrieds Tod« beschäftigt, ertrug es nicht, wie er selbst erzählt, daß so viel vorauszusetzen war, so viel Handlung vor dem Anfang lag, deren Mitteilung in das Stück hätte hineinkomponiert werden müssen. Sein Bedürfnis, die Vorgeschichte zu sinnlicher Anschauung zu bringen, war übermächtig, und so begann er nach rückwärts zu schreiben: er dichtete den »Jungen Siegfried«, dann die »Walküre«, dann das »Rheingold«; er ruhte nicht, bis er alles in voller Gegenwart auf die Bühne gebracht hatte, in vier Abenden alles, von der Urzelle, dem Erzbeginn, dem ersten Baßfagott-Es des »Rheingold«-Vorspieles an, womit er denn feierlich und fast unhörbar zu erzählen anhob. Etwas Herrliches entstand, und man versteht die Begeisterung, die den Schöpfer angesichts seines so gewordenen, an neuen und tiefen Wirkungsmöglichkeiten so reichen Riesenplanes ergriff. Aber was war es eigentlich, was entstand? Die Ästhetik hat gelegentlich das mehrteilige Drama als Form verworfen. Grillparzer zum Beispiel tat das. Er meinte, die Beziehung eines Teils auf den anderen gebe dem Ganzen etwas Episches, wodurch es freilich an Großartigkeit gewänne. Aber damit ist die Wirkung des »Ringes« bestimmt, der Charakter seiner Größe, und was wir feststellen, ist eben, daß Wagners Hauptwerk seine Großartigkeit ihrer Art nach dem epischen Kunstgeist verdankt, in dessen Sphäre der Stoff ja auch beheimatet war. Der »Ring« ist ein szenisches Epos, hervorgegangen aus der Abneigung gegen Vorgeschichten, die hinter der Szene spuken, einer Abneigung, die die antike und die französische Tragödie bekanntlich nicht teilen. Ibsen mit seiner analytischen Technik und seiner Kunst, Vorgeschichten zu entwickeln, ist hierin dem klassischen Drama viel näher. Und es liegt Humor darin, daß gerade das dramatische Sinnlichkeitstheorem Wagners ihn auf eine so wundervolle Art zum Epischen verführte.

Sein Verhältnis zu den Einzelkünsten, aus denen er sein »Gesamtkunstwerk« schuf, ist des Nachdenkens wert; es liegt etwas eigentümlich Dilettantisches darin, wie denn Nietzsche in seiner wagnerfrommen »Vierten Unzeitgemäßen Betrachtung« über Wagners Kindheit und Jugend sagt: »Seine Jugend ist die eines vielseitigen Dilettanten, aus dem nichts Rechtes werden will. Ihn schränkte keine strenge erb- und familienhafte Kunstübung ein. Die Malerei, die Dichtkunst, die Schauspielerei, die Musik kamen ihm so nahe, als die gelehrtenhafte Erziehung und Zukunft; wer oberflächlich hinblickte, möchte meinen, er sei zum Dilettantisieren geboren.« – Tatsächlich und nicht nur oberflächlich, sondern mit Leidenschaft und Bewunderung hingeblickt, kann man sagen, auf die Gefahr hin, mißverstanden zu werden, daß Wagners Kunst ein mit höchster Willenskraft und Intelligenz monumentalisierter und ins Geniehafte getriebener Dilettantismus ist. Die Vereinigungsidee der Künste selbst hat etwas Dilettantisches und wäre ohne die mit höchster Kraft vollzogene Unterwerfung ihrer aller unter sein ungeheures Ausdrucksgenie im Dilettantischen steckengeblieben. Es ist etwas Zweifelhaftes um seine Beziehung zu den Künsten; so unsinnig es klingt, haftet ihr etwas Amusisches an. Italien, die bildende Kunst, lassen ihn im Grunde völlig kalt. Der Wesendonk schreibt er nach Rom:

»Sehen Sie und schauen Sie für mich mit: ich habe es nötig, daß es jemand für mich tut ... Mit mir hat es da eine eigene Bewandtnis: das habe ich wiederholt und endlich am bestimmtesten in Italien kennengelernt. Ich werde eine Zeitlang durch bedeutende Wirkung auf mein Auge lebhaft ergriffen: aber – es dauert nicht lang ... Es scheint, daß das Auge mir als Sinn der Wahrnehmung der Welt nicht genügt.«

Sehr begreiflich! Er ist ja Ohrenmensch, Musiker und Dichter, aber seltsam ist es doch, daß er aus Paris an dieselbe Adressatin schreiben kann: »Ach was schwelgt das Kind in Raphaël und Malerei! Was ist das schön, lieblich und beruhigend! Nur mich will das nie einmal berühren! Ich bin immer noch der Vandale, der seit einem Jahresaufenthalt in Paris nicht dazu gekommen ist, das Louvre zu besuchen! Sagt Ihnen das nicht alles??« – Nicht alles, aber doch manches und sonderbar Bezeichnendes. Die Malerei ist eine große Kunst, so groß, wie das Gesamtkunstwerk. Sie hat vor diesem auf eigene Hand bestanden und tut es nach ihm; aber sie berührt ihn nicht. Er müßte weniger groß sein, daß man sich nicht dadurch in der Seele der Malerei gekränkt fühlen sollte! Denn die bildende Kunst hat ihm weder als Vergangenheit, noch als lebendige Gegenwart etwas zu sagen. Das Große, das neben seinem Werk aufwächst, die französische impressionistische Malerei, sieht er kaum, sie geht ihn nichts an. Seine Beziehungen dazu beschränken sich auf die Tatsache, daß Renoir sein Porträt gemalt hat – ein Bild, das seinen Gegenstand nicht gerade heroisiert und ihm nicht sehr gefallen haben wird. Es ist klar, daß er zur Dichtung ganz anders steht als zur bildenden Kunst. Sie hat ihm, namentlich durch Shakespeare, sein Leben lang Unendliches gegeben, wenn auch die Theorie, mit der er sein eigenes Talent glorifizierte, ihn von den »Literatur-Dichtern«, wie er sagte, fast mitleidig reden ließ. Aber was liegt daran, da er selbst der Dichtung Gewaltiges geschenkt, sie mit seinen Werken bereichert hat, – bei denen freilich nie zu vergessen ist, daß sie nicht gelesen werden sollen, nicht eigentlich Sprachwerke, sondern »Musikdunst« sind, der Ergänzung durch Bild, Gebärde, Musik bedürfen und erst in ihrer aller Zusammenwirken sich als Dichtung vollenden. Rein sprachlich gesehen haben sie oft etwas Schwulstiges und Barockes, auch Kindliches, etwas von großartiger und selbstherrlicher Unberufenheit – mit Einlagerungen von absoluter Genialität, von Kraft, Gedrungenheit, Urschönheit, die jeden Zweifel entkräften – und doch das Bewußtsein nicht auslöschen, daß es sich nicht um Gebilde handelt, die innerhalb der Kultur der großen europäischen Literatur und Dichtung stehen, sondern abseits davon, als Anweisungen zu einer theatralischen Ausdrucksveranstaltung, die unter anderem auch des Wortes bedarf. Ich denke bei jenen ins kühn Dilettantische eingesprengten Sprachgenialitäten besonders an den »Ring des Nibelungen« und an den »Lohengrin«, der, als Wortschöpfung genommen, vielleicht das Reinste, Edelste und Schönste darstellt, was Wagner gelungen ist.

Sein Genie ist eine dramatische Synthesis der Künste, die nur als Ganzes, eben als Synthese, den Begriff des echten und legitimen Werkes erfüllt. Den Bestandteilen, selbst der Musik als solcher und sofern sie eben nicht Mittel zum Gesamtwerk ist, eignet etwas Wildwüchsig-Illegitimes, das sich erst im erhabenen Ganzen aufhebt. Daß Wagners Verhältnis zur Sprache nicht dasjenige unserer großen Dichter und Schriftsteller war, daß es der Strenge und Delikatesse entbehrt, die dort walten, wo die Sprache als höchstes Gut und anvertrautes Mittel der Kunst empfunden wird, das zeigen seine Gelegenheitsgedichte, diese verzuckert romantischen Huldigungen und Widmungspoeme an Ludwig den Zweiten von Bayern, diese banausisch fidelen Reimereien an Freunde und Helfer. Jedes hingeworfene Gelegenheitsreimchen Goethes ist goldschwere Dichtung und hohe Literatur gegen diese Sprachphilistereien und versifizierten Männerscherze, bei denen die Verehrung nur etwas mühsam zu lächeln vermag. Sie halte sich dafür an Wagners Prosaaufsätze, diese ästhetischen, kulturkritischen Manifeste und Selbsterläuterungen, – Künstlerschriften von erstaunlicher Gescheitheit und denkerischer Willenskraft, die man freilich als Sprach- und Geisteswerke nicht mit den kunstphilosophischen Arbeiten Schillers, etwa mit dem unsterblichen Versuch »Über naive und sentimentalische Dichtung« vergleichen darf. Etwas schwer Lesbares, zugleich Verschwommenes und Steifes gehört zu ihnen, wiederum etwas wild- und nebenwüchsig Dilettantisches; sie gehören nicht eigentlich der Welt großer deutscher und europäischer Essayistik an, sind nicht eigentlich Werke eines geborenen Schriftstellers, sondern nebenbei, aus Not, entstanden. Wagner war alles einzelne nur aus Not. Glücklich, berufen, vollkommen, legitim und groß ist er erst im Großen und Ganzen.

War er denn nicht auch Musiker nur aus Not, zum Zweck des überwältigenden Ganzen und durch den Willen? Nietzsche bemerkt einmal, daß die sogenannte Begabung nicht das Wesentliche des Genies sein könne. »Wie wenig Begabung zum Beispiel bei Richard Wagner«, ruft er aus. »Gab es je einen Musiker, der in seinem achtundzwanzigsten Jahr noch so arm war?« Wirklich wächst Wagners Musik aus zagen, kümmerlichen und unselbständigen Anfängen auf, und diese Anfänge liegen viel später in seinem Leben als bei großen Musikern sonst. Er selbst sagt: »Ich entsinne mich noch, um mein dreißigstes Jahr herum mich innerlich zweifelhaft befragt zu haben, ob ich denn wirklich das Zeug zu einer höchsten künstlerischen Individualität besäße: ich konnte in meinen Arbeiten immer noch Einfluß und Nachahmung verspüren und wagte nur beklommen, auf meine ferne Entwicklung als durchaus originell Schaffender zu blicken.« Das ist ein Rückblick aus der Zeit der Meisterschaft, im Jahre 62. Aber nur drei Jahre früher, mit sechsundvierzig Jahren, aus Luzern, in Tagen, da es mit dem »Tristan« durchaus nicht vorwärts gehen will, schreibt er an Liszt: »Wie jämmerlich ich mich als Musiker fühle, kann ich Dir gar nicht stark genug versichern; aus Herzensgrund halte ich mich für einen absoluten Stümper. Du solltest mich nur manchmal so dasitzen sehen, wenn ich so denke, ›es muß doch gehen‹ – und dann ans Klavier gerate und einigen miserablen Dreck zusammengreife, um dann blödsinnig es aufzugeben. Wie mir da zumute ist! – welch innige Überzeugung von meiner eigentlichen musikalischen Lumpenhaftigkeit! Und nun kommst Du, dem es aus allen Poren hervorquillt, wie Ströme und Quellen und Wasserfälle, und – da muß ich mir nun noch so etwas sagen lassen, wie Deine Worte. Nicht zu glauben, daß dies völlige Ironie ist, fällt mir da sehr schwer ... Liebster, das ist eine eigene Geschichte, und glaub' mir, mit mir ist's nicht weit her.« – Das ist offenbare Depression, ungültig in jedem Wort und doppelt absurd durch die Adresse, an die ein solches Bekenntnis sich richtet; und Liszt antwortet denn auch gebührend darauf. Er macht ihm »verrückte Ungerechtigkeit gegen sich selbst« zum Vorwurf. Übrigens kennt jeder Künstler solche plötzliche Scham vor dem Meisterhaften neben und vor ihm: sie kommt daher, daß jede Kunstübung eine neue und ihrerseits schon sehr kunstvolle Anpassung des persönlich und individuell Bedingten an die Kunst überhaupt darstellt, und der einzelne, selbst nach anerkannten, geglückten Leistungen, beim Vergleich mit fremder Meisterschaft sich plötzlich fragen kann: wie ist es möglich, mein persönliches Arrangement mit jenen Dingen überhaupt in einem Atem zu nennen? – Und doch hat ein solcher Grad von depressiver Selbsterniedrigung, von Gewissensverzweiflung im Angesicht der Musik bei dem, der im dritten Akt des »Tristan« hält, etwas Befremdendes und psychologisch Auffallendes. Wahrhaftig, die diktatorische Selbstgewißheit von Wagners alten Tagen, als er in den Bayreuther Blättern gar vieles Schöne, Mendelssohn, Schumann und Brahms zum höheren Ruhm der eigenen Kunst verspottete und verdammte, – dies Selbstbewußtsein ist mit vieler früherer Zerknirschung und Verzagtheit vor der Kunst erkauft! Woher kamen diese Anfälle? Gewiß nur daher, daß er selbst in solchen Augenblicken den Fehler beging, sein Musikertum zu isolieren und es so in Vergleich mit dem Höchsten zu stellen, während es doch ebenso nur sub specie seines Dichtertums betrachtet werden darf, wie umgekehrt, – und diesem Fehler hauptsächlich entstammt ja der erbitterte Widerstand, den seine Musik zu überwinden gehabt hat. Wir, die wir der Wunderwelt dieser Klänge, ihrer intellektuellen Magie soviel Beglückung und Entrückung, soviel Staunen über ein selbstgeschaffenes, ungeheures Können verdanken, wir begreifen nur schwer diese Widerstände, diesen Abscheu; wir finden Ausdrücke, wie sie gegen Wagners Musik gebraucht werden, Bezeichnungen wie »kalt«, »algebraisch«, »formlos« entsetzlich mißverständlich und uneinsichtig, von einer dickhäuterischen Verständnisarmut und Unempfänglichkeit zeugend, und wir sind geneigt, zu glauben, nur aus ganz unmusischer und philisterhafter, gott- und musikverlassener Sphäre hätten solche Urteile kommen können. Aber dem war nicht so. Viele, die so urteilen, so urteilen mußten, waren keine Spießer, es waren künstlerische Seelen und Geister, Musiker und Liebende der Musik, Menschen, denen das Schicksal der Musik am Herzen lag und die mit Recht den Anspruch erhoben, zwischen Musik und Unmusik unterscheiden zu können – und sie fanden, daß diese Musik keine sei. Ihre Meinung ist vollkommen geschlagen worden, ihr war eine säkulare Niederlage beschieden. Aber, wenn sie falsch war, war sie auch unentschuldbar? Wagners Musik ist so ganz und so gar nicht Musik, wie die dramatische Unterlage, die sie zur Dichtung vervollständigt, Literatur ist. Sie ist Psychologie, Symbol, Mythik, Emphatik – alles; aber nicht Musik in dem reinen und vollwertigen Sinn jener verwirrten Kunstrichter. Die Texte, um die sie sich rankt und die sie zum Drama erfüllt, sind nicht Literatur, aber die Musik ist es. Sie, die wie ein Geysir aus vorkulturellen Tiefen des Mythos hervorzuschießen scheint (und nicht nur scheint: sie tut es wirklich), ist in Wahrheit und außerdem – gedacht, berechnet, hochintelligent, von ausgepichter Klugheit, so literarisch konzipiert, wie ihre Texte musikalisch konzipiert sind. Aufgelöst in ihre Urelemente muß die Musik dazu dienen, mythische Philosopheme ins Hochrelief zu treiben. Die unstillbare Chromatik des Liebestodes ist eine literarische Idee. Das Urströmen des Rheines, die sieben primitiven Akkordklötze, die Walhall aufbauen, sind es nicht weniger. Ein berühmter Dirigent, der eben den »Tristan« geleitet hatte, sagte auf dem Heimweg zu mir: »Es ist gar keine Musik mehr.« Er sagte es im Sinne unserer gemeinsamen Erschütterung. Aber was wir heute als bewunderungsvolles Ja aussprechen, wie hätte es nicht anfangs als zorniges Nein lauten sollen? Solche Musik, wie die von Siegfrieds Rheinfahrt oder wie die Totenklage für den Gefällten, Stücke von unnennbarer Herrlichkeit für unser Ohr, unseren Geist, waren nie erhört worden, sie waren unerhört im anstößigsten Sinne. Dies Aneinanderreihen symbolischer Motivzitate, die wie Felsbrocken im Gießbach musikalischer Elementarvorgänge liegen, als Musik im Sinne Bachs, Mozarts und Beethovens zu empfinden, war zuviel verlangt. Es war zuviel verlangt, den Es-Dur-Dreiklang, der das Rheingoldvorspiel ausmacht, bereits Musik nennen zu sollen. Es war auch keine. Es war ein akustischer Gedanke: der Gedanke des Anfanges aller Dinge. Es war die selbstherrlich dilettantische Nutzbarmachung der Musik zur Darstellung einer mythischen Idee. Die Psychoanalyse will wissen, daß die Liebe sich aus lauter Perversitäten zusammensetze. Darum bleibt sie doch die Liebe, das göttlichste Phänomen der Welt. Nun denn, das Genie Richard Wagners setzt sich aus lauter Dilettantismen zusammen.

Aber aus was für welchen! Er ist ein Musiker der Art, daß er auch die Unmusikalischen zur Musik überredet. Das mag ein Einwand sein für Esoteriker und Aristokraten der Kunst – aber wenn unter den Unmusikalischen sich nun Menschen und Artisten wie Baudelaire befinden? Für Baudelaire war die Begegnung mit Wagner einfach die mit der Musik. Er war unmusikalisch, er schrieb es selbst an Wagner, daß er nichts von der Musik verstehe und nichts gekannt habe als ein paar schöne Stücke von Weber und Beethoven. Und nun eine Hingerissenheit, die ihm den Ehrgeiz eingab, mit der Sprache zu musizieren, mit ihr allein es Wagner gleichzutun, was weitgehende Folgen für die französische Lyrik gehabt hat. Solche Erweckte und Proselyten kann eine uneigentliche, eine Laienmusik sich gefallen lassen; mancher Strenge könnte sie um solche beneiden und nicht nur um sie. In dieser exoterischen Musik gibt es Dinge von einer Genialität und Herrlichkeit, durch die solche Unterscheidungen der Lächerlichkeit verfallen. Das Schwanenmotiv aus »Lohengrin« und »Parsifal«; die Sommermondnachtklänge am Schlusse des zweiten Meistersingeraktes und das Quintett im dritten; die As-Dur-Partie im zweiten Akt von »Tristan und Isolde« und Tristans Vision der übers Meer schreitenden Geliebten; die Karfreitagsmusik im »Parsifal« und die gewaltige Verwandlungsmusik im dritten Akt dieses Werkes; der herrliche Zwiegesang zwischen Siegfried und Brünhilde zu Anfang der »Götterdämmerung« mit der volksliedhaften Intonation: »Willst du mir Minne schenken« und dem hinreißenden »Heil dir, Brünhild', prangender Stern!«; gewisse Partien aus der Venusberg-Bearbeitung der Tristan-Zeit, – das sind Eingebungen, vor denen die absolute Musik selbst vor Neid erblassen oder vor Entzücken erröten könnte. Und dabei ist es Zufall und Willkür, daß ich gerade sie nenne. Ebensogut könnte ich andere anführen oder an die erstaunliche Kunst erinnern, die Wagner im Abbiegen, Verändern und Umdeuten eines im musikalischen Verlauf schon gegebenen Motivs bewährt, wie es etwa im Vorspiel zum dritten Akt der »Meistersinger« mit Hans Sachsens Schusterlied geschieht, das uns aus der Humoristik des zweiten Aktes als derber Handwerkssang bekannt war und nun bei seiner Wiederkehr in diesem Vorspiel zu ungeahnter Poesie verklärt wird. Oder man denke an die rhythmische und klangliche Umgestaltung und Neuauslegung, die das sogenannte Glaubensmotiv, schon aus den Anfängen der Ouvertüre bekannt, oftmals im Laufe des »Parsifal« und zuerst in der großen Erzählung des Gurnemanz erfährt. Es ist schwer, von diesen Dingen zu sprechen, wenn einem nur das Wort zur Verfügung steht, um sie heraufzurufen. Warum wird, indem ich von Wagners Musik rede, gerade eine solche Einzelheit, eine bloße Arabeske, mir im Ohre wach wie die technisch leicht beschreibbare und im Grunde doch unbeschreibliche Hornfigur, die in der Totenklage für Siegfried das Liebesmotiv seiner Eltern harmonisch vorbereitet? Man weiß in solchen Augenblicken kaum zu unterscheiden, ob es Wagners besondere und persönliche Kunst oder die Musik selbst ist, die man bewundert und die es einem so antut. Mit einem Wort, es ist himmlisch – man schämt sich eines Wortes nicht, wie es so feminin und schwärmerisch eben nur die Musik einem auf die Lippen zu zwingen vermag. –

Der allgemeine seelische Charakter von Wagners Musik hat etwas pessimistisch Schweres, langsam Sehnsüchtiges, im Rhythmus Gebrochenes und aus dunklem Wirrsal nach Erlösung im Schönen Ringendes; es ist die Musik einer beladenen Seele, nicht tänzerisch zu den Muskeln redend, sondern ein Wühlen, Sichschieben und Drängen von unsüdlicher Mühsal, die Lenbachs Mutterwitz schlagend kennzeichnete, als er eines Tages zu Wagner sagte: »Ihre Musik – ach was, das ist ja ein Lastwagen nach dem Himmelreich.« Aber sie ist nicht nur das. Über ihrer Seelenschwere darf man das Kecke, Stolze und Heitere nicht vergessen, das sie ebenfalls hervorbringen kann, in den ritterlichen Themen etwa, den Motiven Lohengrins, Stolzings und Parsifals, nicht das Elbisch-Naturneckische und Liebliche der Rheintöchterterzette, den parodischen Witz und gelehrten Übermut des Meistersingervorspiels, auch nicht die Ländlerlustigkeit des Volkstanzes im dritten Akt. Wagner kann alles. Er ist ein Charakteristiker ohnegleichen, und seine Musik als Charakterisierungsmittel verstehen, heißt sie ohne Maß bewundern. Diese Kunst ist pittoresk, ja grotesk und auf Distanz berechnet, wie das Theater es verlangt, aber von einem Erfindungsreichtum auch im Kleinen, einer beweglichen Fähigkeit des Eingehens in die Erscheinungen, des Redens und Gestikulierens aus ihnen heraus, die in solcher Ausprägung vorher nie da war. Sie triumphiert in den Einzelfiguren: in der musikalisch-dichterischen Gestalt des Holländers etwa, ihrer Umflossenheit von Öde und Verdammtheit, ihrer verzweifelten Umtostheit von Meereswildnis ... In Loges elementarischer Unberechenbarkeit und tückischer Anmut. Im Geblinzel und Geknick von Siegfrieds zwergischem Pflegevater. In Beckmessers närrischer Bosheit und Torheit. Der dionysische Schauspieler – seine Kunst, seine Künste, wenn man so will – offenbaren sich in dieser Omnipotenz und Ubiquität der Verwandlung und Darstellung: er wechselt nicht nur die menschliche Maske, er geht ein in die Natur, er spricht aus Sturm und Gewitter, aus Blättersäuseln und Wellengeglitzer, aus Flammentanz und Regenbogen. Alberichs Tarnkappe ist das Generalsymbol dieses Vermummungsgenies und imitativen Allvermögens, das im niedrigen Leben der Kröte, in ihrem schwammigen Hüpfen und Kriechen so wahrhaftig zu Hause ist wie im sorglos sich wiegenden Wolkendasein der Asen. Es ist diese charakterisierende Allmacht, die Werke von solcher seelischen Heterogenität nebeneinander zu stellen vermag wie die lutherisch derben und deutschen »Meistersinger« und die todessüchtige, todestrunkene Welt des »Tristan«. Sie sondert jedes der Werke vom anderen, entwickelt jedes aus einem Grundlaut, der es von allen anderen unterscheidet, so daß innerhalb des Gesamtwerkes, das doch selbst ein persönlicher Kosmos ist, jedes Einzelwerk wiederum eine solche geschlossene und sternenhafte Einheit bildet. Es gibt musikalische Berührungen und Verbindungen zwischen ihnen, in denen die organische Einheit des Ganzen sich andeutet. Im »Parsifal« laufen Meistersingerakzente unter; in der Musik des »Holländers« sind Antizipationen aus dem »Lohengrin« erlauschbar und in seinem Text solche Vordeutungen auf die religiöse Verzücktheit der Parsifalsprache, wie die Worte »Ein heil'ger Balsam meinen Wunden – Dem Schwur, dem hohen Wort entfließt«; im christlichen »Lohengrin« ergeben die in Ortrud personifizierten heidnischen Rückstände seiner Sphäre schon Nibelungenklänge. Im ganzen aber ist jedes Werk auf eine Art stilistisch gegen die übrigen abgesetzt, die das Geheimnis des Stiles als Kern der Kunst und fast als die Kunst selbst sichtbar und fühlbar macht: es ist das Geheimnis der Vermählung des Persönlichen mit dem Sachlichen. Wagner ist in jedem Werk ganz er selbst, und jeder Takt darin kann nur von ihm sein, zeigt seine unverwechselbare persönliche

Formel und Handschrift. Und doch ist jedes zugleich besonders und eine stilistische Welt für sich, das Produkt einer sachlichen Einfühlsamkeit, die der persönlichen Eigenwilligkeit die Waage hält und sich rein in ihr aufhebt. Das stärkste Wunder in diesem Betracht ist vielleicht das Werk des Siebzigjährigen, der »Parsifal«, der im Erkunden und Zum-Reden-Bringen entlegener schauerlicher und heiliger Welten etwas Äußerstes leistet – trotz »Tristan und Isolde« das extremste unter Wagners Werken und Zeugnis von einer seelisch-stilistischen Anpassungsfähigkeit, die selbst das bei ihm gewohnte Maß zum Schluß noch überbietet, voll von Lauten, denen man mit immer neuer Beunruhigung, Neugier und Verzauberung nachhängt.

»Eine üble Geschichte das!« schreibt Wagner im Mai 1859 aus Luzern, mitten aus der verzehrenden Arbeit am dritten Akt des »Tristan« heraus, die ihm zu der längst erschauten und entworfenen Figur des Amfortas neue Aufregung bringt. »Eine üble Geschichte! Denken Sie um des Himmels willen, was da los ist! Mir ward es plötzlich schrecklich klar: Amfortas ist mein Tristan des dritten Aktes in seiner undenklichen Steigerung.« – Diese »Steigerung« ist das unwillkürliche, auf Selbstverwöhnung beruhende Lebens- und Wachstumsgesetz seiner Produktion, an den Qual- und Sündenzerknirschungsakzenten des Amfortas hat er sein Leben lang geübt. Sie sind schon da in Tannhäusers »Ach, wie drückt mich der Sünde Last!«, sie sind im »Tristan« ein scheinbares Nonplusultra an zerreißendem Ausdruck geworden, aber im »Parsifal« werden sie, wie er mit Schrecken erkennt, zu überbieten sein, eine »undenkliche Steigerung« erfahren müssen. Es handelt sich um ein Auf-die-Spitze-Treiben von Akzenten, zu denen unbewußt immer stärkere und tiefere Anlässe und Situationen gesucht werden. Die Stoffe, die Einzelwerke sind Stufen und sich übersteigernde Abwandlungen einer Einheit, des in sich geschlossenen und sphärenrunden Lebenswerkes, das »sich entwickelt«, aber gewissermaßen von Anfang an da ist. Damit hängt die Verschachtelung, das Ineinander der Konzeptionen zusammen, die es mit sich bringt, daß ein Künstler dieser Art und geistigen Form es niemals nur mit dem Werk, der Aufgabe zu tun hat, woran er gerade arbeitet, sondern daß gleichzeitig noch alles andere mit auf ihm liegt und den produktiven Augenblick belastet. Etwas scheinbar (nur halb scheinbar) Planmäßiges, Lebensplanmäßiges tritt hervor, derart, daß Wagner im Jahre 1862, während der Komposition der »Meistersinger«, in einem Brief an Bülow aus Bieberich mit aller Bestimmtheit voraussagt, der »Parsifal« werde sein letztes Werk sein, rund zwanzig Jahre, bevor er zur Ausführung kommt. Denn vorher ist ja der »Siegfried«, in den »Tristan« und »Meistersinger« eingelegt werden, und die ganze »Götterdämmerung« aufzuarbeiten, damit die Lücken des Werkplanes gefüllt seien. Am »Ring« hat er während des ganzen »Tristan« zu tragen, in den von Anfang an der »Parsifal« hineinspricht. Dieser ist auch während der lutherisch gesunden »Meistersinger« gegenwärtig und wartet tatsächlich seit dem Jahre der Dresdner Uraufführung des »Tannhäuser« 1845. Ins Jahr 1848 fällt der Prosaentwurf, der den Nibelungenmythus zum Drama verdichtet, die Niederschrift von »Siegfrieds Tod«, woraus die »Götterdämmerung« werden soll. Dazwischen aber ist 1846 bis 47 der »Lohengrin« entstanden und schon die Handlung der »Meistersinger« skizziert, die ja als Satyrspiel und humoristisches Gegenstück zu »Tannhäuser« gehören. Diese vierziger Jahre, in deren Mitte er zweiunddreißig Jahre alt wird, bringen eigentlich vom »Holländer« bis zum »Parsifal« den ganzen Arbeitsplan seines Lebens geschlossen zusammen, der in den folgenden vier Jahrzehnten, bis 1881 ineinander verschachtelt, in gleichzeitiger innerer Arbeit an allem, ausgeführt wird. Sein Werk hat, genau genommen, keine Chronologie. Es entsteht zwar in der Zeit, ist aber von vorhinein und auf einmal da. Das letzte, als solches weit im voraus erkannt, ausgeführt mit neunundneunzig Jahren, ist auch insofern Erlösung, als es Ende, Ausgang und Vollendung bedeutet und nach ihm nichts mehr kommt; die Arbeit des alten Mannes daran, eines Künstlers, der sich ganz ausgelebt hat, ist eben nur noch Arbeit hieran, – es ist vollbracht, das Riesentagwerk, und ein Herz, das unter extremen Zumutungen siebzig Jahre ausgehalten hat, kann in einem letzten Krampf stille stehen.

Diese Schöpfungslast nun liegt auf Schultern, die keineswegs die eines Christopherus sind, einer Konstitution, so hinfällig dem Anschein und dem subjektiven Befinden nach, daß niemand es gewagt hätte, ihr zuzutrauen, sie werde lange aushalten und eine solche

Bürde zum Ziele tragen. Es ist eine Natur, die sich jeden Augenblick am Rande der Erschöpfung fühlt und die Erfahrung des Wohlseins nur als Ausnahme kennt. Konstipiert, melancholisch, schlaflos, allgemein gepeinigt, ist dieser Mensch mit dreißig Jahren in einem Zustande, daß er sich oft niedersetzt, um eine Viertelstunde lang zu weinen. Er wird die Vollendung des »Tannhäuser« nicht erleben, er kann es nicht glauben. Mit sechsunddreißig die Ausführung des Nibelungenplanes zu unternehmen, dünkt ihn hybrid, und als er vierzig ist, »denkt er täglich an den Tod«, – er, der mit fast siebzig den »Parsifal« schreiben wird.

Es ist ein Nervenleiden, das ihn martert, eine jener organisch ungreifbaren Krankheiten, die ihren Mann durch die Jahre narren und ihm das Leben unmöglich zu machen drohen, ohne »lebensgefährlich« zu sein. Zu glauben, daß sie es nicht sind, fällt ihrem Opfer aus guten Gründen sehr schwer, und mehr als eine Stelle in Wagners Briefen bekundet seine Überzeugung, daß er ein Kind des Todes ist. »Meine Nerven«, schreibt er mit neununddreißig Jahren seiner Schwester, »sind bereits in voller Abzehrung begriffen; vielleicht gelingt es einer äußeren Wendung meiner Lebenslage, den Tod mir künstlich noch einige Jahre abzuhalten: dies könnte aber nur eben dem Tode gelten, mein Sterben kann es nicht mehr aufhalten.« Und in demselben Jahre: »Ich bin sehr nervenkrank und habe nach mancherlei Versuchen zu radikalen Heilungen auch keine Hoffnung mehr auf Genesung ... Meine Arbeit ist alles, was mich aufrecht erhält: schon sind aber meine Gehirnnerven so ruiniert, daß ich nie über zwei Stunden täglich zur Arbeit verwenden kann, und auch diese gewinne ich nur dann, wenn ich nach der Arbeit mich neue zwei ausstrecken und endlich ein wenig schlafen kann.« – Zwei Stunden täglich. In so kleinen Tagwerken ist also, zu Zeiten wenigstens, dies gigantische Lebenswerk aufgeschichtet, im Kampf mit einer jedesmal rasch erschöpften Kraft, Geschenk einer elastischen Zähigkeit, aus der sich die schnell abgesunkene Energie kurzfristig immer wieder erneuert und deren moralischer Name Geduld lautet. »Die echte Geduld zeugt von großer Elastizität«, notiert Novalis; und Schopenhauer preist die Geduld als die wahre Tapferkeit. Es ist diese körperlich-moralische Einheit von Elastizität, Geduld und Tapferkeit, die diesen Mann seine Sendung vollenden läßt; und nicht leicht ist an einem anderen Künstlerleben die eigentümliche vitale Konstitution des Genies, diese Mischung aus Sensibilität und Kraft, Zartheit und Ausdauer so gut zu studieren – diese Mischung des Trotzdem und der Selbstüberraschungen, aus der die großen Werke kommen und die begreiflicherweise mit der Zeit das Gefühl des Hingehaltenseins durch eine eigenwillige Aufgabe erzeugt. Ja, es ist schwer, hier nicht an einen metaphysischen Eigenwillen des Werkes zu glauben, das nach Verwirklichung strebt und dem das Leben seines Erzeugers nur Werkzeug und freiwillig-unfreiwilliges Opfer ist. »In Wahrheit, man befindet sich elend, aber man befindet sich.« Das ist so ein Ausruf kopfschüttelnder und desperater Selbstverspottung aus Wagners Briefen. Und er verfehlt nicht, einen Kausalnexus zwischen seinem Leiden und seinem Künstlertum herzustellen, Kunst und Krankheit als ein und dieselbe Heimsuchung zu begreifen – mit dem Ergebnis, daß er zu echappieren versucht, und zwar naiverweise vermittelst einer Kaltwasserkur. »Vor einem Jahre«, schreibt er, »befand ich mich in einer Wasserheilanstalt, mit der Absicht, ein ganz und gar sinnlich gesunder Mensch werden zu wollen. Meinem Wunsch lag im geheimen die Gesundheit vor, die es mir möglich machen sollte, der Marter meines Lebens, der Kunst, gänzlich ledig zu werden; es war ein letztes verzweifeltes Ringen nach Glück, nach wirklicher, edler Lebensfreude, wie sie nur dem bewußten Gesunden beschieden sein kann.«

Was für eine kindlich-wirre und ergreifende Äußerung! Mit kaltem Wasser will er sich von der Kunst kurieren, das heißt von der Konstitution, die ihn zum Künstler macht! Sein Verhältnis zur Kunst, seinem Schicksal, ist von einer kaum zu entwirrenden Kompliziertheit, höchst widerspruchsvoll verwickelt, zuweilen scheint er wie in einem logischen Netz darin zu zappeln. »Und so etwas soll ich noch machen?« ruft der Sechsundvierzigjährige, nachdem er sich bewegt über die seelischen und symbolischen Inhalte des Parsifalplanes ergangen. »Und gar noch Musik dazu machen? – Bedanke mich schönstens! Das kann machen, wer Lust hat; ich werde mir's bestens vom Halse halten!« – Man höre den Tonfall femininer Koketterie in diesen Worten, voll von zitternder Begier nach dem Werk, voll von dem Wissen »Du mußt« und wollüstiger Abwehr! Der Traum, von der Kunst loszukommen, leben zu dürfen, statt schaffen zu müssen, glücklich zu sein, kehrt immer wieder in seinen Briefen; das Wort »Glück«, »edles Glück«, »edler Lebensgenuß« zieht sich als Gegensatzbegriff zum Künstlerdasein hindurch, zusammen mit der Auffassung der Kunst als eines Ersatzmittels für jede Genußunmittelbarkeit. An Liszt schreibt der Neununddreißigjährige: »Mit mir geht es von Tag zu Tag einem sicheren Verfalle zu: ich lebe ein unbeschreiblich nichtswürdiges Leben! Vom wirklichen Genusse des Lebens kenne ich gar nichts: für mich ist Genuß des Lebens, ist die Liebe (diese Unterstreichung ist von ihm) nur ein Gegenstand der Einbildungskraft, nicht der Erfahrung. So mußte mir das Herz in das Hirn treten, und mein Leben nur noch ein künstliches werden: nur noch als ›Künstler‹ kann ich leben, in ihm ist mein ganzer ›Mensch‹ aufgegangen.« – Man muß gestehen, daß die Kunst nie mit krasseren Worten und mit verzweifelterer Offenheit als Rauschmittel, Haschisch, *Paradis artificiel* gekennzeichnet worden ist. Und es gibt Anfälle toller Revolte gegen dies künstliche Dasein, so wenn er an Liszt an seinem vierzigsten Geburtstag schreibt: »Da will ich mich neu taufen lassen; möchtest Du nicht Pate sein? – Ich wollte – wir beide machten uns dann von hier stricte auf, um in die Welt zu gehen! ... Komm mit mir in die weite Welt: wär's auch, drin flott zugrunde zu gehen, in irgendeinem Abgrund lustig zu zerschellen!« – Man denkt an Tannhäuser, der Wolfram umklammert hält, ihn mit sich in den Venusberg zu ziehen, – denn wirklich sind hier die Welt, das »Leben« von einer Phantasie der Entbehrung vollkommen als Venusberg, als Stätte eines radikal bohèmehaften *Je m'en fichisme* und des Zugrundegehens in toller Lust gedacht, kurz: alles dessen, wofür die Kunst ihm »nichtswürdiger«weise Ersatz bieten muß.

Daneben aber, oder vielmehr in sonderbarer Verschränkung damit, erscheint diese ihm in einem ganz anderen Licht: als Mittel der Erlösung nämlich, als Quietiv, als Zustand reiner Anschauung und Willenlosigkeit, denn so hat die Philosophie sie ihn zu sehen gelehrt, und mit der geistigen Gutwilligkeit und Lernbereitschaft des Künstlerkindes möchte er ihr folgen. Oh, er ist Idealist! Das Leben hat seinen Sinn nicht in sich selbst, sondern in Höherem, der Aufgabe, dem Schaffen, und »so immer und ewig im Kampf für die Herbeischaffung des Nötigen zu sein«, wie er es ist, »oft ganze lange

Zeitperioden gar nichts anderes bedenken zu dürfen, als wie ich es anzufangen habe, um für eine kurze nächste Zeit mir Ruhe nach außen und das Erforderliche für das Bestehen zu erschwingen und hierzu so ganz aus meiner eigentlichen Gesinnung treten zu müssen, denjenigen, durch die ich mich versorgen will, ein ganz anderer erscheinen zu müssen als ich bin, – das ist doch eigentlich empörend … Alle diese Sorgen stehen demjenigen so gut und natürlich an, dem eben das Leben Selbstzweck ist, und der in der Sorge für die Herbeischaffung des Nötigen gerade die Würze für den imaginären Genuß des endlich Beschafften findet: deshalb kann auch im Grunde niemand recht begreifen, warum unsereinem das so absolut widerwärtig ist, da es doch das Los und die Bedingung für alle ist. Daß jemand einmal das Leben eben nicht als Selbstzweck ansieht, sondern als unerläßliches Mittel für einen höheren Zweck, wer begreift das so recht innig und klar?« (Brief an M. Wesendonk aus Venedig, Oktober 1858.) – In der Tat, das ist schändlich und höchst entwürdigend, so um das Leben zu kämpfen und dafür betteln gehen zu müssen, wenn man das Leben gar nicht meint, sondern seinen höheren, über und außer ihm gelegenen Zweck: die Kunst, das Schaffen, für das man sich Ruhe und Frieden erkämpfen muß und das selbst im Lichte der Ruhe und des Friedens erscheint. Ist aber die Freiheit zum Eigentlichen, zur Arbeit, deren Bedingungen ziemlich anspruchsvoll sind, mit Mühe und Not gewonnen, so setzt erst die eigentliche und höhere Willensform ein, die produktive, der Kampf der Kunst, über deren Wesen er sich im niederen Kampf um das Leben philosophischen Täuschungen hingab, da sie keineswegs erlösende Erkenntnis und reine »Vorstellung«, sondern höchster Willenskrampf, erst recht und in Wahrheit das »Rad des Ixion« ist.

Reinheit und Frieden – in seiner Brust lebt, komplementär zu seinem Lebensdurst, ein tiefes Verlangen nach ihnen, und sobald es, im Rückschlag auf sein vergebliches Trachten nach direktem Genuß, dominiert, erscheint ihm die Kunst – das ist eine neue Komplikation seines Verhältnisses zu ihr – als das Hindernis des Heils. Es ist die Tolstoische Verwerfung der Kunst, seine grausame Verneinung der eigenen Naturgabe um des »Geistes« willen, die sich hier verwandtschaftlich wiederholt. Ach, die Kunst! Wie recht hatte Buddha, sie als den allerbestimmtesten Abweg vom Heil zu bezeichnen! Es ist ein langer, stürmischer Brief an die Wesendonk aus Venedig, vom Jahre 1858, worin er der Freundin dies auseinandersetzt, nachdem er ihr von seinem Plan eines buddhistischen Dramas »Die Sieger« erzählt. Buddhistisches Drama, da eben liegt der Haken. Es ist eine *contradictio in adjecto* – das ist ihm klar geworden angesichts der Schwierigkeit, den vollkommen befreiten, aller Leidenschaft enthobenen Menschen, den Buddha eben, für die dramatische und namentlich musikalische Darstellung brauchbar zu machen. Das Reine, Heilige, durch Erkenntnis Pazifizierte ist künstlerisch tot, Heiligkeit und Drama sind nicht zu vereinen, das ist klar. Und es ist ein Glück, das Cakyamuni-Buddha den Quellen zufolge vor ein letztes Problem gestellt, in einen letzten Konflikt verwickelt wird: er hat sich zu dem Entschlusse durchzuringen, das Tschandalamädchen Sawitri gegen seine bisherigen Grundsätze in die Gemeinschaft der Heiligen aufzunehmen. Gottlob, er wird dadurch zu einem möglichen Objekt der Kunst. Wagner freut sich – und im gleichen Augenblick fällt ihm die Lebensverbundenheit der Kunst, die Erkenntnis ihrer Verführermacht schwer aufs Gewissen. Hat er sich nicht dabei ertappt, das Drama zu wollen und nicht die Heiligkeit? Ohne die Kunst könnte er – ein Heiliger sein, mit ihr wird er's nie. Das höchste Wissen, die tiefste Einsicht, wenn sie ihm zuteil würden, sie würden ihn immer nur wieder zum Dichter, zum Künstler machen; in seelenvoller Anschaulichkeit würden sie vor ihm stehen als entzückendes Bild, das schöpferisch auszuführen er nicht umhin können würde. Ja, mehr noch: an dieser teuflischen Antinomie hat er gleich noch einmal Gefallen! Sie ist abscheulich, aber sie ist bezaubernd interessant, – gleich möchte man eine psychologisch-romantische Oper daraus machen, was Wagner denn auch in dem Brief an Frau Wesendonk schon so ziemlich tut. Dieser Brief ist der Entwurf zu einer solchen. Goethe konstatiert: »Man weicht der Welt nicht sicherer aus als durch die Kunst, und man verknüpft sich nicht sicherer mit ihr als durch die Kunst.« Man sehe, was aus der gelassen dankbaren Feststellung im Kopf eines Romantikers wird!

Aber wie es nun stehe mit der Kunst, welch ein Betrug um wahrhaftes Sinnenglück und um das Heil zugleich sie nun sei – das Werk, dank elastischer Kräfte, die er im Stillen bewundern muß, schreitet unaufhaltsam fort; die Partituren häufen sich, und das ist die Hauptsache. Dieser Mensch weiß so wenig wie wir alle, wie richtig zu leben wäre; er *wird* gelebt, und das Leben erpreßt von ihm, was es haben will, sein Werk nämlich, unbekümmert darum, in welchen Gedankennetzen es sich windet: »Kind! Dieser ›Tristan‹ wird was *Furchtbares*! Dieser letzte Akt!!! Ich fürchte, die Oper wird verboten – falls durch schlechte Aufführung nicht das Ganze parodiert wird –; nur mittelmäßige Aufführungen können mich retten! Vollständig *gute* müssen die Leute verrückt machen – ich kann mir's nicht anders denken. So weit hat's noch mit mir kommen müssen!! O weh! – Ich war eben im vollsten Zuge! Adieu!« Ein Zettel an die Wesendonk. Ein unbuddhistischer Zettel, erfüllt von phantastisch-erschrockenem Gelächter über die lebenstolle Verruchtheit dessen, was er da treibt. Gewaltige Ressourcen von guter Laune, von unverwüstlicher Lebensschnellkraft finden sich in diesem mürben Melancholiker, dessen Krankheit eben nur eine unbürgerliche Abart der Gesundheit ist. Welcher vitale Zauber muß ausgegangen sein von dem Menschen, dessen persönlichen Umgang Nietzsche nicht aufhörte das eine große Glückserlebnis seiner Tage zu nennen! Vor allem fehlt es nicht an der unschätzbaren Fähigkeit, das Pathos beiseite zu werfen und sich der Banalität zu überlassen; nach getanem hochgespanntem Tagewerk den Eintritt menschlicher Fidelitas zu erklären, wie er es in Bayreuth mit dem stehenden Ausruf: »Nun aber kein ernstes Wort mehr!« unter seinen Künstlern zu tun pflegt, diesem Theatervölkchen, das er zur Verwirklichung seines Werkes braucht, und mit dem er sich, selbst Theaterblut durch und durch, ein guter Kamerad vom Thespis-Karren, trotz großen Abstandes im Geistigen, vortrefflich versteht. Sein schlichter Freund Heckel aus Mannheim, der erste Aktionär von Bayreuth, weiß Prächtiges darüber zu berichten. »Sehr oft«, schreibt er, »herrschte im persönlichen Verkehr zwischen Wagner und seinen Künstlern heitere Ausgelassenheit. Bei der letzten Klavierprobe im Saale des Hotels ›Sommer‹ stellte er sich tatsächlich aus Übermut *auf den Kopf*.« – Das erinnert wieder an Tolstoi – ich meine die Szene, wo der greise Prophet und betrübte Christ seinem Schwiegervater Beers aus purem vitalem Übermut auf die Schulter turnt. Man ist Künstler, so gut wie die Tenöre und Theaterlerchen, die einen »Meister« nennen – das heißt: ein im *Grunde* lustiger und zum Belustigen gewillter

Mensch, ein Veranstalter von Unterhaltungen und Lebensfesten – in tiefem und der Gesundheit sehr zuträglichem Gegensatz hierin zum erkennenden, wissenden und richtenden Menschen, zum Menschen des absoluten Ernstes gleich Nietzsche. Es ist ratsam einzusehen, daß der Künstler, auch der in den feierlichsten Regionen der Kunst angesiedelte, kein absolut ernster Mensch ist, daß es ihm um Wirkung, um hohe Vergnüglichkeit zu tun ist und daß Tragödie und Posse aus ein und derselben Wurzel kommen. Eine Beleuchtungsdrehung verwandelt die eine in die andere; die Posse ist ein geheimes Trauerspiel, die Tragödie – zuletzt – ein sublimer Jux. Der Ernst des Künstlers – ein nachdenkliches Kapitel. Auch anstößig kann man es finden: sofern nämlich der geistige, der Wahrheitsernst des Künstlermenschen in Frage steht, denn der künstlerische, der berühmte »Ernst im Spiel« steht außer Frage, – diese reinste und rührendste Form menschlichen Hochsinns. Aber was ist von jenem anderen zu halten, von dem Ernste zum Beispiel des Wahrheitssuchers, des Denkers und Bekenners Richard Wagner? Durch die asketisch-christlichen Ideen und Lehrmeinungen seines Alters, diese Abendmahlsphilosophie der Heiligung durch Enthaltung vom »Fleischgenuß« in jedem Sinne des Wortes, – durch diese Gesinnungen und Erkenntnisse, deren »Ausdruck« das Parsifalwerk ist, und durch den Parsifal selbst – wird unleugbar der Sinnlichkeitsrevolutionarismus von Wagners jungen Tagen, der die Atmosphäre, den Gesinnungsgehalt des »Siegfried« bildet, von Grund aus dementiert, durchstrichen und widerrufen. Es gibt ihn nicht mehr, es dürfte ihn nicht mehr geben. Wäre es dem Künstler im geistigen Sinne ernst mit den neuen, späten und doch wohl endgültigen Wahrheiten, so müßten die Werke der früheren Epoche, da sie als irrtümlich, sündig, verderblich erkannt sind, verleugnet und getilgt, von ihres Schöpfers eigner Hand verbrannt werden, um nie wieder die Menschheit ihren das Heil verhindernden Wirkungen auszusetzen. Aber er denkt nicht daran. Er kommt tatsächlich nicht einmal auf den Gedanken! Wer wollte so schöne Werke zerstören? Alles bleibt nebeneinander bestehen und wird weiter gespielt, denn der Künstler ehrt seine Biographie. Er gibt sich den verschiedenen physiologischen Stimmungen des Lebensalters hin und stellt sie in Werken dar, die einander geistig widersprechen, die aber alle schön und erhaltenswert sind. Neue »Wahrheits«-Erlebnisse bedeuten dem Künstler neue Spielreize und Ausdrucksmöglichkeiten, weiter nichts. Er glaubt genau so weit an sie – er nimmt sie genau so weit ernst –, als es erforderlich ist, um sie zum höchsten Ausdruck zu bringen und den tiefsten Eindruck damit zu machen. Es ist ihm folglich sehr ernst damit, zu Tränen ernst, – aber nicht ganz und also gar nicht. Sein künstlerischer Ernst ist »Ernst im Spiel« und absoluter Natur. Sein geistiger ist nicht absolut, denn er ist Ernst zum Zwecke des Spiels. Unter Kameraden ist der Künstler denn auch derart bereit, seine Feierlichkeit zu verspotten, daß Wagner die Parsifal-Dichtung an Nietzsche mit der Eintragung schicken konnte: »Richard Wagner, Oberkirchenrat.« Aber Nietzsche war kein Künstler-Kamerad; ein so gutmütig augenblinzelndes Entgegenkommen vermochte nicht seinen tödlich-grämlichen, seinen absoluten Ernst versöhnlich zu stimmen, gegen die römelnde Christlichkeit eines Spielplanes, von dem er doch sagte, er sei eine höchste Herausforderung an die Musik. Wenn Wagner kindisch war und eine Brahms-Partitur wütend vom Flügel hinunterschmiß, so war eine solche Eskapade von Künstlereifersucht und Alleinherrschaftswillen ein tiefer Schmerz für Nietzsche, und er sagte: »In diesem Augenblick war Wagner nicht groß!« Wenn Wagner sich im Trivialen erholte, dalberte und sächsische Anekdoten erzählte, so wurde Nietzsche rot für ihn – und wir verstehen seine Scham über eine solche Behendigkeit im Wechsel des Niveaus, obgleich etwas in uns – es mag unser Künstlertum sein – uns rät, sie nicht zu gut zu verstehen.

Die Bekanntschaft mit der Philosophie Arthur Schopenhauers ist das große Ereignis im Leben Wagners; keine frühere intellektuelle Begegnung, etwa die mit Feuerbach, kommt dieser an persönlicher und historischer Bedeutung gleich: denn sie bedeutete höchsten Trost, tiefste Selbstbestätigung, geistige Erlösung für den, dem sie in so vollkommenem Sinne »zukam«, und sie hat ohne Zweifel erst seiner Musik den entfesselnden Mut zu sich selbst gegeben. Wagner glaubte wenig an die Wirklichkeit der Freundschaft; die Schranken der Individuation, die die Seelen trennen, machten in seinen Augen, nach seiner Erfahrung, die Einsamkeit unüberwindbar, volles Verstehen unmöglich. Hier fühlte er sich verstanden und verstand vollkommen: »Mein Freund Schopenhauer«. »Ein Himmelsgeschenk in meine Einsamkeit.« »Aber einen Freund habe ich«, schreibt er, »den ich immer von neuem lieber gewinne. Das ist mein alter, so mürrisch aussehender, und doch so tief liebevoller Schopenhauer! Wenn ich mit meinem Fühlen am weitesten und tiefsten geraten bin, welche ganz einzige Erfrischung, beim Aufschlagen jenes Buches mich plötzlich so ganz wieder zu finden, so ganz verstanden und deutlich ausgedrückt zu sehen, nur eben in der ganz anderen Sprache, die das Leiden schnell zum Gegenstande des Erkennens macht ... Das ist eine ganz wundervolle Wechselwirkung und ein Austausch der allerbeglückendsten Art: und immer ist diese Wirkung neu, weil sie immer stärker ist ... Wie schön, daß der alte Mann gar nichts davon weiß, was er mir ist, was ich mir durch ihn bin.«

Das Glück eines solchen Wiedererkennens ist unter produktiven Menschen nur möglich, wo verschiedene Sprachen geredet werden; sonst wird er zur Katastrophe, zum tödlichen Falle des »Er oder ich«. In einer Beziehung wie dieser, von einer Kategorie zur anderen, von der Gestalt zum Gedanken, ist alle Eifersucht aufgehoben, die sonst das Nebeneinander, die Duplizität der seelischen Fälle erzeugt. Das *Pereant qui ante nos nostra dixerunt* gilt nicht mehr, auch nicht die Goethesche Künstlerfrage: »Lebt man denn, wenn andere leben?« Im Gegenteil, daß der andere lebt, ist Hilfe in der Not, selig-unverhoffte Bekräftigung und Erläuterung des eigenen Seins. Niemals wahrscheinlich in aller Seelengeschichte hat die Bedürftigkeit des dunklen, des getriebenen Menschen, des Künstlers nach geistiger Stütze, nach Rechtfertigung und Belehrung durch den Gedanken eine so wundervolle Befriedigung erfahren, wie es diejenige war, die Wagner durch Schopenhauer zuteil wurde.

»Die Welt als Wille und Vorstellung« – wieviel Erinnerung an eigenen jugendlichen Geistesrausch, an eigenes Empfängnisglück voller Melancholie und Dankbarkeit kommt herauf beim Gedanken an die Verbindung des Wagnerwerkes mit diesem weltkritisch-weltordnenden Buch, dieser Erkenntnis-Dichtung und Künstler-Metaphysik von Trieb und Geist, Wille und Anschauung, diesem ethisch-pessimistisch-musikalischen Gedankenwunderbau, der so tiefe, epochale und menschliche Verwandtschaft aufweist mit der Tristanpartitur! Die alten Worte bieten sich an, mit denen der Jüngling im

Roman das Schopenhauer-Erlebnis seines bürgerlichen Helden beschrieb: »Eine unbekannte, große und dankbare Zufriedenheit erfüllte ihn. Er empfand die unvergleichliche Genugtuung, zu sehen, wie ein gewaltig überlegenes Hirn sich des Lebens, dieses so starken, grausamen und höhnischen Lebens bemächtigte, um es zu bezwingen und zu verurteilen ... Die Genugtuung des Leidenden, der vor der Kälte und Härte des Lebens sein Leiden beständig und bösen Gewissens versteckt hielt und plötzlich aus der Hand eines Großen und Weisen die grundsätzliche und feierliche Berechtigung erhält, an der Welt zu leiden – dieser besten aller denkbaren Welten, von der mit spielendem Hohne bewiesen ward, daß sie die schlechteste aller denkbaren sei.« Sie steigen wieder empor, die alten Dankes- und Verherrlichungsworte, die einer für immer nachzitternden geistigen Beglückung gelten, diesem nächtlichen Erwachen aus kurzem, tiefem Schlaf, einem Aufwachen, jäh und köstlich erschrocken, im Herzen den Keim einer Metaphysik, die das Ich als Täuschung, den Tod als Befreiung aus seiner Unzulänglichkeit, die Welt als Produkt des Willens und als sein ewiges Eigentum erweist, solange er sich nicht in Erkenntnis selbst verneint und aus dem Wahn zum Frieden findet. Das ist der Nachsatz, die angefügte Weisheits- und Heilslehre einer Willens-Philosophie, die mit Friedensweisheit und Ruhe ihrer Konzeption nach wenig zu tun hat – einer Konzeption, die nur von einer durch Unbändigkeit gequälten Willens- und Triebnatur gefaßt werden konnte, in welcher freilich der Trieb zur Läuterung, Vergeistigung, Erkenntnis ebenso stark war wie der finster drängende Trieb – einer welterotischen Konzeption, die ausdrücklich das Geschlecht als den Brennpunkt des Willens anspricht und den ästhetischen Zustand als denjenigen reiner und interesseloser Anschauung verstanden wissen will, als die einzige und vorläufige Möglichkeit, von der Tortur des Triebes loszukommen. Aus dem Willen, aus der Begierde wider besseres Wissen ist diese Philosophie geboren, die des Willens intellektuelle Verneinung ist, und so hat Wagner, eine dem Philosophen tief und brüderlich verwandte Natur, sie erlebt und als ganz sein eigen, ganz ihn aussprechend, mit höchster Dankbarkeit aufgegriffen. Auch seine Natur setzte sich ja zusammen aus dunkel drängendem und quälendem Macht- und Genußwillen und Drang nach sittlicher Läuterung und Erlösung, aus Leidenschaft und Ruhesehnsucht; und ein Gedankensystem, das die eigentümlichste Mischung aus Pazifismus und Heroik darstellt, das das »Glück« für Chimäre erklärt und zu begreifen gibt, das Höchst- und Besterreichbare sei ein heroischer Lebenslauf – wie mußte sie eine Natur wie Wagner beglücken und ihr wie von ihr selbst abgezogen, für sie geschaffen erscheinen!

Man findet in wagneroffiziellen Werken allen Ernstes die Behauptung, der Tristan sei unbeeinflußt von Schopenhauerscher Philosophie. Das zeugt von sonderbarer Uneinsichtigkeit. Die erzromantische Nachtverherrlichung dieses erhaben morbiden, verzehrenden und zaubervollen, in alle schlimmsten und hehrsten Mysterien der Romantik tief eingeweihten Werkes ist freilich nichts spezifisch Schopenhauerisches. Die sinnlich-übersinnlichen Intuitionen des Tristan kommen von weiter her: von dem inbrunstvollen Hektiker Novalis, der schreibt: »Verbindung, die auch für den Tod geschlossen ist, ist eine Hochzeit, die uns eine Genossin für die Nacht gibt. Im Tode ist die Liebe am süßesten; für die Liebenden ist der Tod eine Brautnacht, ein Geheimnis süßer Mysterien.« Und der in den »Hymnen an die Nacht« klagte: »Muß immer der Morgen wieder kommen? Endet nie des Irdischen Gewalt? Wird nie der Liebe geheimes Opfer ewig brennen?« Tristan und Isolde nennen sich »Nachtgeweihte« – das steht wörtlich bei Novalis: »Der Nacht Geweihte.« Und geistesgeschichtlich noch merkwürdiger, noch bezeichnender für die Herkunft, den Gefühls- und Gedankengrund des Tristanwerkes sind seine Beziehungen zu einem Büchlein von üblem Leumund, zu Friedrich von Schlegels »Lucinde«, worin es heißt: »Wir sind unsterblich wie die Liebe. Ich kann nicht mehr sagen, meine Liebe oder deine Liebe, beide sind sie gleich und vollkommen eins, so viel Liebe als Gegenliebe. Es ist Ehe, ewige Einheit und Verbindung unserer Geister, nicht bloß für das, was wir diese oder jene Welt nennen, sondern für eine wahre, unteilbare, namenlose, unendliche Welt, für unser ganzes, ewiges Sein und Leben.« – Hier ist das Gedankenbild des Todes- und Liebestrankes: »Darum würde ich auch, wenn es mir Zeit schiene, ebenso froh und ebenso leicht eine Tasse Kirschlorbeerwasser mit dir ausleeren, wie das letzte Glas Champagner, was wir zusammen tranken mit den Worten von mir: ›So laß uns den Rest unseres Lebens austrinken!‹« –

Hier ist auch der Gedanke des Liebestodes: »Ich weiß, auch du würdest mich nicht überleben wollen, du würdest dem voreiligen Gemahle auch im Sarge folgen und aus Lust und Liebe in den flammenden Abgrund steigen, in den ein rasendes Gesetz die indischen Frauen zwingt und die zartesten Heiligtümer der Willkür durch grobe Absicht und Befehl entweiht und zerstört.« – Hier ist die Rede von dem »Enthusiasmus der Wollust«, was zugleich eine echt Wagnerische Formel ist. – Hier ist in Prosa ein erotisch-quietistischer Lob- und Preisgesang auf den Schlaf, das Paradies der Ruhe, die heilige Stille der Passivität, die im Tristan einlullendes Hornmotiv und Gesang der geteilten Violinen geworden ist. – Und es war nicht mehr und nicht weniger als ein literarhistorischer Fund, als ich schon als junger Mensch in dem Liebesdialog zwischen Lucinde und Julius die ekstatische Replik anstrich: »O ewige Sehnsucht! – Doch endlich wird des Tages fruchtlos Sehnen, eitles Blenden sinken und erlöschen, und eine große Liebesnacht sich ewig ruhig fühlen« – und an den Rand schrieb: »Tristan.« Ich weiß noch heute nicht, ob diese wörtliche Auslegung, diese Wiederkehr des Gleichen als unbewußte Reminiszenz je sonst bemerkt worden ist, – so wenig ich weiß, ob philologisch bekannt ist, daß Nietzsches Buchtitel »Die fröhliche Wissenschaft« aus Schlegels Lucinde stammt.

Durch seinen Nachtkultus, seine Verfluchung des Tages kennzeichnet der Tristan sich als romantisches und mit allem romantischen Denken und Empfinden tief verbundenes Werk, das der Patenschaft Schopenhauers als solches nicht bedurft hätte. Die Nacht ist Heimat und Reich aller Romantik, ihre Entdeckung, immer hat sie sie als die Wahrheit ausgespielt gegen das eitle Wähnen des Tages, – das Reich der Sensibilität gegen die Vernunft. Ich vergesse nicht, welchen Eindruck es mir machte, als ich zuerst Linderhof, das Schloß Ludwigs, des kranken und schönheitssüchtigen Königs, besuchte und in den Größenverhältnissen der Innenräume eben diese Präponderanz der Nacht ausgedrückt fand. Die Wohn- und Tagesräume des in wundervoller Bergeinsamkeit gelegenen Lustschlößchens sind klein und vergleichsweise unscheinbar, bloße Kabinette. Nur einen Saal von verhältnismäßig ungeheueren Maßen gibt es darin, in Gold und Seide und weitläufig schwerer Pracht: das Schlafzimmer mit seinem Prunkbett unterm Baldachin und flankiert von goldenen Kandelabern, – der eigentliche Festsaal des Königshauses, der Nacht geweiht. Dies betonte Dominieren der »schöneren« Hälfte des Tages, der Nacht, ist ur- und erzromantisch; die Romantik ist darin verbunden mit allem mütterlich-mondmythischen Kultus, der seit menschlichen Frühwelten der Sonnenverehrung, der Religion des männlich-väterlichen Lichtes entgegensteht; und im allgemeinen Beziehungsbann dieser Welt steht Wagners Tristan.

Wenn nun aber die Wagnerschriftsteller erklären, »Tristan und Isolde« sei ein Liebesdrama, das als solches die höchste Bejahung des Willens zum Leben in sich schließe und darum nichts mit Schopenhauer zu tun habe; wenn sie darauf bestehen, die darin besungene Nacht sei die Nacht der Liebe, »wo Liebeswonne uns lacht«, und sollte dies Drama durchaus eine Philosophie enthalten, so sei diese das genaue Gegenteil der Lehre von Schopenhauers Metaphysik, – so herrscht da eine befremdende psychologische Unempfindlichkeit. Die Verneinung des Willens ist der moralisch-intellektuelle Bestandteil von Schopenhauers Philosophie, der essentiell wenig entscheidend ist. Er ist sekundär. Sein System ist eine Willensphilosophie von erotischem Grundcharakter, und ebensofern sie das ist, ist der Tristan erfüllt, durchtränkt von ihr. Die Fackel, deren Erlöschen zu Beginn des zweiten Aktes des Mysterienspieles im Orchester vom Todesmotiv akzentuiert wird; der verzückte Ausruf der Liebenden »Selbst dann bin ich die Welt« mit dem Sehnsuchtsmotiv aus der Tiefe der psychologisch-metaphysisch untermalenden Musik, – das sollte nicht Schopenhauer sein? Wagner ist im Tristan nicht weniger Mythopoet als im Ring: auch in dem Liebesdrama handelt es sich um einen Weltentstehungsmythos. »Sehnsüchtig«, schrieb er 1860 aus Paris an Mathilde Wesendonk, »blicke ich oft nach dem Lande Nirwana. Doch Nirwana wird mir schnell wieder Tristan; sie kennen die buddhistische Weltentstehungstheorie. Ein Hauch trübt die Himmelsklarheit« – und er schreibt die vier chromatisch aufsteigenden Töne hin, mit denen sein *opus metaphysicum* beginnt und mit denen es aushaucht, das *gis-a-ais-h* –; »das schwillt an, verdichtet sich und in undurchdringlicher Massenhaftigkeit steht endlich die ganze Welt wieder vor mir«. Es ist der symbolhafte Tongedanke, den man als »Sehnsuchtsmotiv« zu bezeichnen pflegt, und der in der Kosmogonie des Tristan den Anfang aller Dinge bedeutet, wie im Ring das

Es-Dur des Rheinmotives. Es ist Schopenhauers »Wille«, repräsentiert durch das, was Schopenhauer den »Brennpunkt des Willens« nannte, das Liebesverlangen. Und diese mythische Gleichsetzung des süßleidig-weltschöpferischen Prinzips, das zuerst die Himmelsklarheit des Nichts trübte, mit dem sexuellen Begehren ist dermaßen schopenhauerisch, daß die Ableugnung der Adepten zum wunderlichen Eigensinn wird.

»Wie könnten wir sterben«, fragt Tristan in Wagners erstem Entwurf, der noch nicht versifizierten Vorform der Dichtung, »was wäre an uns zu töten, was nicht Liebe wäre? Sind wir nicht ganz nur Liebe? Kann unsere Liebe je enden? Könnte ich die Liebe je nicht mehr lieben wollen? Wollt' ich nun sterben, stürbe da die Liebe, die wir ja doch nur sind?« Die Stelle zeigt die unumwundene dichterische Gleichsetzung von Wille und Liebe. Diese steht einfach für den Willen zum Leben, der im Tode nicht enden kann, sondern frei wird aus den bedingenden Fesseln der Individuation. Es ist übrigens von großem Interesse, wie in dem Drama der Liebesmythus geistig festgehalten wird und von jeder historisch-religiösen Trübung und Störung bewahrt bleibt. Wendungen wie »Fahr er zur Hölle oder zum Himmel«, die noch im Entwurf stehen, fallen bei der Ausführung weg. Das ist ohne Zweifel eine bewußte Entfärbung vom Historischen, aber sie bleibt auf das Geistig-Philosophische beschränkt und findet nur diesem zuliebe statt. Sie geht bewunderungswürdigerweise zusammen mit der intensivsten landschaftlich-rassemäßigkulturellen Koloristik, einer stilisierten Spezialisierung von unglaubwürdiger Sicherheit des Fühlens und Könnens, – Wagners Mimikrykunst triumphiert nirgends geheimnisvoller als in der Stilgebung des Tristan, die sich nicht aufs Sprachliche beschränkt, sich nicht in Redewendungen aus dem Geist der höfischen Epik erschöpft, sondern auf irgendeine intuitiv-geniale Weise das keltische, eine englisch-normannisch-französische Atmosphäre in den Wort-Ton-Komplex aufzunehmen und ihn damit zu durchdringen weiß, – mit einer Einfühlung, die zu erkennen gibt, wie sehr und eigentlich die Wagnersche Seele in einer vornationalstaatlichen europäischen Sphäre beheimatet ist. Nur im Gedanklich-Spekulativen herrscht die Enthistorisierung und freie Vermenschlichung, im Dienste des erotischen Mythus. Um seinetwillen werden Himmel und Hölle ausgeschlossen. Es gibt kein Christentum, das doch als historisch-atmosphärisch gegeben wäre. Es gibt überhaupt keine Religion. Es gibt keinen Gott, – niemand nennt ihn, ruft ihn an. Es gibt ausschließlich erotische Philosophie, atheistische Metaphysik, den kosmogonischen Mythos, in dem das Sehnsuchtsmotiv die Welt hervorruft.

Wagners gesunde Art, krank zu sein, seine morbide Art, heroisch zu sein, ist nur ein Beispiel für das Kontradiktorische und Verschränkte seiner Natur, ihrer Doppel- und Mehrdeutigkeit, die sich uns schon in der Vereinigung scheinbar so widersprechender Grundanlagen wie der mythischen und der psychologischen bekundete. Der Begriff des Romantischen ist noch der tauglichste, sein Wesen auf einen Nenner zu bringen; aber gerade er ist ja dermaßen komplex und schillernd, daß er mehr den Verzicht auf Definition als diese selbst bedeutet.

Nur im Romantischen vereinigen sich die Möglichkeiten von Popularität und letzter Ausgesuchtheit, reizverwöhnter »Verruchtheit« (um ein Lieblingswort E. T. A. Hoffmanns zu brauchen) der Mittel und Wirkungen – es macht allein jene »doppelte Optik« möglich, von der Nietzsche anläßlich Wagners spricht, und die zugleich auf die Gröbsten und die Feinsten Rücksicht zu nehmen weiß – unbewußt natürlich, es wäre banal, hier den Gedanken des Spekulativen hineinzutragen – mit dem Effekt, daß Schöpfungen wie »Lohengrin« Geister wie den Dichter der »Fleurs du Mal« beseligten und zugleich einer schlichten Erhebung im Volkstümlichen dienen können, ein Kundrysches Doppelleben als Sonntagsopern und Liebesobjekt vielerfahrener, leidender und überfeinerter Seelen führen. Das Romantische – im Bunde mit der Musik nun gar, nach der es von Grund aus trachtet und ohne die es sich nicht zu erfüllen vermochte – kennt keine Exklusivität, kein »Pathos der Distanz«, es bedeutet niemandem: »Das ist nichts für dich«; mit einer Seite seines Wesens ist es auch für den letzten, und man sage nicht, daß das bei aller großen Kunst so sei. Das Kindliche mit dem Erhabenen zu vereinigen, mag großer Kunst auch sonst wohl gelungen sein; die Vereinigung aber des Märchentreuherzigen mit dem Ausgepichten, der Kunstgriff, das Höchstgeistige als Orgie des Sinnenrausches zu verwirklichen und »populär« zu machen, die Fähigkeit, das Tiefgroteske in Abendmahlsweihe und klingelnden Wandlungszauber zu kleiden, Kunst und Religion in einer Geschlechtsoper von größter Gewagtheit zu verkoppeln und derlei heilige Künstlerunheiligkeit mitten in Europa als Theater-Lourdes und Wundergrotte für die Glaubenslüsternheit einer mürben Spätwelt aufzutun, – dies alles ist nur romantisch, es ist in der klassisch-humanen, der eigentlich vornehmen Kunstsphäre durchaus undenkbar. Der Personenzettel des »Parsifal« – was für eine Gesellschaft im Grunde! Welche Häufung extremer und anstößiger Ausgefallenheit! Ein von eigener Hand entmannter Zauberer, ein desperates Doppelwesen aus Verderberin und büßender Magdalena mit kataleptischen Übergangszuständen zwischen den beiden Existenzformen; ein liebesiecher Oberpriester, der auf die Erlösung durch einen keuschen Knaben harrt; dieser reine Tor und Erlöserknabe selbst, so anders geartet als der aufgeweckte Erwecker Brünnhildes und in seiner Art ebenfalls ein Fall entlegener Sonderbarkeit – sie erinnern an das Sammelsurium von Unheimlichkeiten, zusammengepackt in der berühmten Kutsche, die A. v. Arnim von Brake nach Brüssel fahren läßt: die verführerische Zigeunerhexe, die in Wirklichkeit eine alte Vettel ist, den toten Bärenhäuter, den Golem, der sich als schönes Weib gebärdet, und den Feldmarschall Cornelius Nepos, der eine Alraunwurzel ist, gewachsen unterm Galgen, wo, mit Heine zu reden, »die zweideutigsten Tränen eines Gehenkten geflossen sind«. Der Vergleich mutet blasphemisch an, und doch stammen die feierlichen Charaktere des »Parsifal« aus derselben Geschmackssphäre eines romantischen Extremismus wie Arnims skurrile Personagen; ihre novellistische Einkleidung würde das leichter erkennbar machen; nur die mythisierenden und heiligenden Kräfte der Musik verhüllen die Verwandtschaft, und ihr pathetischer Geist ist es, aus dem das Ganze sich nicht wie bei dem Literaturromantiker als schaurig-scherzhafter Unfug, sondern als hochreligiöses Weihespiel gebiert.

Die Reizbarkeit durch das irisierende Problem der Kunst und des Künstlertums, der melancholische Sinn für die Ironien, die da zwischen Wesen und Wirkung spielen, ist typisch jugendlich, und ich erinnere mich an manche hierher gehörige Äußerung meiner jungen Jahre, die kennzeichnend war für die durch Nietzsches Kritik hindurchgegangene Wagnerpassion, diktiert von jenem »Erkenntnisekel«, den man als das Jugendlich-Eigenste von ihm zu lernen wußte. Nietzsche erklärt, er fasse die »Tristan«-Partitur nur mit Handschuhen an. »Wer wagte das Wort«, ruft er, »das eigentliche Wort für die *ardeurs* der ›Tristan‹-Musik?« Ich bin der etwas tantenhaften Komik dieser Fragestellung heute viel zugänglicher als mit fünfundzwanzig Jahren. Denn was ist da zu wagen? Sinnlichkeit, ungeheure, spiritualisierte, ins Mythische getriebene und mit äußerstem Naturalismus gemalte, durch keine Erfüllung zu stillende Sinnlichkeit, das ist das »Wort« – und man fragt sich, woher auf einmal bei Nietzsche, dem »freien, sehr freien Geiste«, die Gehässigkeit gegen das Geschlechtliche kommt, das in seiner Frage auf so psychologisch-denunziatorische Weise angedeutet wird. Fällt er nicht aus seiner Rolle eines Beschützers des Lebens gegen die Moral? Kommt nicht der Erzmoralist, der Pastorensohn zum Vorschein? Er wendet auf den »Tristan« die Mystikerformel »Wollust der Hölle« an. Gut, und man braucht die Tristanmystik nur mit derjenigen von Goethes »Seliger Sehnsucht« und ihrer »Höheren Begattung« zu vergleichen, um inne zu werden, wie wenig wir überhaupt uns bei Wagner in Goethescher Sphäre befinden. Aber wieviel leidender die Seelenlage des Abendlandes im Laufe des neunzehnten Jahrhunderts gegen die Epoche Goethes geworden, dafür ist Nietzsche selbst am Ende kein schlechteres Beispiel als Wagner. Wirkungen zugleich narkotischer und aufpeitschender Art, wie Wagner sie zeitigt, bringt auch das Meer hervor – in dessen Angesicht niemand es passend fände, Enthüllungspsychologie zu treiben. Was großer Natur recht ist, sollte großer Kunst billig sein, und Baudelaire, wenn er durchaus positiv-moralinfrei, in naiver Künstlerbegeisterung von der »Ekstase aus Wonne und Erkenntnis« spricht, in die das »Lohengrin«-Vorspiel ihn versetzt habe, und von »Räuschen des Opiums« schwärmt, von der »außerordentlichen Lust, die in den hohen Orten kreist«, bekundet entschieden mehr Lebensmut und Freigeistigkeit als Nietzsche mit seiner suspektvollen »Vorsicht«. Nur freilich bleibt sein Wort von der Wagnerei als von einer »leichteren Sinnlichkeitsepidemie, die es nicht weiß«, zu Recht bestehen, und eben nur dieses »Die es nicht weiß« ist es, was einem gewissen Klarheitsbedürfnis auf die Nerven fallen mag angesichts von Wagners romantischer

Popularität; es mag einen Grund abgeben, »lieber nicht dabei zu sein«.

Wagners dramatische Fähigkeit, das Volkstümliche und das Geistige in einer Gestalt zu binden, offenbart sich am schönsten in dem Helden seiner revolutionären Epoche, in Siegfried. Das »atemlose Entzücken«, das der zukünftige Theaterdirektor von Bayreuth eines Tages als Zuschauer einer Kasperltheatervorstellung empfand – er erzählt davon in seinem Aufsatz »Über Schauspieler und Sänger« –, dies Entzücken ist praktisch, ist produktiv geworden in der Inszenierung des »Ringes«, dieser idealen Volksbelustigung mit ihrem unbedenklichen Helden. Wer wollte die hohe Ähnlichkeit dieses Siegfried mit dem kleinen Pritschenschwinger des Jahrmarkts verkennen? Zugleich jedoch ist er Lichtsohn und nordischer Sonnenmythus, was ihn nicht hindert, drittens etwas sehr Modernes aus dem neunzehnten Jahrhundert, der freie Mensch, der Brecher alter Tafeln und Erneuerer einer verderbten Gesellschaft, Bakunin, wie Bernard Shaws vergnügter Rationalismus ihn einfach immer nennt, zu sein. Ja, er ist Hanswurst, Lichtgott und anarchistischer Sozialrevolutionär auf einmal, das Theater kann nicht mehr verlangen; und diese Kunst der Mischung ist nur der Ausdruck von Wagners eigenem gemischten und in allen Stücken mehrdeutigem Wesen. Er ist kein Dichter und ist kein Musiker, sondern etwas Drittes, worin diese beiden Eigenschaften auf eine sonst nicht vorkommende Weise verschmelzen, nämlich ein Theaterdionysos, der unerhörte Ausdrucksvorgänge dichterisch zu unterbauen und gewissermaßen zu rationalisieren weiß. Aber soweit er also eben dennoch Dichter ist, ist er es nicht in einem modernen, kulturellen und literarischen Sinn, nicht aus dem Geiste und dem Bewußtsein, sondern auf eine viel frömmere und tiefere Weise: die Volksseele ist es, die aus ihm und durch ihn dichtet; er ist nur ihr Mundstück und Werkzeug, nur »Bauchredner Gottes«, um Nietzsches guten Witz zu wiederholen. Zum mindesten ist dies die korrekte und orthodoxe Auffassung seines Dichtertums, und eine gewisse mächtig geartete Stümperei, die, kulturell und literarisch gesprochen, darin einschlägig ist, scheint diese Auffassung zu stützen. Dabei aber ist er imstande, in einem Briefe zu schreiben: »Schlagen wir die Kraft der Reflexion nicht zu gering an, das bewußtlos produzierte Kunstwerk gehört Perioden an, die von der unseren fernab liegen: das Kunstwerk der höchsten Bildungsperiode kann nicht anders als im Bewußtsein produziert werden.« – Das ist ein Schlag ins Gesicht für die Theorie einer durchaus mythischen Herkunft seiner Produktion; und wirklich findet sich in dieser neben Dingen, die den Stempel der Inspiration und blind-seligen Hingerissenheit an der Stirne tragen, so viel sinnig und witzig Gedachtes, Anspielungsvolles, verständig Gewobenes, so viele kluge Zwergenarbeit neben dem Riesen- und Götterwerk, daß es unmöglich ist, an Trance- und Dunkelschöpfung zu glauben. Der außerordentliche Verstand, den er in seinen kritischen Schriften bekundet, dient zwar nicht eigentlich dem Geiste, der »Wahrheit«, der abstrakten Erkenntnis, sondern seinem Werk, das er erläutern, rechtfertigen, dem er innerlich und äußerlich den Weg bereiten soll, – aber eine Tatsache ist er darum nicht weniger. Es bliebe die Möglichkeit, daß er bei der Produktion ganz und gar ausgeschaltet gewesen sei und der einflüsternden Volksseele den Platz geräumt habe. Aber unser Gefühl, das dem nicht so gewesen sein könne, wird durch allerlei mehr oder weniger authentische Überlieferungen aus seinem Lebenskreise bestätigt, des Inhalts, daß Ausdauer sehr oft bei ihm habe für Spontaneität eintreten müssen; daß er nach eigener Aussage sein Bestes nur mit Hilfe der Reflexion habe leisten können; durch solche ihm in den Mund gelegten Äußerungen wie: »Ach, ich habe versucht und versucht, nachgedacht und nachgedacht, bis ich endlich das herausbekam, was ich brauchte.«

Kurzum, sein Dichter- und Künstlertum unterhält sowohl Beziehungen zu Perioden, »die von der unseren fernab liegen«, wie es solchen angehört, in denen die Entwicklung des Großhirns ins Modern-Intellektualistische sich längst vollzogen hat; und dem entspricht die unauflösliche Mischung von Dämonie und Bürgerlichkeit, die sein Wesen ausmacht, – sehr ähnlich wie bei Schopenhauer, der gerade hierin ihm zeitgenössisch und individuell aufs nächste verwandt ist. Der unbürgerliche Extremismus seiner Natur, den er der Musik ihn die Schuhe schiebt – »Sie macht mich nun einmal eigentlich ganz zum exklamativen Menschen«, sagte er, »und das Ausrufungszeichen ist im Grunde die einzige mir genügende Interpunktion, sobald ich meine Töne verlasse!« –, dieser Extremismus äußert sich in dem enthusiastischen Charakter aller seiner Zustände, namentlich der depressiven; er tritt zutage in seinen äußeren Schicksalen (denn Schicksal ist ja nur Auswirkung des Charakters), in seinem Mißverhältnis zur Welt, seinem zerrissenen, verfemten, gehetzten, hin und her geworfenen Leben, wie er es in dramatischer Lyrik durch den Mund seines Wehwalt-Siegmund ausspricht: »Mich drängt es zu Männern und Frauen: wieviel ich traf, wo ich sie fand, ob ich um Freund, um Frauen warb, immer doch war ich geächtet, Unheil lag auf mir. Was Rechtes je ich riet, andern dünkte es arg; was schlimm immer mir schien, andere gaben ihm Gunst. In Fehde fiel ich, wo ich mich fand; Zorn traf mich, wohin ich zog. Gehrt' ich nach Wonne, weckt' ich nur Weh.« – Da kommt jedes Wort aus Erfahrung; es ist keines darin, das nicht genau auf sein eigenes Leben gemünzt wäre, und nichts anderes sagen diese schönen Verse, als was er in Prosa an Mathilde Wesendonk schreibt: »– da mich die Welt, genau genommen, doch eigentlich nicht will«, oder an ihren Mann: »– daß ich so schwer in dieser Welt unterzubringen bin, so daß es an tausend Irrungen dabei nicht fehlen kann. Es ist eine liebe Not mit mir ... So sind wir denn, die Welt und ich, zwei Starrköpfe gegeneinander, von denen natürlich der mit dem dünneren Schädel eingeschlagen werden muß – wovon ich wahrscheinlich oft meine nervösen Kopfschmerzen habe.« – Diese verzweifelte Scherzhaftigkeit gehört zum Bilde. Gelegentlich – um sein achtundvierzigstes Jahr – spricht er von der »tollen Laune«, mit der er, in Weimar, alle Welt erfreut habe, und zwar einfach, weil er nicht ernst werden dürfe, überhaupt nicht mehr, ohne in fast auflösende Weichheit zu verfallen. »Dies ist ein Fehler meines Temperamentes, der jetzt immer mehr überhand nimmt: ich wehre dem noch so gut ich kann, denn es ist mir, als ob ich mich einmal geradezu verweinen müßte.« – Welche ausschweifende Schwäche! Welche Kapellmeister-Kreisler-Exzentrizität! Er hat das leidenschaftliche Auf und Ab, die wilde und tragische Pathetik seines Wesens, ganz ins Schwarze, Verfluchte und nach Ruhe, Erlösung Schmachtende stilisiert, am ausdrucksvollsten im Holländer gemalt, es zur Belebung und Färbung dieser Figur wundervoll benutzt: es sind die großen Intervalle, in denen die Gesangspartie des Holländers hin und her wogt, womit allein schon, und besonders charakteristisch, dieser Eindruck wilder Bewegtheit erzielt wird.

Nein, das ist kein bürgerlicher Mensch im Sinne irgendwelcher Regelrechtheit und Angepaßtheit. Und doch ist die Luft der Bürgerlichkeit um ihn, die Luft seines Zeitalters, wie sie um Schopenhauer, den kapitalistischen Philosophen, ist: der moralistische Pessimismus, die Verfallsstimmung mit Musik, die echt neunzehntes Jahrhundert sind, und die es mit Monumentalität, mit großer Form verbindet, als sei Größe das Zubehör der Moral. Um ihn, sage ich, ist die Atmosphäre des Bürgerlichen, und zwar nicht nur in dieser allgemeinen Bedeutung, sondern in einer viel persönlicheren noch. Ich will nicht darauf bestehen, daß er ein Revolutionär von 48, ein Mittelklassenkämpfer und also ein politischer Bürger war; denn er war es auf seine besondere Weise, als Künstler und im Interesse seiner Kunst, die revolutionär war und für die er sich ideelle Vorteile, verbesserte Wirkungsbedingungen vom Umsturz des Bestehenden versprach. Aber intimere Züge seiner Persönlichkeit muten mitten in aller Genialität und Besessenheit ausgesprochen bürgerlich an, so wenn er nach dem Einzuge ins Asyl auf dem grünen Hügel bei Zürich aus dem Gefühl des Behagens an Liszt schreibt: »Alles ist nach Wunsch und Bedürfnis für die Dauer hergerichtet und eingeräumt; alles steht am Platz, wo es stehen soll. Mein Arbeitszimmer ist mit der Dir bekannten Pedanterie und eleganten Behaglichkeit hergerichtet; der Arbeitstisch steht an dem großen Fenster ...« Die pedantische Ordnung und auch die bürgerliche Eleganz der Umgebung, die er zur Arbeit braucht, stimmen zu dem Einschlage von Überlegtheit und klugem Kunstfleiß, dessen die Dämonie seiner Produktion nicht entbehrt und der eben ihr bürgerliches Teil ausmacht: seine spätere Selbstinszenierung als »Deutscher Meister« mit der Dürermütze hatte ihre gute innere und natürliche Berechtigung, und man täte unrecht, über dem Feuerflüssig-Vulkanischen in dieser Produktion das altdeutsch-kunstmeisterliche Element zu übersehen – das Treublickend-Geduldige, Handwerksfromme und Sinnig-Arbeitsame, das auch darin und ihr wesentlich ist. An Otto Wesendonk schreibt er: »Über den Stand meiner Arbeit lassen Sie sich kurz berichten. Als ich sie ergriff, gab ich mich der Hoffnung hin, sie in vorzüglicher Schnelle beenden zu können ... Teils war ich von Sorgen und Kummer aller Art so sehr gefangen, daß ich an und für sich oft lange Zeit zur Produktion unfähig war; teils aber lernte ich auch bald mein eigentümliches Verhalten zu meinen jetzigen Arbeiten (die ich nun einmal durchaus nicht flüchtig machen kann, sondern an denen ich nur soweit Gefallen finden darf, als ich das kleinste Detail davon nur guten Einfällen verdanke und es demgemäß ausarbeite) so fest und unveränderlich erkennen, daß ich auf eine nur so hingeworfene, skizzenhafte Arbeit, wie sie einzig in der kurzen Zeit möglich gewesen wäre, verzichten mußte.« – Das ist die »Treue und Redlichkeit«, die Schopenhauer von seinen kaufmännischen Vorfahren geerbt und ins Intellektuelle übertragen zu haben erklärte. Es ist Solidität, bürgerliche Arbeitsakkuratesse, wie sie sich in seinen keineswegs hingewühlten, sondern höchst sorgfältig-reinlichen Partituren spiegelt, – derjenigen seines entrücktesten Werkes zumal, der »Tristan«-Partitur, einem Musterbild klarer, penibler Kalligraphie.

Es ist nun aber sogar nicht zu leugnen, daß Wagners Liebhaberei für bürgerliche Eleganz eine Neigung zur Ausartung zeigt, die starke Neigung, einen Charakter anzunehmen, der nichts mehr mit deutschem sechzehnten Jahrhundert, Meisterwürde und Dürermütze zu tun hat, sondern schlimmes internationales neunzehntes Jahrhundert ist – mit einem Worte: den Charakter des Bourgeoisen. Der nicht nur altbürgerliche, sondern modern bourgeoise Einschlag in seiner menschlichen und künstlerischen Persönlichkeit ist unverkennbar – der Geschmack am Üppigen, am Luxus, am Reichtum, Samt und Seide und Gründerzeitpracht: ein Zug des Privatlebens zunächst, der aber tief ins Geistige und Künstlerische reicht. Am Ende sind Wagners Kunst und das Makartbukett (mit Pfauenfedern), das die gesteppten und vergoldeten Salons der Bourgeoisie schmückte, ein und derselben zeitlichen und ästhetischen Herkunft, und es ist bekannt, daß er beabsichtigte, sich von Makart Kulissen malen zu lassen. An Frau Ritter schreibt er: »Ich habe seit einiger Zeit wieder einen Narren am Luxus (wer sich denken kann, was er mir ersetzen soll, wird mich allerdings für sehr genügsam halten): des Vormittags setze ich mich in diesen Luxus hin und arbeite: – das ist nun nur das Notwendigste, und ein Vormittag ohne Arbeit ist ein Tag in der Hölle ...« – Man weiß nicht, was bürgerlicher anmutet:

die Luxusliebe oder daß ein Vormittag ohne Arbeit so ganz unerträglich erscheint. Aber wir nähern uns hier dem Punkt, wo das Bourgeoise ins unheimlich Künstlerische, Tolle und Anrüchige zurückschlägt, ein Gepräge rührender und ehrwürdig interessanter Krankhaftigkeit annimmt, worauf das Wort »bürgerlich« schon wieder durchaus nicht mehr passen will, – dem wunderlichen Gebiete der Stimulation, das Wagner in einem Brief an Liszt mit recht zurückhaltenden Worten umschreibt: »Doch eigentlich nur mit wahrer Verzweiflung nehme ich immer wieder die Kunst auf; geschieht dies und muß ich wieder der Wirklichkeit entsagen, – muß ich mich wieder in die Wellen der künstlerischen Phantasie stürzen, um mich in einer eingebildeten Welt zu befriedigen, so muß wenigstens meiner Phantasie auch geholfen, meine Einbildungskraft muß unterstützt werden. Ich kann dann nicht wie ein Hund leben, ich kann mich nicht auf Stroh betten und mich in Fusel erquicken: ich muß irgendwie mich geschmeichelt fühlen, wenn meinem Geist das blutig schwere Werk der Bildung einer unvorhandenen Welt gelingen soll ... Als ich jetzt wieder den Plan der Nibelungen und ihrer wirklichen Ausführung faßte, mußte vieles dazu wirken, um mir die nötige künstlerisch-wollüstige Stimmung zu geben: ich müßte ein besseres Leben, als zuletzt, führen können!« – Der »Narr«, den er »am Luxus hat«, das schmeichlerische Mittel, das seiner Einbildungskraft zu Hilfe kommen muß, ist bekannt. Es sind die eiderdaunengefütterten seidenen Schlafröcke, in die er sich hüllt, die mit Blenden und Rosengirlanden gezierten Atlasbettdecken, unter denen er schläft, diese tastbaren Andeutungen verschwenderischer Üppigkeit, für die er Schulden zu Tausenden macht. Die bunten Atlasgewänder sind der Luxus, in dem er sich vormittags zur Arbeit, zum blutig schweren Werke setzt. Mit ihnen ausstaffiert, gewinnt er die »künstlerisch-wollüstige Stimmung«, urnordische Heroik, hehre Natursymbolik heraufzuführen, den sonnenblonden Heldenknaben am sprühenden Amboß sein Siegschwert schmieden zu lassen – Bilder, die die Brust deutscher Jugend von Hochgefühlen männlicher Herrlichkeit schwellen lassen.

Der Gegensatz beweist nicht das mindeste. Niemand empfindet Schillers faule Äpfel im Pult, von deren Geruch Goethe beinahe ohnmächtig geworden wäre, als Argument gegen die echte Erhabenheit seines Werkes. Wagners Arbeitsbedingungen waren zufällig kostspieliger, und übrigens könnte man sich kostümliche Nachhilfen denken, mönchische, soldatische etwa, die dem strengen Kunstdienste besser entsprächen als Atlasschlafröcke. Aber hier wie dort handelt es sich um ein Stück harmlos-unheimlicher Künstlerpathologie, von der nur Spießbürger sich verwirren lassen. Ein Unterschied freilich ist nicht wegzuleugnen. In Schillers Werk ist nichts von den faulen Äpfeln, deren Moderduft ihn stimulierte. Aber wer wollte verkennen, daß der Atlas auf irgendeine Weise auch in Wagners Werk enthalten ist? Es ist wahr: Schillers idealistischer Wille verwirklicht sich in der Wirkung seines Werkes, in der Art, wie er die Menschheit eroberte, reiner und unzweideutiger, als Wagners ethische Gesinnung sich in der Wirkungsart seines Werkes ausprägt. Seine kulturreformatorische Meinung war gegen die Kunst als Luxus, gegen den Luxus in der Kunst gerichtet, sie galt der Reinigung, Vergeistigung des Operntheaters, dessen Begriff ihm schlechthin mit dem der Kunst zusammenfiel. Er nannte Rossini verächtlich »den im üppigsten Schoße des Luxus dahinlächelnden, wollüstigen Sohn Italias«, die italienische Opernmusik überhaupt eine »Lustdirne«, die französische eine »kaltlächelnde Kokette«. Äußert dieser kunstmoralische Haß und Gegenwille sich mit vollem Glück in dem Wesen und den Mitteln seiner Kunst, in dem, wodurch sie die bürgerliche Gesellschaft Europas und der Welt in ihren Bann zog und sich unterwarf? Ist es nicht das Wonnevolle, das Sinnlich-Sehrende, Sinnlich-Verzehrende, das Schwerberauschende, Hypnotisch-Streichende, das dick und üppig Abgesteppte, mit einem Worte das höchst Luxuriöse seiner Musik, was ihr die bürgerlichen Massen in die Arme trieb? Eichendorff, in dem Liede von den kecken Gesellen, deren einer sein Leben in böser Lust vertut, spricht, um das Element der Verführung zu kennzeichnen, von den »buhlenden Wogen«, von »der Wogen farbigem Schlund«. Das ist wunderbar. Nur ein Romantiker vermag so suggestiv die Sünde zu schildern, und Wagner hat es ihm im »Tannhäuser« und »Parsifal« darin gleich getan. Aber ist nicht auch sein Orchester ein solcher »farbiger Schlund«, aus dem man, wie Eichendorffs junger Fant, »müde und alt« erwacht?

Wenn etwas an diesen Fragen zu bejahen ist, so handelt es sich um das, was man eine »tragische Antinomie« nennt, um einen der Ge-

gensätze und verschlungenen Widersprüche in Wagners Wesen, denen wir hier nachhängen. Ihrer sind viele; und da ein gut Teil davon das Verhältnis von Meinung und Wirkung betrifft, ist es sehr wichtig, die vollkommene und ehrwürdige Reinheit und Idealität seines Künstlertums zu betonen und jedes Mißverständnis davon abzuwehren, das sich aus der Massigkeit, dem massenberückenden Charakter von Wagners Erfolg ergeben könnte. Jede Kritik, auch die Nietzsches, neigt dazu, die Wirkungen einer Kunst als bewußte und berechnete Absicht in den Künstler zurückzuverlegen und die Idee des Spekulativen zu suggerieren – sehr fälschlich, ganz irrtümlich und gerade als ob nicht jeder Künstler genau das machte, was er *ist*, was ihn selber gut und schön dünkt –, als ob es ein Künstlertum gäbe, dessen Wirkungen ihm selber ein Gespött und nicht zuerst auch Wirkungen auf ihn, den Künstler, gewesen wären! Möge Unschuld das letzte Wort sein, das auf eine Kunst anwendbar sei, – der Künstler ist unschuldig. Ein Monstreerfolg, wie Wagners Musiktheater ihn »erzielt« hat, ist großer Kunst sonst überhaupt niemals zugefallen. Der Erdball ist, fünfzig Jahre nach des Meisters Tode, allabendlich in diese Musik eingehüllt. Imperialistisch-weltunterwerfende, gewaltig agaçante, despotische, aufwiegend-demagogische Elemente sind enthalten in dieser Kunst des Theaters und der Massenerschütterung, die auf Ehrgeiz, ungeheuren cäsarischen Machtwillen als auf ihr eigentliches Agens schließen lassen könnten. Die Wahrheit sieht anders aus. »So viel sage ich Ihnen«, schreibt Wagner aus Paris an die Geliebte, »nur das Gefühl meiner *Reinheit* gibt mir diese Kraft. Ich fühle mich *rein*: ich weiß in meinem tiefsten Inneren, daß ich stets für andere, nie für mich wirkte; und meine steten Leiden sind mir des Zeugen.« Wenn das nicht wahr ist, so ist es doch dermaßen wahrhaftig, daß jede Skepsis verstummt. Er weiß von keinem Ehrgeiz. »Aus Größe, Ruhm und Volksherrschaft«, versichert er Liszt, »mache ich mir gar nichts.« – Auch aus Volksherrschaft nicht? Vielleicht in der milden, meisterlichen Form der Volkstümlichkeit, wie sie als Ideal, Wunschtraum, romantisch-demokratische Kunst- und Künstlergesinnung mit so viel Biederkeit und herzlichem Pomp aus den »Meistersingern« spricht. Ja, die Popularität des Hans Sachs, gegen den die »ganze Schul« nichts ausrichtet, weil halt das Volk ihn so auf Händen trägt, ist ein Wunschtraum. Es ist in den »Meistersingern« ein Liebäugeln mit dem Volk als höchstem Kunstrichter, das das Gegenteil kunstaristokratischer Strenge bedeutet und kennzeichnend ist für Wagners demokratisch-revolutionäres Kunstgefühl, seine Auffassung der Kunst als eines freien Appells an das Volksgefühl, – sehr im Gegensatz zu einem klassisch-höfischen, vornehmen Kunstbegriff von einst, aus dem Voltaires Wort kam: »Quand la populace se mêle de raisonner, tout est perdu.« – Dennoch, wenn dieser Künstler Plutarch liest, empfindet er, anders als Karl Moor, Widerwillen gegen die »großen Männer«, und um alles möchte er nicht ihresgleichen sein. »Häßliche, kleine, gewaltsame Naturen, unersättlich – weil sie so gar nichts in sich haben und deshalb immer nur von außen in sich hineinfressen müssen. Gehe man mir mit diesen großen Männern! Da lobe ich mir Schopenhauers Wort: nicht der Welteroberer, sondern der Weltüberwinder ist der Bewunderung wert! Gott soll mir diese ›gewaltigen‹ Naturen, diese Napoleone usw. vom Halse halten.« – War er ein Weltüberwinder oder ein Welteroberer? Für welches von beidem ist sein »Selbst dann bin ich die Welt«, akzentuiert mit dem Thema der Welterotik, die Formel? –

Die Insinuation des Ehrgeizes in irgendeinem gemein-weltlichen Sinn ist auf alle Fälle schon darum hinfällig, weil hier zunächst ganz ohne Hoffnung auf unmittelbare Wirkung, ohne jede Aussicht darauf, die ja die wirklichen Umstände und Zustände gar nicht zuließen, geschaffen wurde – im leeren Phantasieraum, für eine imaginäre Idealbühne, an deren Verwirklichung vorerst nicht zu denken war. Wahrhaftig, es ist nicht von kluger Berechnung und ambitiöser Ausnützung gegebener Möglichkeiten die Rede in Worten, wie er sie an Otto Wesendonk schreibt: »Denn das sehe ich: ganz bin ich nur, was ich bin, wenn ich schaffe. Die eigentliche Aufführung meiner Werke gehört einer geläuterteren Zeit an, einer Zeit, wie ich sie erst durch meine Leiden vorbereiten muß! – Meine verwandtesten Kunstfreunde haben eben nur Staunen für meine neuen Arbeiten: zur Hoffnung fühlt sich jeder, der unserem öffentlichen Kunstleben nähersteht, zu schwach. Ich begegne da nur Mitleid und Wehmut. – Und sie haben ja so recht. Nichts lehrt mich mehr, wie furchtbar ich alles um mich her übersprungen habe.« – Nie hat die Einsamkeit, Wirklichkeitsfremdheit des Genies ergreifendere Worte gefunden.

Aber wir nun, die letzten Jahrzehnte des neunzehnten Jahrhunderts und das erste Drittel des zwanzigsten mit dem Weltkriege und dem in Zersetzung übergehenden Spätkapitalismus – wir, in deren Tagen Wagners Kunst die großen Theater beherrscht und an allen Punkten der zivilisierten Welt in vollkommenen Aufführungen triumphiert –, wir wären diese »geläutertere Zeit«, die er »durch seine Leiden vorbereiten mußte«? Ist die Menschheit von 1880 bis 1933 die rechte, um durch den Riesenerfolg, den sie einer Kunst bereitet, die Höhe und Güte dieser Kunst zu erweisen?

Fragen wir nicht. Sehen wir, wie seine Größe sich darin bewährt, daß sie der Welt entgegenkommen, sich ihr anbequemen möchte – und es nicht vermag! Ein komisches Öperchen, ein Satyrspiel zum »Tannhäuser«, zur Erholung für ihn und die Leute, der beste Wille zum Leichten und praktisch Genießbaren: es werden die »Meistersinger« daraus. Etwas Italienisches nun einmal, Melodiöses und lyrisch Sangbares, mit wenigen Personen, leicht aufzuführen, es muß doch gehen: und was ihm unter den Händen entsteht ist der »Tristan«. – Man kann sich nicht kleiner machen, als man ist, man kann sich nicht anders machen; man macht, was man ist, und Kunst ist Wahrheit – die Wahrheit über den Künstler.

Es hat also mit der ungeheuren Weltwirksamkeit dieser Kunst persönlich und ursprünglich eine sehr geistige und reine Bewandtnis: kraft ihres Niveaus vor allem schon, das keine tiefere Verachtung kennt, als die für den Effekt, die »Wirkung ohne Ursache«; dann aber weil alles Imperiale, Demagogische, Massenunterwerfende darin zunächst völlig überpraktisch und ideal zu verstehen ist, auf ganz erst zu revolutionierende Bedingungen bezogen werden muß – und vornehmlich gilt diese künstlerische Unschuld, wo ein vielfältig instrumentierter Begeisterungswille sich im nationalen Appell, als Feier und Verherrlichung des Deutschtums äußert, wie es unmittelbar etwa im »Lohengrin« durch König Heinrichs »Deutsches Schwert« und in den »Meistersingern« durch Hans Sachsens biederen Mund geschieht. Es ist durch und durch unerlaubt, Wagners nationalistischen Gesten und Anreden den heutigen Sinn zu unterlegen – denjenigen, den sie heute hätten. Das heißt sie verfälschen und mißbrauchen, ihre romantische Reinheit beflecken.

Die nationale Idee stand damals, als Wagner sie als traulich-wirksames Element in sein Werk eingehen ließ, das heißt bevor sie verwirklicht war, in ihrer heroischen, geschichtlich legitimen Epoche, sie hatte ihre gute, lebensvolle und echte Zeit, war Poesie und Geist, ein Zukunftswert. Demagogie ist es, wenn heute die Bassisten die Verse vom »Deutschen Schwert« oder gar jenes Kern- und Schlußwort der Meistersinger: »Zerging in Dunst das Heil'ge römische Reich, uns bliebe gleich die heil'ge deutsche Kunst« tendenziös ins Parterre donnern, um eine patriotische Nebenwirkung damit zu erzielen. Gerade diese Verse, die ersten, die feststanden und sich schon am Schlusse der frühesten Skizze, der Marienbader vom Jahre 1845, finden, beweisen die vollendete Geistigkeit und Politikfremdheit des Wagnerschen Nationalismus: sie bekunden eine schlechthin anarchische Gleichgültigkeit gegen das Staatliche, falls eben nur das geistig Deutsche, die »Deutsche Kunst« bewahrt bleibt. Daß er dabei nicht eigentlich an die deutsche Kunst, sondern an sein Musiktheater dachte, das nicht durchaus deutsch ist und nicht nur Weber, Marschner und Lortzing, sondern auch Spontini und die Große Oper in sich aufgenommen hat, ist eine Sache für sich. Im Grunde mochte er denken, wie der größte Unpatriot, Goethe, nach Börnes Vorwurf dachte: »Was wollen die Deutschen? Sie haben ja mich.«

Richard Wagner als Politiker war sein Leben lang mehr Sozialist und Kulturutopist im Sinne einer klassenlosen, vom Luxus und vom Fluche des Goldes befreiten, auf Liebe gegründeten Gesellschaft, wie er sie sich als das ideale Publikum seiner Kunst erträumte, denn Patriot im Sinne des Machtstaates. Sein Herz war für die Armen gegen die Reichen. Die Teilnahme an den revolutionären Umtrieben von 1848, die ihn ein zwölfjähriges quälendes Exil kostete, hat er später, als er sich des »ruchlosen« Optimismus schämte und die gegebene Tatsache von Bismarcks Reich, so gut es gehen wollte, mit der Verwirklichung seiner Träume verwechselte, nach Möglichkeit verkleinert und verleugnet. Er ist den Weg des deutschen Bürgertums gegangen: von der Revolution zur Enttäuschung, zum Pessimismus und einer resignierten, machtgeschützten Innerlichkeit. Dennoch steht das in einem gewissen Sinn sehr undeutsche Wort in seinen Schriften: »Wer sich unter der Politik hinwegstiehlt, belügt sich selber!« Ein so lebendiger und radikaler Geist war sich selbstverständlich der Einheit des humanen Problems, der Untrennbarkeit von Geist und Politik bewußt; er hat nicht der bürgerlich-deutschen Selbsttäuschung angehangen, man könne ein unpolitischer Kulturmensch sein – diesem Wahn, der Deutschlands Elend verschuldet hat. Sein Verhältnis zum Vaterland war bis zur Reichsgründung und bis zu seiner Bayreuther Niederlassung das des Einsamen, Unverstandenen, Abgestoßenen, voll von Kritik und Hohn. »Ach, wie bin ich voll Enthusiasmus für den deutschen Bund germanischer Nation!« schreibt er aus Luzern im Jahre 1859. »Daß mir um Gottes willen der Frevler L. Napoleon nichts an meinem lieben deutschen Bunde betaste: ich wäre zu tief betrübt, wenn da irgend etwas anders würde!« Die Sehnsucht nach Deutschland, die ihn im Exil verzehrt, wird durch die Wirklichkeitserfahrungen der Heimkehr bitter enttäuscht. »Es ist ein elendes Land«, ruft er, »und ein gewisser Ruge hat Recht, wenn er sagt: ›Der Deutsche ist niederträchtig.‹« Wohlgemerkt: so böse Äußerungen gelten nur der deutschen Unbereitschaft, sein Werk aufzunehmen; sie haben den kindlich-persönlichsten Akzent. Deutschland ist gut oder schlimm in dem Maß, wie es an ihn glaubt oder in solchem Glauben versagt. Noch 1875 aber antwortet er in einer Gesellschaft auf die rühmende Bemerkung, so wie ihm sei das deutsche Publikum noch keinem entgegengekommen, mit bitterem Humor: »O ja! der Sultan und der Khedive von Ägypten haben Patronatsscheine genommen.«

Es ehrt sein Künstlerherz, daß er gleichwohl, anders als Nietzsche, in der Neugründung des Reiches durch Bismarcks Kriege die Erfüllung seiner deutschen Wünsche erblicken konnte, im »Reich«, für das Nietzsche nicht genug Worte leidenschaftlicher Vermaledeiung fand, den rechten und echten Boden für sein Kulturwerk zu erkennen bereit und fähig war. Die – kleindeutsche – Wiedererstehung des deutschen Reiches, ein Phänomen überwältigenden historischen Erfolges, stärkte, wie der Freund Heckel sagt, in Wagner den Glauben an die Entwicklung einer deutschen Kultur und Kunst, das heißt: an die Wirklichkeitsmöglichkeit seines Kunstwerks, der sublimierten Oper. Aus diesem Vertrauen kam der »Kaisermarsch«, es kam daraus das Gedicht an das deutsche Heer vor Paris, das nur beweist, daß Wagner ohne Musik kein Dichter ist; es kam daraus die unglaubwürdig geschmacklose, in jedem Sinn selbstverräterische Satire auf das agonierende Paris im Jahre 71 »Eine Kapitulation«. Vor allem entstammte diesem Vertrauen sein Manifest »Über die Aufführung des Bühnenfestspiels ›Der Ring des Nibelungen‹« – worauf eine einzige Freundesanmeldung, eben von dem Pianofortehändler Heckel in Mannheim, erfolgte. Die Widerstände gegen Wagners Wollen und seine Ansprüche, die Scheu sich zu ihm zu bekennen blieben groß; aber in die Zeit der Reichsgründung fällt auch die Gründung des ersten Wagnervereins und die Ausgabe der Patronatsscheine für die Bühnenfestspiele; die Etablierung, die Verwirklichung, kompromißreich wie jede andere, begann. Wagner war Politiker genug, seine Sache mit der des Bismarckschen Reiches zu verbinden: er sah einen Erfolg ohnegleichen, er schloß den seinen daran, und die europäische Hegemonie seiner Kunst ist das kulturelle Zubehör zur politischen Hegemonie Bismarcks geworden. Der große Staatsmann, mit dessen Werk er das seine vermählte, verstand von diesem überhaupt nichts, hat sich nie auch nur darum gekümmert und hielt Wagner für einen verdrehten Kerl. Aber der alte Kaiser, der auch nichts davon verstand, kam nach Bayreuth und sagte: »Ich hätte nicht gedacht, daß Sie's durchsetzen würden!« Das Wagnerwerk war als nationale Angelegenheit installiert, war reichsoffiziell geworden und ist gewissermaßen mit diesem schwarzweißroten Reiche verbunden geblieben – so wenig es seinem tiefsten Wesen nach und selbst nach der Art seines Deutschtums mit irgendwelchen Macht- und Kriegsreichen zu tun hat.

Wo von Wagners kontradiktorischer Natur in der Verschlungenheit ihrer Widersprüche die Rede ist, darf das grandiose Zugleich und Ineinander von Deutschheit und Mondänität nicht übergangen werden, das zu dieser Natur gehört und sie in absolut einmaliger, zum Nachdenken anreizender Weise auszeichnet. Es gab immer und gibt auch heute eine deutsche Kunst hohen Ranges – ich denke besonders an das Gebiet der Literatur –, die so ganz dem stillen und heimlichen Deutschland angehört, so speziell und intim deutsch ist, daß sie – sehr edler Weise – eben nur im »Heimlichen« zu wirken und Verehrung zu erzeugen vermag – und der europäischen, der Weltmöglichkeit entbehrt. Das ist ein Schicksal wie ein anderes, es hat nichts mit dem Werte zu tun. Viel geringeres Erzeugnis, demokratische Gebrauchs- und Allerweltsware, überschreitet mit Leichtigkeit alle Grenzen und wird, da sie gemein ist, überall nur allzu gut verstanden; aber auch Werke, die jener exklusiven Heimkunst an Rang und Würde nichts nachgeben, erweisen sich als mit dem Tropfen demokratisch-europäischen Öles gesalbt, der ihnen die Welt öffnet, ihnen internationales Verständnis sichert.

Wagners Kunst ist dieser Art; nur daß bei ihr nicht gut von einem »Tropfen« jenes Salböls die Rede sein kann – sie trieft davon. Ihre Deutschheit ist tief, mächtig und unbezweifelbar. Die Geburt des Dramas aus der Musik, wie sie sich mindestens einmal auf der Höhe von Wagners Schaffen, in »Tristan und Isolde«, rein und zauberhaft vollendet, konnte nur aus deutschem Leben kommen, und als deutsch im höchsten Sinne des Wortes darf man ihre gewaltige Sinnigkeit, ihren mythischen Hang und metaphysischen Drang, vor allem schon ihr tief ernstes Selbstgefühl als Kunst ansprechen, den hohen und feierlichen Begriff der Kunst, eigentlich des Theaters, von dem sie erfüllt ist, und den sie mitteilt. Bei alldem aber ist sie von einer Weltgerechtigkeit, Weltgenießbarkeit, wie sie keiner deutschen Kunst dieses Ranges je mitgegeben wurde, und man hält sich in dem bevorzugten Gedankenkreise ihres Schöpfers, wenn man von der empirischen Erscheinung auf ihren »Willen«, ihren Charakter zurückschließt. Schon früher einmal habe ich auf das Buch eines Nichtdeutschen, des Schweden Wilhelm Peterson-Berger, »Richard Wagner als Kulturerscheinung«, hingewiesen, das sich über diesen Punkt mit besonderer Klugheit äußert. Der Verfasser spricht da von Wagners Nationalismus, von seiner Kunst als einer national deutschen, und bemerkt, daß die deutsche Volksmusik die einzige Richtung sei, die von seiner Synthese *nicht* umfaßt werde. Zu Charakterisierungszwecken könne er wohl mitunter, wie in den »Meistersingern« und im »Siegfried«, den deutschen Volkston anschlagen, aber dieser bilde nicht den Grundton und den Ausgangspunkt seiner Tondichtung, sei niemals der Ursprung, aus dem sie spontan hervorsprudele, wie bei Schumann, Schubert und Brahms. Es sei notwendig, zwischen Volkskunst und nationaler Kunst zu unterscheiden; der erstere Ausdruck ziele nach innen, der letztere nach außen. Wagners Musik sei mehr national als volkstümlich; sie habe wohl viele Züge, die *namentlich der Ausländer* als deutsch empfinde, aber sie habe – so drückt der Schwede sich aus – dabei ein unverkennbar kosmopolitisches Cachet. –

Hier ist, wie mir scheint, die eigentümliche Bewandtnis, die es mit Wagners Deutschtum hat, mit großer Feinheit erfühlt und ausgedeutet. Ja, Wagner ist deutsch, ist national, auf beispielhafte – vielleicht allzu beispielhafte Weise. Denn außerdem, daß dieses Werk eine eruptive Offenbarung deutschen Wesens ist, ist es auch eine schauspielerische Darstellung davon, und zwar eine Darstellung, deren Intellektualismus und plakathafte Wirksamkeit bis zum Grotesken, bis zum Parodischen geht und bestimmt scheint, ein neugierig schauderndes Weltpublikum zu dem Ausrufe hinzureißen: »Ah, ça c'est bien allemand, par exemple!« Dies Deutschtum also, so wahr und mächtig es sei, ist modern gebrochen und zersetzt, dekorativ, analytisch, intellektuell, und seine Faszinationskraft, seine eingeborene Fähigkeit zu kosmopolitischer, zu planetarischer Wirkung kommt daher. Wagners Kunst ist die sensationellste Selbstdarstellung und Selbstkritik deutschen Wesens, die sich erdenken läßt, sie ist danach angetan, selbst einem Esel von Ausländer das Deutschtum interessant zu machen, und die leidenschaftliche Beschäftigung mit ihr ist immer zugleich eine leidenschaftliche Beschäftigung mit diesem Deutschtum selbst, das sie kritisch-dekorativ verherrlicht. Darin beruht ihr Nationalismus, aber dieser Nationalismus ist in einem Maße mit europäischer Artistik durchtränkt, das ihn zu irgendwelcher Simplifizierung, auf deutsch: Versimpelung, im tiefsten untauglich macht.

»Sie werden der Sache Dessen dienen, den die Zukunft zum berühmtesten unter den Meistern machen wird.« Diesen Satz schreibt Charles Baudelaire im Jahre 1849 an einen wagnerbegeisterten jungen deutschen Kunstkritiker. Die Voraussage, deren Sicherheit erstaunlich ist, kommt aus leidenschaftlicher Liebe, wahlverwandtschaftlicher Passion, und es zeugt von dem kritischen Genie Nietzsches, daß er diese Verwandtschaft erkannte, ohne von ihren Äußerungen zu wissen. »Wenn Baudelaire seinerzeit der erste Prophet und Fürsprecher Delacroix' war«, sagt er in den Studien zum ›Fall Wagner‹, »vielleicht, daß er heute der erste ›Wagnerianer‹ von Paris sein würde. Es ist viel Wagner in Baudelaire.« Erst Jahre später kommt ihm der Brief vor Augen, worin Wagner dem französischen

Dichter für seine Huldigungen dankt, und er triumphiert. Ja, Baudelaire, der früheste Verehrer Delacroix', dieses Wagners der Malerei, war in der Tat auch der erste Wagnerianer von Paris und einer der ersten wirklichen, tiefergriffenen und künstlerisch verständnisvollen Wagnerianer überhaupt. Seine Tannhäuser-Schrift vom Jahre 1861 war das erste entscheidende und bahnbrechende Wort über Wagner und ist das historisch wichtigste geblieben. Ein Glück des Sich-selbst-Wiederfindens in den künstlerischen Intentionen eines anderen, wie Wagners Musik es ihm bereitete, hat er sonst nur einmal noch, bei der literarischen Bekanntschaft mit Edgar Allan Poe erfahren. Sie beide, Wagner und Poe, sind Baudelaires Götter – eine sonderbare Zusammenstellung für das deutsche Ohr! Die Nachbarschaft rückt Wagners Kunst auf einmal in eine Beleuchtung, sie fügt sie in seelische Zusammenhänge, in denen ihre patriotischen Ausleger uns nicht gewöhnt haben sie zu sehen. Eine farbige und phantastische, tod- und schönheitsverliebte Welt abendländischer Hoch- und Spätromantik tut sich auf bei seinem Namen, eine Welt des Pessimismus, der Kennerschaft seltener Rauschgifte und einer Überfeinerung der Sinne, die allerlei synästhetischen Spekulationen schwärmerisch nachhängt, den Träumen Hoffmann-Kreislers von der Entsprechung und innigen Verbindung zwischen den Farben, Klängen und Düften, von der mystischen Wandlung der einsgewordenen Sinne ... In diese Welt ist Richard Wagner hineinzusehen, hineinzuverstehen: der glorreichste Bruder und Genosse all dieser am Leben leidenden und dem Mitleid zugetanen, die Verzückung suchenden, die Künste vermischenden Symbolisten und Anbeter des »art suggestif« mit dem Bedürfnis »d'aller au delà, plus outre que l'humanité«, wie Maurice Barrès sagte, der letzte mit diesen Wassern Getaufte, der Liebhaber Venedigs, der Tristanstadt, der Dichter des Blutes, der Lust und des Todes, der Nationalist am Ende und Wagnerianer von Anfang bis Ende.

Sind es Wellen / sanfter Lüfte?
Sind es Wogen / wonniger Düfte?
Wie sie schwellen, / mich umrauschen,
soll ich atmen, / soll ich lauschen?
Soll ich schlürfen, / untertauchen,

süß in Düften / mich verhauchen?
In des Wonnenmeeres / wogenden Schwall,
in der Duftwellen / tönenden Schall,
in des Weltatmens / wehendem All –
ertrinken – / versinken –
unbewußt – / höchste Lust!

Das ist das äußerste und höchste Wort dieser Welt, ihre Krönung, ihr Triumph, geprägt und gesättigt von ihrem Geiste, dessen europäische, mystisch-sinnliche Artistik durch Wagner und den frühen Nietzsche die Stilisierung ins deutsch Bildungsmäßige erhält, die Beziehung auf die Tragödie, mit den Richtpunkten Euripides, Shakespeare und Beethoven. Nietzsche, in seiner Gereiztheit durch eine gewisse deutsche Unklarheit in psychologischen Dingen, korrigiert das später reuig, indem er Wagners europäische Artistik überbetont und sein deutsches Meistertum verhöhnt. Mit Unrecht. Wagners Deutschtum war echt und mächtig. Und daß das Romantische auf deutsch und in der Maske treuen Meistertums auf seinen Gipfel kam und seinen Welterfolg beging, war ihm seinem Wesen nach vorbestimmt.

Ein letztes Wort über Wagner als Geist, über sein Verhältnis zu Vergangenheit und Zukunft. Denn auch hier besteht eine Doppeltheit und Verschränktheit scheinbarer Widersprüche in seinem Charakter, die dem Gegensatz von Deutschtum und Europäismus entspricht. Es sind reaktionäre Züge in Wagners Erscheinung, Züge von Rückwärtsgewandtheit und dunklem Vergangenheitskult; man könnte die Vorliebe fürs Mystische und Mythisch-Ursagenhafte, den protestantischen Nationalismus der »Meistersinger« sowohl als das Katholisieren im »Parsifal«, die Neigung zum Mittelalter, Ritter- und Fürstenwesen, zu Wundern und Glaubensinbrunst in diesem Sinne deuten. Und doch verbietet jedes Gefühl für die eigentliche und wahre Natur dieses durch und durch auf Neuerung, Änderung, Befreiung bestellten Künstlertums es aufs strikteste, seine Sprache und Ausdrucksweise wörtlich zu nehmen und nicht als das, was sie ist: ein Künstleridiom eben sehr uneigentlicher Art, mit dem auf Schritt und Tritt ganz anderes, vollkommen Revolutionäres gemeint ist.

Diesen bei aller seelischen Schwere und Todesverbundenheit lebengeladenen und stürmisch-progressiven Schöpfergeist, den Verherrlicher des aus freiester Liebe geborenen Weltzertrümmerers; diesen verwegenen musikalischen Neuerer, der im »Tristan« mit einem Fuß schon auf atonalem Boden steht, und den man heute ganz sicher einen Kulturbolschewisten nennen würde; diesen Mann des Volkes, der Macht, Geld, Gewalt und Krieg sein Leben lang innig verneint hat und sein Festtheater, was auch die Epoche daraus gemacht haben möge, einer klassenlosen Gemeinschaft zu errichten gedachte: ihn kann kein Geist der Restauration und des muckerischen Zurück – es darf ihn jeder zukünftig gerichtete Wille für sich in Anspruch nehmen.

Aber es ist müßig, große Männer aus der Verewigung ins Jetzt zu beschwören, um ihnen ihre – etwaige – Meinung über Probleme gegenwärtigen Lebens anzufragen, die ihnen so nicht gestellt waren, und denen sie geisterfremd sind. Wie würde Richard Wagner sich stellen zu unseren Fragen, Nöten und Aufgaben? Dies »würde« ist hohl und phantomhaft, es ist keine Denkbarkeit. Meinungen sind sekundär, schon zu ihrer Zeit; wie sehr sind sie es erst später! Was bleibt, ist der Mensch und das Produkt seines Kampfes, sein Werk. Begnügen wir uns, Wagners Werk zu verehren als ein gewaltiges und vieldeutiges Phänomen deutschen und abendländischen Lebens, von dem tiefste Reize ausgehen werden allezeit auf Kunst und Erkenntnis.

Tagebuch vom 25.4.1933

[...]
Nach dem Lunch mit Reisiger und K. im Garten. Gespräch über eine Äußerung des Prof. Overbeck, ich möge zur nationalsozialistischen Bewegung übertreten, »um sie zu veredeln«. – Über die »Märchenseele« des deutschen Volkes und die Austreibung des schwarzen Elementes aus seinem Lichtkörper. Der verhunzte Mythus. Heruntergekommene Romantik und mesquin-giftige Kleinbürger-Ranküne. Der künstlerische Heros ist R. Wagner. Ich berührte eine empfindlichste Stelle.

Tagebuch vom 7.5.1933

[...] Ein totaler Regenbogen, nur in der Mitte schwächer, spannte sich über die Bucht. Ich sang für Medi den Rheingold-Schluß, wie ich schon früher, angesichts des Meerschloßartigen des Hotels, zitiert hatte: »Bin ich in Cornwall? – Nicht doch, in Kareol!«

Tagebuch vom 1.9.1933

[...]
Abendspaziergang mit Beidlers, die zum Essen blieben; dazu Ilse D.. Gespräch über den zu schreibenden Roman der Sphäre Wagner-Liszt-Cosima-Nietzsche, ein höchst interessantes Thema, der komplizierteste, weitschichtigste europäisch-deutsche Gegenstand. Die Antipathie zwischen Liszt und seinem Schwiegersohn (sehr ausgesprochen). Die europäische Geistigkeit Liszts gegen das deutsche Wachstum Wagners aus dem Kleinbürgerlichen. Die Liszttochter, geistig mondän und nicht-deutsch (um nicht zu sagen »undeutsch«) von Geburt, trägt einerseits katholisch-weihrauchhaftes in die Wagner-Sphäre hinein, inspiriert oder schreibt selbst aber auch die antisemitischen und deutschnationalistischen Artikel des späten Wagner in den Bayreuther Blättern. Dazu der aus Pfarrhaus, Humanismus, Professorentum durch Krankheit ins Europäisch-Deutschfeindliche genial ausgeartete Nietzsche. – Ich las im Anschluß an das Gespräch meinen Wagner-Aufsatz wieder.

Tagebuch vom 3.10.1933

[...]
Sehr hübscher Bericht von Hornstein in der N. Z. Z. über Wagner in der Schweiz. Er braucht noch 10 Jahre bis zur Vollendung des »Ringes«, redet aber unausgesetzt von dem dafür zu erbauenden Theater, (das von Wesendonck finanziert werden soll, dessen Frau er liebt) – mit einer geschäftlichen und unternehmerischen Erfülltheit, daß man einen Barnum oder Straussberg zu hören glaubt, keinen Künstler. Schubert sei wie ein Schwamm gewesen, aus dem Musik lief, wenn man dran drückte. (Dies herabsetzend gemeint, gegen

den Inspirierten, den absoluten Musiker.) Ärger über einen Lobesartikel der Lortzing gilt. Das ist doch einer seiner Vorgänger, auch in der Deutschheit; er müßte Sympathie mit ihm haben, seine Sache in ihm gelobt sehen. Aber er zeigte sich besonders chockiert durch L's Kennzeichnung als »deutscher« Meister. Aus Eifersucht? Oder weil er von deutschem Meistertum nichts wissen will? –

[...]

Tagebuch vom 20.3.1934

[...]
Was soll man übrigens denken von der hirnlichen Widerstandskraft der Intellektuellen? Ponten schreibt an Lion: »Hitler verhält sich zu Stein, wie Luther zu Hus«. Hitlers Ähnlichkeit mit Luther wird überhaupt viel empfunden. Seine Verwandtschaft mit Wagner, die er selbst hervorhebt, ist aber größer. Keller nannte diesen »Friseur und Charlatan«. Das *Widerliche* Wagners, aber freilich nur dies, ist bei H. genau wiederzufinden.

[...]

An René Schickele, 16.5.1934

[...]
Ausgezeichnet – Ihr Wort vom Roman als Gesamtkunstwerk! Es ist eine alte Lieblingsidee von mir. Der Wagner'sche Begriff davon war lächerlich mechanisch.

[...]

Tagebuch vom 30.7.1934

[...]
Beim Abendessen Gespräch mit den Kindern über Nietzsche, wobei ich seine Wagner-Polemik als das geistesgeschichtlich Wichtigste und Repräsentativste in seinem Werk bezeichnete. [...]

Tagebuch vom 9.8.1934

[...]
K. und die Kinder hörten im Radio die durch Gewitter gestörte Übertragung der »Götterdämmerung« aus Bayreuth. Mir widerstand es; ich mag nichts aus Deutschland hören. Allem, was von dort kommt, fehlt die Unschuld; Kulturpropaganda liegt allem zugrunde.

[...]

Tagebuch vom 21.8.1934

[...]
Winnifred Wagner als Wahlpropagandistin: »Die Republik hat R. Wagner mit Haß und Hohn überschüttet. Durch Adolf Hitler ist das Wunder seines Wiedererstehens geschehen.« Enorm. [...]

Tagebuch vom 13.2.1935

[...]
Verfroren und erkältet. Machte Mittagsspaziergang mit K. Zum Lunch keinen rechten Appetit. Las nachher auf dem Balcon in einem aus Wien mitgebrachten Buch von Sinoja über Wagner und den Antisemitismus. Grausiges Gefühl davon, wieviel dieser als Charakter abscheuliche Kleinbürger tatsächlich vom Nationalsozialismus antizipiert.

[...]

An Karl Vossler, 4.5.1935

[...] Nein, Sie haben recht, zum Satiriker und Rationalisten fühle ich mich wenig geboren, obgleich diese trockene Sphäre oft etwas Erquickendes und Erholendes für mich hat. Aber das gebe ich zu, daß ich mich mit zunehmenden Jahren mehr und mehr als Apolliniker fühle und das Dionysische in wachsendem Maß als unappetitlich empfinde. Nehmen Sie nur R. Wagner als Geist und Menschen. Wirr, hilflos und ratlos, sehnsüchtig nach allen Seiten hin, nach dem Leben und nach dem Tode, im Grunde schrecklich. Zu sehr *Objekt* des Lebens für meinen Geschmack. Es preßt ihn und quetscht Werke hervor wie riesige Blasen. Aber haben Sie je ein Wort von ihm gelesen, das ihn als geistigen Herrn und Meister des Lebens zeigte? An Goethe darf man nicht denken. Aber gerade an ihn denke ich gern, weil er die Vernunft hat als Menschenmajestät und doch auch gedichtet hat »Sagt es niemand, nur den Weisen –« [...]

Tagebuch vom 10.9.1935

[...] Liszt-Musik aus Budapest. Bin verloren für diesen Europäismus, obgleich ich begreife, wieviel bösartiger die Deutschheit Wagners ist.

Tagebuch vom 25.11.1935

[...] Nachher Radio-Musik aus Mailand und Wien. Hörte wieder einmal Wagners Siegfried-Idyll: schön aber unersättlich, zuviel, zu oft. Dann »Träume«, sehr schön, aber absolut kein Lied. Es ist charakteristisch, daß er zum Geist des Liedes überhaupt kein Verhältnis hat – ein Deutscher!

An Franz W. Beidler, 26.11.1935

[...]
Ihren Vortrag habe ich gleich am Sonntag Nachmittag gelesen – mit all dem Interesse, das dem Gegenstand zukommt, und aufrichtigem Beifall für die Art der Behandlung. Sie ist so pietätvoll, daß man in Basel die psychologische Aufgewecktheit und Klarheit, die damit Hand in Hand geht, nicht gespürt oder nur vereinzelt gespürt hat. Aber sie ist vom ersten Wort an vorhanden, manifestiert sich im Lauf des Vortrags immer deutlicher und endet mit einer kleinen Explosion. Es ist unglaublich, wieviel Nationalsozialismus im Bayreuthianismus schon steckt, z. B. auch in seinem fiktiven Kämpfertum. Unseres Adolf Schwäche für »Wagner« hat schon ihre gute und schöne Berechtigung. Und schließlich müssen sogar die Anführungsstriche fallen, denn ich fürchte, gegen das Ende seines Lebens war Wagner selbst wie Chamberlain, kein Wagnerianer, sondern ein Bayreuthianer.

Kurz, ich kann Ihnen sagen, daß die Lektüre des Vortrags mich in der Überzeugung, daß Sie für die wirkliche Cosima-Biographie in jeder Beziehung der rechte Mann sind, durchaus bestärkt hat. Sie müssen sie schreiben, und wenn Sie sie im Geist dieser Vorstudie oder dieses Auszuges schreiben: mit Pietät zugleich und unbeschönigender Einsicht in die schlimmen Zusammenhänge, so wird es ein außerordentlich schönes und aufschlußreiches Buch werden – aufschlußreich auch über eine gewisse deutsche Legitimität, Folgerechtheit, Echtheit, Notwendigkeit dessen, was wir heute erleben, und doch auch wieder in das Zweifelhafte dieser deutschen Echtheit. Denn wenn schon Wagner so recht deutsch gewesen sein sollte – Cosima, die internationale Liszttochter war es doch gewiß nicht.

[...]

An **Heinrich Zimmer**, 25.3.1936

[...] interessant war mir, das Verhältnis Schopenhauers zur Philosophie von Ihnen dargestellt zu sehen, wie man auch Wagners Verhältnis zur Musik darstellen könnte, als eine Art von magischem Dilettantismus. [...]

Tagebuch vom 26.3.1936

[...] Hörten aus Rom den I. Akt des »Lohengrin« italienisch. Der Held hatte Szenenapplaus nach dem »Elsa, io t'amo!«. Ein wunderbarer Akt, teilweise primitiv in den musikalischen Mitteln, aber außerordentlich einflüsterungsreich im naiv sagen-opernhaften durch den mythisch-religiösen Untergrund.

[...]

Tagebuch vom 8.4.1936

[...] Dann mit K. in die Stadt zum »Parsifal«. Fühlte mich krank, aber im Lauf des Abends besserte sich mein Zustand. Tief gefesselt von dem kühnen, ungeheuer ausdrucksvollen Werk. Hirzel fast unmöglich. Saßen zu nahe. Das Orchester schien etwas grob. [...]

Tagebuch vom 31.5.1936

[...] Nach dem Abendessen Wagner-Platten gespielt, begeistert vom Rheingoldschluß. Die großartige Spannung zwischen der Ring- und Tristan-Sphäre. Bedauern, mich mit Furtwängler neulich nicht weiter über W. unterhalten zu haben. [...]

An Willi Schuh, 28.6.1936

[...]
in einem Zuge habe ich gestern Abend Ihr Wagnerbuch [Die Briefe Richard Wagners an Judith Gautier] durchgelesen – keine interessantere Publikation hat es für mich gegeben seit langem. Es ist mein Wagner, der darin lebt: in den hoch-kuriosen Briefen sowohl wie in Ihrer großen Einleitung, deren ganze Art, das Phänomen zu behandeln, mir vollkommen sympathisch ist. Wirklich darf ich wohl das Gefühl haben, daß diese Veröffentlichung dem Wagner-Bild, das ich zu geben versuchte, gewissermaßen zur Bestätigung und Rechtfertigung dient.

Ist die geistige und auch moralische Depravation durch den Krieg nicht qualvoll zu beobachten, wie sie aus den an die Mendès gerichteten Briefen von 1870 spricht? Das hilflos begeisterte Kapitulieren eines solchen Geistes vor den Geschichtstaten eines – übrigens in seiner Art ebenso raffinierten – Staatskapitäns ist beschämend zu sehen. Welch ein Verderb für Kultur und Geist sind die Kriege! – Ein versöhnender Trost ist das Wort in einem Brief acht Jahre später: »Ich fühle mich als den einzigen Deutschen inmitten dieser stumpfsinnigen Bevölkerung, die man die Deutschen nennt!« Das wird wohl immer das nationale Lebensgefühl der höheren Deutschen bleiben.

[...]

Tagebuch vom 17.7.1936

[...] Vor 4 Uhr mit K. und den Alten Ausfahrt angetreten: durch [das] Sihlthal über Cham nach *Luzern*, wo wir im Restaurant-Garten am Kunsthaus den Thee tranken. Von da *Tribschen* zum herrlich gelegenen Wagner-Haus, das schon geschlossen war. Einblick in die

Zimmer. Ausblick auf die Landschaft der Nietzsche-Freundschaft, die in 6 Jahren, von 1866–72, eine gewaltige Werk-Bewältigung sah. Des Längern vor der Haus-Inschrift, die die Vollendung von »Meistersinger«, »Siegfried«, »Götterdämmerung« (?), Siegfried-Idyll, Kaisermarsch, »Beethoven« an diesem Orte anzeigt. Bewegung. Wir fuhren über Küssnacht und Affoltern zurück und trafen 1/2 9 zum verspäteten Abendessen ein, das auf der Terrasse genommen wurde. Danach Götterdämmerungsplatten. Kontakt und belebte Sympathie. – Auf der Fahrt fragte ich K., ob sie meine, daß auch am Hause Schiedhaldenstraße später eine Inschrift die Vollendung des »Joseph«, des Freud-Aufsatzes, vielleicht des Essays über Nietzsche an diesem Orte melden wird.

Tagebuch vom 19.7.1936

[...] 4 Uhr am Radio versammelt mit den Alten und K., den »Lohengrin« aus Bayreuth zu hören. Renommistische und fatale Ansagereien. Aufführung mit Furtwängler, Völker, der Müller unvollkommen übermittelt. Trotzdem hörte ich das Ganze. 5 Uhr Thee, Wiederbeginn ¾6, Abendessen, 3. Akt ¾9 bis 10. Volle Ausführlichkeit, hörte als völliges Novum die Fortsetzung der Gralserzählung. Völker vortrefflich. Das deutsche Drum und Dran, die Ansagen von der Gegenwart des »Führers« und der Parteigrößen, Ernennung des Tietjens zum Staatsrat durch Goering etc. – grauenhaft. Die Vorstellung, daß dieser idiotische Schurke von Hitler da süß-heldische Romantik »genießt«, während sozialistische Arbeiter gefoltert werden und ein hündisches Gericht den André, nachdem es alle Entlastungsaussagen unterdrückt, zum Tode verurteilt – über die Maßen ekelhaft. Man hätte nicht zuhören sollen, dem Schwindel nicht sein Ohr leihen, da man im Grunde alle, die dabei mittun, verachtet. [...]

Tagebuch vom 27.11.1936

[...] Hörte im Radio die Venusberg-Musik unter Walter. Durchaus geschlechtliches Produkt, zum Schluß mit feuchtem Blicke einlenkend in die Pilgerchor-Sehnsuchtsheuchelei. Die Romantik ist eine unsaubere Welt. Ich will nicht mehr viel davon wissen. [...]

Tagebuch vom 25.12.1936

[...] Abends Vorführung des 1. Akts »Walküre«. Bewundernswerte Ökonomie, knapp, innig. Dabei die schauerlich deutschen Elemente, die auch noch in der »heiligen Not« von heute lebendig.

Aus Maß und Wert (Juli 1937)

[...]
Totalität; – es gibt nur eine: die menschliche, die Totalität des Humanen, wovon das Politisch-Soziale ein Segment und Teilgebiet ist. Der deutsche Bürger wußte das nicht. Er glaubte, um seiner Innerlichkeit und Bildung willen die Politik negieren, sich »unter ihr fortstehlen« zu können, wie Richard Wagner sagte, und aus seinem Wahn, man könne ein unpolitischer Kulturmensch sein, ist viel deutsches Unheil gekommen. Muß immer der Deutsche von einem Extrem ins andere fallen? Muß er, in grotesker Fehlkorrektur, zum Beweis einer ›Gründlichkeit‹, die schauerliche Übertreibung und traurigen Mangel an menschlichem Equilibrium bedeutet, nun darauf verfallen, die Politik, den Staat zu totalisieren, – was denn doch ärger noch ist als die frühere Versäumnis der Politik, die ein Vergehen gegen die Ganzheit des Menschlichen sein mochte, da das Hineinzwängen alles Menschlichen ins Politische ein Verbrechen ist, das zu nichts anderem als zu Verbrecherischem führen kann.

[...]

Tagebuch vom 2.6.1937

[...] wir fuhren dann zu fünft in die Oper zur Première von Bergs »Lulu«. Loge mit Kahler. Tout Zürich. Vorzügliche Aufführung des Fragment gebliebenen und problematischen Werkes. Die eisige und pathetische Diktion Wedekinds wird zerweicht durch die Musik, die in den Zwischenspielen am schönsten. Oft Tristan'sche Ausdruckskunst, die zeigt, daß W. im »Tristan« am zukünftigsten, zukunftsbestimmendsten war. [...]

Tagebuch vom 13.10.1937

[...] Dann Fahrt nach *Luzern*, von Medi chauffiert, mit Golo, K. und R. Nach *Tribschen*. Besichtigung der Räume. Merkwürdiger Eindruck. Furchtbare Ölbilder, ganz Hitler. Ein absolut anstößiger lustknabenhafter Siegfried. Neben Nietzsches »Geb. d. Trag.« blödsinniger Weise ein Exemplar des »Fall Wagners« unter Glas. Interessante Familien- und Freundes-Gruppenbilder. Chamberlain-Büste. Pracht der Landschaft durch die Fenster. Möbel, deren Geschmack über den des Mieters geht. Ein Steppsessel, von ihm selbst beigebracht, Bayreuther Stil. Siegfried, verschiedentlich, auf einem jüngeren Bild täuschend jüdisch. Begleitgedicht zum »Idyll« an Cosima – nur »hm!« zu sagen. Elemente der Furchtbarkeit und des Hitlertums deutlich hervortretend, wenn auch eben nur latent und vorgebildet, vom pathetischen Kitsch bis zur deutschen Knabenliebe. – Gang im Garten an den See, wo Nietzsche mit ihm gewandelt. [...] Nach dem Abendessen Walküre-Platten, mit Bewunderung gehört.

Tagebuch vom 26.10.1937

[...] Hatte mit Vorarbeiten zur »Demokratie« begonnen, als Oprecht anrief und mir den Antrag des Stadttheaters übermittelte, Mitte November einen einleitenden Vortrag zur Gesamt-Aufführung des »Ring des Nibelungen« zu halten. Ich war bedenklich, aber um Deutschlands, um Zürichs willen, auch wegen des Gegenstandes, ist mir die Einladung, gegen die es keine Opposition gegeben haben soll, interessant und wichtig, und ich werde wohl annehmen. Neue Umstellung – übrigens auf Reizvolleres. – [...] Aß wieder allein. Nachher in Wagners Schriften über den Ring. Das Persönliche abstoßend. Verlangt als Mensch »geliebt« zu werden. – [...]

Tagebuch vom 29.10.1937

[...] Vorarbeiten zum Vortrag, viel geschrieben, Mythos und soziales Manko, deutsch. – [...] Nach dem Thee wiederum gearbeitet. Abendessen mit K. allein, mühselig. Nachher »Götterdämmerungs«-Platten mit Text und Bleistift. 11 Motive am Schluß.

Tagebuch vom 2.11.1937

[...] In Nietzsches »R. W. in Bayreuth«. Zum Abendessen *Beidlers*. Viel über W. B. las nach dem Kaffee des Längeren aus seinem Cosima-Buch: über W. und Ludwig, die politischen Verhältnisse in Bayern und W.'s Grundzugehörigkeit zum Fortschritt. Fesselnd und tüchtig. Ein Buch von entschiedenem Interesse.

Tagebuch vom 5.11.1937

[...] Nachmittags am Vortrag weiter geschrieben. Zeitschriften-Lektüre. Nietzsches »Wagner i. B.« wundervoll geschrieben und schon sehr erkenntnisreich, vieles unterdrückend. Darüber schreibt niemand, ohne sich heimlich vor Leiden zu winden. Wie kommt es, daß auch ich noch Pietät halten muß? Auch wieder aus Zartheit und Dankbarkeit.

Richard Wagner und der ›Ring des Nibelungen‹ (1937)

Meine Damen und Herren,
in dem Vortrag über Richard Wagner, mit dem ich, vor nun bald fünf Jahren, im Auditorium maximum der Münchner Universität, ohne es zu wissen oder zu ahnen, von Deutschland Abschied nahm, brauchte ich die Worte: »Die Passion für Wagners zaubervolles Werk begleitet mein Leben, seit ich seiner zuerst gewahr wurde und es mir zu erobern, es mit Erkenntnis zu durchdringen begann. Was ich ihm als Genießender und Lernender verdanke, kann ich nie vergessen, nie die Stunden tiefen, einsamen Glücks inmitten der Theatermenge, Stunden voll von Schauern und Wonnen der Nerven und des Intellekts, von Einblicken in rührende und große Bedeutsamkeiten, wie eben nur diese Kunst sie gewährt.« – Aus den angeführten Worten spricht eine Bewunderung, die durch keine Skepsis, auch durch keinen feindseligen Mißbrauch, zu dem ihr großer Gegenstand etwa die Handhabe bietet, je im geringsten hat beeinträchtigt oder auch nur berührt werden können: Glücklicherweise! Denn die Bewunderung ist das Beste, was wir haben, – ja, wenn man mich fragte, welchen Affekt, welches Gefühlsverhältnis zu den Erscheinungen der Welt, der Kunst und des Lebens, ich für das schönste,

glücklichste, förderlichste, unentbehrlichste halte, würde ich ohne Zögern antworten: Es ist die Bewunderung. Wie denn auch anders? Was wäre der Mensch, der Künstler gar, ohne Bewunderung, Enthusiasmus, Erfülltheit, Hingegebenheit an etwas, was nicht er selbst ist, was viel zu groß ist, um er selbst zu sein, aber was er als das Hochverwandte und mächtig Zusagende empfindet, dem näher zu kommen, das »mit Erkenntnis zu durchdringen« und sich ganz zu eigen zu machen ihn leidenschaftlich verlangt? Bewunderung ist die Quelle der Liebe, sie ist schon die Liebe selbst – die keine tiefe Liebe, keine Passion und vor allen Dingen ohne Geist wäre, wenn sie nicht auch zu zweifeln, an ihrem Gegenstand zu leiden wüßte. Bewunderung ist demütig und stolz zugleich, stolz auf sich selbst; sie kennt die Eifersucht, die jugendlich herausfordernde Frage: »Was wißt denn ihr davon?« Sie ist das Reinste und Fruchtbarste zugleich, der Aufblick und der Antrieb zum Wettstreit, sie lehrt den hohen Anspruch und ist das stärkste und erzieherisch strengste Stimulans zum eigenen geistigen Beitrag, die Wurzel alles Talentes. Wo sie nicht ist, wo sie abstirbt, da keimt nichts mehr, da ist Verarmung und Wüste.

Ich bin, meine Damen und Herren, mit diesem entschiedenen Glauben an die Bewunderung als produktive Kraft nichts weiter als ein Schüler des ungeheueren Künstlers, über den ich damals in München sprach und heute wieder spreche. In der berühmten ›Mitteilung an meine Freunde‹ hat Wagner geradehin das künstlerische Vermögen auf die Gabe der Bewunderung oder, wie er sich ausdrückt, auf die »Kraft des Empfängnisvermögens« zurückgeführt. »Der erste künstlerische Wille«, sagt er, »ist nichts anderes als die Befriedigung des unwillkürlichen Triebes der Nachahmung dessen, was am einnehmendsten auf uns wirkt.« Ein Satz, überaus kennzeichnend zunächst für den, der ihn aufstellt, und für sein persönliches Genie, das im Schauspielerisch-Imitatorischen wurzelt, aber zugleich ein Satz von vielem objektivem Wahrheitsgehalt. Den künstlerischen Charakter bestimmt dies eine, sagt er, daß er sich – ganz im Gegensatz zum politischen, der die Außenwelt nur auf sich und seinen Vorteil, sich selbst aber niemals auf sie beziehe – rückhaltlos den Eindrücken hingebe, die sein Empfindungswesen sympathisch berühren: Eindrücken des Lebens und vor allem der Kunst;

denn das, was den Künstler als solchen zuerst bestimme, seien unbedingt die rein künstlerischen Eindrücke. Ihre Macht aber bemesse sich eben nach der Kraft des Empfängnisvermögens, das bis zu einem entzückenden Übermaß von den Eindrücken erfüllt sein müsse, um zum Mitteilungsdrang zu werden. Die künstlerische Kraft liege in der Fülle dieses Übermaßes, dieses Enthusiasmus bedingt; sie sei nichts anderes als das Bedürfnis, das überwuchernde Empfangene in der Mitteilung wieder von sich zu geben. Kraft, Lebens- und Liebeskraft, Kraft der Aneignung des Verwandten und Nötigen sei das Wesen des Genies, jene Empfängniskraft also, die in ihrer vollendetsten Stärke notwendig zur produktiven Kraft werden müsse.

Noch einmal, der sachliche Wahrheitsgehalt dieses Bekenntnisses ist unbestreitbar. Es ist eine ebenso hochherzig-schöne wie zutreffende Feststellung, daß die Gabe der Bewunderung, die Fähigkeit zu lieben und zu lernen, die Kraft der Aneignung, Assimilation, Verwandlung, persönlichen Fortbildung jeder großen Begabung zum Grunde liegt. Und uns, die wir zusammengekommen sind, ein großes Werk zu bewundern, uns im Geist auf seine festliche Anschauung vorzubereiten, steht es wohl an, mit einer überzeugten Huldigung an die Bewunderung selbst den Anfang zu machen.

Er war ein großer Bewunderer, der Meister dieses Werkes, – nicht nur im klassischen Lebensalter des Enthusiasmus, der Jugend, sondern, seiner gewaltigen Vitalität gemäß, bis ins hohe Alter hinein und bis an sein Ende. Uns ist überliefert, wie er während seiner letzten Lebenszeit im Vendramin-Palast zu Venedig, und übrigens auch schon früher in Bayreuth, seiner Familie und den Freunden als Abendunterhaltung allerlei Dichtungen und Musikstücke vorzulesen und vorzuspielen pflegte: Shakespeare, Calderón und Lope, Indisches und Altnordisches, Bach, Mozart und Beethoven – unter beständigen Kommentaren, lobpreisenden Erörterungen und Charakteristiken von begeisterter Schlagkraft. Es ist rührend, ihn von dem »zarten Licht- und Liebesgenius Mozarts« sprechen zu hören, den er gewiß immer tief bewundert hat, dem er aber vielleicht erst jetzt, im betrachtenden Alter, wo sein eigenes, so viel weniger zelestes, so viel schwerfüßigeres und beladeneres Werk abgetan und in Sicherheit gebracht ist, in ganz reiner und freier Hingabe zu huldigen vermag. Ja, es scheint, daß die Bewunderung für fremdes Schönheitsgut, weit entfernt das Vorrecht aktiver und kämpfender Jahre zu sein, vielleicht im Alter, nach getanem eigenen Tagewerk, wenn nicht mehr das Ich sich darauf zu beziehen, sich darin zu spiegeln, sich damit zu vergleichen braucht, erst recht frei wird und in lauterer Unbefangenheit walten kann. »Schön ist«, sagt Kant, »was ohne Interesse gefällt.« Nun, demjenigen, dem selbst aufgegeben war, gewaltig Schönes hervorzubringen, kann anderes Schönes ganz erst vielleicht »ohne Interesse« gefallen. Das Lob, das er ihm spendet, braucht nicht mehr ihm selbst zu schmeicheln, ihn selbst zu bestätigen und zu verteidigen. Der alte Meister bewundert *Felix Mendelssohn*, er nennt ihn »das Beispiel eines besonnenen und maßvollen, feinen künstlerischen Sinnes«. Das sind Lobesworte, die nicht gerade vorzugsweise auf ihn selbst passen; es ist objektive, unegoistische Bewunderung. – *Beethoven* war immer das Höchste und Größte, – »man kann«, sagte er noch als Greis, »von ihm nicht reden, ohne in den Ton der Verzückung zu fallen«. Aber nach dem Vortrag der ›Hammerklaviersonate‹ bricht er, hingerissen von diesen »reinen Spektren des Daseins«, in die merkwürdigen Worte aus: »So etwas ist aber auch nur für Klavier zu denken – vor der Menge zu spielen, barer Unsinn.« Das sagt der große Theatraliker und Massenerschütterer, der Orchesterheros, der immer auf eine hohe Art an die Menge appellierte und sie zur Erfüllung seiner Sendung brauchte. Ist nicht, was er über die Klaviersonate sagt, ein freies, selbstvergessenes Zugeständnis an eine seelische Intimität und Ausschließlichkeit, die nicht seine Sache war, die liebende, ja eifersüchtige Inschutznahme eines Ranges, mit dem er sich nicht mißt? Ist es nicht ganz uneigennützige Bewunderung?

Neben Beethoven weiß er nur *Shakespeare* zu stellen, – neben das höchste Idealische die höchste Realität, das furchtbare Gleichnis des Lebens. Er liest den Seinen die Königsdramen, den ›Hamlet‹, den ›Macbeth‹, und manchmal muß der Schöpfer des ›Tristan‹ sich unterbrechen, Tränen künstlerischen Entzückens in den alten Augen. »Was hat der Mann *gesehen*!« ruft er aus. »*Was* hat er gesehen! Er bleibt der ganz Unvergleichliche! Er ist nur als Wunder zu verstehen!« Wie, das Wortdrama, die »Literaturdichtung«, wie es früher zuweilen mit schlimmem Akzente hieß, hat da einmal das Unvergleichliche, das Wunder gezeitigt? Was ist es mit der Heilsbotschaft vom Gesamtkunstwerk, das allein die Kunst verwirklichen und dem die Zukunft gehören sollte? – Das war Kampfdialektik, leidenschaftliche und unentbehrliche Propaganda seiner selbst. Es mag im Buch stehen bleiben. Mündlich huldigt er, der sich ganz erfüllt hat und nun von anderem frei erfüllt sein kann, Gipfeln der Welt- und Menschengestaltung im bloßen Worte, die er gewiß ebenso hoch über sich sieht, wie Goethe sie zeit seines Lebens über sich zu sehen erklärte.

Und *Goethe* selbst? Auch ihm begegnen wir an diesen venezianischen Abenden, auch ihm sehen wir die Bewunderungsfreudigkeit des alten Meisters begegnen, und zwar auf höchst charakteristischem Gebiet. Es ist die ›Klassische Walpurgisnacht‹ aus dem zweiten Teil des ›Faust‹, die der große Mythiker in jenem engen Kreise mit Vorliebe liest und über die er sich dabei in Äußerungen staunender Sympathie ergeht. »Dies ist wohl das Originellste und künstlerisch Vollendetste«, pflegte er zu sagen, »was Goethe geschaffen hat. Eine solche völlig eigenartige Wiederbelebung des Altertums in freiester Form, mit solchem meisterlichen Humor und genial gesehener Lebendigkeit, in einer auf das Feinste künstlerisch gebildeten Sprache«, rief er immer wieder, sei eine unvergleichliche Erscheinung. – Es tut wohl, den Wagnerischen Genius sich hier im Privaten einmal – denn in den Schriften geschieht es niemals, daß ich wüßte – vor dem Goethe's neigen zu sehen; es ist ein hochmerkwürdiges Vorkommnis, die Berührung dieser beiden sonst so entgegengesetzten, so polarisch voneinander entfernten Sphären; es beruhigt und beglückt, dies Erlebnis, zwei gewaltige und kontradiktorische Ausformungen des vielumfassenden Deutschtums, die nordisch-musikalische und die mittelländisch-plastische, die wolkenschwer-moralistische und die erleuchtet-himmelsheitere, die volk- und sagenhaft urtümliche und die europäische, Deutschland als mächtiges Gemüt und Deutschland als Geist und vollendetste Gesittung, – auf einmal befreundet zusammentreten zu sehen. Denn dies beides sind ja wir, – Goethe und Wagner, beides ist Deutschland. Es sind die höchsten Namen für zwei Seelen in unserer Brust, die sich voneinander trennen wollen und deren Widerstreit wir doch als ewig fruchtbar, als Lebensquell inneren Reichtums immer aufs neue empfinden lernen müssen; für die deutsche Doppelheit, den deutschen Zwiespalt, der immer im Seeleninneren des höheren deutschen Menschen selbst verläuft, und den wir hier durch Wagners selbstlose Altersbewunderung für Goethe's griechische Phantasmagorie mit tiefem Vergnügen einen Augenblick überbrückt sehen.

Ein Zufall ist es natürlich nicht, daß gerade der *Mythus* den Boden abgibt für die Begegnung. Der alte Mythenbildner und -deuter, der schon nach dem ›Fliegenden Holländer‹ erklärte, fortan nur noch Märchen erzählen zu wollen, ist entzückt, seinen hochurbanen Gegenspieler in diesem Urbereich, seinem eigensten Bezirke, anzutreffen und kann sich nicht genug freuen und wundern über die leichte und überlegen geistvolle Anmut, mit der dieser sich darin bewegt. Welch ein Unterschied in der Tat zwischen der Wagnerischen und der Goethe'schen Art, den Mythus zu traktieren, – selbst abgesehen von der Verschiedenheit der mythischen Sphären, also davon, daß Goethe sein geistiges Theater nicht mit Lindwürmern, Riesen und Zwergen, sondern mit Sphinxen, Greifen, Nymphen, Sirenen, Psyllen und Marsen bevölkert, das heißt: nicht mit ur-germanischen, sondern mit ur-europäischen Wesen, gewiß nicht seelendeutsch genug in Wagners Augen, um musikfähig zu sein. Aber auch sonst – welch ein Antagonismus der künstlerischen Haltung und Gesinnung! Größe, unzweifelhafte Größe da wie dort. »Gestalten groß, groß die Erinnerungen.« Aber die Großartigkeit der Goethe'schen Vision ist ohne jeden pathetischen und tragischen Akzent; er zelebriert den Mythus nicht, er scherzt mit ihm, er behandelt ihn mit liebevoll-vertraulicher Neckerei, er beherrscht ihn bis ins Kleinste und Entlegenste und macht ihn im heiteren, witzigen Wort mit einer Genauigkeit sichtbar, die mehr von Komik, ja von zärtlicher Parodie als von Erhabenheit hat. Es ist eine mythische Belustigung, dem Welt-Revue-Charakter der Faustdichtung ganz gemäß. Aber nichts kann unwagnerischer sein, als Goethe's ironische Art, den Mythus zu beschwören, und dem jüngeren, selbst noch werkgebundenen Wagner hat die ›Klassische Walpurgisnacht‹ gewiß wenig oder nichts zu sagen gehabt. Erst sein zu rein objektiver Anschauung befreiter Kunstverstand vermag sie zu bewundern.

Wagners persönlicher Weg zum Mythus, will sagen: sein Wachstum aus dem hergebrachten Opernwesen zum Revolutionär der Kunst und Entdecker einer neuen, aus Mythus und Musik geborenen Spezies des Dramas, geeignet, den geistigen Rang, die künstlerische Würde der Opernbühne ungeheuer zu erhöhen, ihr einen wahrhaft deutschen Ernst zu verleihen, – dieser Weg, dieses Wachstum sind immer aufs neue der Betrachtung wert, sie werden kunst- und theatergeschichtlich immer höchst merk- und denkwürdig bleiben. Aber auch das menschliche Interesse des Vorgangs ist groß, denn mit seinen ästhetisch-artistischen Motiven und Antrieben verbinden sich sittliche, sozial-ethische, kunst-moralische, die ihm erst sein volles Pathos verleihen: Es handelt sich um einen kathartischen Prozeß, einen Prozeß der Läuterung, Reinigung und Durchgeistung, der menschlich um so höher zu veranschlagen ist, weil es die leidenschaftlichste, von heftigen und dunklen Trieben nach gewaltiger Wirkung, Macht und Genuß durchwühlte Natur war, die ihn sich auferlegte und in der er sich vollzog.

Man weiß, wie der Drang dieser bis zur Gefährlichkeit vielfach begabten Künstlernatur sich zunächst auf die große historische Oper warf und in der gegebenen, dem Publikum vertrauten Form, mit dem ›Rienzi‹, einen Triumph errang, der jeden anderen bestimmt hätte, sein Leben lang auf diesem gangbaren Wege fortzuschreiten. Was Wagner daran hindert, ist die Tiefe seines geistigen Gewissens, seine Fähigkeit zum Ekel, sein instinktiver, noch ungeklärter Widerwille gegen die flach und luxuriös unterhaltende Rolle, die das musikalische Theater in der ihn umgebenden bürgerlichen Gesellschaft spielt; es ist insbesondere sein Verhältnis zur Musik, über die er zu fromm, zu deutsch in einem alten, hohen Sinne des Wortes denkt, um nicht ihr innerstes Wesen als mißbraucht zu empfinden durch die große Oper: sie dünkt ihn zu schade, schlicht gesagt, um einem pomphaften bürgerlichen Spektakel als tönender Aufputz zu dienen, sie sehnt sich in ihm nach reineren, gemäßeren, dramatischen Verbindungen. Im ›Fliegenden Holländer‹, im ›Tannhäuser‹ und ›Lohengrin‹ sehen wir ihn mit wachsendem Glück bemüht, der Musik solche würdigeren Verbindungen zu gewinnen. Seine produktive Vertiefung ins Romantisch-Sagenhafte kommt der Eroberung des Rein-Menschlichen gleich, das er, im Gegensatz zum Historisch-Politischen, als die eigentliche Heimatsphäre der Musik empfindet; sie bedeutet ihm aber zugleich die Wendung hinweg von einer bourgeoisen Welt der Kulturverrottung, der falschen Bildung, der Geldherrschaft, sterilen Gelehrtheit und gelangweilten Seelenlosigkeit – zu einer Volkhaftigkeit, Volkstümlichkeit, die ihm mehr und mehr als das sozial und künstlerisch Zukünftige, das Erlösende und Reinigende erscheint.

Wagner hat die moderne Kultur, die Kultur der bürgerlichen Gesellschaft durch das Medium und im Bilde des Operntheater-Betriebes seiner Zeit erlebt. Die Stellung der Kunst oder doch dessen, was künstlerisch seine Sache war, in dieser modernen Welt wurde ihm zum Kriterium für den Wert der künstlerischen Kultur überhaupt – was Wunder, daß er sie verachten und hassen lernte? Er sah die Kunst zum üppigen Genußmittel, den Künstler zum Sklaven der Geldmacht erniedrigt, sah Leichtfertigkeit und trägen Schlendrian, wo er sich heiligen Ernst und schöne Weihe ersehnte, sah mit Ingrimm die Vergeudung ungeheuerer Mittel – nicht für die hohe Wirkung, sondern für das, was er als Künstler am meisten verachtete: für den Effekt; und da er niemanden an all dem leiden sah, wie er selber litt, schloß er auf die Nichtswürdigkeit der politischen und sozialen Zustände, die dergleichen hervorbrachten und mit denen es zusammengehörte, – er schloß auf die Notwendigkeit ihrer revolutionären Umgestaltung.

So wurde Wagner zum Revolutionär. Er wurde es als Künstler, weil er sich von der Veränderung aller Dinge glücklichere Bedingungen für die Kunst, für seine Kunst, das mythisch-musikalische Volksdrama versprach. Ein eigentlich politischer Mensch zu sein, hat er stets geleugnet und aus seinem Widerwillen gegen das Treiben der politischen Parteien nie ein Hehl gemacht. Wenn er die Revolution von 1848 bejahte und an ihr teilnahm, so geschah es aus allgemeiner revolutionärer Sympathie, und kaum um ihrer konkreten Ziele willen, über die sein wahres Träumen und Wollen weit hinausging, *denn es ging über das bürgerliche Zeitalter selbst hinaus.* Man muß sich darüber klar sein, daß ein Werk, wie ›Der Ring des Nibelungen‹, das Wagner nach dem ›Lohengrin‹ konzipierte, im Grunde gegen die ganze bürgerliche Kultur und Bildung gerichtet und gedichtet ist, wie sie seit der Renaissance herrschend gewesen war, daß es sich in seiner Mischung aus Urtümlichkeit und Zukünftigkeit an eine inexistente Welt klassenloser Volklichkeit wendet. Die Widerstände, auf die es stieß, die Empörung, die es erregte, richteten sich viel weniger gegen das Revolutionäre seiner Form und dagegen, daß es mit den Regeln einer Kunstgattung, der Oper, brach, aus der es offenkundig heraustrat. Es trat noch aus ganz anderem heraus. Der deutsche Goethemensch, der seinen ›Faust‹ auswendig wußte, erhob zornig-verächtlichen Protest dagegen, – einen respektablen Protest, der aus der noch bestehenden Verbundenheit mit der Bildungswelt des deutschen Klassizismus und Humanismus kam, von welcher dieses Werk sich lossagte. Der deutsche Bildungsbürger lachte über das »Wagalaweia« und all die Stabreimerei wie über eine barbarische Schrulle, und wenn es das Wort schon gegeben hätte, so hätte er Wagner einen Kulturbolschewisten genannt, – nicht ohne Fug. Der ungeheuere, man kann sagen: planetarische Erfolg, den dann dennoch die bürgerliche Welt, die internationale Bourgeoisie dieser Kunst dank gewisser sinnlicher, nervöser und intellektueller Reize, die sie ihr bot, bereitete, ist ein tragikomisches Paradox und darf nicht vergessen machen, daß sie einem ganz anderen Publikum zugedacht ist und sozial-sittlich weit hinauszielt über alle kapitalistisch-bürgerliche Ordnung in eine von Machtwahn und Geldherrschaft befreite, auf Gerechtigkeit und Liebe begründete, brüderliche Menschenwelt.

Der Mythus ist für Wagner die Sprache des noch dichterisch-schöpferischen *Volkes*, – darum liebt er ihn und gibt sich ihm als Künstler ganz und gar hin. Mythus, das ist ihm Einfalt, Bildungsfremdheit, Erhabenheit, Reinheit – kurz, das, was er das »Rein-Menschliche« nennt und was zugleich das einzig Musikalische ist. Mythus und Musik, das ist das Drama, das ist die Kunst selbst, denn nur das Rein-Menschliche erscheint ihm kunstfähig. Wie untauglich für die Kunst, oder für das, was er unter Kunst versteht, alles Historisch-Formelle und Verhältnishafte – im Gegensatz zum Quellrein-Ewig-Menschlichen – ist, begreift er erst recht, als er sich vor die Wahl zwischen zwei Stoffen gestellt findet, die sich schon während der Komposition des ›Lohengrin‹ seiner Phantasie bemächtigen: ›Friedrich der Rotbart‹ und ›Siegfrieds Tod‹. Es gibt einen langen, mit viel theoretischer Grübelei verquickten Kampf um die Entscheidung zwischen diesen beiden Gegenständen, und wie darin der Urheldenmythus über die Kaiser-Historie siegt, das erzählt Wagner selbst in der großen, später in der Schweiz geschriebenen Mitteilung an seine Freunde, die überhaupt zum Aufschlußreichsten gehört, was wir der Bekenntnisfreudigkeit dieses großen Künstlers verdanken. Er setzt da auseinander, wie er den Stoff des ›Rotbart‹, der ihn als Gegenstand deutscher Vergangenheit anzog, eben seines politisch-historischen Charakters wegen nur in Form des Sprechdramas hätte behandeln können und auf die Musik, deren er doch zur Ergänzung und Erfüllung seines Dichtertums bedurfte, ganz dabei hätte verzichten müssen. Zur Zeit des ›Rienzi‹, als er noch Opernkomponist war, hätte er wohl daran denken können, ein Friedrich-Drama in Musik zu setzen. Aber er war kein Opernkomponist mehr und konnte auf diese Stufe zurückzutreten um so weniger wünschen, als er sein persönliches künstlerisches Schicksal stets in voller Naivität der Kunst selbst gleichsetzte und überzeugt war, daß die Oper wie das gesprochene Drama, nachdem er sie überwunden, für immer zu verschwinden hätten, daß das Neue, das er brachte, nämlich das mythische Musik-Theater das Kunstwerk der Zukunft sei. Für dieses aber taugte als Gegenstand allein das von aller Konvention befreite Ungeschichtlich-Rein-Menschliche, – und wie glücklich war also Wagner, daß er bei der Penetration des Stoffes, für den er sich entschied, der Siegfried-Sage, immer mehr historische Schlakken aussondern, den Gegenstand schichtweise von späteren Umkleidungen befreien und ihn bis dorthin zurückführen konnte, wo er neugeboren, in reinster menschlicher Erscheinung, aus dem dichtenden Volksgemüt hervorgegangen war. Dieser sonderbare Revolutionär war ebenso radikal in Hinsicht auf die Vergangenheit wie in Dingen der Zukunft. Die Sage genügte ihm nicht: es mußte der Ur-Mythus sein. Das mittelalterliche Nibelungenlied – das war schon Modernität, Entstellung, Kostüm, Geschichte, bei weitem nicht volksfrüh und musikalisch genug, um für die Kunst zu taugen, die er meinte. Er mußte zurückdringen bis zum Urquell und Anbeginn, bis auf den vordeutsch-skandinavisch-frühgermanischen Edda-Grund des Mythus – erst das war die heilige Vergangenheitstiefe, die seinem Zukunftssinn entsprach. Er wußte noch nicht, daß er auch innerhalb seines Werkes es nicht über sich gewinnen würde, an einem schon irgendwie historisch belasteten Anfang haltzumachen und einzusetzen, irgendwie in medias res einzutreten; daß er auch hier auf eine herrliche Weise genötigt sein würde, bis zum Ursprung und Erzbeginn aller Dinge, der Urzelle, dem ersten Contra-Es des

Vorspiels vom Vorspiel zurückzugehen; daß es ihm auferlegt sein werde, eine musikalische Kosmogonie, ja einen mythischen Kosmos selbst zu erbauen und mit tiefsinnig organischem Bios zu begaben: das tönende Schaugedicht von der Welt Anfang und Ende. Das aber wußte er schon, daß er bei seinem unersättlichen Zurückdringen in die letzte Tiefe und Frühe auch den Menschen und Helden gefunden hatte, nach dem es ihn verlangte, den Helden, den er, wie Brünnhilde, liebte, bevor er geboren war, *seinen* Siegfried, eine Gestalt, die seine Vergangenheitsleidenschaft ebenso entzückte und befriedigte wie seine Zukunftslust, denn sie war zeitlos: Den Menschen – ich gebrauche seine eigenen Worte – »in der natürlichsten, heitersten Fülle seiner sinnlich begabten Kundgebung, den männlich verkörperten Geist der ewig und einzig zeugenden Unwillkür, den Wirker wirklicher Taten, in der Fülle höchster, unmittelbarster Kraft und zweifellosester Liebenswürdigkeit«. Diese durch nichts bedingte und beengte mythische Lichtgestalt also, den ungeschützten, ganz auf sich selbst gestellten und aus sich selbst lebenden, in Freiheit strahlenden Menschen, den furchtlos unschuldigen Täter und Schicksalserfüller, der durch das erhabene Naturereignis seines Todes die Dämmerung alter abgelebter Weltmächte heraufführt und die Welt erlöst, indem er sie auf eine neue Stufe der Erkenntnis und Sittlichkeit hebt, – ihn machte Wagner zum Helden des der Musik zugedachten Dramas, das er – nicht mehr in modernen Reimen, sondern in der alliterierenden Sprache seiner alt-nordischen Quelle – entwarf und ›Siegfrieds Tod‹ nannte.

Er sollte es nicht in der Heimat ausführen. In den Dresdener Aufstand vom Jahre 1849 verwickelt, war Wagner von heute auf morgen ein politischer Flüchtling und, wie unsere Sprache will, im Elend, das heißt: im Ausland. Aber nicht das Ausland, die Schweiz, wo er bald Freunde fand, wie er sie in Deutschland noch nicht gefunden hatte und in deren Schutz ihm sein ganzes ferneres Werk bis hin zum ›Parsifal‹ erwuchs, war sein Elend und Herzeleid, sondern Deutschland war es, und er litt unter dem Fehlschlagen der Revolution, wie er später unter dem Siege Preußens über Österreich, der Errichtung der preußischen Hegemonie in Deutschland litt. Die ganze deutsche politische Entwicklung bis 1870 – und wer weiß, ob nur bis dahin – ist gegen seine Wünsche gegangen, die also wohl falsche Wünsche waren. Aber die Anbetung der Fakten ist keine sehr hochherzige Haltung vor der Geschichte, und diese ist nichts so Großartiges, daß man die kleinen Völker, die nicht oder möglichst wenig an ihr teilhaben, besonders bedauern müßte oder daß man die von höheren Menschen gehegten Wünsche, die von der Geschichte durchkreuzt wurden, darum nicht ehren sollte. Vielleicht, wer weiß es, stände es besser um Deutschland und besser um Europa, wenn die deutsche Geschichte sich nach den Wünschen Wagners, nämlich im Sinne der Freiheit, gestaltet hätte, – Wünschen, die er mit vielen höheren Deutschen teilte, und deren Fehlschlagen den Dichter von ›Siegfrieds Tod‹ denn also in die Schweiz verschlug.

Wir wollen das nicht bedauern. Nirgends, auch zu Hause nicht, hätte sein Lebenswerk sich wundervoller entfalten können als hier, und es fehlt nicht an Dokumenten dafür, daß er sich dessen dankbar bewußt war. »Laßt mich nun still vollends ausarbeiten«, schreibt er im Herbst 1859 an Otto Wesendonck. »Laßt mich noch die Werke schaffen, die ich dort empfing, im ruhigen, herrlichen Schweizerlande, dort, mit dem Blick auf die erhabenen, goldbekränzten Berge: es sind Wunderwerke, und nirgends (sonst) hätte ich sie empfangen können.« – Wunderwerke – es ist schön, wie er das in seinem tragischen, hochbezahlten Glück so offen ausspricht, einfach weil es die reine Wahrheit ist. Keine Bezeichnung paßt besser auf diese unerhörten Manifestationen der Kunst, und auf nichts sonst in der Geschichte künstlerischer Hervorbringung paßt sie besser – gewisse Großschöpfungen der Baukunst, ein paar gotische Dome allenfalls beiseite genommen. Auch soll am Ende nicht einmal etwas unbedingt Höchstes damit gesagt sein: Wir wären gar nicht so sehr versucht, anderes teure und unentbehrliche Kultur- und Seelengut, den ›Hamlet‹ etwa, die ›Iphigenie‹ oder auch die IX. Symphonie, als »Wunderwerke« zu bezeichnen. Aber die Tristan-Partitur – namentlich in ihrer seelisch kaum faßbaren und fast vexatorischen Nachbarschaft mit den ›Meistersingern‹ – und dies beides wieder als bloße Erholung von dem minutiösen Riesengedankenbau des ›Ringes‹ genommen – das ist Wunderwerk. Es ist das Werk einer durchaus einmaligen Eruption von Talent und Genie, das zugleich tief ernste und berückende Werk eines ebenso seelenvollen wie von Klugheit trunkenen Magiers.

Diesen außerordentlichen Menschen so lange umhegt und bei sich zu Gast gehabt zu haben, muß der Schweiz höchst denkwürdig sein, und eine Gesamtaufführung des ›Nibelungenringes‹, wie jetzt das Stadttheater von Zürich sie zu bieten vorhat, ist ein lebendiger Anlaß, der Beziehungen des Werkes zu dieser Stadt zu gedenken, Beziehungen, wie ihrer keine andere sich rühmen kann. Wenn das Zufall ist, so ist es ein sinnreicher und beifallswürdiger Zufall. Ja, es ist recht und schicklich, daß dies kühne Werk deutschen Geistes, das sich die Welt erobern sollte, in der freien und zuträglichen Atmosphäre dieser Stadt entstand, einer Weltstadt, nicht dem Format, aber der Situation und Aufgabe nach, die allem europäisch-avantgardehaften Wagen immer freundlich war und hoffentlich bleiben wird. Hier hat Wagner gelebt in den fünfziger Jahren des vorigen Jahrhunderts, die die Ausgestaltung der Dichtung und einen großen Teil der musikalischen Ausführung sahen; hier, im »Unteren Saal des Dependance-Gebäudes des Hôtel de Baur«, hat an vier aufeinanderfolgenden Abenden, vom 16. bis 19. Februar 1853 die erste Vorlesung der Dramen vor geladenem Publikum durch den Verfasser stattgefunden; von hier sind eine Menge Briefe datiert, die von dem Fortschreiten des Werkes, den Stockungen darin, den begeisterten Mühen damit Kunde geben, sanguinisch-programmatische Nachrichten wie diese vom März 1854 an die Nichte Clara Brockhaus: »Das ›Rheingold‹ ist seit November angefangen und fertig geworden: nur instrumentiere ich noch dran. Im Sommer componiere ich die ›Walküre‹; Frühjahr nächsten Jahres geht's an den ›jungen Siegfried‹, so daß ich im Sommer übernächsten Jahres auch mit ›Siegfrieds Tod‹ fertig geworden zu sein denke …« Das war ein Irrtum. Wo und wann die ›Götterdämmerung‹ vollendet wurde, meldet erst die Gedenktafel am Hause von Tribschen. Der Meister des ›Ringes‹ war ein äußerst kritischer und wählerischer Künstler, der, wie er sich in einem anderen Briefe ausdrückt, »an seiner Arbeit nur so weit Gefallen finden durfte, als er das kleinste Détail davon« (und sein Riesenwerk ist reich an »kleinstem Détail«) *»nur guten Einfällen verdankte«*. Das geht nicht so schnell. Wenn aber Zürich sich nun das Ring-Werk wieder einmal in seiner ganzen Größe vor Augen führt, so darf es wie Goethe's Herzog vom Gedichte Tasso's davon sagen: »Und nenn' es in gewissem Sinne mein.«

Aus Zürich, genauer: von einem Ausflug nach Albisbrunn, ist auch der große Brief an Liszt vom 20. November 1851 datiert, worin Wagner dem Weimarer Freunde und Gönner den Plan seines ungeheueren Unternehmens zum erstenmal entwickelt und begründet. »Erfahre hiermit«, beginnt er feierlich, »der strengsten Wahrheit gemäß, die Geschichte des künstlerischen Vorhabens, in welchem ich jetzt seit längerer Zeit begriffen bin, und die Wendung, die dieses notwendig nehmen mußte.« Und dann erzählt er diese außerordentliche und für ihn glückselig bestürzende Geschichte, die man ihm nacherleben muß, um zu erfahren, wie wenig ein Künstler ursprünglich von seinem Werke weiß, wie schlecht er zunächst den Eigenwillen dessen kennt, worauf er sich einläßt, – ohne Ahnung davon, was das Werk eigentlich werden will, was es, eben als *sein* Werk, werden muß, und wovor der Künstler dann oft genug mit dem Gefühle steht: »*Das* hab' ich nicht gewollt, aber nun *muß* ich es, Gott helfe mir!« – Der bleiche Ehrgeiz des Ich steht nicht am Anfang der großen Werke, er ist nicht ihre Quelle. Der Ehrgeiz ist nicht des Künstlers, er ist des Werkes, das sich selber viel größer will, als jener glaubte hoffen zu dürfen und fürchten zu müssen, und das ihm seinen Willen auferlegt. Wagner hat sich nicht in den Kopf gesetzt, ein vier Abende füllendes Weltepos zu inszenieren, damit die Welt staune. Daß er es tun müsse, erfuhr er mit entsetzter und freilich auch stolzer Freude von seinem Werk. Er hatte den ›Lohengrin‹ gemacht, nun wollte er ›Siegfrieds Tod‹ machen; er hatte ihn schon gedichtet, oder halb gedichtet, nämlich im Wort; nun wollte er ihn als Musiker zu Ende dichten, aber das ging nicht, es ging *noch nicht*. Man konnte das Werk nicht so ohne weiteres auf die Bühne und vor das Publikum seines Traumes bringen, man hatte die Pflicht, es darauf vorzubereiten. Wodurch? Durch ein anderes Drama. Dieses hier war überfüllt mit Vorgeschichte. Es war eigentlich nur das Schlußkapitel eines ganzen Mythos, der vor ihm lag und der entweder berichtweise hineinkomponiert oder als bekannt hätte vorausgesetzt werden müssen. Das erste bedeutete eine künstlerische Unbequemlichkeit, das zweite einen Anspruch an die Bildung. Und Wagner haßte Bildungsansprüche. Er war nicht der Mann, solche zu stellen. Wo er ans Werk ging, da begann die Welt von vorn, und niemand durfte nötig haben, etwas zu wissen, um zu verstehen. Vielleicht ahnte ihm schon, daß gerade hier und diesmal die Welt wirklich ganz von vorn werde beginnen müssen, aber das gestand er sich nicht ein. Was er sich fürs erste eingestand, war nur, daß allzu viele Voraussetzungen und Zumutungen an die Kombinationsfähigkeit des Zuschauers dem Charakter von mythischer Ur-Einfalt widersprachen, in dem sein Werk ihm vorschwebte, und daß er zuerst einen ›Jungen Siegfried‹ schreiben müsse, in welchem die Vorgeschichte so weit wie nur möglich zur unmittelbaren und sinnlich einfältigen Darstellung zu kommen hatte.

Er schrieb das Waldstück und fand es reizend. Gleich machte er sich auch daran, es in Musik zu setzen, und die Komposition ging ihm bequem von der Hand. Plötzlich aber fiel ihm ein, daß er zunächst etwas für seine Gesundheit tun müsse, und er begab sich in eine Kaltwasser-Heilanstalt. Das war die Flucht in die Krankheit, die Flucht vor dem Werk. Er hatte die größte Lust zur Arbeit und auch wieder gar keine rechte Lust – noch nicht. Etwas war hier nicht in Ordnung, und dieses Etwas war nicht seine allerdings delikate Gesundheit, an die er unter anderen Umständen gar nicht gedacht haben würde, sondern sein Gewissen. Ein neues Selbstgeständnis war fällig: Der ›Junge Siegfried‹ genügte nicht, auch mit ihm konnte er nicht beginnen. Viel zu viele notwendige Beziehungen, alles, was der Handlung und den Personen der beiden vorliegenden Dramen die ergreifende, weithin wirkende Bedeutung gab, mußte auch jetzt noch ungegenwärtig bleiben und dem bloßen Gedanken anheimgegeben werden. Das war nicht nach dem Sinn des Werkes, mochte es auch nach dem Sinn des Künstlers sein, eines zagen Wesens, das im Grunde immer wünscht, der Kelch möge an ihm vorübergehen. Aber dies war ein Kelch, der getrunken sein wollte bis auf den Grund. Der Gedanke an Ungegenwärtig-Einstiges war gut und würde sogar höchst ergreifend und bedeutend sein, dafür wollte er sorgen. Aber das Einstige mußte einmal gegenwärtig gewesen sein; man mußte sich wirklich daran erinnern, weil man dabei gewesen war und nur durch seine Musik daran gemahnt zu werden brauchte. Das mit Siegmund und Sieglind und Wotans Not und Brünnhild, die ihm trotzt, indem sie nach seinem wahren Willen handelt, – das alles mußte auf die Bühne an einem ersten Abend, welch eine Heimsuchung von Aufgabe es auch war und wieviel Lebensjahre es ihn nun kosten mochte. Die ›Walküre‹ war zu schreiben. Und als er dies wußte, wußte er auch schon, daß es natürlich auch mit drei Abenden nicht getan war und daß konsequenterweise ein viertes, vor-erstes Spiel vorangehen müsse, worin alles bis aufs Letzte, das heißt aufs Erste und Früheste, der Urvorgang: Der Raub des Goldes und Alberichs Flüche, der Fluch auf die Liebe und die Verfluchung des Goldes, und das erste Aufblitzen des Schwertgedankens in Wotans Haupt – vor die einfältigen Sinne des Volks gebracht werden mußte. Am Anfang war der Rhein.

So schrieb es der Heimgesuchte an Liszt und flehte ihn an, doch ja nicht zu glauben, daß der tolle Plan aus einer äußerlich kalkulierenden Grille entstanden sei. Vielmehr habe er sich ihm als die notwendige Konsequenz des Wesens und des Inhaltes dieses Stoffes aufgedrungen, der ihn nun einmal erfülle und zur vollständigen Ausführung treibe. »Du wirst begreifen«, schreibt er, »daß nicht etwa bloß Reflexion, sondern namentlich Begeisterung meinen neuesten Plan mir eingab.« – Nichts ist glaubwürdiger angesichts dessen, was im Laufe zweier Jahrzehnte zustande kam: ein non plus ultra an fast unergründlicher Sinnigkeit und überwältigendem Bedeutungsreichtum. Die Begeisterung, die es erzeugt, das Gefühl von Herrlichkeit, das uns so oft davor erfaßt und das nur mit Gefühlen zu vergleichen ist, die die größte Natur, Hochgebirgsgipfel im Abendschein, das brandende Meer in uns erregt, erlaubt zurückzuschließen auf die Begeisterung der Empfängnis. Wieviel Anteil freilich gerade die Reflexion an dieser Begeisterung, der des Schöpfers und der des Genießenden, hatte und hat; ob gerade hier Reflexion und Begeisterung, Reflexion und *Gefühl* scharf zu trennen sind, das sind andere Fragen, bei deren Beantwortung man sich, glaube ich, nicht unbedingt auf Versicherungen Wagners stützen darf, ihm sei das Gefühl alles, der Verstand nichts; seine Kunst wende sich nur an jenes, dieser dürfe nicht mitreden. Es gibt Selbstmißverständnisse der Künstler, und Wagner mag dem eigenen Verständnis näher gewesen sein, als er schrieb: »Schlagen wir die Kraft der Reflexion nicht zu gering an, das bewußtlos produzierte Kunstwerk gehört Perioden an, die von der unseren fernab liegen; das Kunstwerk der höchsten Bildungsperiode kann nicht anders als im Bewußtsein produziert werden.« Das sind seine Worte. Und wirklich findet sich in seiner

Produktion – und besonders auch in der Ring-Schöpfung – neben Dingen, die den Stempel der Inspiration und blind-seliger Hingerissenheit an der Stirne tragen, so viel sinnig und witzig Gedachtes, Anspielungsvolles, verständig Gewobenes, so viel kluge Zwergenarbeit neben dem Riesen- und Götterwerk, daß es unmöglich ist, an Trance- und Dunkelschöpfung zu glauben. Eben darauf, daß sein Genie eine ganz beispiellose Mischung von höchster Modernität und Intellektualität mit Elementen einer mythischen Ur-Popularität ist, beruht seine einzigartige Faszination; und daß bei ihm und seiner Wirkung eine scharfe Trennung und Gegensätzlichkeit von Reflexion und Begeisterung sich widerrät, dafür sprechen vor allem sein Verhältnis zur *Musik*, das ein hervorragend geistiges, ja intellektuelles war und die Entwicklung des Nibelungen-Planes aus einem Drama zum tetralogischen Mythos entscheidend bestimmte.

Davon ist nicht die Rede in dem großen Briefe an Liszt. Und doch scheint gewiß, daß nicht das Drama als solches, sondern die Musik »schuld« war an dem, was Wagner mit dem Stoff widerfuhr. Warum durfte er nicht mit der Handlung von ›Siegfrieds Tod‹ beginnen, sondern wurde zurückgeführt bis zum Anfang der Dinge? Weil das Drama die Vorgeschichte nicht aufnehmen wollte? Aber das Drama an sich hat nichts gegen Vorgeschichten. Im Gegenteil findet es oft seine Lust darin, sie zu entwickeln, was man die analytische Methode nennt. Das antike und das französische Drama übten diese Methode, und Ibsen übte sie, der hierin dem klassischen Drama nahestand. Wäre Wagners Kunstmittel nur das dichterische Wort gewesen, er hätte es machen können wie sie. Aber er war nicht nur Dichter, sondern auch Musiker, und zwar nicht eines neben und außer dem anderen, sondern beides auf einmal und in Ur-Einheit: Er war Musiker als Dichter und Dichter als Musiker; sein Verhältnis zur Dichtung war das des Musikers, so daß seine Sprache durch die Musik in einen Primitiv-Zustand zurückgezwungen wurde und seine Dramen ohne Musik nur halbe Dichtungen waren; und sein Verhältnis zur Musik war nicht rein musikalisch, sondern dichterisch auf die Weise, daß das Geistige, die Symbolik der Musik, ihr Bedeutungsreiz, ihr Erinnerungswert und Beziehungszauber dies Verhältnis entscheidend bestimmten. Sein musikalisches Dichtertum war es ja gewesen, was ihn zum allmählichen Fallenlassen der hergebrachten Opernformen geführt und ihm seine neue thematisch-motivische Gewebstechnik eingegeben hatte, – neu insofern, als sie in dieser beziehungsvollen Ausdehnung über das ganze Drama nie zuvor angewandt worden war. Das hatte mit dem ›Holländer‹ begonnen, dessen musikalischer Kern und Keim die Ballade der Senta im zweiten Akt gewesen war: das verdichtete Bild des Dramas, dessen Thematik sich dann als ein vollständiges Gewebe über das ganze Werk ausbreitete. Im ›Tannhäuser‹ und ›Lohengrin‹ wurde das musikalisch-dichterische Verfahren weiter ausgebildet und verfeinert, durch eine immer entwickeltere Kunst in der Umbildung des thematischen Stoffes über die simple Reminiszenz hinausgehoben, deren schon frühere Komponisten sich bedient hatten (man denke etwa an die rührende Wiederkehr des Walzers aus dem Volksfest in der letzten Szene von Gounods ›Margarete‹) – und hier nun, im Falle des Nibelungen-Mythos, verhieß diese geistvoll-sinnige Technik Genüsse und Wirkungen von einer Großartigkeit und Weihe wie nie zuvor: – unter Voraussetzungen, die Wagner zum Grübeln und Zögern zwangen, weil sie ihm nicht erfüllt schienen, als er so geradehin in die Komposition von ›Siegfrieds Tod‹ eintreten wollte. In das Drama konnte er eintreten und es seine weitzurückreichende epische Vorgeschichte teils zu verstehen geben, teils als bekannt voraussetzen lassen. In die Musik konnte er *nicht* eintreten, denn auch sie mußte ihre Vorgeschichte haben, eine ebenso urtiefe wie das Drama, und diese ließ sich nicht mitteilen, das Drama konnte geistig nicht von ihr zehren, musikalisch nicht von seinen Erinnerungen leben, und nicht konnte es zu den höchsten, ergreifendsten Triumphen der neuen thematischen Gewebs- und Beziehungstechnik kommen, wenn diese Urmusik nicht irgendwann einmal wirklich und in gegenwärtiger Verbundenheit mit dem dramatischen Augenblick erklungen war. Gewiß, man konnte zum Tode des »hehrsten Helden der Welt« und zu seinem Trauergeleit eine erschütternde Musik schreiben, die aus dem tragischen Moment geboren war und beziehungslos aus sich selber lebte. Aber würde das nicht sein wie bei den alten Opernkomponisten, die Nummern schrieben, und deren Erfindung immer nur *einer* Szene galt, ohne Beziehung auf das Ganze und seine dichterische Absicht? Wie, wenn er seine Methode, das Themen-Gewebe sich nicht nur über eine Szene, sondern über das ganze Drama ausbreiten zu lassen, ungeheuer erweiterte und sie nicht nur auf *ein* Drama, sondern auf eine ganze epische Folge von Dramen anwandte, in denen alles von Anbeginn aufgeführt würde? Das gäbe ein Beziehungsfest, eine ganze Welt von geistvoll-tiefsinnigen Anspielungen, eine Rührung und Großartigkeit des musikalischen Gedenkens zuweilen, daß niemand die Tränen der Begeisterung würde zurückhalten können, – der Begeisterung, die er selbst bei der bloßen Vorstellung empfand, und von der er Liszt berichtete. Dann würde die Totenklage um Siegfried, der sogenannte Trauermarsch, etwas anderes werden als eine noch so eindrucksvolle Opern-pompe funèbre. Dann würde es eine überwältigende Feier des Gedankens und des Gedenkens sein. Die Sehnsuchtsfrage des Knaben nach der Mutter; das Heroenmotiv seiner Sippe, die ein unfreier Gott sich zeugte zu gottlos freier Tat; das Liebesmotiv seiner geschwisterlichen Eltern, wunderbar heraufgeführt; das mächtig aus der Scheide fahrende Schwert; die große Fanfarenformel seines eigenen Wesens, vorzeiten als Verkündigung zuerst aus dem Munde der Walküre vernommen; der Klang seines Hornes, in ungeheure Rhythmen ausgedehnt; die holde Musik seiner Liebe zu der einst Erweckten; die alte Klage der Rheintöchter um das geraubte Gold und das düstere Tonmal für Alberichs Fluch: all diese erhabenen, gefühlsschweren, schicksalsvollen Mahnungen würden unter Erdstößen und Wetterschlägen mit der hochgebahrten Leiche vorüberziehen, – und das war nur ein Beispiel für all die geistige Feierlichkeit und mythische Hochstimmung, die sich verhieß, wenn das Drama zum szenischen Epos würde. Zurück zum Anfang, zum Anfang aller Dinge und ihrer Musik! Denn die Tiefe des Rheins mit dem schimmernden Goldhort, an dem seine Töchter sich tändelnd ergötzen, das war der unschuldsvolle, von Gier und Fluch noch unberührte Anfangszustand der Welt, und in einem damit war es der *Anfang der Musik.* Nicht nur mythische Musik: den Mythus der Musik selbst würde er, der dichtende Musiker, geben, eine mythische Philosophie und ein Schöpfungspoem der Musik, ihren Aufbau zu einer reichgefügten Symbolwelt aus dem Es-Dur-Dreiklang der strömenden Rheinestiefe.

So wurde das Riesenwerk konzipiert, ein Werk ohnegleichen, wie man ohne Übertreibung und Untreue gegen Kunstschöpfungen aus anderer, vielleicht sogar reinerer Sphäre sagen kann, denn es ist sui generis, – ein scheinbar aus aller Modernität tretendes und doch nach der Verfeinerung, Bewußtheit und entwickelten Spätheit seiner Mittel extrem modernes Werk, primitiv nach seinem Pathos und seinem romantisch-revolutionären Willen: ein mit Musik und weissagender Natur verwachsenes Weltgedicht, worin die Ur-Elemente des Daseins agieren, Nacht und Tag Zwiesprache halten, mythische Grundtypen der Menschheit, die Lichten und Goldhaarig-Frohgemuten und die in Haß, Gram und Aufruhr Brütenden sich in tiefsinniger Märchenhandlung begegnen. Der Gegenspieler Siegfrieds ist *Hagen*, eine Figur, die an düsterer Wucht alle früheren und zeitgenössischen Ausformungen, den Hagen des Nibelungenliedes wie den Hebbels, weit überragt. Wagners theatralisch-dichterische Gestaltungskraft triumphiert in der Figur des neiderzeugten Halb-Alben wie vielleicht nirgends sonst, und das Wort hat mächtigen Anteil an dieser Gestaltung: so, wenn Hagen auf die Frage, warum er am Brudereide nicht teilnahm, höhnisch sich selbst charakterisiert:

»Mein Blut verdürb' euch den Trank!
Nicht fließt mir's echt
und edel wie euch;
störrisch und kalt
stockt's in mir;
nicht will's die Wange mir röten.
Drum bleib' ich fern
vom feurigen Bund.«

Das ist ein Bild, eine mythische Bühnen-Charakter-Maske in gedrängten Worten. Hagen, aus dem Schlaf redend, im Nacht-Gespräch mit Alberich; Hagen, einsam die Halle bewachend, während die freien Söhne und frohen Gesellen ihm den Ring der Weltherrschaft holen müssen; und namentlich Hagen als wild humoristischer Rufer zu Gunthers unglückseliger Hochzeit – das Theater kennt keine dem Dämonischen vertrauteren Szenen.

Wagners Dichtertum anzuzweifeln schien mir immer absurd. Was gäbe es dichterisch Schöneres und Tieferes als Wotans Verhältnis zu Siegfried, die väterlich spottende und überlegene Neigung des Gottes zu seinem Vernichter, die Liebesabdankung der alten Macht zugunsten des Ewig-Jungen? Die wundervollen Laute, die hier der Musiker findet, verdankt er dem Dichter. Aber was auch wieder dankt nicht dieser alles dem Musiker, wie scheint er sich oft erst selbst zu verstehen, wenn er seine zweite deutende und ergänzende Sprache hinzuzieht, die bei ihm recht eigentlich das Reich unterschwelligen, droben im Wort unbekannten Wissens ist! Mime's Versuch, Siegfried das Fürchten zu lehren, seine linkische Schilderung des Grieselns und Grausens ist untermalt mit der dunkel entstellten Musik der Lohe, zusammen mit dem ebenfalls verfärbten und verzogenen Motiv der schlafenden Brünnhilde. Zu des Zwerges Beschreibung der Furcht erklingt also das, was in der Welt des ›Ringes‹ das Symbol alles Furchtmachenden ist, das Furchterregende und Abschreckende par excellence, das den Felsen Schützende: Das Feuer, das Siegfried *nicht* fürchten, sondern das er, ohne die Furcht dabei zu lernen, durchbrechen wird. Zugleich aber geistert drunten im Musikalischen dunkel angedeutet das, was ihn wirklich die Furcht lehren wird: die Erinnerung an die Schlafgebannte, von der er nichts weiß, zu deren Wecker er aber bestimmt ist. Der Schauende und Hörende wird zurückversetzt an das Ende des Vorabends und versteht, daß im Untersten von Siegfried in Dingen der Furcht so begriffsstutziger Seele sich eine Ahnung regt von dem eigentlich Furchtmachenden: der Liebe, die der Dumme auch nicht gelernt hat, aber lernen soll, nebst der Furcht, denn das ist hier seelisch-musikalisch dasselbe. – Vorher, unter der Linde, träumt er davon, wie seine Mutter wohl ausgesehen habe, seine Mutter – ein Menschenweib. Das Motiv der Weibesliebe, das Thema von »Weibes Wonne und Wert« aus Loge's Erzählung in der zweiten Szene des ›Rheingold‹ wird hier im Orchester erinnert. Und wieder ist es dieser seelische Komplex von Mutterbild und Weibesliebe, der im Worte ausbricht, als Siegfried die Walküre von der Brünne befreit und entdeckt: »Das ist kein Mann!« – »Feurige Angst faßt meine Augen, mir schwankt und schwindelt der Sinn! Wen ruf' ich zum Heil, daß er mir helfe? Mutter! Mutter! Gedenke mein!«

Nichts kann wagnerischer sein als diese Mischung aus mythischer Urtümlichkeit und psychologischer, ja psycho-analytischer Modernität. Es ist der Naturalismus des neunzehnten Jahrhunderts, geweiht durch den Mythus. Ja, Wagner ist nicht nur ein unübertrefflicher

Maler der äußeren Natur, von Sturm und Gewitter, Blättersäuseln und Wellengeglitzer, Flammentanz und Regenbogen, er ist auch ein großer Künder seelischer Natur, des ewigen Menschenherzens: Um den Felsen der Jungfräulichkeit legt er feurige Angst, die das Urmännliche, getrieben von seiner weckenden, zeugenden Bestimmung, durchbricht, um beim Anblick des furchtsam Ersehnten in den Hilferuf nach dem Heilig-Weiblichen, woraus er selber kam, nach der Mutter auszubrechen. Um seelische Ur-Poesie, das Erste und Einfachste, das Vor-Konventionelle, Vor-Gesellschaftliche geht es allein in Wagners Welt und Werk, und nur dies scheint ihm überhaupt für die Kunst geeignet. Sein Werk ist der deutsche Beitrag zur Monumental-Kunst des neunzehnten Jahrhunderts, die bei anderen Nationen vorzüglich in der Gestalt der großen sozialen Romandichtung erscheint. Dickens, Thackeray, Tolstoi, Dostojewski, Balzac, Zola, – ihre mit demselben Hang zur moralistischen Größe getürmten Werke sind *europäisches* neunzehntes Jahrhundert, literarisch-gesellschaftskritische, soziale Welt. Der deutsche Beitrag, die deutsche Erscheinungsform dieser Größe weiß vom Gesellschaftlichen nichts und will nichts davon wissen; denn das Gesellschaftliche ist nicht musikalisch und überhaupt nicht kunstfähig. Kunstfähig ist allein das Mythisch-Rein-Menschliche, die unhistorisch-zeitlose Urpoesie der Natur und des Herzens; sie ist ja die Zuflucht vor dem Gesellschaftlichen, das Läuterungsmittel für seine Verderbtheit; und aus ihrem Grunde schafft der deutsche Geist das vielleicht Erhabenste, Zwingendste, was das Jahrhundert zu bieten hat. Das Ungesellschaftlich-Urpoetische ist ja sein eigener Mythus, seine typische und grundgegebene nationale Natur, die ihn von anderen europäischen Nationalgeistern und Typen unterscheidet. Zwischen Zola und Wagner etwa, dem symbolischen Naturalismus der Rougon-Macquart-Romane und Wagners Kunst gibt es viel zeitlich Gemeinsames – ich denke nicht nur an das »Leitmotiv«. Aber der wesentliche und typische nationale Unterschied ist der Gesellschaftsgeist des französischen, der mythisch-urpoetische Geist des deutschen Werkes. Die alte, verwickelte Frage »Was ist deutsch?« findet vielleicht mit der Feststellung dieses Unterschieds ihre bündigste Beantwortung. Der deutsche Geist ist sozial und politisch wesentlich uninteressiert, im tiefsten (und das Werk der Kunst kommt am tiefsten her; man darf es als maßgebend anerkennen) ist diese Sphäre ihm fremd. Das ist durchaus nicht nur negativ zu werten, aber, wenn man will, kann man hier von einem Vakuum, einem Manko und Ausfall sprechen, und es ist wohl wahr, daß in Zeiten, wo das gesellschaftliche Problem dominiert, wo die Idee sozialen und ökonomischen Ausgleiches, einer gerechteren wirtschaftlichen Ordnung von jedem wachen Bewußtsein als die lebendigste, ihre Verwirklichung als die dringlichste sittliche Aufgabe empfunden wird, – daß unter solchen Umständen dieser oft so fruchtbare Ausfall nicht zum glücklichsten hervortritt und zur Disharmonie mit dem Willen des Weltgeistes führt. Angesichts zeitlicher Probleme führt er zu Lösungsversuchen, die Ausweichungen sind und das Gepräge mythischer Surrogate für das wirklich Soziale tragen. Es ist nicht schwer, im heutigen deutschen Staats- und Gesellschaftsexperiment ein solches mythisches Surrogat zu erkennen. Aus der politischen Terminologie ins Psychologische übersetzt besagt dies Heutige: »Ich will überhaupt das Soziale nicht, ich will das Volksmärchen.« Nur daß im politischen Bereich das Märchen zur Lüge wird. –

Wenn ich zu Anfang von einem Mißbrauch sprach, der mit Wagners großer Erscheinung getrieben werde, so wußte ich, daß ich irgendwann darauf würde zurückkommen müssen; denn unmöglich scheint es mir, heute von Wagner zu sprechen und sich der Verwahrung gegen solchen Mißbrauch dabei zu entschlagen. Wagner als künstlerischer Prophet einer politischen Gegenwart, die sich in ihm spiegeln möchte: – nun, mehr als ein Prophet ja schon hat sich von der Verwirklichung seiner Verkündigung mit Schaudern abgewandt und lieber in der Fremde sein Grab gesucht, als daß er an der Stätte solcher Verwirklichungen auch nur hätte begraben sein mögen. Aber es verstieße gegen das Beste in uns, gegen die Bewunderung, zuzulassen, daß hier überhaupt von Verwirklichung, sei es selbst im Sinn des Zerrbildes, die Rede sein könne. Volk und Schwert und Mythus und nordische Heroik, das sind in gewissem Munde nur schnöde Entwendungen aus dem Vokabular von Wagners Künstler-Idiom. Der Schöpfer des ›Ringes‹ ist mit seiner vergangenheits- und zukunftstrunkenen Kunst aus dem Zeitalter bürgerlicher Bildung nicht herausgetreten, um eine geistmörderische Staatstotalität dafür einzutauschen. Deutscher Geist war ihm alles, deutscher Staat nichts

– wie er schon mit dem Keimwort der ›Meistersinger‹ bekundet: »Zerging' in Dunst das Heil'ge Röm'sche Reich, uns bliebe gleich die heil'ge deutsche Kunst.« Er hat in dem großen Werk, das wir wiedersehen sollen, den Fluch des Goldes gelehrt und die Machtgier zur inneren Umkehr geführt, so daß sie nur noch ihren freien Vernichter lieben kann. Seine wahre Prophetie ist nicht »Gut noch Gold noch herrischer Prunk, nicht trüber Verträge trügender Bund«, – es ist die himmlische Melodie, die am Schluß der ›Götterdämmerung‹ aus der brennenden Trutzburg der Erdherrschaft emporsteigt und in Tönen dasselbe verkündet wie das Schlußwort des anderen deutschen Lebens- und Weltgedichts:

Das Ewig-Weibliche
Zieht uns hinan.

An **Hermann J. Weigand**, 18.11.1937

[...] Gerade gestern habe ich hier in der Universität wieder einmal über Wagner gesprochen, genauer über den ›Ring des Nibelungen‹, und daher mögen Sie die Assoziation verzeihen, daß es sich mit dem Zusammenhang und der Selbständigkeit der einzelnen Romane ungefähr so verhält, wie mit derjenigen der vier Abende des Ringes. Ich sage das, weil Sie die Berechtigung des Roman-Titels für die einzelnen Bände anzweifeln und mir dabei selbst durch Ihren Hinweis auf das Hindurchschwingen der Motive durch alle Bände und sogar noch dadurch, daß Sie von neuartig anmutender Musik sprechen, die Erinnerung an Wagner wachrufen.

[...]

Tagebuch vom 21.11.1937

[...] Nach dem Thee einige Geschäfte erledigt, 1/2 7 mit K. und Golo in die Oper zur ›*Walküre*‹. Dieselbe Loge wie gestern. Vorher u. in den Pausen mit Beidlers. Bequemer Genuß in der Loge. Keine große Aufführung, große Eindrücke dessen ungeachtet. Zu Tränen bewegt von Wotan und Brünnhild. Riesenhafte Schlußszene. Das ganze in diese Zeit nicht mehr passend. Durch und durch 19tes Jahrhundert. Die Oper selbst geht darüber hinweg – zurück zur Oper, vom Ernst zum Spiel. Als Dimension und Zumutung unzeitgemäß. Aber ich bin darin zu Hause. […]

An **Kuno Fiedler**, 21.12.1937

[…]
Wagner – – ach, alles, was Sie sagen und noch sagen könnten, habe ich auch hinunterzuschlucken gehabt, als ich jetzt wieder, wohl zum letzten Mal, über ihn schrieb. Ich weiß Bescheid. Nur ist es mit Wagner sehr ähnlich wie mit Schopenhauer: auch der birgt Schreckliches, besonders wenn man die politischen Konsequenzen seiner Lehre bedenkt, die er ja z. T. selbst gezogen hat. Aber welches Niveau, welche Kunst, welche Humanität immer noch! Es ist eben doch noch das alte, große Deutschland, wenn auch schon auf der Kippe – und schließlich, was wollen Sie, das ist meine Heimat, ich werde gerührt, wenn ich darauf komme, am Ende bin ich der Verfasser der ›Betrachtungen eines Unpolitischen‹, war es nicht nur, sondern bin es. – Auch mit dem Mythos haben Sie recht. Eine gefährliche Sache und mißbraucht heute, daß einem übel wird. Aber schon mit dem ›Joseph‹ habe ich sie ja den Mißbrauchern aus den schmutzigen Händen genommen. Haben Sie übrigens gemerkt, daß ich bei der Beschreibung von Goethes Art, den Mythos zu behandeln, meine eigene beschreibe?

[…]

Tagebuch vom 12.2.1938

[…] Vorlesung Beidlers aus seinem Cosima-Buch. Bayreuth im Werden und Hitler-Geist. Der böse Engel Wagners, des »Korruptiblen«. Briefe zwischen den Beiden und Ludwig, erbärmlicher Kitsch.

Aus **Bruder Hitler** (1939)

[…]
Der Bursche ist eine Katastrophe; das ist kein Grund, ihn als Charakter und Schicksal nicht interessant zu finden. Wie die Umstände

es fügen, daß das unergründliche Ressentiment, die tief schwärende Rachsucht des Untauglichen, Unmöglichen, zehnfach Gescheiterten, des extrem faulen, zu keiner Arbeit fähigen Dauer-Asylisten und abgewiesenen Viertelskünstlers, des ganz und gar Schlechtweggekommenen sich mit den (viel weniger berechtigten) Minderwertigkeitsgefühlen eines geschlagenen Volkes verbindet, welches mit seiner Niederlage das Rechte nicht anzufangen weiß und nur auf die Wiederherstellung seiner »Ehre« sinnt; wie er, der nichts gelernt hat, aus vagem und störrischem Hochmut nie etwas hat lernen wollen, der auch rein technisch und physisch nichts kann, was Männer können, kein Pferd reiten, kein Automobil oder Flugzeug lenken, nicht einmal ein Kind zeugen, das Eine ausbildet, was nottut, um jene Verbindung herzustellen: eine unsäglich inferiore, aber massenwirksame Beredsamkeit, dies platt hysterisch und komödiantisch geartete Werkzeug, womit er in der Wunde des Volkes wühlt, es durch die Verkündigung seiner beleidigten Größe rührt, es mit Verheißungen betäubt und aus dem nationalen Gemütsleiden das Vehikel seiner Größe, seines Aufstiegs zu traumhaften Höhen, zu unumschränkter Macht, zu ungeheueren Genugtuungen und Über-Genugtuungen macht, – zu solcher Glorie und schrecklichen Heiligkeit, daß jeder, der sich früher einmal an dem Geringen, dem Unscheinbaren, dem Unerkannten versündigt, ein Kind des Todes und zwar eines möglichst scheußlichen, erniedrigenden Todes, ein Kind der Hölle ist … Wie er aus dem nationalen Maß ins europäische wächst, dieselben Fiktionen, hysterischen Lügen und lähmenden Seelengriffe, die ihm zur internen Größe verhalfen, im weiteren Rahmen zu üben lernt; wie er im Ausbeuten der Mattigkeiten und kritischen Ängste des Erdteils, im Erpressen seiner Kriegsfurcht sich als Meister erweist, über die Köpfe der Regierungen hinweg die Völker zu agacieren und große Teile davon zu gewinnen, zu sich hinüberzuziehen weiß; wie das Glück sich ihm fügt, Mauern lautlos vor ihm niedersinken und der trübselige Nichtsnutz von einst, weil er – aus Vaterlandsliebe, soviel er weiß – die Politik erlernte, nun im Begriffe scheint, sich Europa, Gott weiß es, vielleicht die Welt zu unterwerfen: das alles ist durchaus einmalig, dem Maßstabe nach neu und eindrucksvoll; man kann unmöglich umhin, der Erscheinung eine gewisse angewiderte Bewunderung entgegenzubringen.

Märchenzüge sind darin erkenntlich, wenn auch verhunzt (das Motiv der Verhunzung und der Heruntergekommenheit spielt eine große Rolle im gegenwärtigen europäischen Leben): das Thema vom Träumerhans, der die Prinzessin und das ganze Reich gewinnt, vom »häßlichen jungen Entlein«, das sich als Schwan entpuppt, vom Dornröschen, um dessen Schlaf die Brünhilden-Lohe zu Rosenhekken geworden ist, und das unter dem weckenden Kusse des Siegfriedhelden lächelt. »Deutschland erwache!« Es ist abscheulich, aber es stimmt. Dazu der ›Jude im Dorn‹ – und was nicht noch alles an Volksgemüt, vermischt mit schändlicher Pathologie. Wagnerisch, auf der Stufe der Verhunzung, ist das Ganze, man hat es längst bemerkt und kennt die gut begründete, wenn auch wieder ein bißchen unerlaubte Verehrung, die der politische Wundermann dem künstlerischen Bezauberer Europas widmet, welchen noch Gottfried Keller »Friseur und Charlatan« nannte.

[...]

Aus **Schopenhauer** (1938)

[...]
So kommt es, daß diese Philosophie ganz vorzugsweise unter Künstlern und Eingeweihten der Kunst ihre Bewunderer, Zeugen, enthusiastischen Bekenner gefunden hat. Tolstoi hat Schopenhauer »den genialsten aller Menschen« genannt. Für Richard Wagner, der durch einen Dichter, Georg Herwegh, zuerst auf ihn hingewiesen wurde, war seine Lehre »ein wahres Himmelsgeschenk«, die tiefste Wohltat, das erleuchtendste, produktiv-stimulierendste geistige Erlebnis seiner Tage, nicht mehr und nicht weniger als eine Offenbarung.

[...]

Aber worauf es mir ankommt, ist der naive Mißbrauch einer Philosophie, den gerade Künstler sich wohl zu »schulden« kommen lassen, und auf den ich hindeutete, als ich sagte, daß eine Philosophie oft weniger durch ihre Moral und Weisheitslehre wirkt, die die intellektuelle Blüte ihrer Vitalität ist, als durch diese Vitalität selbst, ihr Essentielles und Persönliches, – durch ihre Leidenschaft also mehr als durch ihre Weisheit. Auf diese Weise werden Künstler oft zu »Verrätern« einer Philosophie, und so wurde Schopenhauer von Wagner

»verstanden«, als dieser sein erotisches Mysterienspiel ›Tristan und Isolde‹ gleichsam in den Schutz von Schopenhauers Metaphysik stellte. Was von Schopenhauer auf Wagner wirkte und worin dieser sich wiedererkannte, war die Welterklärung aus dem »Willen«, dem Triebe, die erotische Konzeption der Welt (das Geschlecht als »Brennpunkt des Willens«), von der die Tristan-Musik und ihre Sehnsuchtskosmogonie bestimmt sind. Man hat bestritten, daß der ›Tristan‹ von schopenhauerischer Philosophie beeinflußt sei, – mit Recht, so weit die »Verneinung des Willens« in Frage kommt: denn es handelt sich ja um ein Liebesgedicht, und in der Liebe, im Geschlecht bejaht sich der Wille am stärksten. Aber eben als Liebesmysterium ist das Werk bis ins Letzte schopenhauerisch gefärbt. Es wird darin gleichsam die erotische Süßigkeit, die berauschende Essenz aus der Philosophie Schopenhauers gesogen, die Weisheit aber liegen gelassen.

[...]

An **Karl Kerényi,** 6.12.1938

[...] Das Mythologische bei Goethe, besonders in der ›Klassischen Walpurgisnacht‹ bedeutet für mich immer die Brücke von ihm zu Wagner, der grade diesen Teil des ›Faust‹ besonders liebte und in seiner letzten Zeit in Venedig den Seinen, oft unter Ausrufen der Bewunderung, daraus vorlas.

[...]

Aus **Einführung in den Zauberberg** (1939)

[...] Die Musik hat von jeher stark stilbildend in meine Arbeit hineingewirkt. Dichter sind meistens »eigentlich« etwas anderes, sie sind versetzte Maler oder Graphiker oder Bildhauer oder Architekten oder was weiß ich. Was mich betrifft, muß ich mich zu den Musikern unter den Dichtern rechnen. Der Roman war mir immer eine Symphonie, ein Werk der Kontrapunktik, ein Themengewebe, worin die Ideen die Rolle musikalischer Motive spielen. Man hat wohl gelegentlich – ich selbst habe das getan – auf den Einfluß hingewiesen, den die Kunst Richard Wagners auf meine Produktion ausgeübt hat. Ich verleugne diesen Einfluß gewiß nicht, und besonders folgte ich Wagner auch in der Benützung des Leitmotives, das ich in die Erzählung übertrug, und zwar nicht, wie es noch bei Tolstoi und Zola, auch noch in meinem eigenen Jugendroman ›Buddenbrooks‹ der Fall ist, auf eine bloß naturalistisch-charakterisierende, sozusagen mechanische Weise, sondern in der symbolischen Art der Musik. Hierin versuchte ich mich zunächst im ›Tonio Kröger‹. Die Technik, die ich dort übte, ist im ›Zauberberg‹ in einem viel weiteren Rahmen auf die komplizierteste und alles durchdringende Art angewandt. Und eben damit hängt meine anmaßende Forderung zusammen, den ›Zauberberg‹ zweimal zu lesen. Man kann den musikalisch-ideellen Beziehungskomplex, den er bildet, erst richtig durchschauen und genießen, wenn man seine Thematik schon kennt und imstande ist, das symbolisch anspielende Formelwort nicht nur rückwärts, sondern auch vorwärts zu deuten.

[...]

Tagebuch vom 21.12.1939

[...] Dann zur Metropolitain Opera zur Aufführung von ›Tristan u. Isolde‹ in Gesellschaft von Mrs. Meyer (der ich ›L.i.W.‹ überbrachte) und dem jungen über mich Colleg lesenden Germanisten. Große Enttäuschung durch den stimmlosen Melchior. Die Flagstadt tüchtig, Kurwenal schwach. Nüchterne Aufführung in dem Riesenhause. Die wundervolle Musik in lauter und trockener Deutlichkeit. [...]

Zu Wagners Verteidigung (1939)

Sir:
Ich bin Ihnen sehr dankbar für die freundliche Zusendung der November-Ausgabe Ihrer Zeitschrift, die den Artikel von Peter Viereck, ›Hitler und Richard Wagner‹, enthält. Sie nehmen an, daß ich als eingestandener Bewunderer der Kunst Richard Wagners gegen diesen Aufsatz viel einzuwenden haben und gestimmt sein müsse, gegen ihn zu protestieren. Ich muß Sie enttäuschen. Das ist nicht der Fall. Ich habe Herrn Vierecks Arbeit mit fast unausgesetzter Zustim-

mung gelesen und halte sie für außerordentlich verdienstvoll. Zum ersten Mal, soviel ich sehe, in Amerika, erfahren hier diese verzwickten und peinlichen Verhältnisse, die Beziehungen, welche unbestreitbar zwischen der Wagner'schen Sphäre und dem nationalsozialistischen Unheil bestehen, eine scharfe und unerbittliche Analyse, die vieler sentimentalen Ahnungslosigkeit den Garaus machen wird. Die Bestürzung, Verwirrung und Desillusionierung, die sie in manchen gutgläubigen Köpfen und Herzen anrichten mag, ist keine andere, als die, welche die Erkenntnis überhaupt zunächst erregt, und muß in den Kauf genommen werden um des Dienstes willen, der der Wahrheit damit erwiesen wird.

Ich kann das bittere Gelächter nur zu wohl verstehen, das Ihren Mitarbeiter ankam, als er bei jenem fashionablen Wagner-Konzert den Sprecher festlich unterscheiden hörte zwischen dem Deutschland Hitlers und dem Deutschland Wagners, welches nämlich ein Deutschland der freien Kunst, der rassischen Duldsamkeit und der Demokratie sei. Freie Kunst – das lasse ich mir noch gefallen. Sie waren in der Tat s e h r freie Kunst, diese gefühlvoll-intellektuellen Meisterwerke eines musikalisch-dramatischen Histrionengenies, die da in einer noch klassisch-humanistisch gestimmten Welt ihren von empörtem Widerspruch und Hohngelächter umbrandeten Siegeszug antraten, und es ist ganz gewiß, daß man Wagner zu seiner Zeit, hätte es das Wort schon gegeben, einen Kultur-Bolschewisten genannt haben würde. Aber rassische Duldsamkeit? Demokratie? Da sieht es böse aus. Nietzsche hatte mit Wagner noch nicht öffentlich gebrochen, und er hielt sich wohl selbst noch für seinen Anhänger, als er sich schon notierte: »›Meistersinger‹ – g e g e n die C i v i l i s a t i o n. Das Deutsche gegen das Französische.« Das ist noch nicht Polemik, nur Feststellung. Aber eine Art von Übergang von rein kritischer Erkenntnis zur Absage an Wagners Deutschtum ist es bereits, und es läßt die Tatsache sinnvoll erscheinen, daß es den ›Meistersingern‹ bestimmt war, zur Lieblingsoper unseres armen Herrn Hitler zu werden.

Wenn zweien dasselbe gefällt und einer davon ist minderwertig – ist es dann auch der Gegenstand? Man lese das unvergleichliche Stück Prosa, das Nietzsche dem ›Meistersinger‹-Vorspiel gewidmet hat. Man lese wieder die berühmte Seite im ›Ecce homo‹ über den

›Tristan‹. Einer der frühesten Wagnerianer war Baudelaire. Wen er, neben dem Autor des ›Lohengrin‹, besonders liebte, war Edgar Allan Poe. Die Zusammenstellung, befremdlich bis zur Unfaßbarkeit für deutsche Ohren (wenn »deutsch« denn ein Synonym für kompletten Psychologiemangel ist), zeigt, wer und was Wagner eigentlich war – abgesehen davon, daß er ein »deutscher Meister« und »gegen die Civilisation« war: nämlich ein europäischer Künstler von ausgepichtestem Raffinement, ein mit allen Wassern romantischer Verführung gewaschener Tröster, Beglücker, Bezauberer leidender und vielerfahrener Seelen, dessen Produktion nicht zufällig eine Weltwirkung geübt hat, wie sie keinem Deutschen hohen Ranges sonst je beschieden gewesen ist: der Schöpfer der überwältigendsten dramatischen Vision und Schaustellung, die das moderne Abendland zu bieten hat, ein genau so kluger wie seelenvoll-sinniger Regisseur des Mythos, dessen unbändiger Begeisterungsdrang alle emotionellen Elemente seines Jahrhunderts, das revolutionär-demokratische sowohl wie das nationalistische, in sein Wirkungssystem einbezog, wie das später d'Annunzio in viel kleinerem Maßstabe nachgeahmt hat.

Nietzsche hat von der »doppelten Optik« gesprochen, von der Wagners Riesentalent bestimmt sei, seinem Ehrgeiz, zugleich die Gröbsten und die Feinsten zu gewinnen. Es ist ihm gelungen, und die Folge ist ein gewisses Unbehagen, das ein Teil seiner Bewunderer in Gesellschaft des anderen Teiles empfindet. Eine weitere Folge der ambitiösen Zweideutigkeit dieser Kunst ist eine ebensolche Zweideutigkeit aller höheren Kritik, deren Gegenstand sie ist: einer solchen wird immer etwas Zwiespältiges und leidenschaftlich Ironisches anhaften, sie wird sich aus Hingerissenheit und Mißtrauen eigentümlich zusammensetzen und an jene Liebe der Philosophie zum »Leben« erinnern, von der Nietzsche sagt, daß sie die Liebe zu einem Weibe sei, das »uns Zweifel macht«.

Wagner ist eines der schwierigsten, das psychologische Gewissen am tiefsten herausfordernden, darum aber auch eines der faszinierendsten Vorkommnisse der Kunst- und Geistesgeschichte, – und was mich etwas betroffen macht, ist, daß Herr Viereck, in seinem vorzüglichen Artikel, den Anschein erweckt, als hätte ich mich recht stumpf erwiesen vor der Bedenklichkeit des Phänomens und zu der simplistischen Auffassung beigetragen, Wagner sei ein eindeutiger Vertreter des »guten Deutschland« im Gegensatz zu dem bösen des Herrn Hitler. Er führt an, was ich in einem Vortrage über Wagners kunstphilosophische Elaborate gesagt habe – führt es nicht ganz richtig, oder doch nicht vollständig an. Ich habe gesagt, Wagners Aufsätze seien Künstlerschriften von erstaunlichem Scharfsinn, die aber den Charakter der Propaganda *pro domo* trügen und mit eigentlicher großer Essayistik nichts zu tun hätten. Über das Deutsch, in dem diese »Künstlerschriften« abgefaßt sind, und das, rein als Prosa genommen und von allem Inhalt ganz abgesehen, zweifellos etwas stark Nationalsozialistisches hat, habe ich damals aus Zartgefühl geschwiegen. Schließlich handelte es ich um eine Festrede, die ausländische Gesellschaften, Amsterdam, Paris, zum 50. Todestage Richard Wagners von mir gefordert hatten. Aber Herr Viereck vergißt oder weiß nicht, daß es genau diese Festrede vom Jahre 33 war, die den Ausschlag für meine Emigration oder, richtiger gesagt, meine Nicht-Rückkehr nach Deutschland gab, da ihre Begeisterung von einer Gebrochenheit war, welche die Nazis in blinde Wut versetzt hatte. Diesem Getier ist die Nuance, was dem Stiere das rote Tuch. Aber die Nuance ist es nun gerade, was bei jeder Unterhaltung über Wagner das Aller-unentbehrlichste bleibt.

Darf ich sagen, daß ich in Herrn Vierecks einsichtsreicher Wagner-Charakteristik die Nuance ein wenig vermisse? Ich meine die Nuance der Liebe, der leidenschaftlichen persönlichen Erfahrenheit in dieser schließlich doch über alle Maßen begabten und bewundernswerten Kunst? Wagner hat in naivem Staunen von seinen Werken als von »Wunderwerken« gesprochen. Schließlich – es ist das richtige Wort. Keine Bezeichnung paßt besser auf diese beispiellosen Manifestationen, und auf nichts sonst in der Geschichte künstlerischer Hervorbringung paßt sie besser, – möge auch, von uns aus, nicht einmal etwas unbedingt Höchstes damit gesagt und gemeint sein. Wir wären garnicht so sehr versucht, anderes teure und unentbehrliche Kultur- und Seelengut, den ›Hamlet‹ etwa, die ›Iphigenie‹ oder auch die IX. Symphonie, als »Wunderwerke« zu bezeichnen. Aber die ›Tristan‹-Partitur – namentlich in ihrer seelisch kaum faßbaren und fast vexatorischen Nachbarschaft mit den ›Meistersingern‹ – und dies beides wieder als bloße Erholung von dem minutiösen

Riesengedankenbau des ›Ringes‹ genommen – das ist Wunderwerk. Es ist das Werk einer wahren Eruption von Talent und Genie, das zugleich tief ernste und berückende Werk eines ebenso seelenvollen wie vor Klugheit trunkenen Zauberers.

Es ist ein vollkommen einmaliger und – man muß das immer wieder einräumen – geistig höchst kritisierbarer Fall, diese Kombination von Dichter- und Musikertum, bei der notwendig beide Qualitäten etwas von der Reinheit ihres Charakters einbüßen und zu etwas anderem werden, als was sie gewöhnlich, in großen und kleinen Fällen, sind. Wagner war Musiker als Dichter und Dichter als Musiker; sein Verhältnis zur Dichtung war das des Musikers, sodaß seine Sprache durch die Musik in einen Primitiv-Zustand zurückgezwungen wurde und seine Dramen ohne Musik nur halbe Dichtungen waren; und sein Verhältnis zur Musik war nicht rein musikalisch, sondern dichterisch auf die Weise, daß das Geistige, die Symbolik der Musik, ihr Bedeutungsreiz und Beziehungszauber dies Verhältnis entscheidend bestimmt. Aus dieser ins absolut Großartige gesteigerten Zwitterbegabung erwuchs der ›Ring des Nibelungen‹ – ein Produkt *sui generis*, ein scheinbar aus aller Modernität tretendes und doch nach der Verfeinerung, Bewußtheit und entwickelten Spätheit seiner Mittel extrem modernes Werk, primitiv nach seinem Pathos und seinem romantisch-revolutionären Willen: ein mit Musik und weissagender Natur verwachsenes Weltgedicht, worin die Ur-Elemente des Daseins agieren, Tag und Nacht Zwiesprache halten, mythische Grundtypen der Menschheit, die Lichten und Goldhaarig-Frohgemuten und die im Haß, Gram und Aufruhr Brütenden sich in tiefsinniger Märchenhandlung begegnen. Das Ungeheuere daran ist ein epischer Radikalismus, für den ich die Begeisterung nie verlernen werde: dieser Radikalismus des Anfangens, dieses Zurückgehen zum Ursprung und Erzbeginn aller Dinge, der Urzelle, dem ersten *Contra-Es* des Vorspieles vom Vorspiel, diese Besessenheit, eine musikalische Kosmogonie; ja einen musikalischen Kosmos selbst zu erbauen und mit tiefsinnig organischem *Bios* zu begaben, – das tönende Schaugedicht von der Welt Anfang und Ende. Man nenne die Mischung aus Dichter- und Musikertum charlatanesk und unrein – sie ist es, ich gebe es zu. Es gibt Fälle, bei denen man alles mögliche zugeben mag, und es bleibt immer etwas Überwältigendes zurück. Parallelismus von dichterischer Dingwelt und Musik macht den epischen Anfang der Welt zugleich zum Anfang der Musik: ihr Mythos ist verwoben mit demjenigen der Welt, und vor unseren Sinnen erwächst eine mythische Philosophie und ein Schöpfungspoem der Musik, vollzieht sich ihre Entfaltung zu einer reichgefügten Symbolwelt aus dem *Es-dur*-Dreiklang der strömenden Rheinestiefe.

Es handelt sich um ein ungeheuer und exemplarisch deutsches Werk – eine beunruhigende Feststellung, wenn man der von Herrn Viereck aufgedeckten Beziehungen gedenkt. Sie führt zu Identifikationen, an deren Ableugnung uns heute alles gelegen sein müßte. Aber die Wahrheit ist: nur aus deutschem Geist konnte dies Werk kommen. Vielleicht – nicht sicher – hat jüdisches Blut Anteil daran: gewisse Eigenschaften dieser Kunst, ihre Sinnlichkeit und ihre Intellektualität sprechen dafür. Aber deutsch ist sie vor allem und im höchsten Grade. Sie ist der deutsche Beitrag zur Monumental-Kunst des 19. Jahrhunderts, die bei anderen Nationen vorzüglich in der Gestalt der großen sozialen Romandichtung erscheint. Dickens, Thackeray, Tolstoi, Dostojewsky, Balzac, Zola – ihre mit demselben Hang zur moralistischen Größe getürmten Werke sind europäisches Neunzehntes Jahrhundert, literarisch-gesellschaftskritische, soziale Welt. Der deutsche Beitrag, die deutsche Erscheinungsform dieser Größe weiß vom Gesellschaftlichen nichts und will nichts davon wissen; denn das Gesellschaftliche ist nicht musikalisch und überhaupt nicht kunstfähig. Kunstfähig ist allein das Mythisch-Rein-Menschliche, die unhistorisch-zeitlose Urpoesie der Natur und des Herzens: so will es der deutsche Geist; es ist sein Instinkt, lange vor jeder bewußten Entscheidung. Mit dem symbolischen Naturalismus der Rougon-Macquart-Serie etwa hat der ›Ring des Nibelungen‹ alles mögliche Zeitpsychologische gemeinsam. Aber der wesentliche und typische nationale Unterschied ist der Gesellschaftsgeist des französischen, der mythisch-urpoetische Geist des deutschen Werkes. Die alte, verwickelte Frage »Was ist deutsch?« findet vielleicht mit der Feststellung dieses Unterschieds ihre bündigste Beantwortung. Der deutsche Geist ist sozial und politisch wesentlich uninteressiert; im Tiefsten ist diese Sphäre ihm fremd. Seine Leistungen erlauben nicht, diese Tatsache rein negativ zu werten. Und doch kann man hier von einem Vakuum, einem Manko und Ausfall sprechen, und es ist wahr, daß in ausgesprochen sozialer und politischer Zeit, wie der unsrigen, dieser oft so fruchtbare Ausfall einen verhängnisvollen, ja katastrophalen Charakter annimmt: angesichts zeitlicher Probleme führt er zu Lösungsversuchen, die arge Ausweichungen sind und das Gepräge mythischer Surrogate für das wirklich Soziale tragen. Aber damit sind wir beim National-Sozialismus.

National-Sozialismus heißt: »Ich will überhaupt das Soziale nicht, ich will das Volksmärchen.« Er ist damit, versteht sich, auf seine allermildeste, allergeistigste Formel gebracht. Daß er außerdem, *realiter*, eine schmutzige Barbarei ist, kommt daher, daß im politischen Bereich das Märchen zur Lüge wird.

National-Sozialismus, in all seiner unsäglichen empirischen Gemeinheit, ist die tragische Konsequenz der mythischen Politikfremdheit des deutschen Geistes. – Sie sehen, ich gehe ein wenig weiter als Herr Viereck. Ich finde das nazistische Element nicht nur in Wagners fragwürdiger »Literatur«, ich finde es auch in seiner »Musik«, in seinem ebenso, wenn auch in einem erhabeneren Sinne, fragwürdigen Werk, – ob ich es gleich so geliebt habe, daß ich noch heute, wenn irgend ein abgerissener Klang aus dieser Beziehungswelt mein Ohr trifft, erschüttert aufhorche. Die Begeisterung, die es erzeugt, das Gefühl von Herrlichkeit, das uns so oft davor erfaßt und das nur mit Gefühlen zu vergleichen ist, die die größte Natur, Hochgebirgsgipfel im Abendschein, das brandende Meer in uns erregt, darf nicht vergessen machen, daß dieses Werk, welches »gegen die Civilisation«, gegen die ganze Kultur und Bildung gerichtet und gedichtet ist, wie sie seit der Renaissance herrschend gewesen war, aus der bürgerlich-humanistischen Epoche auf dieselbe Art und Weise heraustritt wie der Hitlerismus; daß es mit seinem Wagalaweia und seiner Stabreimerei, seiner Mischung aus Urtümlichkeit und Zukünftigkeit, seinem Appell an eine klassenlose Volklichkeit, seinem mythisch-reaktionären Revolutionarismus die genaue geistige Vorform der »metapolitischen« Bewegung ist, die heute den Schrecken der Welt bildet, und die geschlagen werden muß, wenn es zu einer wirklichen gesellschaftlichen Neuordnung in Europa kommen soll.

Machen wir uns nichts vor. Der National-Sozialismus muß geschlagen werden, das heißt praktisch heute leider: Deutschland muß geschlagen werden. Es meint das aber, in einem sehr bestimmten Sinn, auch geistig. Denn es gibt nur ein Deutschland, nicht zwei, nicht ein böses und ein gutes, und Hitler, in all seiner Elendigkeit, ist kein Zufall: nie wäre er möglich geworden ohne psychologische Vorbedingungen, die tiefer zu suchen sind, als in Inflation, Arbeitslosigkeit, kapitalistischer Spekulation und politischer Intrige. Aber wahr ist, daß Völker nicht immer dasselbe Gesicht bieten, und daß es auf Zeit und Umstände ankommt, wie ihre konstanten Eigenschaften sich ausnehmen. Deutschland nimmt sich heute fürchterlich aus. Es ist die Qual der Welt, – nicht weil es »böse«, sondern gerade weil es zugleich auch »gut« ist, eine Tatsache, auf die der angelsächsische Humor sich sehr wohl versteht, wenn er durch den Mund des vortrefflichen Harold Nicolson feststellt: »The German character is one of the finest but most inconvenient developments of human nature!«

Deutschland muß geschlagen werden, das heißt: es muß genötigt werden, alles, was auch sein eigener Traditionsfundus aus früheren Jahrhunderten an gesellschaftsfreundlichen Elementen birgt, zu reaktivieren, um fähig zu sein, sich in die europäische Konföderation, die Staatengesellschaft einzufügen, für die Europa reif ist, und die von jedem Volke Opfer an staatlicher Souveränität und nationalem Egoismus verlangen wird. Dieser Krieg wird zu Deutschlands Gunsten geführt – im Augenblick wäre es wohl zuviel verlangt, daß Deutschland das einsähe. Er wird geführt zur Herstellung eines Zustandes, welcher Deutschland vom Fluche der Machtpolitik befreit, unter dem es verdirbt wie kein anderes Volk; für ein befriedetes, ein entpolitisiertes Europa, in dessen Atmosphäre allein Deutschland groß und glücklich sein kann, weil sie seinen Werken die politische Unschuld und der Bewunderung dafür das gute Gewissen zurückgibt, sodaß sie nicht länger seufzen muß: Es ist groß, es ist herrlich, aber es ist »gegen die Civilisation«.

Ihr sehr ergebener
Thomas Mann

Tagebuch vom 11.5.1940

[...] Platten-Musik, sehr wohltuend, Cello-Konzert von Schubert. ›Tristan‹-Arrangement von Stokowsky, erstaunlicher Klang. Unerwarteter Schluß des Liebestodes aus dem II. Akt. *Indischer* Charakter dieser Musik, deren Sinnlichkeit sich ins Metaphysische überschlägt. Legitimität des arischen Mythos in Deutschland? Es ist nicht hinduistisch.

Tagebuch vom 20.6.1940

[...] Musik abends. Hörte mit Rührung das ›Lohengrin‹-Vorspiel, mußte weinen, weil mir schien, ich hörte das in der Jugend Geliebteste wieder im Untergang.

Aus Deutschland (1941)

[...]

Was man Nationalsozialismus nennt, ist die virulente Entartungsform von Ideen, die allerdings den Keim mörderischer Dekadenz immer in sich trugen, aber in the old Germany of culture and learning gar sehr zu Hause waren. Sie lebten dort auf vornehmem Fuße, sie hießen ›Romantik‹ und hatten viel Faszinierendes für die ganze gebildete Welt. Man kann wohl sagen, daß sie auf den Hund gekommen sind, und bestimmt waren, auf den Hund zu kommen, da sie auf den Hitler kommen sollten. Zusammen mit Deutschlands hervorragender Angepaßtheit an das technische Massen-Zeitalter bilden sie heute eine Sprengmischung, die buchstäblich die ganze Zivilisation bedroht. Aber schon Fichte, der zweifellos dem old Germany of culture and learning angehörte, hat zur Zeit der Befreiungskriege gegen Napoleon, die niemals Freiheitskriege genannt werden durften, Dinge gesagt über das metaphysische Recht des Volkes par excellence, des Deutschen Volkes nämlich, mit allen Mitteln der List und Gewalt seine Bestimmung zu erfüllen, id est, sich die Welt zu unterwerfen – Dinge, die es sehr zweifelhaft machen, ob die Wiederkehr von culture and learning alten Stils genügen würde, um Deutschland für eine demokratische Völkergemeinschaft reif zu machen. Und von Fichte's romantischem Idealismus, Vater Jahns Teutonismus und Hegels Staatsvergottung, über den Richard Wagner der Bayreuther Blätter und seinen Schüler, den britischen Renegaten H. St. Chamberlain, über die Hof-Historiographen und Lakaien des Prussianismus Treitschke und Sybel geht es in immer wachsender Verwilderung und Malignität hinab zu Oswald Spengler, dem klugen Affen Nietzsche's, zu Carl Schmidt, dem Theoretiker des deutschen Faschismus und zu Rosenbergs ›Mythus des zwanzigsten Jahrhunderts‹ – ohne daß irgend jemand zu sagen vermöchte, wo das ›gute‹ Deutschland aufhört und das ›böse‹ beginnt. [...]

Tagebuch vom 5.10.1941

[...] Mit Frank nach Hause; Unterhaltung mit ihm. Klavier-Auszug des ›Lohengrin‹ lag im Salon. Las darin, und meine ganze Liebe zu dem Werk erwachte, sodaß ich mir auf dem Abendgang daraus rezitierte. [...]

Tagebuch vom 11.10.1941

[...] Im Radio abends ›Tristan‹ – unwillig zu hören. Das Beethoven Violin-Konzert tat wohl danach. [...]

Tagebuch vom 3.1.1942

[...] Abends im Radio ›Walküre‹. Nicht zum ersten Mal mußte beim Abschied an Erika denken. [...]

An Agnes E. Meyer, 18.2.1942

[...]
Der Aufsatz über den ›Ring‹ ist bedeutend älter, als die Aeusserung in »Common Sense«. Es ist ein Vortrag, gehalten 1937 in der Universität Zürich. Sie sehen, meine Redeweise über Wagner hat nichts mit Chronologie und Entwicklung zu tun. Es ist und bleibt »ambivalent«, und ich kann heute so über ihn schreiben und morgen so.

[...]

An **Agnes E. Meyer**, 5.5.1942

[...]
Bermann und Landshoff haben ein schönes Buch herausgebracht: die Briefe Verdi's mit einer gefühlten Einleitung von Werfel. Eine herrliche Figur alles in allem, unendlich nobler als sein formidabler Gegenspieler R. Wagner. Ich war tief ergriffen von dem Brief, den er unter dem Eindruck von Wagners Tod an Ricordi schreibt: »Triste triste triste!« Und dann spricht er von dem mächtigen (potente) Einfluss dieses Werks auf die Geschichte der Kunst, wobei er das Wort »potente« durchstreicht und corrigiert: »potensissima.« Wundervoll! Dabei hatte er wahrhaftig unter dem fremden Genie gelitten und wusste, dass Wagner ihn verachtet hatte.

[...]

An **Agnes E. Meyer**, 12.1.1943

[...] Den ›Lindenbaum‹ habe ich gewählt aus demselben Grunde wie Hansens andere records, weil ich sie eben selbst hatte und sie mir auf meinem, ach, noch so primitiven Apparat immer wieder vorführte. Daher die minutiöse Beschreibung, die übrigens dem epischen Stil des ganzen Buches entspricht. Das Thermometer wird ebenso genau beschrieben, oder das Blut. Meine Lindenbaum-Platte war von Tauber gesungen, sehr musikalisch und geschmackvoll. Das Lied wurde mir zum Symbol alles Liebenswert-Verführerischen, worin der heimliche Keim der Verderbnis lauert. Das Romantische ist viel reizvoller, sogar geistreicher, als das Humanistische. Aber ich fühlte schon damals, dass der Geist kein Recht auf das Reizvolle hat, wenn es dermassen um *den Menschen* geht wie »heute« – für mich war schon damals »heute«, und für Nietzsche, als er sich Wagner vom Herzen riss, war es schon viel früher.

[...]

Aus **Deutsche Hörer** (25.5.1943)

[...]
Gegen den angeblichen Materialismus dieses Landes, das sich mit seinen Verbündeten anschickt, den alten Kontinent aus den Händen

blutiger Banausen und räuberischer Schwindelrevolutionäre zu befreien, behaupten eben diese Banausen und Kulturhenker, die edle Feste Europas idealistisch zu verteidigen. Abgetakelte Wagnerianer geben sich die Miene, als dürften sie verächtlich auf das Land Walt Whitmans herabblicken. Und doch wird es weit eher dieser sein und nicht der spätromantische Theatraliker des Deutschtums, auf dessen Namen die kommende Welt ihre Gelübde ablegen wird.

Aus **Schicksal und Aufgabe** (1943)

[…]

Der Fall Deutschlands ist darum so verwirrend und kompliziert, weil Gutes und Böses, das Schöne und das Verhängnisvolle sich darin in der eigentümlichsten Weise vermischen. Da ist zum Beispiel die große künstlerische Erscheinung Richard Wagners, die man oft mit dem Phänomen National-Sozialismus in Verbindung gebracht hat, indem man auf die Vorliebe des Herrn Adolf Hitler für diese Kunst hinwies, eine Vorliebe, gegen die man Wagner gern in Schutz nehmen möchte, und die doch nicht ohne alle Bedeutung und belehrenden Sinn ist. Die Wagner'sche Kunstrevolution war, auf unvergleichlich höherer Ebene, ein der national-sozialistischen Revolution verwandtes Phänomen. Man muß sich darüber klar sein, daß ein Werk wie der ›Ring des Nibelungen‹ im Grunde gegen die ganze bürgerliche Kultur und Bildung gerichtet ist, wie sie seit der Renaissance herrschend gewesen war, daß dies Werk sich in seiner Mischung aus Urtümlichkeit und Zukünftigkeit an eine nichtexistente Welt klassenloser Volkheit wendet.

Die Widerstände, auf die es stieß, die Empörung, die es erregte, richtete sich viel weniger gegen das Revolutionäre seiner Form und dagegen, daß es mit den Regeln einer Kunstgattung, der Oper, brach, aus der es offenkundig heraustrat. Es trat auch noch aus ganz anderem heraus. Der deutsche Goethe-Mensch, der seinen ›Faust‹ auswendig wußte, erhob zornig-verächtlichen Protest dagegen, einen respektablen Protest, der aus der noch bestehenden Verbundenheit mit der Bildungswelt des deutschen Klassizismus und Humanismus kam, von welcher dieses Werk sich lossagte. Der deutsche Bildungsbürger lachte über das Wagalaweia und all die Stabreimerei wie über eine barbarische Schrulle. Der ungeheure, man kann sagen, planetarische Erfolg, den dann doch die bürgerliche Welt, die internationale Bourgeoisie dieser Kunst dank gewisser sinnlicher, nervöser und intellektueller Reize, die sie ihr bot, bereitete, ist ein Paradox, über dem man nicht vergessen darf, daß sie einem ganz anderen Publikum zugedacht ist als dem kapitalistisch-bürgerlichen, nämlich eben dem romantischen »Volk«, das das Ideal auch des National-Sozialismus ist.

Es handelt sich bei Wagner um eine archaische Revolution, in der sich reaktionäre und zukünftige Elemente auf das sonderbarste mischen. Immer geht es bei ihm um das Ur-Epische, das Erste und Einfachste, das Vor-Konventionelle und Vor-Gesellschaftliche. Nur dieses scheint ihm überhaupt für die Kunst geeignet. Sein Werk ist der deutsche Beitrag zur Monumentalkunst des neunzehnten Jahrhunderts, die bei anderen Nationen vorzüglich in der Gestalt der großen sozialen Roman-Dichtung erscheint. Dickens, Thackeray, Tolstoi, Dostojewski, Balzac, Zola – ihre mit demselben Hang zur moralischen Größe getürmten Werke waren europäisches neunzehntes Jahrhundert, literarisch-gesellschafts-kritische, soziale Welt.

Die deutsche Erscheinungsform dieser Größe weiß vom Gesellschaftlichen nichts und will nichts davon wissen. Denn das Gesellschaftliche ist nicht musikalisch und überhaupt nicht kunstfähig. Kunstfähig ist allein das Mythisch-Rein-Menschliche, die unhistorisch-zeitlose Ur-Poesie der Natur und des Herzens, und aus ihrem Grunde schafft der deutsche Geist das vielleicht Größte und Schönste, was das Jahrhundert zu bieten hat. Das ungesellschaftlich Ur-Poetische ist ja sein eigener Mythus, seine typische und grundgegebene nationale Natur, die ihn von anderen europäischen National-Geistern und -Typen unterscheidet. Die verwickelte Frage: »Was ist deutsch?« findet vielleicht mit der Feststellung dieses Unterschiedes ihre bündigste Antwort.

[...]

Tagebuch vom 14.9.1944

[...] Danach im Radio ›Parsifal‹. Das Neueste geht vielleicht mehr von hier aus, als vom ›Tristan‹. Am Klavier meiner Zärtlichkeit für chromatische Durchgangstöne nachgehangen. [...]

An Theodor W. Adorno, 27.9.1944

[...]
Das Studium Ihrer Wagner-Arbeit geht demjenigen der »Fragmente« voran. Bis jetzt hat mich der Abschnitt über das Phantasmagorische, den »Schein« und die »Verkleinerung« am meisten entzückt. Lohengrin als winziger Elfenfürst (mit der Pianissimo-Trompete für das Horn) ist wundervoll.

Tagebuch vom 28.9.1944

[...] Abends in Adorno's Schrift über Wagner. Hörte noch spät Elsas Traum, das magische »In lichter Waffen Scheine«, die Rom-Erzählung, sehr stark, dann die Schlußszene von Rheingold mit dem unbeschreiblich sentimental zu Herzen gehenden »Traulich und treu ist's nur in der Tiefe«. Die Dreiklang-Welt des ›Ringes‹ ist im Grunde meine musikalische Heimat. Und doch werde ich am Klavier des ›Tristan‹-Akkordes nicht satt. [...]

Tagebuch vom 25.11.1944

[...] Zum Abendessen Adorno's mit Freundin. Später Vorlesung des Briefwechsels Adrian–Kretzschmar, zum Wohlgefallen Adorno's. Einwand gegen den rein geistigen Willensbeschluß Adrians, Musiker zu werden. Notwendiges Vorhandensein eines Naturtriebes zum Komponieren von früher. Lob der Musikbeschreibung, die als Vorspiel III. Akt ›Meistersinger‹ nicht erkannt wurde, sondern als umfangreicheres Stück eigener Erfindung wirkte, was kein Schade ist.

[...]

Tagebuch vom 18.2.1945

[...] Hörten abends das Konzert aus St. Francisco. Liszt ein sehr mäßiger Komponist, verglichen mit Berlioz. Die ›Holländer‹-Ouverture hat noch viele ›Rienzi‹-Akzente, der synkopierte Rhythmus wirkt ordinär, die Verklärung dünn. Er hat ungeheuer gelernt.

Tagebuch vom 24.9.1945

[...] Hörte abends ›Götterdämmerung‹ und ›Tristan‹. Sein Rhythmus ist entweder schwimmend, wie im Tristan, oder von militärmarschmäßiger Einfachheit. Die Vereinigung von Singstimme und Symphonie am Schluß der ›Götterd.‹ sehr viel glücklicher, als beim Liebestod, wo man immer das Orchester allein haben möchte. Korrespondenz der Waldtrautenstelle »Vom Fluch erlöst wär Gott und Welt« mit dem »Ruhe, ruhe, du Gott« Brünnhildens. Aufsparung des Abschlusses, der schon ebenso gut im ersten Fall passen würde.

An Gerhard Albersheim, 10.2.1946

[...] Über Wagner habe ich sogar zweimal geschrieben. Der Zürcher Vortrag über den ›Ring‹, bei dem ich durchaus zum Positiven angehalten war, ist mir vielleicht sogar lieber als der allzu »psychologische« erste.

[...]

An Franz W. Beidler, 24.6.1946

[...]

Lassen Sie mich nun gleich auf den Punkt Ihres Briefes kommen, der mich, ich denke: Ihrem Wunsch entsprechend, am meisten beschäftigt, nämlich auf die Angelegenheit des Wahnfried-Archives. Ich bin vollkommen Ihrer Meinung und der Meinung Ihrer Freunde, daß »jetzt oder nie« das Archiv wirklich geöffnet und der Forschung zugänglich gemacht werden muß, jetzt, das heißt, noch unter der Okkupation, denn ich bin überzeugt, daß unter den Deutschen wieder aus falscher Pietät und sentimentalem Mangel an Wahrheitsliebe alles versteckt und der Kenntnis entzogen werden würde. Die von

Ihnen erwähnten, wahrscheinlich vorhandenen Nietzsche-Briefe interessieren mich dabei noch besonders. Daß Sie der Mann sind, mit der Durchforschung betraut zu werden, kann keinem Zweifel unterliegen, und es fragt sich nun, an welche Stelle man sich wendet, um die Sache in Gang zu bringen. [...]

Tagebuch vom 25.6.1946

[...] Hörten ›Tristan‹-Platten, III. Akt. Nicht mehr recht zu ertragen. Wann wird die noch immer dafür begeisterte Welt es satt haben? Wahrscheinlich doch wird es zusammen mit der bürgerlich-kapitalistischen Welt untergehen.

[...]

Tagebuch vom 30.8.1946

[...] Abends Wagner-Musik, ›Siegfried‹ und ›Walküre‹. Wirklich poetisch das Sich erkennen der Geschwister. Siegfried unter der Linde nach den Totschlägen penetrant nazihaft. Die »Dunklen« lauter Juden und er der sonnige Totschlageheld.

Tagebuch vom 22.11.1946

[...] Über ›Parsifal‹ im Newman, der über Wagner als Denker oft spricht, wie über Nietzsche, jenem aber um der Werke willen alles verzeiht, als ob die nicht etwas mit dem Denken zu tun hätten. Übrigens nennt er ihn einen born amateur. Die damit verbundene Unbescheidenheit ging N[ietzsche] auf die Nerven.

Tagebuch vom 4.1.1947

[...] Abends ›Walküre‹ im Radio. Vorzüglich gebautes Drama. Unleugbare Grandiosität der Schlußszene. [...]

Wagner und kein Ende

1947–1955

Tagebuch vom 25.1.1947

[...] ›Lohengrin‹ aus New York. Langes Schreiben nebst Dokumenten von Beidler aus Bayreuth in Sachen der Neu-Organisation des Wagner-Theaters. Antrag der Ehrenpräsidentschaft. Zweifel, die sich aus dem immer gleichen deutschen National-Charakter ergeben. [...]

An **Franz W. Beidler**, 27.1.1947

[...]
Es war ganz ausgeschlossen, daß ich Ihnen noch nach München oder gar nach Bayreuth hätte schreiben können. Erst vorgestern, am 25., ist Ihr Brief mit den zugehörigen Dokumenten in meine Hände gelangt. Ich habe diese um und um studiert, mit der gewissen Aufregung, in die einen diese Dinge, diese Pläne, Möglichkeiten, Aussichten ja versetzen. Und doch: ich bin in dem Endkampf mit meinem Roman so tief befangen, daß mein Kopf eine wirkliche Konzentration auf irgend einen anderen Gegenstand zur Zeit verweigert, und so werden Sie es mir nachsehen, wenn diese Zeilen noch keine endgültige Einwilligung bringen in den packenden Vorschlag, den Sie mir machen.

Sie dürfen nicht zweifeln, daß ich Ihnen von Herzen dankbar bin für die Wärme und das ehrende Vertrauen, womit Sie in dieser Angelegenheit meiner gedenken. Es ist ja auch natürlich, etwas wie die phantastische Erfüllung eines Jugendtraumes und einer Jugendliebe, daß mir nun die Möglichkeit winken soll, der Ehrenvorsitzende der Bayreuther Festspiele zu werden. Auf der anderen Seite, lieber Freund, ist mein Mißtrauen gegen die politische Entwicklung in

Deutschland so tief, es wird durch so viele böse Anzeichen, Nachrichten, Dokumente genährt, daß ich unwillkürlich in dieses Mißtrauen und in diese Scheu vor dem Lande und seinem bösen Dämon auch diesen Plan, die Erneuerung Bayreuths, einzubeziehen gezwungen bin. Sie selbst sagen, was ich schon wiederholt von Deutschen und Nicht-Deutschen schwarz auf weiß gelesen habe: daß ohne die Gegenwart der Okkupations-Truppen unseresgleichen dort seines Lebens nicht sicher wäre, und immer wieder erfahre ich Kundgebungen der Angst von solchen, die zusammen mit den Siegern an einer geistigen Erneuerung Deutschlands zu arbeiten suchen, daß furchtbare Rache ihnen droht, sobald einmal die Okkupations-Macht den Rücken kehren sollte.

Das wird sie freilich so bald nicht tun. Aber ist ehrenvoll, in Deutschland eine wenn auch nur repräsentative und geistige öffentliche Stellung wieder einzunehmen, die man nur unter dem Schutz der fremden Bajonette halten kann?

Ihre persönliche Bereitwilligkeit, die Aufgabe einer gereinigten Wiederherstellung der Festspiel-Idee zu übernehmen, leuchtet mir vollkommen ein: sie muß aus tief geistigen und familiären Gründen etwas unwiderstehlich Verlockendes für Sie haben. Ihre Bedenken haben Sie zweifellos auch und werden sich nicht wundern, wenn diese bei mir viel stärker sind und mich stärker zögern lassen.

Dies alles soll keine Absage sein. Ich muß die Angelegenheit noch besser bei mir abklären und alles erwägen. Lassen Sie mir weiter Zeit dazu. [...]

Tagebuch vom 5.4.1947

[...] Abends Verdi's Requiem und Parsifal, der mich ärgerte nach der Lektüre eines Artikels von Adorno über den letzten Newman-Band. Wie W. als Person Hitler anticipiert, ist schauerlich.

Tagebuch vom 6.4.1947

[...] Das Konzert brachte die Meistersinger-Ouvertüre, die ich nicht mochte. Eine alte Rheingold-Platte war mir viel lieber. Dieser episch-mythische Laut wird mir immer teuer bleiben. [...]

Tagebuch vom 2.7.1947

[...] ›Götterdämmerung‹ unter dem verrückten Knappertsbusch. [...]

Tagebuch vom 23.7.1947

[...] Nachmittags Fahrt mit Hesses auf dem See nach Triebschen. Besuch des Wagner-Museums, wo die Kastellanin mich erkannte. Versunkene Welt. Greuliche Oelbilder. Das Beste Nietzsches Briefe. Friedelind hat von unserer Begegnung berichtet. [...]

Tagebuch vom 3.1.1948

[...] Brief-Aufsatz aus Wiesbaden über Musik. Der aktuelle Anti-Romantismus, Anti-Wagnerismus in Deutschland. Anti-Friedrich, Anti-Bismarck, wohl auch Anti-Goethe, natürlich Anti-Nietzsche! Sie wollen ihre Geschichte abschütteln u. nicht mehr Deutsche sein. Daneben verbissener Nationalismus. [...]

An Oscar Schmitt-Halin, 7.1.1948

[...] Es liegt viel von Mißerfolgsanbeterei in dieser Perhorreszierung von Werten, an denen, wenn Deutschland den Krieg nicht verloren hätte, die Welt hätte genesen sollen. Warum nicht gleich Beethoven verpönen? Mit ihm begann doch die »Ausdrucksmusik«, und er ist der Sündenfall der Musik aus dem Himmlischen ins Menschliche. Man soll solche seelengeschichtlichen Entwicklungen und Verhängnisse doch ehren, eingeschlossen den zweideutigen Mythiker Wagner, der viel herrlichste Musik geschrieben hat. Jetzt wird gegen Luther, Friedrich, Bismarck, Nietzsche, Wagner, womöglich auch gegen Goethe geeifert. Will man seine Geschichte, sein Deutschtum abschütteln? Es steckt viel Wahres und Gutwilliges, aber auch einige Erbärmlichkeit in dieser Selbstgeißelung und Verleugnung deutscher Größe, die allerdings unter allen Größen die verfänglichste ist. »Erbärmlich« gebrauche ich ganz im Wortsinne. Man muß zugeben, daß die Deutschen in einer erbarmungswürdigen Lage sind ... Sie kompensieren sie durch strammen Neu-Nationalismus.

[...]

Aus **Sechzehn Jahre** (1948)

[...]

›Lotte in Weimar‹ näherte sich damals seinem Ende. Noch in diesem Jahr schloß ich das Buch in Princeton mit dem geisterhaften Gespräch zwischen Lotte und Goethe im Wagen und war nun also, nach rund fünfjähriger Unterbrechung, frei für den Schlußband von ›Joseph und seine Brüder‹. Der Antrieb, das aus Deutschland mitgebrachte, das alles überlebende Erzählwerk zu vollenden, war lebhaft, und mythische Erinnerungen, verspielte Parallelen, dem Gegenstande nicht unangemessen, vertieften die Lust dazu. Ich stand, wo Wagner gestanden hatte, als er nach der großen Einschaltung des ›Tristan‹ und der ›Meistersinger‹ die Arbeit an dem dramatischen Epos und Riesenmärchenspiel vom ›Ring des Nibelungen‹ wieder aufnahm. Es ist wahr, meine Art, den Mythos zu traktieren, stand im Grunde der Humoristik von Goethe's ›Klassischer Walpurgisnacht‹ näher als Wagner'schem Pathos; aber der unerwartete Entwicklungsweg, den die Erzählung von Joseph eingeschlagen, war insgeheim gewiß doch auch immer von der Erinnerung an Wagners grandiosen Motivbau bestimmt, eine Nachfolge dieses Sinnes gewesen. Mit längst erfundenen Themen arbeitend, hatte ich, sie um- und ausgestaltend, sie alle zu krönender Zusammenfassung führend, meinen drei schon vorhandenen Märchenopern eine heitere ›Götterdämmerung‹ hinzuzufügen. Ich freute mich darauf – und zögerte dennoch, sie in Angriff zu nehmen.

[...]

Tagebuch vom 22.2.1948

[...] Erwägungen über den Fall Schönberg. Legte abends die alte Platte »Abendlich strahlt« ein und war fast zu Tränen bewegt von dem Gesang der Rheintöchter mit dem »Traulich und treu ist's nur in der Tiefe«. Gebe für diese Stelle allein die ganze Musik Schönbergs, Bergs, Kreneks und Leverkühns dahin.

[...]

Tagebuch vom 13.4.1948

[...] Hörte die Geschwisterszene I. Akt ›Walküre‹. Der Inzest mit Frühlingspoesie, geht nicht mehr.

Tagebuch vom 4.5.1948

Erika spielte mir nachher einige ›Tristan‹-Platten aus dem I. Akt. Ungeheuere Akzente. Das Nachrufen der Trompete von »hei, unser Held Tristan«, als Brangäne wieder nach vorn kommt. Das Benehmen Kurwenals übrigens höfisch unmöglich.

Tagebuch vom 19.6.1948

[...] Abends III. Akt ›Meistersinger‹. Teilweise entsetzt über die Demagogie. Das Schelmische, das Biedere, das National-Pomphafte, vermischt mit Parodie und schönster Musik. Es ist immer wieder ein schwieriger, anziehender und abstoßender Fall.

An Ernst Toch, 17.8.1948

[...]
Wie Sie (auf S. 143) Wagners und Mozarts Kontrapunkt nach ihrer Funktion vergleichen (wobei der Morzart'sche, mehr oder weniger offen, besser wegkommt; ist nicht der Meistersingerliche ein recht auftrumpfender Theater-Kontrapunkt?), oder wie Sie bemerken, dass »the little superimposed figure« am Anfang der ›Schönen blauen Donau‹ eigentlich weder der Melodie noch der Begleitung angehört, sondern rudimentärer Kontrapunkt ist (eine Bemerkung, die meines Wissens noch nie gemacht worden ist) – das sind so ein paar Beispiele für die musikalische Klugheit, die in diesen Seiten waltet, aber eben nur Beispiele. [...]

Tagebuch vom 19.9.1948

[...] Hörten abends den ganzen 1. Akt der ›Walküre‹. Die Liebesszene unzweifelhaft die schönste der Opernbühne. Erika verwundert über die Mischung des Primitiven und Raffinierten – die der Grund des Triumphzuges. [...]

An Kurt Driesch, 25.9.1948

[...]
In dem Musik-Aufsatz Ihres Vaters frappierte mich persönlich am meisten seine Vorliebe für Wagners ›Parsifal‹, denn nicht seit kurzem erst empfinde auch ich dies Werk als »W.'s interessantestes« und die Figur der Kundry ist sicher der Gipfel seiner dichterischen Erfindung. Dabei ist mir immer noch, wie in meiner Jugend, der Ring das »Werk« par excellence geblieben, und als ich neulich wieder einmal den 1. Akt der ›Walküre‹ hörte, fand ich aufs neue, dass er das Inspirierteste ist, was Wagner geschrieben. Die Liebesszene ist wohl zweifellos die schönste der Opernbühne überhaupt und geht mir heute weit über die ›Tristan‹-Brunst, die mehr »für die Jugend« ist. Aber das kann man vielleicht heute vom ganzen Wagner sagen, mit Ausnahme eben des ›Parsifals‹. Der Mann war fast 70, als er die Verwandlungsmusik des 3. Aktes schreibt. Kolossal!

[...]

Aus Die Entstehung des Doktor Faustus (1948)

[...]
Adorno gab mir damals seine sehr kluge Abhandlung über Wagner zu lesen, deren kritischer Gebrochenheit und nie ganz ins Negative abgleitender Aufsässigkeit es nicht an Verwandtschaft mit meinem eigenen Versuch ›Leiden und Größe Richard Wagners‹ fehlt. Es war wohl diese Lektüre, die mich eines Abends bestimmte, mir Aufnahmen von ›Elsas Traum‹, mit dem magischen Einsatz der pp-Trompete bei den Worten »In lichter Waffen Scheine – ein Ritter nahte da«, und die Schlußszene von ›Rheingold‹ mit ihren gehäuften Schönheiten und Sinnigkeiten wieder vorzuführen: dem ersten Auftauchen der Schwert-Idee, der wundervollen Manipulation des

Walhall-Motivs, Loge's genial charakterisierenden Zwischenreden, diesem »Glänzt nicht mehr euch Mädchen das Gold« und vor allem dem unbeschreiblich sentimental zu Herzen gehenden »Traulich und treu ist's nur in der Tiefe« des Rheintöchter-Terzetts. »Die Dreiklangwelt des ›Ringes‹«, gesteht das Tagebuch, »ist im Grunde meine musikalische Heimat.« Allerdings ist hinzugefügt: »Und doch werde ich am Klavier des ›Tristan‹-Akkordes nicht satt.« –

[...]

Beinahe damit zusammen aber traf ein mit dokumentarischen Beilagen versehener Brief, den ich aus Bayreuth von Dr. Franz Beidler, dem Enkel Wagners und von Angesicht ihm unheimlich ähnlich, erhielt und der mich tagelang problematisch beschäftigte. Ich kannte Beidler, der 1933 Deutschland verlassen hatte, schon aus Berliner und Münchener Tagen, und in Zürich dann hatte er mit seiner Frau freundschaftlich in unserem Hause verkehrt, uns auch ein paarmal aus den Anfängen seines, wohl heute noch nicht vollendeten Buches über seine Großmutter Cosima, eines recht kritischen Buches, versteht sich, vorgelesen. Nun hatte der Bürgermeister von Bayreuth, ehrgeizig für seine Stadt, sich wegen der Neu-Organisation des Wagner-Theaters, der Wiederaufnahme der Festpiele »in demokratischem Geist«, an ihn gewandt, ihm, der zu Hitler-Bayreuth und dem Regime seiner Tante in strikter Opposition gestanden, die Oberleitung angetragen und ihn nach langer brieflicher Erörterung zu mündlicher Besprechung an Ort und Stelle geladen. Ich glaube, der Hauptvorteil dieser Reise für Beidler bestand darin, daß sie ihm Gelegenheit bot, sich Zugang zu dem Archiv von Wahnfried zu verschaffen, der ihm zum Nachteil seines Buches bisher verschlossen gewesen war. Aber auch über den Plan des Stadtoberhauptes, die Liste der heranzuziehenden Personen, die Bildung eines Kuratoriums waren eingehende Verhandlungen gepflogen worden, und vor allem, indem er den Vorschlag fast zur Bedingung seiner Mitwirkung machte, war Beidler für meine Ehrenpräsidentschaft eingetreten, die er mir nun in seinem Briefe sehr ernstlich und herzlich antrug. Es war ein sonderbarer, phantastischer und in gewissem Sinn erschütternder Eindruck. Aus hundert Gründen, geistigen, politischen, materiellen, mußte die ganze Idee mir utopisch, lebensfremd und gefährlich, teils als verfrüht, teils als obsolet, von Zeit und Geschichte überholt erscheinen; ich war nicht imstande, sie ernst zu nehmen. Ernst nahm ich nur die Gedanken, Gefühle, Erinnerungen, die sie mir aufregte, – Erinnerungen an meine lebenslange, in frühen Tagen durch Nietzsche's faszinierte Kritik nur noch befeuerte und vertiefte Verbundenheit mit der Wagnerwelt, an die ungeheuren und in hohem Grade bestimmenden Wirkungen, die der zweideutige Zauber dieser Kunst auf meine Jugend geübt. Schauerlich bloßgestellt durch die Rolle, die sie im nationalsozialistischen Staat gespielt, sollte sie nun in ihrer Reinheit (aber war sie je rein gewesen?) wiederhergestellt werden, und in später Wirklichkeit war mir eine Stellung amtlicher Repräsentanz in dem Mythos meiner Jugend zugedacht. Es war keine Versuchung, aber es war ein Traum, und wirklich wäre ich mit den letzten fünfzig Seiten des ›Faustus‹ früher fertig geworden, wenn dies Irrlicht mir nicht tagelang vorgeschwebt und der ausweichend dilatorische Brief, der an Beidler zu schreiben war, mich nicht abgelenkt hätte.

[...]

Tagebuch vom 27.1.1949

[...] Abends ›Winterreise‹ und Isolde. Die ungeheueren, hysterischen Akzente derselben. Die tiefe Verzweiflung der sehr gut gesungenen Lieder. Das Deutsche – welch eine sonderbare Seelenverfassung, nirgends sonst vorkommend.

Tagebuch vom 27.9.1949

[...] ›Tristan‹, II. Akt. Ziehe der metaphysischen Wonne die Dramatik des I. vor.

Richard Wagner und kein Ende (1950)

Pacif. Palisades, Calif.
den 6. Dez. 49

Lieber Pree, es hat doch länger gedauert, als ich wünschte, bis Ihrem Brief die Wagner-Schrift nachfolgte. Wie sehr ich selber dem Gegenstand verhaftet bleibe, zeigte mir die Spannung, mit der ich – bei soviel Lese-Ansprüchen – gleich nach dem Büchlein griff, und die bis zum letzten Worte anhielt, während ich es in einem Zuge las. Dies Austrinken auf einen Zug kommt bei mir selten vor; ich ermüde leicht, aber bei diesem Thema und dieser klug und liebevoll eindringenden, aus tiefer Beschäftigung kommenden Darstellung oder Darlegung war daran nicht zu denken. Auch reißt die Rede ja mit, weil sie sich beständig erhebt: Zuerst scheint das Problem nur unter dem Gesichtspunkt des modernen Ausstattungskünstlers gefaßt – und der Satz, daß gerade unter diesem Gesichtspunkt »die überzeitliche Geltung des Wagnerwerkes, die Möglichkeit seiner weiter dauernden Wirkung zu einer ganz besonderen, höchst nachdenklichen und schwer beantwortbaren Frage wird«, bleibt wohl wirklich der Zentralsatz des Ganzen. Aber dann wächst das Buch und weitet sich über alle spezielle Fragestellung hinaus zu einer aus Eingeweihtheit kühnen Umschreibung und Explizierung des ganzen kolossalen Phänomens überhaupt, – und wenn es dabei dann manchmal – ohne daß man je vergäße, daß man einen ästhetisch-philosophisch hochkultivierten Sprecher vor sich hat – etwas zu pompös und »deutsch« zugeht, nun, so können Sie nichts dafür, die Sache will's und bringt es mit sich.

Ach, diese Sache! Ich wollte, wir könnten bei Tee und Zigaretten drei Stunden darüber mündlich diskutieren. Wir würden uns gut verstehen in unserem Enthusiasmus, – und in seinen skeptischen Brechungen. In Ihrem Essay glauben Sie Wagnern allzuviel, lassen unwillkürlich und notwendigerweise zu viel weg von dem, was gräßlich an ihm war, und verklären noch seinen Welterfolg, daß es fast schon ans Unerlaubte grenzt. Glauben Sie ernsthaft – Sie können es ja gar nicht glauben! – daß dieser Siegeszug über die bourgeoise Welt der Sehnsucht zu danken ist, »zurückzutauchen in den wiedervereinenden Abgrund und die heilige Nacht«, – und nicht viel mehr der deutschen Mischung aus Barbarismus und Raffinement, mit der ja auch Bismarck Europa unterworfen hat, – plus einem Erotizismus wie er in Gesellschaft noch nie exhibiert worden war? Können Sie die Pariser Venusbergmusik noch gut hören? Es ist ja wirklich zuweilen unappetitlich. Und, wieder anders: Können Sie Hans Sachsens Theatersinnigkeit noch recht vertragen, die Gans, Evchen traut, den ›Juden im Dorn‹, Beckmesser? Dabei ist dessen

Pantomime, bis er das Lied findet, einfach glänzend, das Vorspiel zu dem Akt ganz herrlich, das Quintett ein wunderschönes Stück. Überhaupt ein Können, ein Talent, eine Vortragskunst – nicht zu sagen. Aber Manieren dabei, ein Anspruch, eine Selbstverherrlichung und mystagogische Selbstinszenierung – auch nicht zu sagen und zu ertragen. Warum nun gerade dieses Werk, das es, bei persönlichster Synthese, doch überall her hat, volkschaffend und welterlösend sein soll, das wissen die Götter. Es ist da, in Wagners Bramarbasieren, ewigem Perorieren, Allein-reden-wollen, über alles Mitreden-wollen, eine namenlose Unbescheidenheit, die Hitler vorbildet, – gewiß, es ist viel »Hitler« in Wagner, und das haben Sie ausgelassen, mußten es natürlich auslassen, – wie sollten Sie das Werk, dem Sie dienen, mit Hitler in Verbindung bringen! Es hat lange genug mit ihm in Verbindung gestanden.

Der zweite Akt ›Tristan‹, finde ich jetzt, mit seinem metaphysischen Wonneweben, ist mehr etwas für junge Leute, die mit ihrer Sexualität nicht wo ein und aus wissen. Aber als ich mir neulich den ersten in seiner realistischen Dramatik wieder einmal vorführte, war ich vollständig begeistert. Der Gesang der Isolde von dem »Kahn, der klein und schwach –«, die gespannte Szene zwischen den Beiden, beginnend mit »Begehrt, Herrin, was Ihr wünscht« und beherrscht von dem einleitenden Thema »Wüßtest – du nicht, was ich – begehre«, – es schlägt an Ausdruckskraft schlechthin alles. Und dabei ist die Sprache hier noch durch die epische Vorlage in reinen stilistischen Grenzen gehalten. Dennoch, den ganzen ›Tristan‹ könnte ich nicht mehr aushalten. Wohl aber den ›Lohengrin‹, dessen Vorspiel vielleicht das Wunderbarste ist, was er überhaupt geschrieben hat, und den ich in seiner blau-silbernen Schönheit wohl immer noch am innigsten liebe – es ist eine echte, bleibende, bei jedem Kontakt sich erneuernde Jugendliebe. Ich habe noch eine alte Platte von unserer Delia Reinhardt als Elsa mit dem »Einsam in trüben Tagen« und bei dem Einsatz der pp-Trompete, wenn es heißt: »In lichter Waffen Scheine – ein Ritter nahte da« bin ich jedesmal helles Entzücken wie mit 18 Jahren, – es ist der Gipfel der Romantik.

Ich möchte wohl den ›Lohengrin‹ in Ihrer Ausstattung sehen! Aber haben Sie nie den ›Parsifal‹ gemacht? Das Alterswerk, viel unterschätzt, ist doch eigentlich das Aller-Interessanteste. Die großartigste Musik ist noch darin (Verwandlung im III. Akt), und die Figur der Kundry ist zweifellos seine höchste dichterische Errungenschaft. Er wußte es.

So lange Briefe, mein Herr, schreibe ich sonst nie mehr. Ich werde eben wieder jung, wenn es mit Wagner anfängt. Haben Sie Dank für die Anregung und Wiederaufregung, die Ihr Buch mir gebracht hat!

[...]

Leben Sie recht wohl, und vielen Erfolg überall in der Welt!

Ihr gez. Thomas Mann

Aus **Meine Zeit** (1950)

[...] Auch Wagner war Naturalist, außerdem Symbolist und, Nietzsche zufolge, ein *Décadent*, nur, hauptsächlich, in Riesenformat. Zu der Zeit, als ich sein Werk liebend durchdrang, als meine jugendliche Begeisterung für ihn auf ihre Höhe kam und ›Der Ring des Nibelungen‹ mir als das Werk *par excellence* erschien – was es zuweilen noch tut –, da füllte dieses Werk zwar, wie noch heute, die Opernhäuser der Welt, aber intellektuelle Mode, *dernier cri*, der Gegenstand aktueller Diskussion war Wagner schon nicht mehr, ich war mit meinem brennenden, von Nietzsches Kritik nur angestachelten Interesse für ihn, eigentlich rückständig, ein Nachzügler, – so gut wie ich es war als Leser und hingerissener Bewunderer Schopenhauers. Denn als ich, anfangs meiner Zwanziger Jahre, diese atheistische Metaphysik, diesen so musisch getönten Pessimismus in Geist und Seele aufnahm, mich bis zur Berauschung darein vertiefte, war Schopenhauer keineswegs mehr der Philosoph des Tages, er war von gestern oder vorgestern, war bürgerliches Zeitalter, Museum, Bildung, – die in mir noch einmal aus dem schon Historischen sich löste und leidenschaftliches Erleben wurde.

Diese rückwärtigen Bindungen waren eine persönliche Bedingung und Notwendigkeit [...]

Tagebuch vom 8.4.1950

[...] Hörte ›Parsifal‹-Vorspiel und Szene mit Kundry, mächtig interessiert. Die psychologische Musik bleibt faszinierendes Phänomen.

An **Richard Braungart**, 14.4.1950

[...]
›Die Meistersinger‹ enthalten wundervollste Musik, aber *ganz* zufällig ist es nicht, dass sie Hitlern gar so gut gefielen.

Was übrigens dick aufgetragenes Deutschtum betrifft, so hat der Verfasser des ›Doktor Faustus‹ dem Schöpfer der ›Meistersinger‹ nicht viel vorzuwerfen. Finden Sie nicht auch?

[...]

An **Rosemary M. Barstow**, 13.10.1950

[...]
In calling Wagner the savior of opera through myth, I did not give my own opinion of the master but Wagner's own about himself. I know, of course, that his grandiose and highly personal work did not displace a whole world of beauty of a different nature, and I myself am too great an admirer of the benefactor of mankind, Verdi, as to believe that old-style opera has been wiped out by Wagner.

[...]

Tagebuch vom 25.12.1950

[...] Nachmittags hörten wir des Längeren aus dem ›Holländer‹, dessen religiöser Gehalt mir recht deutlich wurde. Christliche Mystik in Senta's »Schwärmerei«. Abweisung des Bürgerlichen (Erik) um der Heiligkeit willen. »Was will dein Leiden besagen im Vergleich mit dem jenes Dulders!« Das alles in einer Oper sehr neu. [...]

Briefe Richard Wagners (1951)

Diese wohlorganisierte Sammlung von größtenteils bisher unbekannt gebliebenen Briefen des ›Tristan‹-Schöpfers aus verschiedenen Perioden seines Lebens ist nicht nur ein wahres Gottesgeschenk für die Wagner-Philologie, es wird oder sollte auch jeder dazu greifen, der je die Verzauberung durch Wagners Werk erfahren hat und dadurch auch zur Beschäftigung mit einem der faszinierendsten, menschlich intrikatesten und künstlerisch sieghaftesten Persönlichkeitsphänomene aller Zeiten angehalten worden ist.

Ich erzähle kurz, wie dies mehr als sechshundertfünfzig Seiten starke Buch zustande kam. Eine Engländerin, Mrs. Mary Burrell, Gattin des Honourable Willoughby Burrell, leidenschaftliche Bewunderin der Kunst des deutschen Meisters und tief unzufrieden mit den bis dahin erschienenen Beschreibungen seines Erdenlebens, beschloß einige Jahre nach seinem Tode *die* große, genaue, durchaus wahrhaftige Wagner-Biographie zu schreiben, gestützt auf ein Dokumentenmaterial, zu dessen Beschaffung sie beliebig viel Zeit und Geld, all ihre Energie und ihren ganzen Spürsinn einzusetzen bereit war. Sie begann, den Kontinent zu bereisen, Personen oder Nachkommen solcher Personen ausfindig zu machen und sich mit ihnen in Verbindung zu setzen, die zu dem Verewigten in irgendwelcher Beziehung gestanden hatten, aufzukaufen und zu horten, was immer an Zeugnissen seines Lebens in der Welt verstreut war: Briefe vor allem, dann musikalische und literarische Skizzen, vollständige Manuskripte, gedruckte Partituren, Bilder, Konzertprogramme, Geburts- und Heiratszertifikate, Kontrakte, Pässe und so weiter. Worauf es ihr vornehmlich ankam, war, Material aufzutreiben, das bisher in irgendeiner Weise unwahrhaftig präsentiert worden, im Dunkel geblieben oder im Dunkel *gehalten* worden war, und es ist zu sagen, daß hinter ihrem Betreiben ein tiefes Mißtrauen gegen die offizielle Darstellung vom Leben ihres Helden, gegen ›Bayreuth‹, gegen ›Wahnfried‹, gegen Cosima, stand – ein Mißtrauen, das von so manchem geteilt wurde, der seine geheimen Schätze der Gralsburg am Roten Main lieber vorenthielt, und ein Mißtrauen, dem ich offen gestanden ein lebhafteres Verständnis entgegenbringe als der Herausgeber dieses Buches, der wenig davon wissen will, »Cosima hätte die Wagner-Dokumente für ihre Zwecke zurechtgebogen«.

Das Gefühl der guten Mrs. Burrell war meiner Meinung nach grundrichtig. Obgleich sie selbst eine Frau war, oder vielleicht gerade deshalb, hatte sie einen guten Instinkt für die Bedenklichkeit einer Damenverwaltung des Nachlasses genialer Männer, einer Bedenklichkeit oder auch Skandalosität, von der wir seit Elisabeth Förster-Nietzsche's Wirken mehr wissen als sie. Was im Nietzsche-Archiv geschehen ist, das ist bestimmt im Wesentlichen, im Prinzip, dem damenhaften Geiste nach auch in Bayreuth geschehen. Ich kann nicht beurteilen, ob wirklich die Unterschiede zwischen der öffentlichen Ausgabe von Wagners Autobiographie und der ursprünglichen Fassung, von der Mrs. Burrell bei einem italienischen Drucker ein zurückgehaltenes Exemplar auftrieb, »negligible« sind. Sie werden es sein. Aber das detaillierte Bild, das dieses durchaus redliche Buch von der Behandlung gibt, welche Wagners Briefe an seinen Dresdener Freund Uhlig durch Cosima's auf die nationale Honorigkeit Bayreuths bedachten blauen Zensurstift erfahren haben, ist empörend genug. Uhligs, eines Orchestergeigers, Tochter hatte die Originale dieser Briefe nach Bayreuth geschickt, klugerweise aber Kopien davon zurückbehalten, deren Zerstörung zu erreichen Cosima nichts unversucht ließ. Sie blieben jedoch erhalten und fielen in die Hände unserer Sammlerin. So lesen wir nun, was wir nach der vertuschenden Vorsorge Wahnfrieds nie hätten lesen sollen: Dinge, wie den ungeheuer charakteristischen Uhlig-Brief, worin Wagners nach 1848 fortdauernder rasanter Revolutionarismus, seine Überzeugung, daß der »Augiasstall« unserer Geldzivilisation auf politischem Wege nicht zu reinigen sei, sondern daß er buchstäblich in Flammen aufgehen müsse, damit reine Luft geschaffen und wahrer Kunst (seiner Kunst) eine kommerziell unschuldige Lebensmöglichkeit bereitet werde, zum unumwundensten Ausdruck kommt. Das alles mag stürmischer Künstlerunsinn sein, aber ein solches Lebensdokument zu unterdrücken ist arrivistische Korruption und nichts weiter.

Dabei sind es nicht einmal solche Unterdrückungen und Fälschungen, die man hauptsächlich im Sinne hat, wenn man Mrs. Burrells Abneigung gegen Cosima als nur zu gerechtfertigt empfindet. Man braucht nur in unserem Buch die Worte zu lesen, welche die Tochter von Wagners altem Freunde aus der Zeit seiner Tätigkeit an der Dresdener Oper, Ferdinand Heine, fünfzig Jahre später, 1895, an die Tochter der Mrs. Burrell schrieb: »Nachdem ich Ihre liebenswerte Mutter und ihr edles Streben kennen gelernt, würde ich mich nie dazu verstehen, mit Wagners Witwe gemeinsame Sache zu machen. *Wie so ganz anders* hat sie die ehemals so *edel gehaltenen Festspiele* in Bayreuth gestaltet, als *Richard es wohl je geahnt* ...« – man braucht, sage ich, diese Worte nur zu lesen, um im Geiste des unheilvollen Einflusses nach seinem ganzen Umfange wieder gewahr zu werden,

den »das Weib« in der Gestalt der Tochter Liszts auf »den Mann« in seiner korruptibelsten Erscheinungsform, den Künstlermenschen Wagner und auf die Verwaltung seines Werkes ausgeübt hat – eines Einflusses, der nicht wenig zu tun hat mit dem »Sumpf«, als den Nietzsche die ›Bayreuther Blätter‹ bezeichnete, und der das Festspielhaus schließlich zu Hitlers Hoftheater erniedrigte. Wir werden, denke ich, über diese Geschichte sehr Genaues erfahren durch die Cosima-Biographie, die der Wagner-Enkel, Franz Beidler, Sohn Isolde's, in Zürich vorbereitet. –

Mrs. Burrell also, nachdem sie eine Überfülle von Arbeitsmaterial zusammengebracht, machte sich daran, ihre große Biographie zu schreiben. Aber sie war mehr zur Sammlerin als zur Schriftstellerin geboren. Ihr Buch, so weit sie damit kam – und das war nicht viel –, soll äußerst ungefüge sein; auch kaprizierte sie sich darauf, alle Briefe, deren sie habhaft geworden war, nur im Original zu präsentieren – und was der Unbehilflichkeiten mehr waren. Die Aufgabe ging über ihre Kräfte. 1898, als sie starb, hatte sie es gerade bis zu Wagners einundzwanzigstem Jahr und seiner ersten Bekanntschaft mit Minna Planer als junger Provinzkapellmeister gebracht und noch gar nicht Gelegenheit gehabt, was sie Neues zu bieten hatte, für ihre Geschichte zu benutzen. Ihre Erben veröffentlichten das biographische Fragment. Die Sammlung selbst aber blieb viele Jahre lang unberührt und unzugänglich liegen. 1929 erst wurde sie katalogisiert, und man erfuhr wenigstens etwas Allgemeines über ihren Inhalt. 1931 wurde sie verkäuflich, und eine Amerikanerin, Mrs. Mary Louise Curtis, die heute Mrs. Efrem Zimbalist heißt, machte sie dem Curtis Institute of Music zum Geschenk – achthundertvierzig Stücke, meist Briefe, zu denen Mrs. Zimbalist noch fünfundzwanzig von ihr selbst erworbene fügte. Diese Dokumentenmasse also wird in dem Buche zum erstenmal ausgebreitet und dargeboten in der geschickten und chronologisch klärenden Kapitelanordnung, die der Herausgeber, Mr. Burk, dem riesigen Material gegeben hat, mit seinen klugen und kundigen, pietätvollen und vorzüglich geschriebenen Kommentaren und die Texte verbindenden Entrefilets, welche das Buch als Ganzes tatsächlich zu der Wagner-Biographie machen, die die selige Mrs. Burrell erträumt hat und nicht zu meistern vermochte.

Der Hauptgewinn dieser Enthusiastin war, daß sie den Weg zum Herzen Natalie Bilz-Planers, einer natürlichen Tochter von Wagners erster Frau, Minna Planer, von ihr als ihre Schwester ausgegeben, zu finden wußte. Was Vertrauen zwischen den beiden stiftete, war hauptsächlich die gemeinsame Antipathie gegen Cosima, und so konnte Mrs. Burrell von der Erbin der umfangreichen Sammlung ihrer 1866 verstorbenen Mutter vierundzwanzig Jahre später für Geld und gute Worte Stück für Stück, nicht weniger als einhundertachtundzwanzig Briefe Wagners an Minna an sich bringen, die, so kann man wohl sagen, die »pièce de résistance« des vorliegenden Buches bilden. Wir haben da, in Briefen Richards an Minna und ihren an ihn, die ganze bittere Geschichte dieser Ehe vom ersten Liebeswort bis zur endgültigen Trennung. Wir lernen viel daraus: vor allem, daß Wagners Bindung an diese Frau viel stärker, tiefer verwurzelt und dauerhafter war, als man sich wohl vorgestellt. Er hat sie ganz offenbar leidenschaftlicher geliebt als alle, die ihr später sein Herz stahlen: Jessie Laussot, Mathilde Wesendonck, Cosima von Bülow, in denen sie notwendig teuflische Verführerinnen erblicken mußte, während sie ihr einfach an Verständnis für Wagners Künstlertum überlegen waren. Er hat die schweren Zeiten, in denen sie ihm treu zur Seite gestanden, namentlich die von 1839 bis 1842 in Paris, niemals vergessen und sich, auch nachdem er ihr den Scheidebrief geschrieben, finanziell wie ein anständiger Mann gegen sie betragen – was sie ihm kurz vor ihrem Tode öffentlich bestätigte. Wir lernen auch, daß die schöne und erfolgreiche junge Schauspielerin, die böse Erfahrungen hinter sich hatte (mit fünfzehn Jahren war sie verführt worden), nicht leichten Herzens ihr Leben an das eines Mannes band, dem wahrscheinlich von früh an eine wilde, stürmische, exzentrische Bestimmung, die Bestimmung zur Zerfallenheit mit allen Gewohnheiten der Welt, an der Stirn geschrieben stand. Sie war weiblich-klug, zurückhaltend, besonnen. Aber die magnetische Kraft seines Werbens war stärker – und das war seine »Schuld«. Wir blicken in ein Frauenschicksal nicht unähnlich dem der armen Gräfin Tolstoi, die so gern gewollt hätte, daß ihr Leochen fortführe, schöne Romane zu schreiben, statt das Urchristentum zu predigen und das Geld, das Militär, die Kirche, die ganze Zivilisation zu verdammen. Was Minna betraf, so wollte sie ihren Richard den Weg eines erfolgreichen Opernkomponisten verfolgen sehen, den Weg, den er mit ›Rienzi‹ und ›Tannhäuser‹ glückhaft angetreten hatte. Noch ›Lohengrin‹ mochte recht und gut sein. Als er aber, durch seine verfluchte politische Verstrickung des guten Kapellmeisterpostens in Dresden verlustig gegangen, sich in völlig unpraktischen, der Welt nach ihren Anforderungen fremden Hirngespinsten, in phantastischen dramatischen Riesen-Unternehmungen verlor, die offenbar unrealisierbar waren, unakzeptabel für die Opernbühne, wie sie war – da ›konnte sie nicht mehr mit‹. Woran ihre Ehe scheiterte, was den abenteuerlichen Gatten von ihr entfernte, war das Versagen ihres Glaubens – das Letzte, was Wagner verzieh, er, ein Mann des unerhörtesten, unerschütterlichsten Glaubens an sich und seine Mission, der diesen Glauben auch von allen anderen forderte und die Verkommenheit der Welt gerade darin erblickte, daß sie ihn ihm verweigerte – nebst den »Subsistenzmitteln« zur Vollendung seines Werkes, die vor allen Dingen der Ausdruck des Glaubens hätten sein sollen.

Mr. Burk findet sehr gute, beredte Worte, um Wagners Wehwalt-der-Wölfing-Verhältnis zur Welt, das die arme Minna so unglücklich machte, zu kennzeichnen. So, wenn er schreibt: »Fast immer in Wagners Laufbahn, ganz besonders aber zu dieser Zeit (um 1850), war es das Hauptproblem des Künstlers, seinen Lebensunterhalt in einer an ihm nur wenig interessierten, ›philiströsen‹ Welt zu finden, um sein schöpferisches Schicksal zu erfüllen und so die Welt zu erobern. Er hatte sich selbst ein Ziel gesetzt, das jeden anderen entmutigt hätte. Es galt, Geld zu beschaffen, ohne sich dabei in Routine zu begraben, Partituren von gewaltiger Konzeption und ungeheuerlichen Schwierigkeiten zu schreiben, endlose praktische Aufführungsprobleme zu lösen mit Künstlern, die er zu erziehen hatte, auf einem Theater, das er zu erbauen hatte, vor einem Publikum, das völlig abweichende Ideen über die Oper hegte. Wie lang und wie furchtbar dieser Kampf war, kann nur erfaßt werden, wenn man Wagners tägliches Leben aus nächster Nähe betrachtet. Dies zeigt uns nicht immer einen liebenswerten Menschen, aber stets einen Künstler von unglaublicher Überzeugungskraft und Mut.«

Man kann es nicht besser, einsichtsvoller und gerechter sagen. »Ein liebenswerter Mensch«, nein, das war er nicht. Er war sogar eine unausstehliche Belastung und Herausforderung der Mitwelt. Wagner, das Pumpgenie, der luxusbedürftige Revolutionär, der namenlos unbescheidene, nur von sich erfüllte, ewig monologisierende, rodomontierende, die Welt über alles belehrende Propagandist und Schauspieler seiner selbst, der theatromanische Kostümfex, »Friseur und Charlatan«, wie Gottfried Keller ihn nannte, der natürlich nichts übrighatte für das Wagner'sche Durcheinander von Weltentsagung und Weltbegierde, für die erzromantische Ausbeutung des ungesunden Gegensatzes von Sinnlichkeit und Keuschheit in seinem Werk: wir haben diesen Wagner wieder vor Augen, und da ist zuviel Abstoßendes, zuviel »Hitler«, wirklich zuviel latentes und alsbald auch manifestes Nazitum, als daß rechtes Vertrauen, Verehrung mit gutem Gewissen, eine Liebe möglich erschiene, die sich ihrer nicht zu schämen braucht. Und doch! Wer wäre nicht ergriffen und plötzlich ganz *mit* ihm beim Lesen der Briefzeilen, die er Februar 1862 aus Biebrich an Minna schrieb: »Die Zeit wird kommen, wo man, beim Überblicke eines Lebens, wie des meinigen, mit später Scham einsehen wird, wie gedankenlos man mich fortgesetzt der Unruhe, der Unsicherheit preisgiebt, und welch ein *Wunder* es ist, daß ich unter solchen Umständen solche Werke, namentlich auch wie mein jetziges geschaffen habe.« Es *war* ein Wunder, und schmählich hat gegen den Unausstehlichen eine Welt unrecht bekommen, die aber kein Gedächtnis hat und, wenn sie heute in seinen Werken schwelgt, sich überhaupt nicht erinnert, daß sie sie einst absurd und unmöglich fand.

»Mein jetziges«, das waren die ›Meistersinger‹. Bewunderung wallt auf, daß der Plan dazu gefaßt wurde in den qualvollen Wochen, als Wagner in Wien um das Zustandekommen einer Aufführung des ›Tristan‹ rang und vergebens rang. Ward je in solcher Laun' ein Werk empfangen? Da liegt das Riesenfragment des ›Ringes‹ – unaufführbar wahrscheinlich für immer. Da ist ›Tristan und Isolde‹, die Eingebung der Mathilde-Wesendonck-Zeit – unaufführbar, selbst in der eher freundwilligen österreichischen Hauptstadt, wo Wagner zum erstenmal seinen vor dreizehn Jahren entstandenen ›Lohengrin‹ hatte hören können. Er hörte ein Jugendwerk, und was er seitdem gemacht, schien zu einem Schattendasein verurteilt. War er sehr niedergedrückt? Er war es. Aber auf der Reise von Karlsruhe nach Wien hatte er sich vier Tage - ganze vier – in Nürnberg aufgehalten, und dort, nur durch den Anblick des Stadtbildes offenbar, war ein Nebel zum Stern, ein vager Traum zur konkreten Arbeitsidee geworden: Etwas mächtig Deutsches, protestantisch Revolutionäres, volkhaft Kühnes und Biederes hatte längst gelebt und geschwebt in seiner Phantasie, was eigentlich von ›Luthers Hochzeit‹ hätte handeln sollen, das ging nun ein in die Konzeption der ›Meistersinger von Nürnberg‹, und alle Quälereien, Sorgen, Scherereien wegen des ›Tristan‹, von so existentieller Wichtigkeit sie waren, bildeten nur die Oberfläche seines Daseins; darunter, in Wahrheit und in der Stille, war all sein Sinnen, Trachten und Hoffen versammelt auf das Neue, auf das, was ein glorioser Ausbruch deutschen Gemütes, deutscher Freiheit und Meisterlichkeit in pompösem C-Dur werden mußte.

Depression, Widrigkeiten, Not, Verzweiflung sind keine Hindernisse für große Eingebungen. In gewissen Fällen sind sie der günstigste Nährboden dafür. Zähe Vitalität ist nicht angeboren, der Genius läßt sie zuströmen, und wer einen Auftrag hat, ist nicht umzubringen. Dieser Mensch war ein dünnes, kränkelndes Kind gewesen, später auch immer das Opfer von Hautreizungen, Dyspepsie, Schlaflosigkeit, allgemeiner Nervenschwäche. Mit dreißig ist er in einem Zustand, daß er sich »oft niedersetzt, um eine Viertelstunde lang zu weinen«; er fürchtet, vor der Beendigung des ›Tannhäuser‹ zu sterben, hält sich mit fünfunddreißig für zu alt, um die Ausführung des Nibelungenplanes zu unternehmen, ist fortwährend erschöpft, jeden Augenblick »fertig«, denkt mit vierzig »täglich an den Tod« – und wird mit fast siebzig einen wahren Kosmos von Lebenswerk, ein minuziöses Großgebilde magischer Intellektualität, mit dem ›Parsifal‹ krönen. Man sage, was man wolle – es ist ein wundervolles, erstaunliches, ewig faszinierendes Schöpferleben.

Einen Brief wie den großen an Liszt vom Jahre 1851, worin der Plan der ›Nibelungen‹ feierlich entwickelt und vorgetragen ist, gibt es in unserer Sammlung nicht. Und doch ist einer da – fast ebenso lehrreich, ebensoviel Einsicht gewährend in Wagners eigenste Produktionsart wie jener. Er stammt schon vom 30. Januar 1844 und ist aus Dresden gerichtet an Karl Gaillard in Berlin. Der Einunddreißigjährige schreibt da: »Ich bilde mir auf meinen Dichter-Beruf wahrlich nichts ein und gestehe, daß ich nur aus Nothdurft, weil mir keine guten Texte geboten wurden, dazu griff, mir diese selbst zu dichten. Jetzt aber würde mir es ganz unmöglich sein, ein fremdes Opernbuch zu komponieren, und zwar aus folgendem Grunde: Es ist bei mir nicht der Fall, daß ich irgend einen beliebigen Stoff wähle, ihn in Verse bringe und dann darüber nachdenke, wie ich auch eine passende Musik dazu machen wolle; bei dieser Art des Verfahrens würde ich allerdings dem Übelstande ausgesetzt, mich zweimal begeistern zu sollen, was unmöglich ist. Die Art meiner Produktion ist aber anders: Zunächst kann mich kein Stoff anziehen, als nur ein solcher, der sich mir nicht nur in seiner dichterischen, sondern auch in seiner musikalischen Bedeutung zugleich darstellt. Ehe ich dann daran gehe, einen Vers zu machen, ja eine Scene zu entwerfen, bin ich bereits in dem musikalischen Dufte meiner Schöpfung berauscht, ich habe alle Töne, alle charakteristischen Motive im Kopfe, so daß, wenn dann die Verse fertig und die Scenen geordnet sind, für mich die eigentliche Oper ebenfalls schon fertig ist und die detaillierte musikalische Behandlung mehr eine ruhige und besonnene Nacharbeit ist, der der Moment des eigentlichen Produzierens bereits vorausgegangen ist.« Und er fügt hinzu, daß er nur Stoffe brauchen kann, die sich ausschließlich für die musikalische Behandlung eignen. »Hier dürfte aber auch der Punkt sein, wo Oper und Drama sich vollkommen scheidet ... Wenn es die heutige Aufgabe des dramatischen Dichters ist, die materiellen Interessen unsrer Zeit vom moralischen Standpunkte aus zu läutern und zu vergeistigen, so ist dem Opern-›Dichter‹ und -Komponisten überlassen, die ganze heilige Poesie, wie sie uns aus den Sagen und Geschichten der Vorzeit anweht, in dem ganzen ihr eigenen Dufte hervorzuzaubern ... Zu meiner nächsten Oper habe ich die schöne und so eigenthümliche Sage von Tannhäuser gewählt ...«

In so jungen Jahren eine so klar-bewußte und für immer bindende Definition seines persönlichen und einmaligen Künstlertums! – nicht ohne das Hinzufügen, daß auf diese, auf seine Weise die Oper auf ein höheres Niveau gehoben werden kann, aus einer Erniedrigung, die ihr durch die Behandlung unmusikalischer (er meint: unromantischer) Gegenstände zugefügt worden ist. –

Genug. Ein Wort nur noch zur Geschichte der Festspiel-Idee, wie sie sich in diesen Briefen merkwürdig genug abzeichnet. Sie ist gründlich revolutionären Ursprungs und im Keim enthalten in dem erwähnten wilden Brief an Uhlig, worin die Notwendigkeit erklärt wird, die ganze bürgerliche Zivilisation mit ihrem kommerziellen Theaterbetrieb in Flammen aufgehen zu lassen. Nach dieser Feuerkur werde vielleicht hier und da ein Enthusiast (gleich ihm) die Überlebenden dieser niederträchtigen Welt zusammenrufen und sie fragen: »Wer hat Lust, mir zu helfen, ein Drama aufzuführen?« Nur Menschen wirklich reinen Willens würden sich dann melden, denn jetzt wäre es nicht mehr möglich, Geld mit der Sache zu machen. Die würden dann in einem rasch errichteten hölzernen Gebäude zusammenkommen, um dem Volke zu zeigen, was Kunst ist. Die Idee eines dem Volke gewidmeten Fest-Theaters (im Gegensatz zum verhaßten »Hoftheater«) lebt zäh in ihm fort, taucht immer wieder auf. In Dresden, zur Zeit des ›Lohengrin‹, zu dessen Aufführung es zu seiner Erbitterung nicht kommen will, entwirft er in Gesprächen mit Freunden hoch-utopische Bilder vom Volks- und Ideal-Theater der Zukunft. Das Gebäude soll auf einer Anhöhe stehen, ein weithin sichtbarer Kunsttempel. Dann sollen aus allen Gegenden des Landes die Leute zusammenströmen, um sich von hoher und reiner Schönheit erbauen zu lassen. Nur das Höchste, in würdigster Darstellung soll geboten werden. Die Nation selbst soll der Veranstalter des Festes sein, das die Genießenden nichts kosten dürfe. Alle Mitwirkenden hätten ihre Zeit und ihr Talent umsonst in den Dienst der großen Sache zu stellen und so weiter. Über die skeptischen Einwände der Freunde redet er in sprudelndem Sächsisch hinweg. Hier hat das Volks- und Festtheater schon den Charakter der Dauer-Einrichtung. Später, als der ›Ring‹ unterwegs ist, kehrt die Idee wieder mehr zum Improvisatorischen zurück. Er schreibt aus Zürich, er sei trotz allem entschlossen, seinen ›Siegfried‹ (es handelt sich noch um ›Siegfrieds Tod‹) in Musik zu setzen, aber ebenso entschlossen, keinem gemeinen Theater zu erlauben, das Werk aufzuführen. Im Gegenteil habe er die kühnsten Pläne, zu deren Realisierung er freilich nicht weniger als zehntausend Taler brauche. Er wolle ein Theater bauen, am Rhein oder in der Schweiz oder irgendwo, wolle aussenden nach den besten Sängern und Musikern, und alles, was er sonst brauche, die ganze Ausstattung, müsse eigens für diese besondere Gelegenheit hergestellt sein, so daß er einer vollkommenen Aufführung sicher sein könne. Dann werde er Einladungen verschicken an alle, die seiner Kunst ergeben seien, auf diese Weise sein Theater mit einem empfänglichen Publikum füllen und in einer Woche drei Aufführungen – ohne Eintrittsgeld natürlich – veranstalten. *Danach werde das Theater abgerissen werden* und die Sache werde zu Ende sein.

Phantasien? Träume? Sie sollten wahr werden – oder, wenn nicht gerade wahr, so doch wirklich, »Bayreuth« sollte kommen, mit zwanzig Mark Eintrittspreis, mit Königen und Kaisern und internationalem Geld-Mob und schrecklichen Wagner-Schriftstellern als Publikum, mit Geschäftemacherei und Wohnungswucher im ganzen Städtchen und glänzenden Empfängen und Gartenpartien, bei denen es Feuerwerk gab, in der von Wahn und kulturpäpstlicher Anmaßung durchaus nicht freien Villa »Wahnfried«. Es war die arrivierte Utopie. Und Nietzsche floh …

Tagebuch vom 13.1.1951

[…] ›Siegfried‹. Die Liebesszene nach der Erweckung eigentümlich unlyrisch und steif geführt. Die der ›Götterdämmerung‹ entschieden frischer. Großartig die Szene Wotan-Siegfried.

Tagebuch vom 16.1.1951

[…] Erika zum Kaffee. Gespräch über die Geschichte Ludwig und Wagner in München. Die sehr niedrigen Intrigen der Hofleute. (Pfistermeister.) Ludwig sensitive Vorwegnahme einer Empfänglichkeit, die damals von den Wenigsten geteilt wurde und sich dann über die Welt verbreitete. Charakteristisch für Wagner, daß er nach der lange verschobenen, vollendeten ›Tristan‹-Aufführung mit Schnorr v. Carolsfeld erklärte, nun solle der Tristan nie wieder gespielt werden. Die beiderseitige Hysterie nach dieser Aufführung. Ludwig in Bayreuth. Entsetzen und Flucht. […]

Tagebuch vom 28.1.1951

[...] Abends ›Holländer‹ Musik, Erik-Szene und das schöne Duett. Abstand zwischen der Kommunheit Dalands und der Hysterie aller anderen, einschließlich Eriks. Vergleich des Holländers mit Hans Heiling als Liebhaber. Sentas religiöser Ehrgeiz: »Durch mich und keine andere!« [...]

›Meistersinger‹ (1951)

Sehr geehrter Herr Direktor,
wieviele Bekenntnisse über Wagner, zu Wagner, für und gegen Wagner, habe ich schon abgelegt – es scheint kein Ende damit nehmen zu sollen. ›Wagner und kein Ende‹, so hatte man einen Brief überschrieben, den ich vor zwei Jahren an einen Münchner Freund über seine Wagner-Schrift richtete und der kürzlich in der ›Schweizerischen Musikzeitung‹ abgedruckt wurde. Darin war auch von den ›Meistersingern‹ die Rede, dem unglaublich frohmütigen Geschwisterwerk des ›Tristan‹, dem überdimensionierten Lustspiel einer urplötzlich von letzter Todestrunkenheit auf das C-Dur strahlender Lebenslust, pomphaft deutscher Biederkeit und Schalkheit sich perfekt umstellenden Genieseele, mit dem die Baseler Oper ihre diesjährigen Festspiele eröffnet.

Man soll die Anzüglichkeiten, die in jenen brieflichen Äußerungen, gerade die ›Meistersinger‹ betreffend, mit unterlaufen, nicht mißverstehen. Sie sind Ausdruck einer enthusiastischen Ambivalenz, von der mein Verhältnis zu Wagner nun einmal bestimmt ist und die man schlecht und recht Leidenschaft nennen könnte. Dieser jung gebliebenen Leidenschaft ist jeder Ausdruck recht: der kritisch-skeptische und der lobpreisend-gehobenste. Nicht im mindesten hindern mich die Ablehnungen oder Schein-Ablehnungen der Worte an Preetorius, den Vorsprecher abzugeben für Ihre festliche Neuinszenierung der ›Meistersinger von Nürnberg‹ – ich wollte, ich könnte ihn besser und ausführlicher abgeben; aber die Bäder sind anstrengend, und es ist mir hier alles Arbeiten verboten. Hinter dem Rücken des Doktors also nur diesen Gruß: Ihre Wahl ist gut und herrlich, denn die ›Meistersinger‹ sind ein herrliches Werk, ein Festspiel, wenn es je eins gab, ein Gedicht, worin Weisheit und Kühnheit, das Würdige und das Revolutionäre, Tradition und Zukunft sich auf eine großartig heitere, Begeisterung für das Leben und für die Kunst tief aufweckende Weise vermählen. In persönlich trüben und drangvollen, ja hoffnungslosen Tagen ist es aus innerem Jubel der Kraft und des Glaubens geboren, und Jubel wird es immer erregen, auch jetzt, selbst jetzt, gerade jetzt – auch bei Ihnen.

Nehmen Sie meine Glückwünsche!

Tagebuch vom 19.12.1951

[...] Hörte abends die Traubel Wagner-Singen, Orchester unter Toscanini. Erzählung der Isolde vom Kahn, der klein und schwach. Der Ausdruck heroisch beleidigten Weibtums nicht zu übertreffen. Riesen-Akzente.

Tagebuch vom 10.4.1952

[...] Abends ›Parsifal‹, der 1. Akt ganz. Die Tempelszene schwer auszuhalten. Kundry das Beste.

Tagebuch vom 11.4.1952

[...] Abends ›Parsifal‹, Akt II. Bayreuther Theater-Aufnahme, schwach. Lauschte aber angespannt u. machte mir Gedanken. [...]

Tagebuch vom 12.4.1952

[...] III. Akt ›Parsifal‹. Aufmerksam angehört. Dann in ›Dichtung und Wahrheit‹.

Tagebuch vom 4.5.1952

[...] Abends ›Meistersinger‹-Vorspiel, das immer zugleich ein Gedenken an Nietzsche ist. [...]

Tagebuch vom 22.5.1952

[...] Hörte vorzügliche ›Tristan‹-Platte. Arge Beschwerden denkerischer Art in der sonst zauberhaften Liebesszene. Das mystische »So stürben wir« wundervoll. Vollständige Vorwegnahme des Liebestodes.

Tagebuch vom 20.6.1952

[...] Abends mit Bewunderung die vollendet gute Aufnahme der ›Tristan‹-Fragmente: Isoldes Erzählung und Liebesduett, gehört. Die Erotisierung Schopenhauers denn doch eine Zumutung, zu lang, musikalisch wenig inspiriert. Man ist froh, wenn es zu dem »So stürben wir« kommt. Die völlige Antizipation des Liebestodes nur mit klanglichen Vorbehalten und Aufsparungen. [...]

An Wilhelm H. V. Lunau, 29.7.1952

[...]
Direktor Schubring war ja schreckenerregend, aber freilich musikalisch. Einmal spielte er vor der Singstunde auf dem Harmonium etwas sonderbares und sagte dann in seinem dumpfen Bass: ›Meistersinger‹! Das waren die ersten Akkorde, die ich aus dem Werk hörte.
[...]

An Theodor W. Adorno, 30.9.1952

[...]
Unterdessen das Wagner-Buch! Es kommt doch zu mir? Ich werde es essen, wie jemand in der Apokalypse ein Buch ißt, das ihm »süß wie Honig schmeckt«.

An Theodor W. Adorno, 30.10.1952

[...]
Ihrer Adresse unkund, lasse ich diese Zeilen über Ihren Verleger gehen, der mir den »Wagner« schickte. Tage lang habe ich mit tiefster Angelegentlichkeit gelesen. Es ist ein stupendes Buch, faszinierend

durch die scharfsichtige Intimität mit seinem Gegenstande, der sich hier bei aller *bezwungenen* Bewunderung (die ein paar mal unversehens durchbricht) als einer der größten, geistentbindenden Gegenstände erweist, die sich der Kritik je geboten haben. Das autoritativste Kapitel ist wohl das über die Instrumentation, das wieder so nahe zusammenhängt mit der »Phantasmagorie«, der »Verdeckung der Produktion durch die Erscheinung des Produkts« als Wagner'sches Formgesetz. Diese Seiten haben mir recht gezeigt, in welchem Grade ich Wagnerianer bin – und in welchem *nicht.* Ich habe Wagnern viel nachgemacht, mich viel an ihn »erinnert«. Aber der illusionäre Charakter des Kunstwerks als eines Wirklichen ist mir ganz fremd und hat nie meinen Ehrgeiz wachgerufen. Dazu war mein Verhältnis zum »Werk« zu ehrlich-ironisch, und gern habe ich immer die Produktion humoristisch kompromittiert.

Das nebenbei. *Unbändig interessant* ist Ihr Buch Seite für Seite! Ich habe zahllose Bleistiftstriche gemacht; manchmal auch kleine Fragezeichen. Eines davon gilt der »Singstimme, die sich dem motivischen Leben der Musik entzieht, weil das gesungene Motiv der geforderten Natürlichkeit des Tonfalls widerspräche«. Ganz so ist es doch nicht. So manches Motiv wird gesungen: das eklatanteste Beispiel ist die »Verkündigung« an Sieglinde, »Denn Eines wisse und wahr' es wohl: den hehrsten Helden der Welt – trägst du, o Weib, im schirmenden Schoß.« Ein anderes Alberichs Goldverfluchung, die, wie Lohengrins »Nie sollst du mich befragen«, zeigt, wie ein Motiv oft überhaupt zuerst gesungen wird, um dann vom Orchester zu wiederholter Erinnerung übernommen zu werden. Im »Liebestod« singt Isolde ein gutes Stück die Melodie (aus dem II. Akt) mit, worauf dann freilich, weiterhin, die Singstimme nur noch »nach den Harmonien des Orchesters sich richtet«. Und so weiter.

Beglückt haben Sie mich am meisten mit den späten Seiten über das Wagner'sche Werk als Zeugnis von der Frühzeit des bürgerlichen Verfalls. »Kein Verfallsmoment in Wagners Werk, dem nicht die Produktivkraft Momente des Werdenden hätte abzuzwingen vermocht.« Das ist groß gesehen, und ebenso groß ist das Wort von der »Kraft der Neurose, dem eigenen Verfall ins Auge zu sehen und ihn zu transzendieren ...«, ebenso groß die Frage, »ob das Nietzsche'sche Desiderat der Gesundheit mehr taugt als das kritische Bewußtsein, das die grandiose Schwäche Wagners im Umgang mit den unbewußten Mächten des eigenen Zerfalls gewinnt … Der bürgerliche Nihilist durchschaut den Nihilismus der Epoche nach ihm.« Superb! Und dann das erstaunlich prophetische Citat aus ›Religion und Kunst‹!

»Wenn aber die verfallende Gesellschaft in sich die Möglichkeiten der anderen entwickelt, die einmal vielleicht an ihre Stelle tritt …« Gäbe es nur je ein positives Wort bei Ihnen, Verehrter, das eine auch nur ungefähre Vision der wahren, der zu postulierenden Gesellschaft gewährte! […]

Spätbürgerlicher Terror und der des »Neuen« liegen einander schwer gewappnet gegenüber, und »durch ein unberechenbares Versehen« kann jeden Augenblick das Ganze »in die Luft fliegen«. Was ich kommen, unaufhaltsam heraufziehen und sich ausbreiten sehe, ist einfach die Barbarei. Unsere höhere Literatur kommt mir vor wie ein hastiges Resümieren und *parodierendes* Rekapitulieren des abendländischen Mythos, rasch noch vor Einbruch der Nacht. Wieviele sind wir noch, die »die Grunderfahrungen des bürgerlichen Zeitalters« noch »vollziehen« können und also »jene Stelle« noch verstehen, wo »das Horn das Echo der traurigen Hirtenweise auffängt«? Unsere Zahl schrumpft rapide zusammen, und schon sind wir von Massen umgeben, die überhaupt nichts mehr »vollziehen« können. Gebe der Himmel uns etwas von der Produktivkraft, die jedem Verfallsmoment Momente des Werdenden abzuzwingen vermag!

Tagebuch vom 9.2.1953

[…] Preetorius über den Mailänder ›Lohengrin‹, mit Szenenbildchen. Bedauern die offenbar magisch schöne Aufführung versäumt zu haben. Die Geigen im Vorspiel. Lösung der Ankunft, frontal, zunächst durch Schleier. Stelle mir das gern vor.

Tagebuch vom 25.2.1953

[…] Abends Musik, endlich. Peinliche Längen in der ›Tristan‹-Liebesszene durch die Versessenheit aufs Metaphysisch-Gedankliche. Wohltat der Liebestod-Melodie, die echt nummernhaft eingeleitet.

Spannungsintroduktion mit Harfe, schon vorher in der Langweile versprechend anklingend.

[...]

Tagebuch vom 27.3.1953

[...] Abends ›Parsifal‹ I. Akt mit Erzählung des Gurnemanz. Das Ganze ein tolles, einzigartiges, fast ungeheuerliches Stück.

Tagebuch vom 18.4.1953

[...] Wagner-Platten. Die mythologische Stimmung, etwa in Erdas Warnung, unvergleichlich. Bericht der Waltraute, Glanzstück. [...]

Tagebuch vom 6.7.1953

[...] Nahm ein und fand Ruhe für die Nacht, die zum besten Teil des Tages geworden. So ist es, wenn man sich überlebt. Wagner schrieb mit annähernd 70 sein Schlußwerk, den ›Parsifal‹, und starb nicht lange danach. Ich habe ungefähr im selben Alter mein Werk letzter Konsequenz, den ›Faustus‹, Endwerk in jedem Sinn, geschrieben, lebte aber weiter. [...]

Tagebuch vom 13.8.1953

[...] Hörten den 3. Akt ›Lohengrin‹, aus Bayreuth gesendet. Sehr schöner Vortrag der Gralserzählung. Zu langsame Tempi im Brautgemach. Zauberhafte Musik, dazwischen viel Leere. [...]

Tagebuch vom 5.9.1953

[...] Stadttheater zum ›Lohengrin‹, von dem wir zwei Akte hörten. Genialität des Vorspiels, nie genug zu bewundern. Später Wechsel von Leere und schönster Musik. Gute Elsa, gutes Dunkelpaar, der ›Lohengrin‹ so mies, daß wir den 3. Akt nicht mit ihm hören mochten, wobei Hitze u. Müdigkeit mitsprachen. Ein wirklicher Fehler Wagners war mir noch nie aufgefallen. Im II. Akt blasen die Fanfaren Trompeter, königlich oder brabantisch auf einem Söller des Palast-

Münster-Komplexes das Gralsmotiv. Wie kommen sie dazu? Es ist nicht ihre Sache und das Symbol einer Welt, von der sie nichts wissen. Es war dem Orchester vorzubehalten und durfte nicht in der profanen Welt erklingen. Haben die Bläser das Vorspiel gehört? Haben sie das Motiv bei des Ritters Ankunft vernommen? Das ist keine Idee. Man sollte auf den entschiedenen dichterischen Fehler aufmerksam machen. Das Motiv könnte geblasen werden draußen im Theater, zur Aufforderung für das Publikum seine Plätze wieder einzunehmen, aber nicht im Stück auf der Bühne, ohne daß Lohengrin schon »erzählt« hatte. [...]

Tagebuch vom 16.9.1953

[...] Auf der Chaiselongue ziemlich ruhelos geruht. Den Fehler in ›Lohengrin‹ bedacht, über den gestern mit Walter sprach. Er gab ihn zu. Das Motiv wird in c-dur geblasen (nicht in a), und da die Trompete nicht so hoch reicht, unter Zuhilfenahme einer Posaune. Feuilleton-Artikel: »Ein wirklicher Fehler R. Wagners«. [...]

An Victor Reinshagen, 21.9.1953

[...]
am 5. September war ich so glücklich, unter Ihrer meisterlichen Leitung den ›Lohengrin‹ zu hören – »wieder einmal zum erstenmal«, wie Nietzsche sagen würde. Ich habe das zaubervolle Werk, das ich unzählige Male in meinem Leben gehört habe und auswendig zu kennen meinte, angefangen von dem herrlich dargebotenen Vorspiel, diesem Mirakel, sehr genossen, machte aber dabei eine Entdeckung, die ich sonderbarer Weise nie zuvor gemacht, und nach der ich mir vornahm, mich bei Ihnen des Genaueren zu erkundigen.

Es handelt sich um die Bühnenmusik des zweiten Aktes und um ein Vorkommnis dabei, das mir zu denken gibt. Trompeter, brabantische oder königliche, blasen da am Morgen des Tages, der »uns gar viel verheißt«, vom Söller herab Fanfaren und auch die festliche Melodie, die dann so schön vom Orchester aufgenommen wird. Einmal aber blasen sie – das ist es, was mir zum erstenmal auffiel – unzweifelhaft das *Gralsmotiv.* Sie blasen es, wenn ich nicht irre, nicht in a-, sondern in c-dur, und, wenn ich nicht wieder irre, wird, da die Trompete nicht tief genug reicht, eine Posaune zu Hilfe genommen. Können Sie mir das bestätigen? Aber die Bestätigung wäre keine Beruhigung, – denn wie kommen diese braven Männer, lange bevor ›Lohengrin‹ seine Herkunft enthüllt hat, zum Gralsmotiv? Es ist ja das Symbol einer Welt, von der sie keine Ahnung haben, die ihrer Vorstellung vollständig entrückt ist. Es gehört dem alles wissenden Orchester an, aber nicht irgendwelchen den Hochzeitstag einblasenden Bühnentrompetern. Es kommt ihnen nicht zu. Die Erklärung, daß sie es beim Vorspiel oder bei Lohengrins Ankunft gehört haben und nun dem geheimnisvollen Bräutigam eine Aufmerksamkeit damit erweisen, ist ideell unzulässig. Das Motiv steht nicht für des Ritters Person – die hat ja ihr eigenes Tonsymbol, das zuerst in Elsas Traumerzählung, bei »in lichter Waffen Scheine«, in der p. p.-Trompete aufklingt – sondern für die hohe, ferne Welt, aus der er kommt. Meiner Meinung nach hat der Dichter-Komponist mit diesem deplacierten Citat einen wirklichen Fehler begangen.

Es ist ein feiner, prinzipiell interessanter Fehler, dessen Erörterung ziemlich tief in Idee und Wesen des Musikdramas eindringen müßte, und wenn Sie mir nicht sagen, daß es längst kritisch vermerkt worden ist, so möchte ich wohl, vielleicht, etwas darüber schreiben. Was, wenn ich fragen darf, halten *Sie* von der Sache? [...]

An **Hans Mayer**, 21.11.1953

[...]
ich bin Ihnen zu größtem Dank verpflichtet für Ihre große Wagner-Studie, ihre freundliche Übersendung und Zueignung. Sie können sich denken, daß sie mich außerordentlich beschäftigt hat. So kundig, wohlfundiert, auf Wahrheit bedacht und kritisch ausgewogen ist lange nicht über dies Phänomen geschrieben worden, das nicht aufhören will, erregend lebendig zu sein. Anders als mit einer gewissen ambiguity wird das Thema schwerlich je behandelt werden können, aber Adorno, bei allem Geist, geht darin zu weit, fällt wiederholt ins Karikaturistische – und das gewissermaßen aus Versehen, denn im Grunde weiß er vorzüglich Bescheid, und ich habe ihn z. B. über ›Lohengrin‹ sprechen hören, wie er zuerst ganz klein, in der pianis-

simo-Trompete, als Elfenprinz erscheint, – daß es ein Vergnügen war. Ich glaube, ich habe das einmal gestohlen und irgendwo angebracht, weil es mir so sehr gefiel.

Ihre Arbeit ist fester als Haltung, ernster, würdiger. Nie läßt Ihre Kritik die fabelhafte Größe dieses Künstlertums vergessen. Allein schon für das Tschaikowsky-Citat über den ›Ring‹ (es war mir neu) muß man Ihnen dankbar sein und dankbar immer wieder dafür, wie Sie den im Wesen doch allezeit *kühnen* Sinn des Mannes in Schutz nehmen gegen Verfälschungen durch das Weib und die buhlenden Höflinge. Den geistigen *Bruch* in diesem Schöpferleben, wer wollte ihn leugnen. Wenn Sie ihn vielleicht überbetonen und die verschiedenen Eskapaden eines enthusiastischen, unselbständigen, verführbaren Künstlerkindskopfs zu ernst nehmen, so liegt es an Ihrem gesellschaftsmoralisch bestimmten Blickwinkel. Ich sehe da nur die kolossale *Einheit* und Konsequenz, eines von A bis Z erzromantischen Lebenswerkbaues. Was wollen Sie, im Romantischen verbindet sich das Kühne und Kühnste mit dem Reaktionären. Sie kennen mein Schopenhauer-Erlebnis. Über seine Unfortschrittlichkeit tröstet mich die Tatsache, daß Tolstoi ihn den genialsten der Menschen genannt hat.

Gerade gestern hörte ich wieder den II. Akt ›Holländer‹, weil ich das Stück so gern habe. Bei der Stelle: »Ein heil'ger Balsam meinen Wunden – dem Schwur, dem hohen Wort entfliesst« sagte ich: Das könnte genau so im ›Parsifal‹ stehen. So entspricht die leise Wiederholung des »Betet zum Himmel, daß bald –« im Sopran-Chor schon ganz der mehrstimmigen Wiederholung des »Durch Mitleid wissend, der reine Thor« im I. Akt ›Parsifal‹ nach der Erzählung des Gurnemanz. Derselbe Trick. Wo ist da ein Bruch? Er ist da, aber was will er besagen? Das mußte alles so gehen, wie es gegangen ist. Und wunder- und zaubervoll genug ist es gegangen. [...]

Tagebuch vom 7.1.1954

[...] Abends II. Akt ›Parsifal‹, 2. Hälfte. Müde zum Teil. Das »Lachen« und der »Blick«. Die Gläubigkeit nicht glaubhaft. Künstlerische Vertiefung in den Heilandsmythos, wie früher ins Germanisch-Heidnische. Ausdruck ist alles. Aber auch Buße für die eigene

Künstler-Sinnlichkeit. Wie kann übrigens Kundry von Parzifals Sündenfall Erlösung erhoffen? Da ist Unklarheit. – Einen Vortrag würde ich am liebsten über dies Alterswerk halten.

An **Kuno Fiedler,** 18.4.1954

[...]
Mit der Beurteilung der Deutschen wird man nicht fertig. Der treffendste Spruch für sie ist wohl noch: »Oben Hui und unten pfui«. Denn »oben«, auf ihren Gipfeln sind sie ja wirklich Nummer Eins. Am Karfreitag spielten wir uns ›Parsifal‹-Platten vor, 1. Akt, Amfortas, Kundry und die Erzählung des Gurnemanz. Ich war ganz weg. In Mailand neulich war ich doch wirklich beeindruckt gewesen von Verdi's ›Othello‹. Aber, du lieber Gott! Ich sage nichts weiter.

[...]

Tagebuch vom 26.5.1954

[...] Abends ›Meistersinger‹, Festwiese. Prachtvoll. Aber die Beckmesser-Szene unleidlich. Er ist doch schließlich ein Meistersinger und müßte das Lied memorieren können, auch da es ihm fremd ist, statt solchen Mist vorzubringen. Und welcher Gunst-Apparat wird dann für Junker Walter aufgeboten! Immer wieder muß man doch bei Beckmesser an den ›Juden im Dorn‹ denken. Sachsens antiwelsche Redereien gräßlich. Die ungeheuere Biederkeit eines sehr großen Spitzbuben.

Tagebuch vom 14.6.1954

[...] Einen Stoß Karten ausgefertigt, voller Scham und Gram über die Werkleerheit meines Daseins. Kann an kein groß vollbrachtes »Werk«, etwa die ›Meistersinger‹, denken, ohne Schmerz darüber, daß ich doch auch einmal ... gewissermaßen ... [...]

Tagebuch vom 19.6.1954

[...] Brief an Anni Carlsson. »Wagner, der ›sieche‹ Gralshüter, der ›Zerbrechende‹, der alte Sünder, war dabei einer der größten *Vollbringer* der Welt, ein Werk-Mensch, Werk-Held sondergleichen –

und ach, wie liebe und bewundere ich das Vollbringertum, das Werk – jetzt zumal, im Alter, wo es damit für mich aus ist. Ich kann von Glück sagen, daß ich doch mit 25, mit 50, mit 60 und 70 Jahren, mit ›Buddenbrooks‹, ›Zauberberg‹, ›Joseph‹ und ›Faustus‹ etwas wie einen kleinen Vollbringer abgeben konnte. Wahrhaftig, ich war nicht groß. Aber eine gewisse kindliche Intimität meines Verhaltens zur Größe brachte in mein Werk ein Lächeln der Allusion auf sie, das Wissende, Gütige, Amüsable heute und später erfreuen mag.« [...]

Tagebuch vom 20.7.1954

[...] Abends unter uns. II. Akt ›Lohengrin‹, Gang zum Münster. Genoß jeden Takt, kann nicht sagen, wie ich diese Musik liebe. [...]

Tagebuch vom 11.4.1955

[...] Abends mit dem Schwager harmonische Analyse des Anfangs vom ›Tristan‹-Vorspiels. Deutung des »Tristan-Akkordes«, Vorhalt-Charakter. Findet sich meiner Erinnerung nach auch bei Schönberg. Die Merkwürdigkeit neuer Sinnschöpfung für diesen Akkord, der schon bei Beethoven unbetont unterläuft. Isolierung und Akzentuierung geben ihm bei Wagner sensationelle Bedeutung.

An Hermann Ströle, 14.7.1955

[...] Ich liebe in der Musik am meisten das Deutsch-Romantische: Die Oberon-, die Euryanthe-Ouvertüre und dergleichen. Aber natürlich auch Mozart. Sollte etwas von Wagner erklingen, so werde ich die Ohren spitzen. Nur möge es nicht der Walkürenritt sein. Den kann ich höchstens im Theater vertragen. – Eigentlich liebe ich alles, – auch der ›Kaiser-Walzer‹ oder ›Geschichten aus dem Wiener Wald‹ von J. Strauß sind garnicht übel.

[...]

Mein Wunschkonzert (Juli 1954)

[...] Den Anfang machen wir also mit dem »Lohengrin«-Vorspiel. Ja, daran knüpfen sich nun für mich schon ganz frühe Jugenderinnerungen, musikalische Jugendeindrücke, die mein ganzes Leben lang nachgewirkt haben. Ich erinnere mich, wie ich als junger Mensch, als Junge, als Schüler zum erstenmal, und dann wiederholt, in dem einigermaßen unzulänglichen Lübecker Stadttheater den »Lohengrin« hörte, und diese »Lohengrin«-Aufführungen werde ich nie vergesen, sie sind überboten worden später durch viel prächtigere und vollkommenere; aber meine dankbarste Erinnerung knüpft sich eben doch an diese ersten Jugendeindrücke. Das Vorspiel, das wir hören werden, ist nun, habe ich nun von jeher ganz besonders in mein Herz geschlossen. Es ist ein herrliches Stück, der Gipfel der Romantik, möchte ich sagen. Und es ist ja kein Wunder, daß die Romantik ihren Gipfel nicht im Sprachlichen, nicht in der Dichtung, sondern in der Musik, in Tönen erreicht hat. Das Vorspiel lebt ja ganz von dem Grals-Motiv, diesem A-dur Motiv, das dann das ganze Werk durchzieht, und das Vorspiel ist basiert, es ist eine Vorwegnahme der Erzählung des Lohengrin im dritten Akt; man hört, als das Motiv aus den Geigen in tiefere Instrumental-Färbungen übergeht, ganz deutlich seine Worte: »Wer nun dem Gral zu dienen ist erkoren.« Sie werden das wiedererkennen. Es ist rein musikalisch gesehen in diesem Vorspiel, in diesem in sich ganz geschlossenen Musikstück, eine Steigerung vollbracht, von der Richard Strauss gesagt hat, sie sei nie übertroffen worden und sei wahrscheinlich unübertrefflich, unüberbietbar, und es ist interessant festzustellen, wie die Steigerung zum Höhepunkt, zu dem, was ich die Ankunft und Verwirklichung des Heiligen nannte, bewerkstelligt ist mit Tönen, die vorkommen in dem ersten Gespräch Lohengrins mit Elsa, nämlich dort, wo sie fragt: »Willst du wohl ohne Furcht und Grauen dich meinem Schutze anvertrauen?« Sie werden sehen, daß die Töne dieses »dich meinem Schutze anzuvertrauen« das Mittel ist, um das Grals-Motiv dann in seiner vollen Herrlichkeit mit den beiden Bekkenschlägen heraufzuführen.

Ich will mich nicht weiter ergehen, ich war vielleicht schon zu ausführlich über das Stück, meine Liebe verführt mich, zuviel zu sagen, wir wollen hören, lassen wir uns anfangen:

Dokumente zu dem ›Protest der Richard-Wagner-Stadt München‹

Hans Knappertsbusch
Rundschreiben vom 3. April 1933

Euer Hochwohlgeboren!

Herr Thomas Mann hat das Wagner-Jahr dazu benützt, um in einem zu Amsterdam gehaltenen Vortrag ein deutsches Genie, den größten Musikdramatiker aller Zeiten, zu verunglimpfen.

Wie jeder produktive und reproduktive Musiker bin ich zwar an mitunter sehr seltsame Kunsturteile gewöhnt und darin geübt, sie zu ignorieren. Hier scheint mir aber Stillschweigen nicht am Platze zu sein.

Bayern und München sind stolz auf den positiven Teil ihrer Beziehungen zu Richard Wagner, den sie König Ludwig II. verdanken. Was geschehen kann, um die negativen Seiten dieser Beziehungen auszugleichen, wird von der Münchner Wagner-Pflege, die zu betreuen derzeit ich die große Ehre habe, mit heißem Bemühen seit Jahr und Tag getan. Wer es deshalb wagt, den Mann, der deutsche Geistesmacht wie ganz wenige der Welt dargetan hat, öffentlich zu verkleinern, soll seine blauen, hier weiß-blauen Wunder erleben!

Ich habe zunächst einem kleineren Kreise von Gleichgesinnten, den Herren Professor Dr. Hans Pfitzner, Verlagsdirektor Wilhelm Leupold und Chefredakteur Adolf Schiedt von der Münchener Zeitung, Generalintendant Frhr. Clemens von Franckenstein und Staatstheaterdirektor Dr. Arthur Bauckner, die Veröffentlichung des anliegenden Protestes vorgeschlagen und volle Zustimmung gefunden. Um der Kundgebung eine breite Basis zu geben, möchte ich mich nunmehr beehren, auch Euer Hochwohlgeboren anheimzustellen, Ihre Unterschrift unter den Protest zu setzen.

Ich sehe Ihrer sehr geschätzten möglichst umgehenden Antwort entgegen und bitte um Zusendung des beiliegenden Protestes.

Mit dem Ausdruck ausgezeichneter Hochschätzung

sehr ergeben
Bayrischer Staatsoperndirektor

Tagebuch vom 16.4.1933

[...]
K. erfährt von Frau Klöpfer, daß durch das *Münchener Radio* eine Kundgebung M.er »Kunstfreunde«, darunter Knappertsbusch und der nationalsozialistische Bürgermeister, gegen den Wagner-Aufsatz ergangen ist und gegen die »Verunglimpfung unseres deutschen Meisters im Auslande«. Schauriger, deprimierender und erregender Eindruck von dem reduzierten, verwilderten und gemeinbedrohlichen Geisteszustand in Deutschland.

Protest der Richard-Wagner-Stadt München

Nachdem die nationale Erhebung Deutschlands festes Gefüge angenommen hat, kann es nicht mehr als Ablenkung empfunden werden, wenn wir uns an die Oeffentlichkeit wenden, um das Andenken an den großen deutschen Meister Richard Wagner vor Verunglimpfung zu schützen. Wir empfinden Wagner als musikalisch-dramatischen Ausdruck tiefsten deutschen Gefühls, das wir nicht durch ästhetisierenden Snobismus beleidigen lassen wollen, wie das mit so überheblicher Geschwollenheit in Richard-Wagner-Gedenkreden von Herrn Thomas Mann geschieht.

Herr Mann, der das Unglück erlitten hat, seine früher nationale Gesinnung bei der Errichtung der Republik einzubüßen und mit einer kosmopolitisch-demokratischen Auffassung zu vertauschen, hat daraus nicht die Nutzanwendung einer schamhaften Zurückhaltung gezogen, sondern macht im Ausland als Vertreter des deutschen Geistes von sich reden. Er hat in Brüssel und Amsterdam und an anderen Orten Wagners Gestalten als »eine Fundgrube für die Freud-sche Psycho-Analyse« und sein Werk als einen »mit höchster Willenskraft ins Monumentale getriebenen Dilettantismus« bezeichnet. Seine Musik sei ebensowenig Musik im reinen Sinn, wie seine Operntexte reine Literatur seien. Es sei die »Musik einer beladenen Seele ohne tänzerischen Schwung«. Im Kern hafte ihm etwas Amusisches an.

Ist das in einer Festrede schon eine verständnislose Anmaßung, so wird diese Kritik noch zur Unerträglichkeit gesteigert durch das fade und süffisante Lob, das der Wagnerschen Musik wegen ihrer »Weltgerechtheit, Weltgenießbarkeit« und wegen dem Zugleich von »Deutschheit und Modernität« erteilt wird.

Wir lassen uns eine solche Herabsetzung unseres großen deutschen Musikgenies von keinem Menschen gefallen, ganz sicher aber nicht von Herrn Thomas Mann, der sich selbst am besten dadurch kritisiert und offenbart hat, daß er die »Gedanken eines Unpolitischen« nach seiner Bekehrung zum republikanischen System umgearbeitet und an den wichtigsten Stellen in ihr Gegenteil verkehrt hat. Wer sich selbst als dermaßen unzuverlässig und unsachverständig in seinen Werken offenbart, hat kein Recht auf Kritik wertbeständiger deutscher Geistesriesen.

Amann Max, Verlagsdirektor, M. d. R.; *Bauckner* Arthur, Dr., Staatstheaterdirektor; *Bauer* Hermann, Professor, Präsident der Vereinigten Vaterländischen Verbände Bayerns; *Berrsche* Alexander, Dr., Musikschriftsteller; *Bestelmeyer* German, Geheimrat, Professor, Dr., Präsident der Akademie der bildenden Künste; *Bleeker* Bernhard, Professor, Bildhauer; *Boehm* Gottfried, Professor, Dr.; *Demoll* Reinhard, Geheimrat, Professor, Dr.; *Doerner* Max, o. Akademieprofessor; *Dörnhöffer* Friedrich, Geheimrat, Professor, Dr., Generaldirektor der Bayerischen Staatsgemäldesammlung a. D.; *Feeser* Friedrichfranz, Generalmajor a. D.; *Fiehler* Karl, Oberbürgermeister; *v. Franckenstein* Clemens, Generalintendant der Bayerischen Staatstheater; *Gerlach* Walther, Professor, Dr.; *Groeber* Hermann, o. Akademieprofessor; *Gulbransson* Olaf, o. Akademieprofessor; *Hahn* Hermann, Geheimrat, o. Akademieprofessor; *v. Hausegger* Siegmund, Geheimrat, Professor, Dr., Präsident der Akademie der Tonkunst; *Heß* Julius, o. Akademieprofessor; *Hoeflmayr* Ludwig, Geheimer Sanitätsrat, Dr.; *Jank* Angelo, Geheimrat, o. Akademieprofessor; *Klemmer* Franz, o. Akademieprofessor; *Knappertsbusch* Hans, Professor, Bayerischer Staatsoperndirektor; *Küfner* Hans, Geheimrat, Dr., rechtsk. Bürgermeister; *Langenfaß* Friedrich, Dekan; *Leupold* Wilhelm, Verlagsdirektor der Münchener Zeitung; *v. Marr* Carl, Geheimrat, Akademiedirektor a. D., Kunstmaler; *Matthes* Wilhelm, Musikschriftsteller; *Miller* Karl, o. Akademieprofessor; *Musikalische Akademie:* der Vorstand: Eduard Niedermayr, Michael Uffinger, Hermann Tuckermann, Emil Wagner; *Ottow* Fred, Chefredakteur der

München-Augsburger-Abendzeitung; *Pschorr* Josef, Geh. Kommerzienrat, Präsident der Industrie- und Handelskammer; *Pfitzner* Hans, Professor, Dr., Generalmusikdirektor; *Röschlein* Christoph, I. Präsident der Handwerkskammer von Oberbayern; *Schemm* Hans, bayerischer Staatsminister; *Schiedt* Adolf, Chefredakteur der Münchener Zeitung; *Schinnerer* Adolf, o. Akademieprofessor; *Schmelzle* Hans, Dr., Staatsrat, Präsident des Bayerischen Verwaltungsgerichtshofes; *Sittmann* Georg, Geheimrat, Dr., Professor; *Strauss* Richard, Dr., Generalmusikdirektor; *Wagner* Adolf, bayerischer Staatsminister; *Westermann* Fritz, I. Vorsitzender des Bayreuther Bundes.

[Münchner Neueste Nachrichten, 16./17.4.1933]

Tagebuch vom 19.4.1933

[...]

Gestern, nachdem ich etwas gearbeitet, Verschärfung des Münchener Falles durch einen vielfach unterzeichneten ›Protest der Wagner-Stadt München‹ in der Oster-Ausgabe der M. N. N.. Frank überbrachte das hundsföttische Dokument. Heftiger Choc von Ekel und Grauen, durch den der Tag sein Gepräge erhielt. Entschiedene Befestigung des Entschlusses, nicht nach M. zurückzukehren und mit aller Energie unsere Niederlassung in Basel zu betreiben.

[...]

Nachher bei Frank im Palace zur Beratung der Münchener Aktion gegen mich und eine erforderliche Erwiderung.

Abends Kombination von Adalin und Phanodorm, worauf ich bis ½6 Uhr ruhig schlief, dann allerdings nicht mehr.

Schrieb heute nach dem Frühstück die Erwiderung, die wohl gelang. Frank kam und bewirkte die letzte Milderung des ruhig u. würdig abgefaßten Briefes.

[...]

Erwiderung auf den ›Protest der Richard-Wagner-Stadt München‹ (1933)

»Die Passion für Wagners zaubervolles Werk begleitet mein Leben, seit ich seiner zuerst gewahr wurde und es mir zu erobern, es mit Erkenntnis zu durchdringen begann.« – Das ist ein Satz aus einem umfangreichen kritischen Versuch, den ich unter dem für seine Haltung, sein Gefühl bezeichnenden Titel ›Leiden und Größe Richard Wagners‹ im Aprilheft der ›Neuen Rundschau‹ veröffentlicht habe. Solcher Sätze enthält der Aufsatz viele, aber das hat ihn nicht davor bewahrt, zum Gegenstand eines heftigen Protestes zu werden, der, versehen mit den Namen einer großen Anzahl von Münchner Honoratioren, nicht nur durch die ›Münchner Neuesten Nachrichten‹, sondern auch durch das Münchner Radio verbreitet worden ist.

Sein Text, der von schweren Schmähungen meines Charakters und meiner Gesinnung voll ist, nimmt auf den großen Essay nicht ausdrücklich und unmittelbar Bezug; er führt nicht seinen Titel an, nennt nicht die Stelle seines Erscheinens und erschwert dadurch die Kontrolle der gegen mich erhobenen Vorwürfe. Er spricht von Vorträgen, die ich in mehreren Städten des Auslandes gehalten, und mit denen ich draußen den Namen des deutschen Meisters verunglimpft hätte. Zum Beweis löst der Verfasser aus dem Zusammenhang des ›Rundschau‹-Aufsatzes einige Zitate, die, unter die Masse der Rundfunkhörer geworfen, dem Verständnis meiner Absichten gefährlich werden und die nationale Entrüstung gegen mich aufrufen konnten.

Wirklich habe ich der 52 Seiten langen Studie, einem mit inniger Hingabe geschriebenen Resumé meines Wagner-Erlebnisses, das Material zu einem Vortrag entnommen, mit dem ich aus Anlaß des zurückliegenden Gedenktages bisher viermal öffentlich hervorgetreten bin. Während es sich bei dem Aufsatz um ein der literarischen Aufnahme zugedachtes, an Brechungen und Abtönungen des Gedankens reiches Bekenntnis handelte, war der Vortrag für einen festlichen Zweck bestimmt und verzichtete selbstverständlich auf manche psychologische Schärfe, die einem solchen Zweck hätte zuwiderlaufen können. Ich habe ihn zuerst am 10. Februar auf Einladung der Münchner Goethe-Gesellschaft im Auditorium maximum der Münchner Universität gehalten – unter dem herzlichen Beifall einer halbtausendköpfigen Hörerschaft und ohne den leisesten Widerspruch zu erfahren. Ich habe ihn zur Feier von Wagners fünfzigstem Todestag im Amsterdamer Concert-Hause wiederholt, dann, auf Französisch in Brüssel und Paris: jedesmal unter der gespannten Anteilnahme eines für Wagner glühenden Publikums. Die Vertreter des Deutschen Reiches in den verschiedenen Hauptstädten waren bei diesen Veranstaltungen zugegen und haben mir ihren Dank für den Dienst ausgedrückt, den ich damit dem deutschen Namen geleistet. Der Protest der »Wagner-Stadt München« aber, wie die Gesamtheit der Unterzeichner sich nennt, zeiht mich des Gegenteils.

Ich bin der deutschen Öffentlichkeit und mir selbst die Feststellung schuldig, daß dieser Protest aus einem schweren Mißverständnis hervorgegangen ist und mir nach Inhalt und Ausdrucksweise schweres, bitteres Unrecht zufügt. Kaum einer der ehrenwerten und sogar hervorragenden Männer, die ihren Namen daruntersetzten, kann den Aufsatz ›Leiden und Größe Richard Wagners‹ überhaupt gelesen haben, denn nur vollkommene Unkenntnis der Rolle, die Richard Wagners gigantisches Werk in meinem Leben und Dichten seit jeher gespielt hat, konnte sie bestimmen, an dieser bösen Handlung gegen einen deutschen Schriftsteller teilzunehmen.

Aufrichtig bitte ich die stillen Freunde meiner Arbeit in Deutschland, sich an meiner Verbundenheit mit deutscher Kultur und Überlieferung, an meiner Verbundenheit mit *ihnen* nicht irre machen zu lassen.

Tagebuch vom 21.4.1933

[...] Schon beim Frühstück meldet Frank telephonisch in freudiger Erregung einen 6 Spalten langen Artikel der N. Z. Z. von ihrem Musikreferenten Schuh gegen die Münchener Aktion. K. holt Exemplare der Zeitung, und wir lesen mit Vergnügen den ausgezeichnet geschriebenen und für die Münchener Trottel vernichtenden Aufsatz.

[…]

Lektüre der Dokumente zum »Fall Wagner« und Besprechung der Lage. Die Kinder drängen auf vollständige Liquidierung der Münchener Verhältnisse, auch auf den Weggang der beiden Alten, der aber kaum zu erreichen sein wird.

Brief von K.'s Mutter, dem die Abschrift eines Briefes des alten Geheimrats an einen der Unterzeichner, einen Physik-Professor beiliegt. Rührende Handlung des alten Mannes aus ehrlicher Erbitterung über soviel Fälschung, Dummheit, Leichtfertigkeit und Niedertracht. Es wird immer klarer, daß nicht Einer der Unterzeichner das Rundschau-Heft überhaupt in der Hand gehabt hat.

[…]

Thomas Mann, Richard Wagner und die Münchner Gralshüter

Wir haben uns um der positiven Kräfte willen, die ein Gewinn des neuen deutschen Kulturlebens werden wollen, in der Beurteilung geistiger Auswüchse auf künstlerischem und literarischem Gebiet im neuen Deutschland Zurückhaltung auferlegt. Das Münchner Manifest gegen Thomas Mann aber *darf* in einem freien, geistigen Lande nicht unwidersprochen bleiben. Es muß gesagt sein, daß solche Verunglimpfungen allen denen, die außerhalb der deutschen Reichsgrenzen am deutschen Geistesleben nehmend und gebend teilhaben, unwürdig und dem Ansehen des neuen Deutschland abträglich erscheinen. Unsere Stellungnahme ist eine schweizerische Angelegenheit; jeden Versuch der Beeinflussung von Emigranten würden wir uns selbst verbitten. Unser Musikreferent legt hier ein temperamentvolles Wort für den *Dichter* und Schriftsteller Thomas Mann ein; wir stehen zum Grundsätzlichen seiner Ausführungen. *Die Redaktion*

Richard Wagners fünfzigster Todestag hat im musikalischen Schrifttum nur wenige bleibende Spuren hinterlassen. Einer der wesentlichsten Beiträge kommt von der Seite der Literatur: von Thomas Mann, der seine u. a. in Amsterdam gehaltene Gedächtnisrede unter dem Titel ›Leiden und Größe Richard Wagners‹ in der Aprilnummer der »Neuen Rundschau« nun auch im Druck vorlegt. Manns Bemühungen um die Erkenntnis von Persönlichkeit und Werk Wagners reichen weit zurück. Sie haben ihren Niederschlag nicht allein in Essays gefunden – der bedeutendste und eigenartigste wohl der, in dem Ibsens und Wagners dramatische Lebenswerke als »die beiden großen Kundgebungen, die der nordisch-germanische Kunstgeist im 19. Jahrhundert dem französischen, russischen und englischen Roman und der impressionistischen Malerei Frankreichs zur Seite stellte«, zueinander in Beziehung gesetzt werden –, sondern auch in der Novelle, die sich von Wagners ›Tristan‹ den Titel borgt. Ja fast alle Prosaschöpfungen Manns streifen irgendwo und irgendwie den Machtbereich des großen Magiers. Wer diesen offenen und geheimen Begegnungen mit dem Geiste Wagners in Thomas Manns Lebenswerk einmal nachgegangen ist, der vermag lebhaft mitzufühlen, wie sehr es einen Schriftsteller, der seine eigene »leitmotivische« Technik der Musik des Bayreuthers abgelauscht zu haben scheint, drängen mußte, das bewegende und bedrängende Phänomen Wagner noch einmal unter weitesten Aspekten zu betrachten und die Gestalt im Sinne des Jahrhunderts, »dessen vollkommener Ausdruck sie ist«, zu deuten.

Der Beziehungsreichtum dieser jüngsten und stärksten Bemühung, mit der Thomas Mann einer »Forderung des Tages« mit dem ihm gemäßen Verantwortungsbewußtsein entsprach, gibt der Rede ein geistiges Gewicht, das sie aus der Wagner-Literatur bedeutsam heraushebt. Den Gedankengängen nachzugehen, die sich tiefschürfend zu den geheimsten Quellen des Wagnerschen Schöpfertums vortasten, ist hier nicht der Ort – nur einige Formulierungen seien aufgegriffen, die einen Begriff von dem eindringlichen Ton dieser Wagner-Beschwörung vermitteln sollen. Kann man Wagners Musik richtiger kennzeichnen, als wenn man von ihr sagt, daß sie eigentlich gar keine Musik mehr sei, sondern *mehr.* Am Beispiel des Es-Dur-Dreiklanges im ›Rheingold‹-Vorspiel macht Thomas Mann »die selbstherrlich dilettantische Nutzbarmachung der Musik zur Darstellung einer mythischen Idee« deutlich. Daß gegenüber Wagners Werk der Begriff »Meisterschaft« im traditionellen Sinne nicht in Frage kommt, hat jeder Musiker schon verspürt; kann man aber die Besonderheit von Wagners Kunst tiefer treffen als mit dem kühnen Wort, daß sie »ein mit höchster Willenskraft und Intelligenz monumentalisierter und ins Geniehafte getriebener Dilettantismus« sei? Und wer möchte nicht aus eigenem hundertfachen Erleben Wagnerscher Musik bestätigen, was Thomas Mann über ihren allgemeinen seelischen Charakter aussagt: er habe »etwas pessimistisch

Schweres, langsam Sehnsüchtiges, im Rhythmus Gebrochenes und aus dumpfem Wirrsal nach Erlösung im Schönen Ringendes«.

Für die innere, man darf wohl sagen schicksalhafte Verbundenheit Manns mit dem von ihm Gefeierten mögen noch diese Worte zeugen: »Die Passion für Wagners zaubervolles Werk begleitet mein Leben, seit ich seiner zuerst gewahr wurde und es mir zu erobern, es mit Erkenntnis zu durchdringen begann. Was ich ihm als Genießender und Lernender verdanke, kann ich nie vergessen, nie die Stunden voll von Schauern und Wonnen der Nerven und des Intellekts, von Einblicken in rührende und große Bedeutsamkeiten, wie eben nur diese Kunst sie gewährt. Meine Neugier nach ihr ist nie ermüdet; ich bin nicht satt geworden, sie zu belauschen, zu bewundern, zu überwachen – nicht ohne Mißtrauen, ich gebe es zu; aber die Zweifel, Einwände, Beanstandungen taten ihr so wenig Abbruch wie die unsterbliche Wagnerkritik Nietzsches, die ich immer als einen Panegyrikus mit umgekehrtem Vorzeichen, als eine andere Form der Verherrlichung empfunden habe.«

Ist es zu glauben, daß solch eindringlichem Bekenntnis zu Wagner im Rahmen der Richard-Wagner-Stadt München eine »Kundgebung« antwortet, die sich gegen die »Herabsetzung unseres großen deutschen Musikgenies« in gehässigster Weise verwahrt? Durch primitives, auf die momentane Geistesverfassung in Deutschland spekulierendes und vor Verfälschung nicht zurückschreckendes Herauspflücken von einzelnen Worten und Satzteilen aus Manns Rede kennzeichnet sich diese Kundgebung als ein *Pamphlet*, über das man mit einem Achselzucken hinweggehen könnte, wenn es nicht die Unterschriften von mehr als vierzig Vertretern der Münchner Kunstwelt trüge. Daß die Geheimräte und Akademieprofessoren – deren Ruf nur vereinzelt über die blau-weißen Grenzpfähle gedrungen ist – die Gelegenheit freudig begrüßen, ihre stramm-nationale Gesinnung auch bei diesem Anlaß zu dokumentieren, kann nicht weiter auffallen, schmerzliches Erstaunen muß dagegen die Tatsache wekken, daß auch Männer wie Franckenstein, Gulbransson, Hausegger, Knappertsbusch, Hans Pfitzner und Richard Strauss ihren Namen unter diesen peinlichen, in Geist und Stil gleich widerwärtigen Schriftsatz glaubten setzen zu sollen. Man möchte zu ihrer Entlastung annehmen, daß sie nur den Inhalt der *Kundgebung*, nicht aber

Thomas Manns umfangreiche Rede *selber* – der Titel ›Leiden und *Größe* Richard Wagners‹, unter dem sie veröffentlicht ist, wird natürlich schamhaft verschwiegen – kennen gelernt haben, ganz zu schweigen von den früheren Bemühungen Manns um Wagners Werk. Auch dann aber bleibt die Leichtfertigkeit unverständlich, mit der Vertreter der Geisteswelt einen geistigen Menschen verächtlich zu machen suchen, dessen Lebenswerk auch dem Gegner Achtung abzwingen müßte. Sie erscheint doppelt verwerflich einem Denker und Gestalter gegenüber, der wie wenige andere über die tiefe Fragwürdigkeit des Künstlerberufes nachzusinnen nicht müde wurde und der daraus wohl das Recht herleiten darf, auch einem Großen nicht bloß als öder Lob- und Festredner gegenüberzutreten. Liegt der Grund für die Entrüstung wirklich darin, daß Mann in größerem Zusammenhang von den Gestalten Wagners einmal als von einer »Fundgrube für die Freudsche Psychoanalyse« spricht? Dann ist es bewußte Fälschung, wenn der nachstehende Satz verschwiegen wird: »Die Psychoanalyse will wissen, daß die Liebe sich aus lauter Perversitäten zusammensetze. *Darum bleibt sie doch die Liebe, das göttlichste Phänomen der Welt.*«

Aber geht es den Protestlern um Manns psychoanalytische Randbemerkungen? Kaum. Wer und was sollte eigentlich mit dieser Kundgebung getroffen werden? Wirklich nur die »verständnislose Anmaßung« Wagner gegenüber, nur Manns »ästhetisierender Snobismus«? Oder etwa der Thomas Mann, der sich zur deutschen Republik bekannte und in einer »Deutschen Ansprache« der »nationalen Askese und Verkrampfung« eine Atmosphäre vorzuziehen sich erdreistete, in der »bürgerliche Glückansprüche wie Freiheit, Geistigkeit, Kultur überhaupt: noch Lebensmöglichkeit besitzen« – *der* Thomas Mann, der das »Pech« hat, auch außerhalb Deutschlands als ein großer deutscher Schriftsteller zu gelten? Die Antwort findet sich, wenn man in dieser Kundgebung die »kosmopolitisch-demokratischen Auffassungen« des »Herrn Mann« – wie er hier selbstverständlich angesprochen wird – angekreidet sieht und mit einigem Erstaunen bemerkt, daß auch wieder einmal die bekannten Korrekturen, die Thomas Mann an seinen von der Kriegspsychose nicht ganz unberührten ›Betrachtungen eines Unpolitischen‹ anzubringen die Ehrlichkeit hatte, dazu benützt werden, um ihn als »unzuverlässig und unsachverständig in seinen Werken« verächtlich zu machen. »Unerträglich« gar ist den gereizten Gralshütern, daß Thomas Mann die »Weltgerechtigkeit und Weltgenießbarkeit« Wagners preist; sie würden es anscheinend am liebsten sehen, wenn der »wertbeständige deutsche Geistesriese« (wie Wagner hier geschmackvollerweise genannt wird) außerhalb des deutschen Machtbereiches keine Verehrer mehr fände.

Ob nicht die besten Köpfe unter diesen Protestlern in ein paar Jahren einiges Unbehagen empfinden werden, wenn sie an ihre Unterschrift unter diesem Kulturdokument zurückdenken? Zu diesen besten Köpfen zähle ich auch Hans Pfitzner, der Thomas Mann mit der Hergabe seiner Unterschrift in »vornehmster« Weise seinen Dank für die tiefgründigen Worte, die dieser dem ›Palestrina‹ gewidmet hat, ferner für eine edel stilisierte Tischrede und für den prachtvollen Aufsatz zur Gründung des »Hans-Pfitzner-Vereins für deutsche Tonkunst« abstattet. Verrät sich in solcher Gesinnung der Geist der »nationalen Erhebung«, von der selbstverständlich schon im Eingangssatz dieser traurigen Kundgebung die Rede ist?

Willi Schuh

[Neue Zürcher Zeitung, 21.4.1933]

An **Willi Schuh**, 21.4.1933

Sehr verehrter Herr Schuh,
für Ihre guten und starken Worte in Sachen des Münchener ›Falles Wagner‹ müssen Sie mir erlauben Ihnen meinen bewegten Dank auszusprechen. Ihr Artikel vor allem ist mir ein Zeichen und Gewähr, daß die Unehre einmal aufseiten der Urheber dieser traurigen Eselei und ihrer mehr oder weniger kommandierten Gefolgschaft sein wird. Es war mir eine Freude, aus diesem schlimmen Anlaß in Ihnen einen so feinen Kenner und teilnehmenden Freund meiner Arbeit kennen zu lernen. So wird die anfangs erschreckende Sache für mich allmählich zum reinen Gewinn.

Ihr sehr ergebener
Thomas Mann

Zur Kundgebung gegen die Wagner-Rede Thomas Manns

Unsere Leser kennen unsere unveränderte Stellungnahme in der Angelegenheit Thomas *Mann–Wagner–Münchener Protest* (»Frankf. Ztg.« 16. Mai.) Wir zögern jedoch nicht, den nachfolgenden Ausführungen Pfitzners Raum zu geben, weil es uns wie viele andere Deutsche aufrichtig freuen würde, wenn die Austragung von Meinungsverschiedenheiten zwischen den bedeutenden Söhnen des *einen* Vaterlandes sich in der Form vollziehen würde, an die Pfitzner durch die Wiedergabe seines *Briefwechsels* mit Thomas Mann aus dem Jahr 1925 erinnert. *Die Redaktion.*

Nachdem ich meinen *Namen* mit unter die Protestkundgebung der Stadt München gesetzt habe und Siegmund v. Hausegger in den »Münchener Neuesten Nachrichten« die auf diese Protestkundgebung erfolgten Anwürfe und Anschuldigungen gebührend zurückgewiesen hat, dürfte die Angelegenheit für die Öffentlichkeit erledigt sein. Ich muß aber dennoch einmal das Wort zu dieser Frage ergreifen, weil besonders ich einen Angriff erfahren habe, der nicht unwidersprochen bleiben kann. Es handelt sich um eine nichtanonyme und eine anonyme Zusendung, in der die ganzen Unterzeichner des Protestes, aber besonders ich beschimpft werden. Der nicht anonyme Artikel steht in der »Neuen Zürcher Zeitung« vom Freitag, den 21. April, Morgenausgabe Nr. 713, überschrieben ›Thomas Mann, Richard Wagner und die Münchner Gralshüter‹ unterzeichnet mit Willi *Schuh.* Nachdem in diesem Artikel von den Unterzeichnern der Kundgebung unter anderem gesagt wurde: »Durch primitives, auf die momentane Geistesverfassung in Deutschland spekulierendes und vor Verfälschung nicht zurückschreckendes Herauspflücken von einzelnen Worten und Satzteilen aus Manns Rede kennzeichnet sich diese Kundgebung als ein *Pamphlet*«, heißt es zum Schluß (die folgenden Zeilen, die ich wiedergebe, waren blau unterstrichen): »Zu diesen besten Köpfen zähle ich auch Hans *Pfitzner*, der Thomas Mann mit der Hergabe seiner Unterschrift in ›vornehmster‹ Weise seinen Dank für die tiefgründigen Worte, die dieser dem ›Palestrina‹ gewidmet hat, ferner für eine edel stilisierte Tischrede und für den prachtvollen Aufruf zur Gründung des ›Hans-Pfitzner-Vereins für deutsche Tonkunst‹ abstattet. Verrät sich in solcher Gesinnung der Geist der ›nationalen Erhebung‹, von der selbstverständlich schon im Eingangssatz dieser traurigen Kundgebung die Rede ist?« Begleitet war dieser saubere Zeitungsartikel von einem Fetzen Papier, auf dem in Schreibmaschinenschrift folgendes stand: »Herrn Generalmusikdirektor Dr. Hans Pfitzner, da es bedauerlich wäre, wenn Sie diese verdiente Würdigung des famosen ›Protestes der Richard-Wagner-Stadt München‹ vom Ostersonntag nicht kennenlernen würden, gestatte ich mir sie Ihnen zu übersenden, mit der Bitte doch nicht zu versäumen, sie auch den anderen Herren zur Kenntnis zu bringen, die sich an dieser, das ganze kultivierte Deutschland beschämenden Kundgebung beteiligten. Eine für Zehntausende.« (»Mich dünkt, die Dame gelobt zu viel.«) Also *anonym*.

Ich beneide Thomas Mann nicht um solche Gefolgschaft. Ich nehme an, daß er selbst es als höchst unanständig empfinden wird, unter Männern die Sachlichkeit auszuschalten, ob diese nun persönlich schlecht oder gut zusammenstehen. Ich habe die Erklärung mit Bewußtsein unterzeichnet, nicht weil über das eine oder das andere, was er sagt, unter Künstlern von Niveau zu reden wäre, sondern weil er es weithintönend in fremdem Lande sozusagen vor aller Welt von sich gegeben hat, er, der heute bei dem Ausland ungefähr als die gewichtigste Stimme in geistigen Dingen gilt. Ein Protest derjenigen geistigen Menschen in Deutschland, die über Richard Wagner anders denken und fühlen, war somit – zumal gegenüber dem Ausland – geradezu herausgefordert. Wie Thomas Mann und ich zueinander stehen, mögen zwei Briefe bezeugen, die wir im Jahre 1925 anläßlich seines 50. Geburtstages miteinander gewechselt haben. Mein Brief an ihn vom 18. Juni 1925 lautet folgendermaßen:

»Nachdem die Festlichkeiten, mit denen Sie von nächsten und fernsten Freunden und Bewunderern gefeiert wurden, nunmehr verklungen sind, möchte auch ich Ihnen nebst aufrichtigsten Glückwünschen für Ihr Leben ausdrücken, wie sehr ich mich an Ihrem wohlverdienten Ruhm erfreue.

Wir haben uns lange nicht gesehen. Diese Tatsache könnte das sein, was man Zufall nennt; denn eine Veranlassung uns zu meiden, ist von keiner Seite ausgesprochen worden. Es drängt mich aber, und ich halte es für meine Pflicht, Ihnen zu sagen, daß ich meinerseits den Zustand, Sie nicht zu sehen, einer Begegnung mit Ihnen vorzog. Nicht leichten Herzens. Denn die wirklichen Freunde meiner

Kunst und die Personen, die mir so wenig fern stehen in ihrem Lieben und Wirken wie Sie, sind nicht so dicht gesät, als daß mir ein Verzicht auf ihre zeitweilige menschliche Nähe ein Vergnügen wäre. Aber gerade aus diesen Gefühlen heraus ist es meiner Art unmöglich, unehrlich zu sein. So möchte ich Ihnen denn das sagen, was Sie wahrscheinlich schon längst fühlen, daß mich Ihre letzten öffentlichen ›politischen‹ (um dieses nicht ganz zutreffende Wort zu gebrauchen) Kundgebungen schmerzlich Ihnen entfremdet haben. Ich kann das hier nicht näher begründen, es sind auch mehr Einzelheiten, einige ganz prinzipielle und eindeutige Punkte, als die sogenannte politische Umstellung, über die man ja wohl auch bei entgegengesetzter Besinnung, hinauskommen könnte.

Vielleicht wäre es besser gewesen, Ihnen all das mündlich zu sagen. Aber woher weiß ich, ob Sie willens gewesen wären, mir ›Rede und Antwort‹ zu stehen. Und Ihnen zu begegnen, *ohne* von all dem Erwähnten etwas merken zu lassen, wäre mir gar nicht möglich gewesen und hätte ich auch nicht gewollt. Ihren Ehrentag vorübergehen zu lassen ohne irgend etwas von mir hören zu lassen, war wiederum unvereinbar mit meiner Stellung, und so muß ich denn auf diese Weise Farbe bekennen, so eigentümlich dieser Geburtstagsgruß Sie auch berühren mag.

Indem ich Sie bitte trotz allem die Versicherung meiner größten Hochschätzung entgegenzunehmen, bin ich mit ergebensten Grüßen Ihr gez. Pfitzner.«

Seine Antwort an mich vom 23. Juni 1925 hat folgenden Wortlaut:
»Lieber Meister,
ich hatte Ihr Schweigen in jenen Tagen nicht als groß und gut empfunden – als umso größer und schöner empfinde ich jetzt Ihren Brief, für dessen Glückwünsche und männliche Bekenntnisse ich von Herzen danke.

Natürlich war ich mir im klaren darüber, daß meine neueren geistigen Entschlüsse Ihnen zuwider sein müßten. Glauben Sie wenigstens, daß sie einem guten Willen entstammen – und dem Gefühl einer Verantwortung, die strenger sein mag, als diejenige, die dem Musiker auferlegt ist. Du folgtest selig der Liebe Macht... Nicht jedem ist das so ohne weiteres erlaubt, und es gibt Fälle einer bewußten und nicht schmerzlosen Selbstdisziplinierung, die ihrem Manne den Namen des Judas eintragen. Unser Stück, lieber Meister, hat sich geistesgeschichtlich im großen der Repräsentationen längst abgespielt; wir Heutigen sind nur eine journalistisch-aktuelle Durchführung des Falles Nietzsche contra Wagner. Nietzsche war, wie Wagner, von dem er sich mit seinem Gewissensurteil löste, den er aber bis in den Tod geliebt hat, seiner geistigen Herkunft nach ein später Sohn der Romantik. Daß aber Wagner ein mächtig-glückhafter Selbstverherrlicher und Selbstvollender, Nietzsche dagegen ein revolutionierender Selbstüberwinder war und ›zum Judas wurde‹, das macht es, daß jener auch nur der letzte Verherrlicher und unendlich bezaubernde Vollender einer Epoche blieb, dieser aber zu einem Seher und Führer in neue Menschenzukunft geworden ist.

Der bescheidene Held meines letzten Romans wird gelegentlich ein ›Sorgenkind des Lebens‹ genannt. Sorgenkinder des Lebens sind wir Künstler alle, aber Kinder des Lebens eben doch, und wie es nun um die romantischen Lizenzen des Musikers stehen mag: ein literarischer Künstler, der in einem europäischen Augenblick, wie diesem, nicht die Partei des Lebens und der Zukunft gegen die Faszination des Todes ergriffe, wäre wahrhaftig ein unnützer Knecht.

Dies ist es, was ich mit ›gutem Willen‹ meinte und auch mit ›Verantwortung‹. Was mich aber in Ihrem Brief am tiefsten ergriffen hat, ist die Andeutung Ihrer Einsamkeit inmitten des Ruhmes, und daß sie in aller Umschwärmtheit nicht viele wahre höhere Freunde zu verlieren haben. Leider, das haben Sie nicht und ich auch nicht.

Wir kennen beide das solenne Mißverständnis, den Schwindel des Ruhmes, die Seichtheit derer, die ihn uns bereiten. Was zwischen uns steht, zwischen uns schwebt, es verbindet uns auch wieder, mindestens so sehr, wie es uns trennt. Es kann für manches, was ich geschrieben, keinen besseren Leser geben, als Sie, und umgekehrt ist mein Versuch über den ›Palestrina‹ – sagen wir doch die Wahrheit – der einzige der seines Gegenstandes annähernd würdig ist, – was die Esel unter Ihren Freunden, z. B. – auch sagen mögen. Unsere beiderseitige Stellung in der Zeit weist eigentümliche Verwandtschaften auf. Es steht uns frei, uns zu verfeinden; aber wir werden nicht hindern können, daß künftige Zeiten unsere Namen häufig in einem Atem nennen werden. Vielleicht sollten wir also unser Verhältnis ein wenig sub specie aeterni betrachten und über alle Meinungsgegensätze hinweg eine Brüderlichkeit anerkennen, von der die Nachwelt uns kaum dispensieren wird.

Mit wiederholtem Dank für die schöne Haltung Ihres Briefes Ihr Thomas Mann.

So sprechen zwei Künstler, zwei Männer miteinander. Aber das Geschmeiß der Anhänger spricht so wie in der »Zürcher Zeitung« und in dem anonymen Wisch. Wenn der Protest allein von mir ausgegangen wäre, so hätte dieser *Privatbrief* wohl einen anderen Wortlaut gehabt, wäre wahrscheinlich ähnlich gewesen meinem oben wiedergegebenen Brief. So aber durfte ich meine Unterschrift nicht verweigern, ohne vor mir selbst feige zu erscheinen und mußte die Sache über die Person stellen. Es gäbe ja auch einen Standpunkt, von dem aus man sagen könnte, es sei ganz egal, was über Richard Wagner da oder dort gesagt wird, er ist in ewigen Ruhm eingegangen und sein Name hat es nicht nötig, verteidigt zu werden. Gut und schön. Wagner braucht man nicht mehr zu verteidigen. Aber uns selbst, unser Ansehen im eignen Land und bei den lieben Nachbarn, das wollen wir verteidigen und uns dagegen auflehnen, wenn wir erleben, daß ein öffentlicher Spruchsprecher, ein höchst geachteter Name über unseren größten Musikdramatiker Dinge sagt, die in der großen Öffentlichkeit mißverstanden werden *müssen.* Wenn Thomas Mann sich mit mir und noch einigen wissenden Leuten zusammensetzt und über Goethe oder Wagner spricht und es laufen Ausdrücke unter wie amusisch und dilettantisch, so ist das eine esoterische Angelegenheit. Da kann jeder der am Gespräch Beteiligten sicher sein, daß er nicht mißverstanden wird. Aber exoterisch – nein, nicht vor Holländern, Schweizern und Franzosen! Das mußte Thomas Mann wissen und eines kräftigen Protestes gewärtig sein. Thomas Mann als bedeutender Künstler und auch rein menschlich wird sicherlich der großen Hochschätzungen auch derer gewiß sein können, die seine Entgleisung – denn als solche empfinde ich sie auch – nicht mitmachen.

Aber Gott schütze ihn vor dem Adjutantengeschmeiß.

[Frankfurter Zeitung, 2.7.1933]

Tagebuch vom 3.7.1933

[...]
In der Frankfurter Zeitung sonderbarer Aufsatz Pfitzners, worin er sich gegen Angriffe in Sachen des Wagner-Protestes verteidigt und unseren Briefwechsel vom Juni 25 mitteilt – nicht zu meiner Unehre; aber daß er alle, die jene rüde Denunziation nach ihrem Wesen kennzeichnete, als »Geschmeiß« abtut, verlangt nach Erwiderung, – welche Gelegenheit geben könnte, den Dummköpfen von Unterzeichnern die Tragweite ihrer Handlung klar zu machen.

Tagebuch vom 20.7.1933

[...]
Ich habe die Erwiderung auf Pfitzners Artikel abgeschlossen und mehrfach vorgelesen, hier und bei Schickeles. Die Diskussion darüber war vielfältig und verwirrend. Unzufriedenheit Erikas mit der melancholischen Konzilianz des Aufsatzes, – dessen Sprache dennoch der Art ist, daß es fast ein Wunder wäre, wenn er in Deutschland erschiene. Meine Neugier auf die Entscheidung ist sehr groß. Vermutlich zerbricht man sich zu der Vormittagsstunde, in der ich dies schreibe, in Berlin, Bülowstraße, den Kopf darüber, denn ich habe mich unter Verzicht auf die immer trostlosere Frankf. Zeitung für die N. Rundschau entschlossen. Die Frage ist, ob sie ihrerseits sich entschließt. Tut sie's, so wird im Lande selbst eine erste Kundgebung von mir erscheinen, die den Münchner Strohköpfen meine Ausstoßung, die Schuld an meiner Nicht-Rückkehr zuschiebt, die amtlichen Übergriffe gegen mein Eigentum kundmacht und damit politisch dem Kommenden vorbaut, auf der anderen Seite aber soviel Resignation u. Milde an den Tag legt, daß meine Rückberufung die Folge sein könnte. Der Widerspruch ist, daß ich ihr nicht zu folgen gedenke. Dennoch ist es gerade dieser Widerspruch, der mich reizt. Ich weiß, daß in Berlin Bedauern über mein Außensein besteht; ich will es nähren u. zum Sprechen bringen, vielleicht eine Aktion im Sinne meiner Rückkehr hervorrufen, die Münchner Ochsen desavouieren – und dann die weiteren und eigentlichen Gründe ausführen, aus denen ich mich versage. [...]

Tagebuch vom 24.7.1933

[...]
Heinrich kam zum Thee, ebenfalls mit Blumen. Er brachte auch das Manuskript des Pfitzner-Aufsatzes zurück, über den er sich sehr beifällig äußerte. Er empfiehlt, ihn als Nachwort in die Buch-Ausgabe aufzunehmen.

[...]

Antwort an Hans Pfitzner (1933)

Am 2. Juli hat Hans Pfitzner in der ›Frankfurter Zeitung‹ einen Artikel ›Zur Kundgebung gegen die Wagner-Rede Thomas Manns‹ veröffentlicht, der mich bestimmt, das Schweigen, das ich seit meinem Brief aus Lugano vom 19. April gewahrt habe, zu brechen und auch meinerseits in dieser schmerzlichen, für mein Leben von so ernsten Folgen begleiteten Angelegenheit noch einmal ums Wort zu bitten.

Ein Vierteljahr ist vergangen, seit jener heftigen, mit einem riesigen Aufgebot von Namen gestützten Aktion zur Diffamierung eines deutschen Schriftstellers durch Radio und Presse vollzogen wurde, und noch immer, so scheint es, will die Diskussion über sie und über ihren Gegenstand, meinen Beitrag zum Wagner-Jahr, nicht zur Ruhe kommen. Ist es zu kühn, wenn ich diese immerhin auffallende Erscheinung in Zusammenhang bringe mit der Frage, die schon im April ein Schweizer Kritiker des Münchner Unternehmens stellte: »Ob nicht die besten Köpfe unter den Protestlern in ein paar Jahren einiges *Unbehagen* empfinden werden, wenn sie an ihre Unterschrift unter diesem Kulturdokument zurückdenken?« – mit dieser Frage, die noch vor wenigen Tagen im ›Berliner Tageblatt‹ als schon auf die Gegenwart bezogene Vermutung wieder auftauchte: »Mit einem *unbehaglichen* Gefühl haben sich am Ende wohl auch die Unterzeichner der Erklärung abgewandt ...« Nein, ich glaube mich nicht zu täuschen, ein leichtes »Unbehagen«, irgend etwas wie eine moralische Unruhe ist, mindestens unter den Feineren unter den Teilnehmern, vom Feste zurückgeblieben, möge sich all das auch keineswegs als Zurücknahme oder nur Einschränkung, sondern in Gestalt von

Rechtfertigungen und »sachlichen Klärungsversuchen« äußern oder andeuten.

In der Äußerung Hans Pfitzners gibt es Wendungen, die durchblicken lassen, daß nicht alle Einzelheiten des gegen mich geführten Schlages genau nach seinem persönlichen Geschmack waren, – was mich gewiß nicht verleiten soll, den Sinn dieser Äußerung zu meinen Gunsten zu mißdeuten. Er ist klar genug. Der Schöpfer des ›Palestrina‹ hat noch heute das Bedürfnis, einen Vorwurf zurückzuweisen, den man gleich nach Erscheinen des Münchner Manifestes gegen ihn erhoben hat: den Vorwurf, er habe sich, indem auch er seinen Namen unter den Femebrief setzte, eines Aktes der Undankbarkeit schuldig gemacht. Ich bin weit entfernt, mir diese Auffassung zu eigen zu machen. Pfitzner hat recht, wenn er sagt, man müsse die Sache über die Person stellen: zwischen uns ist darüber kein Streit. Aber das weitverbreitete Gefühl, das aus jenem fast in jeder Gegenäußerung pünktlich wiederkehrenden Vorwurf sprach, war menschlich, war verzeihlich, und ich selbst würde undankbar handeln, wenn ich diejenigen, die mir in so schwerer, gefährlicher Lage moralischen Beistand liehen, in Schutz zu nehmen versuchte, gegen die harten Namen, mit denen Hans Pfitzner sie belegt.

»Anhängergeschmeiß«, »Adjutantengeschmeiß« nennt er sie zornig – warum? Man hat ihm den Artikel von Willi Schuh in der ›Neuen Zürcher Zeitung‹, eine der ersten und publizistisch stärksten Repliken, die der ›Protest der Wagner-Stadt München‹ gefunden hat, zugeschickt, und zwar anonym. Eine Frau hat dies getan, der es offenbar am Herzen lag, daß der Meister den Aufsatz lesen möge, die fürchtete, er möge ihm entgehen (was ohne sie wahrscheinlich auch der Fall gewesen wäre, da gerade diese Ausgabe der ›Neuen Zürcher Zeitung‹ in München nur geringe Verbreitung gefunden hat), und die gewiß »anonym« geblieben wäre, auch wenn sie ihren Namen unter die Zeilen gesetzt hätte, die ihre Sendung begleiteten. Anonymität kann etwas sehr Niedriges sein. Wenn aber ihr Sinn Bescheidenheit ist, sollte man sie nicht schelten. Der Absenderin genügte es, sich als eine von vielen – »von Zehntausenden«, sagt sie gläubig – zu fühlen und kundzugeben. Ist dies Genügen so anstößig in einer Zeit, in der alles Glück und alle Ehre darin gesucht und gefunden wird, Einer unter Vielen zu sein?

Auch war ja der Gegenstand ihrer Sendung, der Aufsatz ›Thomas Mann, Richard Wagner und die Münchner Gralshüter‹, nichts weniger als anonym. Die ›Neue Zürcher Zeitung‹, die ihn veröffentlichte, weil »das Münchner Manifest all denen, die außerhalb der deutschen Reichsgrenzen an deutschem Geistesleben nehmend und gebend teilhaben, unwürdig und dem Ansehen des neuen Deutschlands abträglich erscheine, und in einem freien geistigen Lande nicht unwidersprochen bleiben dürfe«, ist kein Winkelblatt und ihr Musikreferent Willi Schuh nicht der erste beste Skribent. Sein Artikel, den Pfitzner »sauber« heißt, obgleich niemand ihm eine Unsauberkeit wird nachweisen können, ist ein sehr hoch stehendes Stück Journalistik, das dem gegen mich und meine Arbeit gerichteten Massenangriff mit ebensoviel Vornehmheit wie Festigkeit begegnet; und er hat mir in Tagen des Grauens vor soviel Haß und Totschlagelust zu wohl getan, als daß ich es schweigend hingehen lassen dürfte, daß Hans Pfitzner ihn wie Unrat behandelt, – nur, weil darin die Tatsache gerade seiner Unterschrift als besonders anstößig hervorgehoben wird.

Stand dieser Schriftsteller denn allein mit seiner Sympathie für mein Bekenntnis und seinem Widerwillen gegen den Geist der Protestaktion? Hans Pfitzner hat sehr wenig gesehen, wenn er von all den »sauberen Zeitungsartikeln«, die der Fall hervorgerufen hat, nur diesen einen sah – auch ihn sah er ja nur dank fremder Fürsorge. Die großen Schweizer Blätter überhaupt, der ›Berner Bund‹, die Baseler ›National-Zeitung‹, die ganze gebildete Publizität deutscher Zunge außerhalb der Reichsgrenzen, die Wiener, die Prager, von der fremdsprachigen zu schweigen – sie alle haben sich über das Vorkommnis sehr ähnlich – nur schärfer zum Teil – geäußert wie der Zürcher Kritiker, und wenn von alledem in Deutschland, besonders aber in München, nichts bekannt geworden ist, so sehe ich da einen Instinkt der Selbstschonung am Werke, der zwar bequem und für die Erhaltung eines »guten Gewissens« von Vorteil ist, im übrigen aber seine Gefahren hat. Sich gegen Gefühl und Urteil der Welt mit dem Schutzpanzer der Unwissenheit zu wappnen, nur eben aus dem Bedürfnis, sich nicht stören, sich nicht ernüchtern zu lassen, ist keinem Volke zu raten. Man handle, wie man muß, und biete dem, was man die Verständnislosigkeit fremden Völkerpöbels nennen möge, die Stirne. Aber man biete sie ihm. Man lasse es doch wenigstens zur Kenntnis zu, um nicht Gefahr zu laufen, den Kontakt mit der Wirklichkeit, mit dem, was in der geistigen und sittlichen Welt immerhin wirksam ist, zu verlieren. –

In willentlicher Unkenntnis all dessen, was in der gebildeten Außenwelt gegen die Aktion, an der er sich beteiligt, gesagt worden ist, und erbittert schon darüber, daß man ihm eine einzige Probe davon ins Haus geschickt; in Unkenntnis offenbar auch der Erklärungen, die ich selbst schon im April in meinem Brief an die deutsche Presse abgegeben habe, wiederholt Hans Pfitzner in seiner Zuschrift an die ›Frankfurter Zeitung‹ die Behauptung, ich hätte im Auslande durch meine Wagner-Vorträge den deutschen Meister verunglimpft, die Ehre deutscher Kultur dadurch geschädigt und durch ein so schimpfliches Benehmen den ›Protest der Wagner-Stadt München‹ – vor allem aber um des Auslandes willen – geradezu herausgefordert. Wie kann er auf diesem Irrtum beharren, da festgestellt ist, daß ich den Vortrag zuerst, schon am 10. Februar, in Deutschland, in der Münchner Universität, ausführlicher als nachher draußen, und ohne den geringsten Widerspruch zu finden, gehalten habe, und daß seine drei ausländischen Wiederholungen einen vollkommen harmonischen und für die deutsche Kultur ehrenvollen Verlauf genommen haben? »Mit einer besonderen Eindringlichkeit und Tiefe«, schreiben die ›Baseler Nachrichten‹ in einem Bericht, »wurde man sich kürzlich in Paris der Bedeutung des deutsch-französischen Wagner-Erlebnisses bewußt, als Thomas Mann vor einem dicht besetzten Theatersaale über ›Leiden und Größe Richard Wagners‹ einen meisterlichen Vortrag hielt. Diese Ausdeutung der Wagnerschen Persönlichkeit in ihrer Zeitgebundenheit und rück- und vorwärtsweisenden Überzeitlichkeit fand einen tiefen Widerhall bei allen, die sich zu dieser feierlichen Stunde vereinigt hatten. Den prätentiösen Exhibitionen gegenüber, denen sich zahlreiche, meist mindere Deutsche in Frankreich – und überhaupt vor dem geistigen Auslande – allzuoft hingeben, stand das Auftreten Thomas Manns im schroffsten Gegensatz. Gerade deshalb verdient es, als eine der bedeutsamsten Ehrungen eines toten durch einen lebenden deutschen Meister, mit größter Dankbarkeit verzeichnet zu werden, die in Paris und Frankreich als Werbung für die ›heilige deutsche Kunst‹

einen unauslöschlichen und fortzeugenden Eindruck gemacht hat.« – Was hilft es, darauf zu bestehen, das Ausland habe meinen Vortrag, oder gewisse Stellen darin, unbedingt mißverstehen »müssen« und um seinetwillen sei der laute Widerspruch echter Wagner-Verehrung notwendig gewesen, – da nachweislich das Ausland zwar meinen Vortrag sehr wohl, den Protest aber durchaus nicht verstanden hat? Hans Pfitzner räumt ein, über manches, was ich gesagt, lasse sich unter Künstlern von Niveau, unter »Wissenden« sehr wohl reden, aber unverantwortlich, fügt er hinzu, sei es, dergleichen vor Holländern, Belgiern und Franzosen zu äußern. – Gibt es unter Holländern, Belgiern und Franzosen kein Niveau? Die psychologische Kultur steht hoch im Westen Europas – große Deutsche haben gefunden, sie stehe dort höher als bei uns –, und wenn ein deutscher Schriftsteller von Ansehen im Auslande spricht, so pflegt sich kein Chauvinistenmob dazu einzufinden, der sich auf die Lauer legt, um jede zartere und kühnere Nuance des Vortrages »mißzuverstehen« und zu Unehren Deutschlands zu mißbrauchen, sondern Menschen füllen den Saal, die zu lesen, zu hören gelernt haben, die den Gedanken lieben und ihm auf persönlichen, auch weniger begangenen und selbst gewagten Pfaden zu folgen gewohnt sind.

Ich habe von der Ganzheit und Vollkommenheit der Kunst in jeder ihrer Erscheinungsformen gesprochen und von dem eigentümlichen Dilettantismus, – einem monumentalen und ins Geniehafte getriebenen Dilettantismus, – der der Idee des »Gesamtkunstwerkes« zu Grunde liege. Einer, der sowas seiner Lebtage noch nicht gehört hat, steht auf und ruft mit gestrecktem Zeigefinger: »Er hat unseren wertbeständigen deutschen Geistesriesen einen Dilettanten genannt!« Und »Felonie!« schreit alles und wirft sich auf mich. Ach, schämt euch! …

Daß Hans Pfitzner sich mit seinem Namen an diesem hirnlosen Lynchgericht beteiligt hat, das ist es, was, wie es scheint, die geistige Welt ihm nicht verzeihen will. Sie rechnet es ihm als eben die »Entgleisung« an, die er in meiner Wagner-Studie zu erblicken behauptet. Was man dem Initiator des Protestes, Kapellmeister Knappertsbusch, was man erweckten ›Simplicissimus‹-Zeichnern, Bürgermeistern, Kunstbeamten und ehrsamen Bierbrauern, ja, was man einem sonntagskindlichen Geist wie Richard Strauss in Gottes Namen hingehen zu lassen bereit ist, man will es dem Dichter und Schriftsteller Hans Pfitzner nicht hingehen lassen – und der Tag ist vielleicht nicht fern, der ihn für die Ehre, die man ihm damit erweist, empfänglicher findet. Er, so urteilt die geistige Welt, hätte das Erfüllte und lebendurchwaltend Leidenschaftliche meiner Schrift empfinden, hätte eine Liebe, tief genug, um auch an ihrem Gegenstand leiden zu können, begreifen und von einer Wahrheitsintimität sich sympathisch ansprechen lassen müssen, die sich vom heroischen Klischee, von dem orthodoxen Gewäsch jener Wagner-Literatur, die Nietzsche mit der Formel »Nohl, Pohl, *Kohl* mit Grazie in infinitum« abgefertigt hat, nicht zu ihrer Unehre unterscheidet. Er mußte ein Produkt enthusiastischer Erkenntnis, dessen Analyse der Synthese dient, und von dem man gesagt hat, daß es »die von Nietzsche gestürzten Wagner-Altäre wieder aufrichtete und mit *frischen* Kränzen schmücken«, in Schutz nehmen, wenn auch nur negativ, wenn auch nur durch Zurückhaltung, gegen die Beschimpfungen der Aufgeregten, – nicht aus Dankbarkeit für kritische Dienstleistungen, deren er kaum bedurfte, sondern aus Künstlersinn und – Mannesmut. *Feige*, sagt Pfitzner, wäre er sich selbst erschienen, wenn er seine Unterschrift verweigert hätte. Ach, lieber Meister! Rechnen Sie gar nicht mit der Erwiderung, die größere Zivilcourage sei bei den – immerhin vorhandenen – Münchner Notabilitäten gewesen, deren Namen man unter dem Bannspruch vermissen durfte?

In einem offenen Brief, den der junge deutsch-böhmische Musikkritiker Walter Seidel in dieser Sache an Richard Strauss richtete, erklärte der Verfasser, »Wagners gigantisch weitwirkende Bedeutung werde gerade durch die Tatsache dokumentiert, daß die geistesgeschichtliche Auseinandersetzung mit dem ›Fall Wagner‹ heute noch nicht abgeschlossen sei. Analoger Weise könne der Künstler Richard Strauss sich kein besseres Schicksal wünschen, als daß fünfzig Jahre nach seinem Tode sich ein deutscher Dichter von Rang fände, der sich ähnlich seelenvoll mit dem Werk dieses R. Strauss befassen und zu ihm bekennen würde.« Das ist wahr, und es gilt auch für Hans Pfitzner. Eben darum hätte dieser Gesichtspunkt seine Haltung nicht so ganz unbeeinflußt lassen dürfen: das positive Verdienst, das bei allem Willen zur kritischen Wahrheit darin liegen könne, ein Problem, das als solches schon zu ehrwürdigem Entschlummern neigte, schon in die Gleichgültigkeit historischer Ruhmesruhe einzugehen im Begriff war, in seinem ursprünglichen, erregenden und verwirrenden Reiz wiederherzustellen, es einmal noch – vielleicht zum letzten Mal – in die Sphäre der Passion zu rücken und mit *lebendigen* Worten, nicht mit solchen eines matten und musealen Ehrfurchtsklischees davon zu reden. Dazu gehörte ein Schriftsteller, der mit den Wundern der spätromantischen Welt des neunzehnten Jahrhunderts, der Wagner-Schopenhauer-Welt und dem heroischen Schauspiel ihrer Überwindung durch Nietzsche traditionsweise und durch eigene seelische Zugehörigkeit noch lebendig verbunden ist, – man muß wohl an die Sechzig sein, um zu dieser Burg den Weg noch zu kennen; den jungen Leuten ist das alles schon tief unter den Horizont gesunken. Die »Wagner-Stadt München«, die anno 1865 den großen Künstler aus ihren Mauern vertrieb, und zwar durch genau denselben Menschentyp, der heute den wagnerorthodoxen Eiferer und Ketzerrichter abgibt, ist sich wenig bewußt, daß, seit sie sich wegen Wagners eines anderen besann, in der geistigen und musikalischen Welt allerlei vor sich gegangen ist und unterdessen Geschlechter heraufgekommen sind, deren seelische Affinität mit der Welt Wagners so gering ist, daß man wünschte, ihr Verhältnis zu seinem Werk feindselig nennen zu dürfen, statt es apathisch nennen zu müssen. Hier Eroberungen zu machen, wenn auch nur ganz individuelle, war vielleicht keiner leer panegyrischen Festschrift beschieden, – der Beichte skeptisch vertiefter Bewunderung vielleicht gerade war es vorbehalten, der man um solcher Werbung willen einiges nachzusehen sich entschließen sollte. »Ich für meine Person«, schrieb mir ein junger norddeutscher Museumsdirektor, »einer Generation angehörend, die mit den landläufigen Einwänden gegen Wagners Werk aufgezogen ist, der durch sie der Zugang zu seinem Genie verstellt wurde, gestehe offen, daß mir erst Ihre Abhandlung die Handhabe zur Überwindung jener Vorurteile gegeben hat.« –

Gewisse auffrischende Eigenschaften, und daß er danach angetan sei, »einen Gegenstand zu erneuern, den man gründlich erschöpft geglaubt hatte«, sind dem Beitrag besonders von der französischen Kritik nachgesagt worden. Aber sie sind weit mehr Sache eines Akzentes von Unmittelbarkeit als eigentlicher Neuheit, und jeder Kundige sieht, daß der Aufsatz »die unsterbliche Wagnerkritik Nietzsche's« zur kulturellen Voraussetzung hat. Einen philosophischen Betrachter könnte er zu dieser und jener Bemerkung über das Verhältnis, über die natürliche Vereinbarkeit von Kultur und Spontaneität Stoff und Anlaß geben. Aber damit ist seine »Neuheit« noch nicht genügend eingeschränkt: fast nichts in der Abhandlung ist neu selbst innerhalb meiner eigenen Produktion. Sie ist nicht viel mehr als ein Sammelbecken, in dem zusammenfloß, was ich durch viele Jahre hin über Wagner gedacht, empfunden und formuliert, schon öffentlich formuliert hatte; und was sich über mein ganzes Lebenswerk verteilt. Sie ist eine »Komposition« ebensosehr im mechanischen wie im organischen Sinn des Wortes. Sie komponiert das Zerstreute im Großen durch, und die erstaunliche Erfahrung, die ich ihr danke, ist die, daß als Ganzes skandalisiert, was im Einzelnen entweder unbeachtet blieb, oder sogar als verdienstliche Anregung gewertet vorüberging. Ich erinnere mich eines Glückwunschschreibens, mit dem einer der Teilnehmer an der Münchner Verlautbarung, der Präsident der musikalischen Akademie, Herr von Hausegger, mich bei irgendeiner Gelegenheit beehrte, und worin der hochgestellte Musiker mir für meine Bemühungen um die Sache Wagners seinen repräsentativen Dank aussprach. Nun, diese Bemühungen sind *identisch* mit dem Gedankenmaterial und selbst dem Wortlaut des inkriminierten Aufsatzes. Besonders findet sich eine seiner »herausforderndsten« Passagen, die Stelle über Wagners dekoratives Deutschtum und seinen Nationalismus, wörtlich und ihrer ganzen Ausdehnung nach in – den ›Betrachtungen eines Unpolitischen‹.

Das ist komisch; aber man muß die Folgerung daraus ziehen. Die Folgerung ist, daß nicht das Gesagte, sondern die Stunde, in der es gesagt wird, entscheidend ist für die Wirkung, die es hervorbringt. Das hätte ich wissen und eines »kräftigen Protestes«, wie Hans Pfitzner sagt, gewärtig sein müssen. Auch will ich mich nicht hinter die Tatsache zurückziehen, daß der Auftrag, in Amsterdam über Wagner zu sprechen, natürlich sehr rechtzeitig an mich erging, und daß die Ausarbeitung des Essays, dem dann der Vortrag entnommen wurde, in Winterwochen fiel, – weitab von einem deutschen Frühling, zu dessen Nebenwirkungen es gehörte, die Empfänglichkeit dafür so tief hinabzusetzen. Ich habe nicht die Absicht, mich zu entschuldigen, sondern eine Frage zu stellen. Sie lautet: Will man einen Schriftsteller, der, als Jüngling und Mann, in seinen besten Stunden der Jugend und der Bildung seines Volkes etwas zu sagen hatte, dem es sogar vergönnt war, die Kultur dieses Volkes nach außen hin ehrenvoll darzustellen, das Recht einräumen, auch in veränderter Zeit und politischer Atmosphäre das Seine zu sagen, sein Leben und Werk nach dem Gesetz, wonach er angetreten, zu Ende zu führen – oder will man das nicht? Die letztere Entscheidung würde dem Bestehen auf einer Abdikation gleichkommen, die, bei der künstlerischen Einheit und Untrennbarkeit von Leben und Mitteilung, den Verzicht aufs Weiterleben, den freiwilligen physischen Rückzug von dieser Erde – eine in Deutschland freilich heute nicht seltene Haltung – bedeuten würde.

Die Forderung wäre neu. Wir altern, und unser Lebensgefühl, das einst, je nach dem Grade unserer »Bedeutung« stellvertretend war, wird durch ein gewandeltes überholt, das zwar Elemente birgt, die unsere Empfindlichkeit vorwegnehmen konnte, die unser Wissen und Wesen schon mit umschloß, durch ein Menschentum »nach uns« aber doch, das als Ganzes nicht mehr das unsrige ist, dessen Ausdruck zu sein wir nicht mehr beanspruchen dürfen. Hans Pfitzner, dem ich hier antworte, weiß wohl von diesem Schicksal, dem keiner entgeht. Er hat in seinem ›Palestrina‹ die Melancholie und Resignation alternden Meistertums, das sich zweifelnd fragt, »ob jetzt die Welt nicht ungeahnte Wege geht und, was uns ewig schien, nicht wie ein Wind verweht« mit tiefem, *konservativem* Gefühl gestaltet, indem er es seinem scheinbar überlebten Künstlerhelden vergönnte, in einer großen produktiven Nacht zum »Retter der Musik« zu werden. Das war Poesie und hoher Wunschtraum. Aber um des Beitrages willen, mit dem auch sie einst Leben und Entwicklung gefördert, hat man immer und überall, aus Pietät, aus Gesittung, aus Dankbarkeit, oder was für menschlichen Gründen immer, der geprägten Persönlichkeit ehrenvoll gestattet, auch in veränderte Zeit hinein ihr Lebenslied ausklingen zu lassen, ihre Wahrheit auszusagen, ihr Werk zu vollenden: Mit Recht! Denn die Gabe der Kunst ist eine Gabe von des Lebens eigener Hand, sie ist vielleicht noch besser gesagt die Gabe des Lebens selbst, die weniger rasch verjährt, als ein frisch angetretenes Geschlecht, das alle Gegenwart und Zukunft in seinem Besitz glaubt, sich einreden mag; und wer einmal mit dem Leben auf gutem Fuße gestanden, wird ihm, glaube ich, niemals ganz fremd und feind werden können. Aus seiner – historisch bedingten – seelischen und geistigen Form heraus wird ein solcher auch einer Zeit und Welt, die nicht mehr in engerem Sinne die seine ist, produktiv zu dienen vermögen: schon vermöge jener Elemente des Neuen, von denen ich sagte, daß seine Lebenssensitivität ihnen schon von weitem suchend und versuchend entgegenkam.

Warum sollte ich in diesem Zusammenhang nicht aussprechen, daß mein Denken und Dichten, beispielsweise zu jener modernen Heroik, die sich mit so viel Stolz und nur allzuviel geistesgeschichtlicher Bewußtheit einer das Leben entwürdigenden und entnervenden Psychologistik entgegensetzt, durchaus nicht aller Beziehungen entbehrt? Es sind eben zwanzig Jahre, daß ich in einer Erzählung, von der es hieß, daß mancher junge Krieger sie anno 14 im Tornister mit sich geführt habe, dem ›Tod in Venedig‹, von einem »würdig gewordenen« Künstlertum handelte, das, müde der »Sympathie mit dem Abgrund«, sich zum pädagogischen Vorbilde einer Sittlichkeit aufwarf, die entschlossen ist, »das Wissen zu leugnen, es abzulehnen, erhobenen Hauptes darüber hinwegzugehen«, sofern es den Willen, die Tat, den schöpferischen Impuls im Entferntesten zu schwächen, zu lähmen geeignet ist. Daß die Sache schlecht ausging, der »reife Entschluß« sich als vermessen erwies, ist kein Beweis gegen die Anteilnahme des Autors. Wer aber wundert sich, daß er, da dergleichen zum Gegenstande des Massensprechchors geworden, nicht ganz mit derselben Begeisterung darin einstimmen mag wie einer, dem es als die jüngste Weisheit der Zeit erscheint? Es war nichts weiter als Ergriffenheit vom Landläufigen, wenn Herr von Hausegger in einem öffentlichen Schreiben dem Redakteur der ›Neuen Rundschau‹ erklärte, mein Wagnerbild verstoße gegen das Ethos »unserer die Fesseln materialistisch-vernünftelnder Analytik sprengenden Zeit«. Ich bin versucht, ihm zu widersprechen. Mir ist, als äußerte sich in seiner Lust am Fesselsprengen dieselbe bedrohlich-eigentümliche Verbiegung und Verkehrung des Freiheitsbegriffes, mit welcher der deutsche Geist den Weltgeist nicht zum ersten Male verwirrt und ängstigt. Man soll auf die »materialistisch-vernünftelnde Analytik« nichts kommen lassen, – gerade dann nicht, wenn es ihr schlecht geht. Sie ihrerseits hat manche Fessel gesprengt und sich um die menschliche Freiheit wohl verdient gemacht. Sie ist *Wahrheit*, – eine

Seite nur meinetwegen der Wahrheit, die pessimistisch-naturalistische, aber Wahrheit dennoch, auch heiter und tapfer dennoch, keineswegs unheroisch, wie wir hinzufügen wollen; und es wäre möglich, daß ihr Demokratismus sein Lebens- und Zukunftsrecht wahrte neben dem modischen Herrentum.

»Die Männer des neuen Regimes«, schrieb mir jener junge Kunstpfleger aus dem Norden, »müssen und werden es lernen, daß Ihr Lebenswerk unendlich viel mehr Mut, Drang zur Wahrhaftigkeit, Sauberkeit des Denkens (alles Eigenschaften wohlverstanden heroischer Natur!) enthält, als das geräuschvolle Nachplappern kulturpolitischer Tagesparolen. Es kann und wird in Deutschland nicht dahin kommen, daß ernsthafte, mit Lebenseinsatz geleistete geistige Bemühung verachtet wird, Meinungsbildung aber auf dem bequemen Wege des geringsten Widerstandes hoch im Kurs steht.« – Das ist schön und hoffnungsvoll; zu diesem und jenem *ist* es indessen ja leider gekommen. In höhnisch schurigelndem Ton gibt das Münchner Manifest mir zu verstehen, ich hätte überhaupt den Mund nicht mehr aufzutun, mein Teil sei ewiges Verstummen – und zwar, weil ich den gutmütig verfehlten Versuch gemacht habe, den Gedanken der Republik zu der geistigen Vergangenheit meines Volkes in Beziehung zu setzen, es mit der Freiheit im herkömmlichen – gewissermaßen auch in Deutschland herkömmlichen – Sinn und mit einem im Zeichen dieser Freiheit geeinten Europa, das mir im Werden schien, zu versöhnen. War das so schädlich, daß die Verübung des Harakiri die einzige Folgerung wäre, die mir heute daraus zu ziehen bliebe? Man darf sagen, daß das eine recht lokale Auffassung ist, die in weiten Kreisen der deutschen Öffentlichkeit nicht geteilt wird – vom Auslande rede ich nicht, um niemanden unnütz zu reizen. Kurzum, in mein langes Nachsinnen über den heimatlichen Ratschlag ist so viel freundliche und ernst zu wahrerer Pflicht rufende Abmahnung gedrungen, daß ich von seiner Befolgung wohl absehen und in Ergebung die mir organisch verhängte Stunde abwarten werde, die mich aus der Mangelhaftigkeit meines Ichseins befreit.

Aber dies alles ist das Entscheidende noch nicht, was vielen die Teilnahme höher organisierter Menschen an dem Münchner Haberfeldtreiben als anstößig, ja unleidlich erscheinen läßt. Ich zitiere – wahrhaftig nicht aus Entzücken über eine Kennzeichnung meiner

Person, die ihren Überschwang sichtlich aus der aufrichtigen Mißbilligung der einem geistigen Menschen zuteil gewordenen Behandlung bezieht. Eine Prager deutsche Zeitung schrieb acht Tage nach dem Eklat: »Was an dem bekannten Femebrief hervorragender Vertreter des deutschen Geisteslebens gegen Thomas Mann den unbefangenen Beobachter geradezu erschreckt, ist die Methode, einen Mann hohen und überlegenen Geistes, der dem deutschen Schrifttum der letzten dreißig Jahre zum Ruhm gereicht, der Verurteilung durch die Straße, durch den Strom der Mitläufer, der kleinen Neider und Mißgönner, der Mucker und Ducker ohne eigenes Urteil, ohne Recht zu irgendeinem Urteil in geistigen Dingen, preiszugeben, – in dem Augenblick eines ungeheueren, aufwühlenden politischen und sozialen Vorgangs und einer Massenbewegung, der gerade die geistigen Führer des Volkes besser täten, sich nicht willenlos freiwillig auszuliefern.« Man muß die Kühle dieser letzten allgemeinen Wendung dem Auslandsstandpunkt des Verfassers zugute halten. Sein Gefühl im Besonderen ist richtig, und tausendfach ist es geteilt worden, – am tiefsten und bittersten begreiflicher Weise von mir, dem Betroffenen.

Wenn einer meiner Münchner Richter – oder auch mehrere – wenn Hans Pfitzner, von dessen polemischer Klinge Busoni und andere ein Lied zu singen wissen, oder Präsident von Hausegger oder mein rotarischer Freund, Generalmusikdirektor Knappertsbusch, sich hingesetzt und seine redliche Entrüstung über meine Art, einen großen Mann zu feiern in einem Zeitschriften- oder auch Zeitungs-Artikel zum öffentlichen Ausdruck gebracht hätte: alles wäre in Ordnung – nichts wäre dagegen zu erinnern gewesen. Über mein Wagnerbild war zu reden, es war sehr, sehr ablehnend darüber zu reden; von vielen, die es lieben, bin ich der Letzte, der es bestreitet. Meine schriftstellerische Fehlbarkeit ist mir bis zum Grade lähmender Skrupulosität bewußt, und einzig Aufrichtigkeit, den berühmten Willen zur Wahrheit, meiner persönlichen und historisch bedingten Lebenswahrheit, kann ich für mich in Anspruch nehmen. Glaubte kein Einzelner gegen mich Einzelnen aufkommen zu können? War ein Monstreaufgebot von Renommee nötig, um mich zu erdrücken? Die Methode ist es, die zum Himmel schreit, die die Besseren hätte abstoßen müssen. Den Protest auf die Straße zu tragen, mein Verbrechen durch Stadt und Land zu megaphonieren, eine Angelegenheit des Geistes und der Kunst, zart ihrer Natur nach, der unwissenden und ohnedies wild erregten Menge vorzuwerfen und ihr mit abgerissenen, von Schmähungen umrahmten Zitaten das Blut in die Augen zu treiben: das war – wir wollen Besonnenheit üben und sagen, daß es unbesonnen war.

Ein »kräftiger Protest«? Das war kein kräftiger Protest, es war eine lebensgefährliche Denunziation, die gesellschaftliche Ächtung, die nationale Exkommunikation. Seit diesem Geschehnis haben alle die Handlungen heimatlich-amtlicher Feindseligkeit gegen meine Person und mein Eigentum sich gereiht, die mich belehren, daß ich in Deutschland heute ein Bürger minderen Rechtes, daß ich dort vogelfrei wäre. Wenn ein deutscher Dichter, der immer auf seine Art und nach seinen Kräften seinem Volke zu helfen suchte, und dem viel Vertrauen, nicht »vierzehn Jahre«, sondern ein Menschenalter lang aus diesem Volke entgegenkam; ein Dichter übrigens, dessen Natur sich weit eher eines goethisch-repräsentativen Überlieferungsgepräges bewußt ist, als daß er sich eigentlich zum Märtyrer geboren fühlte, heute, um seine Lebensaufgabe zu Ende führen zu können, den Schutz, die gesittete Zuvorkommenheit einer milderen, dem freien Gedanken noch freundlichen Fremde anrufen muß: Die Herren vom Münchner Heerbann sollen wenigstens wissen, daß sie die unmittelbaren Urheber dieser schiefen, unnatürlichen und niemanden wirklich befriedigenden Lage sind.

Die Stunde wird kommen, ob ich sie erlebe oder nicht, wo man die bedenkenlose Ausstoßung überlieferungstragender und im tiefsten Grunde erhaltender deutscher Kräfte als eine Rauschhandlung schädlicher, ja schimpflicher Art erkennen und bedauern wird. Diejenigen aber unter den Münchner Demonstranten, die überhaupt ein Verhältnis zum Geistigen und zur Schrift, zu Erkenntnis und Bekenntnis und der damit organisch-verbundenen Sprachdisziplin, mit einem Worte zur Literatur besitzen, mögen sich schon heute fragen, ob die freudige, im Vertrauen auf deutsche Freiheit und Bildung erfolgte Hingabe eines liebevollen und nur eben der augenblicklichen öffentlichen Geistesverfassung schlecht angepaßten Gedankenwerkes mit dem Verlust von Heim und Vaterland angemessen bestraft ist.

Hans Pfitzner an Walther Abendroth, 11.4.1934

Zur Thomas Mann-Geschichte bemerke ich noch, daß meines Wissens von sämtlichen Unterschreibenden nur ich, privatim und öffentlich, angekeilt worden bin [...] Und ich war es, welcher den beabsichtigten Schluß der Protestkundgebung bedeutend abgemildert hatte. Ursprünglich sollte die Veröffentlichung schließen mit der Frage: ›Wer ist Richard Wagner und wer ist Thomas Mann?‹ Knappertsbusch wollte diese Frage sogar gleich beantworten, indem er das Größenverhältnis Wagners und Thomas Manns mit dem des Chimborasso und des Nockerbergs in München verglich. Dies letztere eignet sich natürlich nicht zur Veröffentlichung [...] Vielleicht ist es Ihnen für später einmal erwünscht, diesen Brief aus der Tasche ziehen zu können.

An das Reichsministerium des Inneren, Berlin (1934)

[...] Daß die Stadt, in der ich den größten Teil meines Lebens in Ehren verbracht, deren Magistrat meinen fünfzigsten Geburtstag und meine Auszeichnung mit dem Nobelpreis in herzlichen Feiern begangen, und die es mir gedankt hatte, daß ich ihr durch die Jahrzehnte, auch unter unerfreulichen Verhältnissen, treu geblieben war – daß diese meine zweite Heimat es auf meine *Ausstoßung* abgesehen habe, konnte ich damals nicht denken.

Dennoch lief die Radio- und Presseaktion, die Anfang April unter dem Titel »Protest der Wagnerstadt München« gegen mich ins Werk gesetzt wurde, auf nichts anderes hinaus. Ich hielt mich in Lugano auf, als die Nachricht von diesem lärmenden, mit erschreckender Gehässigkeit unternommenen Angriff zu mir drang, den Freunde, Rotary-Brüder, Künstler, Kameraden, bis dahin mir scheinbar wohlgesinnte, ja ergebene Menschen gegen mich unternommen hatten, und mit einem Schlage veränderte sich das Bild, das ich mir von meiner Lage gemacht hatte. Es handelte sich um eine weitschichtige Studie über den Bayreuther Meister, »Leiden und Größe Richard Wagners«, die ich im Winter geschrieben und im Aprilheft der »Neuen Rundschau« veröffentlicht hatte. Ihr war ein Vortrag entnommen, den ich zum erstenmal am 10. Februar, einen Tag vor meiner Abreise, im Auditorium maximum der Münchner Universität zur herzlich bekundeten Befriedigung eines fünfhundertköpfigen Publikums, darunter erster Repräsentanten des Münchner kulturellen Lebens, gehalten, und dann in Amsterdam und Paris mit dem gleichen Erfolg wiederholt hatte. Die Arbeit war getragen und erfüllt von einer tief wurzelnen, ein Leben lang unterhaltenen Leidenschaft für das Werk des großen Theatralikers; sie ist von der europäischen Kritik als einer der ansehnlichsten geistigen Beiträge zu dem produktiv sonst nicht sehr ergiebigen Gedenkfest angesprochen worden, und ich weiß wohl, daß sie, ihrer kritischen Nüanciertheit ungeachtet, ja gerade durch sie danach angetan war, selbst dort eine lebendige Anteilnahme an der faszinierenden Erscheinung Wagners wieder wachzurufen, wo diese nur noch als museal empfunden wurde, und, als Problem, matter Gleichgültigkeit verfallen schien.

Die Veranstalter jener Aktion aber sahen in meinem Aufsatz auf einmal eine Verunglimpfung des deutschen Meisters, begangen noch dazu vor den Ohren des Auslandes. Ihr »Protest«, unterzeichnet von einem wahren Massenaufgebot großer und kleiner Namen, Einzel-Honoratioren, Instituten und Verbänden, war seinerseits eine einzige, in den erniedrigendsten Wendungen abgefaßte Verunglimpfung meiner Person und Lebensleistung vor dem In- und Auslande. Es steht fest, daß die große Mehrzahl derer, die man zur Unterschrift herangezogen, meine Arbeit nicht gelesen hatten, andere nicht einmal mit dem krassen, zum Teil – offen gestanden – lächerlichen Texte des Protestes bekanntgemacht worden waren. Es steht fest, daß mancher der Teilnehmer bis hinauf zu den Initiatoren, sich schon heute seiner Handlungsweise von damals keineswegs mit reiner Genugtuung erinnert. Verbreitet aber durch den Radio-Sender und die gesamte Presse, in einem Augenblick wie diesem unter die hocherregten Massen geworfen, stellte die Kundgebung nichts anderes dar als eine furchtbare Denunziation, die mich, wäre ich zufällig an Ort und Stelle gewesen, ohne Übertreibung gesagt, Gesundheit und Leben hätten kosten können. Ich mußte begreifen, daß mein Außenbleiben weniger vorläufig war als ich gedacht hatte, und daß ich unter Menschen, die mir dies angetan, nicht so bald wieder würde leben können.

Aus **Warum ich nicht nach Deutschland zurückgehe** (1945)

[...]

Sind diese zwölf Jahre und ihre Ergebnisse denn von der Tafel zu wischen und kann man tun, als seien sie nicht gewesen? Schwer genug, atembeklemmend genug war, anno dreiunddreißig, der Schock des Verlustes der gewohnten Lebensbasis, von Haus und Land, Büchern, Andenken und Vermögen, begleitet von kläglichen Aktionen daheim, Ausbootungen, Absagen. Nie vergesse ich die analphabetische und mörderische Radio- und Pressehetze gegen meinen Wagner-Aufsatz, die man in München veranstaltete, und die mich erst recht begreifen ließ, daß mir die Rückkehr abgeschnitten sei; das Ringen nach Worten, die Versuche zu schreiben, zu antworten, mich zu erklären, die »Briefe in die Nacht«, wie René Schickele, einer der vielen dahingegangenen Freunde, diese erstickten Monologe nannte.

[...]

Stellenkommentare und Quellennachweis

Texte und Zeugnisse 1895–1955

›Erkenne Dich selbst‹ 15

Fragebogen (datiert 17.12.1895) aus dem Nachlaß von Ilse Martens, der Schwester von Thomas Manns Lübecker Schulfreund Armin Martens (GKFA 14.1, 38).

1] *Lassen*: Eduard Lassen, dänischer Komponist (1830–1904), seit 1857 in Weimar tätig, wo Franz Liszt dessen bekannteste Oper ›Landgraf Ludwigs Brautfahrt‹ erfolgreich aufgeführt hatte.

2] *Fielitz*: Alexander von Fielitz, Komponist und Dirigent (1860–1903), erster Kapellmeister am Stadttheater Lübeck.

An Paul Ehrenberg, 29.6.1900 15

(1876–1949), Maler, mit dem Thomas Mann in den Jahren vor seiner Verheiratung ein enges freundschaftliches Verhältnis hatte, lieferte Züge für das Porträt des Geigers Rudi Schwerdtfeger im ›Doktor Faustus‹ (GKFA 21, 118).

1] *Carla*: Carla Mann (1881–1910), jüngste Schwester Thomas Manns, Schauspielerin.

2] *Götterdämmerung*: Es handelt sich bei dieser Aufführung (22.6.1900) um die Inszenierung der Münchner Erstaufführung (1878) von Karl Brulliot; Dirigent war Franz Fischer. Neben Gerhäuser sangen Mathilde Fränkel-Claus (Brünnhilde), Peter Heidkemp (Hagen), Demetrius Popovici (Alberich), Alfred Bauberger (Gunther), Charlotte Schloß (Gutrune).

3] *Gerhäuser*: der Tenor Emil Gerhäuser (1868–1917), in der Saison 1892/93 am Stadttheater Lübeck engagiert, war einer der geschätztesten Wagner-Sänger seiner Zeit: Gerhäuser war in München (1890–1892, 1901–1909) und Karlsruhe (1893–1901) tätig und trat seit 1892 wiederholt in Bayreuth (Melot, Lohengrin, Siegmund) auf; in der Saison 1902–1903 war er an der Metropolitan Opera in New York engagiert. Ging 1909 als Regisseur an die Hofoper in Stuttgart.

An Paul Ehrenberg, 18.7.1901 (GKFA 21, 172) 15

1] *Zumpe*: Hermann Zumpe (1850–1903), von 1901–1903 Generalmusikdirektor in München; Wagners Assistent in Bayreuth und Mitarbeiter in der berühmten »Nibelungen-Kanzlei«.

2] *Fischers*: Franz von Fischer (1849–1918), war Hofkapellmeister in München (1879–1912); dirigierte 1882–1884 sowie 1899 in Bayreuth den ›Parsifal‹. Gleichfalls Mitglied der »Nibelungen-Kanzlei«.

16 **An Paul Ehrenberg, 28.1.1902** (GKFA 21, 190)

1] *»Wer hier im Gotteskampf…*: Auf den Ruf des Heerrufers in ›Lohengrin‹ I, 2] »Wer hier im Gotteskampf zu streiten kam / für Elsa von Brabant, der trete vor! Der trete vor!« schreibt die Szenenanweisung »Gespanntes Stillschweigen« vor.

16 **An Paul Ehrenberg, 20./21.8.1902** (GKFA 21, 208 f.)

1] *Tristan-Aufführung:* am 1. August, in dem neuen Prinzregententheater, eröffnet 1901, ein Replikat des von Wagner in Bayreuth erbauten Theaters, was in der Werbung (»Amphitheatralischer Zuschauerraum, versenktes Orchester«) auch besonders hervorgehoben wurde. Inszenierung: Eduard Sigl; Dirigent: Franz von Fischer; es sangen: Einar Forchhammer (Tristan), Olive Fremstad (Isolde), Victor Klöpfer (Marke), Katharina Senger-Bettaque (Brangäne).

2] *Carla*: siehe Anm. 1 zu Brief vom 29.6.1900 [s. Seite 267].

3] *Possarts*: Ernst Ritter von Possart (1841–1921), Schauspieler, Regisseur, Intendant der Königlich Bayerischen Hofbühnen (1895–1905).

17 4] *Gerhäusers*: siehe Anm. 3 zu Brief vom 29.6.1900 [s. Seite 267].

18 **An Kurt Martens, 16.10.1902**

Kurt Martens (1870–1945), aus Leipzig stammender Schriftsteller, später Feuilletonredakteur der MNN, mit dem Thomas Mann eine enge, kollegiale Freundschaft verband (GKFA 21, 213).

18 **›Das Ewig-Weibliche‹**

Besprechung von Toni Schwabes Roman ›Die Hochzeit der Esther Franzenius‹, erschienen in der Münchner Zeitschrift *Freistatt*, 21.3.1903 (GKFA 14.1, 59).

1] *Tschandalas*: indisches Äquivalent zu Plebejer, Angehöriger der niedrigsten Kaste.

18 **›Der französische Einfluß‹**

Antwort auf eine von Otto Julius Bierbaum veranstaltete Umfrage in der Wiener Zeitschrift *Die Zeit*, 16.1.1904 (GKFA 14.1, 73 ff.).

19 1] *Räthselrater.* Friedrich Nietzsche (1844–1900), der in ›Ecce Homo‹ Wagner mit der französischen Romantik in Verbindung setzte – »jene hochfliegende und doch emporreißende Art von Künstlern wie Delacroix, wie Berlioz, mit einem fond von Krankheit, von Unheilbarkeit im Wesen, lauter Fanatiker des Ausdrucks« (KSA VI, 289).

19 **›Notizen [I]‹**

Aus den in der Berliner Zeitung *Der Tag* (24.12.1905) veröffentlichten aphoristischen ›Notizen‹ (GKFA 14.1, 93); zu Wagner und Novalis vgl. ›Leiden und Größe Richard Wagners‹, 119.

20 **›Dichterische Arbeit und Alkohol‹**

Antwort auf eine Umfrage über die »Wechselwirkung zwischen Alkohol und Dichtung«, *Das literarische Echo*, 25.10.1906 (GKFA 14.1, 115 f.).

1] *am Solneß*: ›Baumeister Solness‹ (1892), Schauspiel von Hendrik Ibsen.

An Heinrich Mann, 6.2.1908 (GKFA 21, 388.) 20

1] *der »Werdandi-Bund«*: Künstler-Verein, dem neben Henry Thode und Siegfried Wagner auch Hans Thoma angehörte und der es sich zum Ziel gesetzt hatte, »den Künstlern, deren Kunst auf gesunder deutscher Gemütsgrundlage beruht, größeren und unmittelbaren Einfluß auf die Kultur zu verschaffen«.

2] *Oncle Friedl*: Friedrich Wilhelm Leberecht Mann (1847–1925), das Vorbild für Christian Buddenbrook.

3] *Geheimrath Thode*: Henry Thode (1857–1920), Kunsthistoriker, seit 1887 mit Daniela von Bülow (1860–1940) verheiratet.

4] *Nordhausen*: Richard Nordhausen, ›Berliner Brief‹, in: MNN, 23.1.1908.

›Versuch über das Theater‹ 20

Antwort auf eine Rundfrage der Zeitschrift *Nord und Süd*, Januar und Februar 1908 (GKFA 14.1, 123–168).

1] *der Oberlehrer*: gemeint ist offenbar der Philosoph Friedrich Theodor Vischer (1807–1888).

2] *Grillparzer verwarf*: Franz Grillparzer (1791–1872) in seiner ›Selbstbio- 21
graphie‹, Ges. Werke IV, 88.

3] *Schiller hat geantwortet*: Friedrich Schiller (1759–1805) in dem Brief an Goethe, 26.12.1797.

4] *Gerhäuser*: siehe Anm. 3 zu dem Brief an P. Ehrenberg, 29.6.1900 [s. S. 267].

5] *Makart*: Hans Makart (1840–1884), österreichischer Maler, berühmt für 22
seine üppigen Historiengemälde.

6] *Die Rütliszene*: in Schillers ›Wilhelm Tell‹, II, 2. 24

7] *»Die Schaubühne als eine moralische Anstalt betrachtet«*: Aufsatz Schillers 25
(1785).

8] *Altar der Thymele*: Opferstätte im griechischen Theater.

9] *Prinz-Regententheater*: siehe Anm. 1 zu dem Brief an Paul Ehrenberg, 27
20./21.8.1902 [s. Seite 268].

10] *einer zukünftigen ... Schauspielbühne*: ›Über Schauspieler und Sänger‹ 28
(JA IX, 224).

11] *Professor Litmann*: Max Litmann (1862–1931), Baumeister in München.

12] *der Bernini in ihm*: vgl. Nietzsche, ›Der Fall Wagner‹ (KSA VI, 46), wo 29
Wagners Stellung in der Geschichte der Musik mit der Berninis (1598–1680) in der Geschichte der Skulptur gleichgesetzt wird.

›Süßer Schlaf!‹ 29

autobiographische Skizze, zuerst in der Wiener *Neuen Freien Presse*, 30.5.1909; der Titel womöglich auf Goethes ›Egmont‹ anspielend (GKFA 14.1, 208 f.).

›Geist und Kunst‹ 30

Fragmente (152) zu einem nicht ausgeführten zeitkritischen Essay, an dem

Thomas Mann vom März 1909 bis 1912 arbeitete. Ein entscheidender Grund für das Nichtzustandekommen dieser groß angelegten Arbeit war wohl die in Nr. 142 artikulierte Erkenntnis, daß »Zeitkritik im Grunde Selbstkritik« bedeute: »Viele der kritisierten Tendenzen auch in mir«. Eine »leidenschaftliche Abhandlung über ›Geist und Kunst‹« (GW VIII, 450) findet sich im ›Tod in Venedig‹ unter den fiktiven Werken Gustav von Aschenbachs (ARE I, 268–324).

1] *den »dürftigen Todesschatten etc.«*: ›Oper und Drama‹ (JA VII, 119).

2] *»gar unbelehrt«*: ›Die Meistersinger‹, I, 3.

31 3] *Kothe*: Robert Kothe (1869–1944), Jurist und Kabarettist, Mitbegründer der »Elf Scharfrichter«.

4] *Possart*: Ernst Ritter von Possart (1841–1921), Schauspieler, Regisseur, Intendant der Königlich Bayerischen Hofbühnen (1895–1905)

5] *Humperdinck*: Engelbert Humperdinck (1854–1921), assistierte Wagner bei der Vorbereitung der ›Parsifal‹-Erstaufführung; hatte mit seiner wagnerisierenden Märchenoper ›Hänsel und Gretel‹ (1893) einen Welterfolg.

6] *Siegfried Wagner*: Wagners einziger Sohn (1869–1930), von 1906 an Leiter der Bayreuther Festspiele; schrieb selbst zwölf Opern, darunter ›Der Kobold‹ (1904).

32 7] *Frau Wesendonk*: Mathilde von Wesendonk (1828–1902); vgl. den Brief Wagners vom 1.1.1860 (MW, 203).

8] *›Marbacher Schillerbuch‹*: hrsg. vom Schwäbischen Schillerverein, Stuttgart/Berlin 1905; darin Oskar Walzel, ›Schiller und die bildende Kunst‹.

9] *den »eitlen und sinnlichen Affen etc.«*: vgl. Nietzsche, ›Morgenröthe‹, Nr. 324 (KSA III, 231).

33 10] *W. Jordan*: Wilhelm Jordan (1818–1904), mythisch-nationaler Weltanschauungsdichter, Verfasser von ›Die Nibelunge‹ (1867–1874), einem Epos in alliterierenden Stabreimen, aus dem er als Rhapsode vortrug.

11] *Van Roy*: Anton van Rooy (1870–1932), berühmt für seine Gestaltung des Holländers und anderer Wagner-Rollen.

34 12] *Hofmiller*: Josef Hofmiller (1872–1933), Mitherausgeber der *Süddeutschen Monatshefte*, zusammen mit Nikolaus Cossmann, Friedrich Naumann und Hans Pfitzner.

13] *Literaturdichtung*: Die Unterscheidung zwischen dem herkömmlichen Sprechtheater und dem Gesamtkunstwerk, »Literaturgedicht« und »szenischem Kunstwerk«, bezeichnet eine zentrale Position in Wagners Zürcher Kunstschriften zur Reform der Oper. Vgl. besonders den manifestartigen Brief an Franz Liszt vom 8.5.1851 (SB IV, 36).

14] *Der Aufsatz des Herrn Pfitzner*: ›Zur Grundfrage der Operndichtung‹, *Süddeutsche Monatshefte*, Jg. 5, 1908, 1–11.

35 15] *Meyerbeer-Scribe*: Der aus Berlin stammende Giacomo Meyerbeer (1791–1864) und sein Librettist, der Pariser Bühnenautor Eugene Scribe

(1791–1861) bildeten das erfolgreichste Gespann in der Ära der *grand opéra*; z. B.: *Le Prophète* (1849).

16] *Fürst Bülow*: Fürst Bernhard Heinrich von Bülow (1849–1929), von 1900 bis 1909 Reichskanzler.

17] *Uhlig*: Theodor Uhlig (1822–1853), Violinist im Dresdener Hofopernorchester, früher Anhänger und Gesinnungsgenosse Wagners.

18] *wie Pfitzner meint*: Hans Pfitzner (1869–1949) in seinem Aufsatz ›Zur 36
Grundfrage der Operndichtung‹, *Süddeutsche Monatshefte*, Jg. 5, 1908, 1–11.

19] *Reinhardt*: Der Regisseur Max Reinhardt (1873–1943) gastierte im Juni 37
1909 mit mehreren Shakespeare-Inszenierungen, darunter ›Hamlet‹, bei den Münchner Festspielen.

20] *»Deutlichkeit«*] Ein unveräußerliches Ideal der Wagner'schen Opernreform; vgl. z. B. ›Eine Mitteilung an meine Freunde‹: »Höchste Deutlichkeit war in der Ausführung somit mein Hauptbestreben [...].« (JA VI, S. 277)

21] *Straussens ›Salome‹*: Musikdrama nach Oscar Wilde; Thomas Mann besuchte eine Aufführung in Dresden, unmittelbar nach der Uraufführung am 9.12.1905.

22] *über Italien*: siehe den Brief an Mathilde Wesendonk, 1.1.1860 (MW, 205). 39

23] *mancher Radikale*: gemeint ist Heinrich Mann mit seinen Essays ›Geist 40
und Tat‹ (1910) und ›Voltaire – Goethe‹ (1910).

An Julius Bab, 24.7.1909 (GKFA 21, 422 f.) 40

Julius Bab (1880–1955) war Dramaturg, Theaterkritiker und -historiker in Berlin (*Germanic Review*, Jg. 36, 1961, 195).

1] *Essay*: Julius Bab, ›Kritik der Bühne. Versuch systematischer Dramaturgie‹, Leipzig 1909.

An Ludwig Ewers, 23.8.1909 (GKFA 21, 426) 40

Ludwig Ewers (1870–1946), Journalist und Schriftsteller, war ein Klassenkamerad Heinrich Manns (TMJ 9, 1996, 116).

1] *tief erschüttert*: Thomas Mann sah die von Wagner sanktionierte Originalinszenierung von 1882 mit den berühmten Bühnenbildern von Paul Joukowsky am 4.8.1909; die musikalische Leitung hatte Karl Muck. Es sangen Felix von Kraus (Gurnemanz), Martha Leffler-Burckard (Kundry), Fritz Vogelstrom (Parsifal), Clarence C. Whitehall (Amfortas).

2] *R. Straussens »Fortschritt«*: Anspielung auf einen Aufsatz von Richard Strauss: ›Gibt es für die Musik eine Fortschrittspartei?‹, *Der Morgen*, Berlin, 14.6.1907; wiederabgedruckt in R. Strauss ›Betrachtungen und Erinnerungen‹, hg. von Willi Schuh, Zürich 1949, 14–21.

3] *Walt Whitman*: der amerikanische Lyriker (1819–1891), dessen ›Leaves of 41
Grass‹ (1855) in Deutschland seit dem Naturalismus bekannt war.

›Die gesellschaftliche Stellung des Schriftstellers in Deutschland‹ 41

Antwort auf eine bisher noch nicht ermittelte Umfrage, datiert 7.3.1910 (GKFA 14.1, 226).

41 **An Kurt Martens, 7.3.1910** (GKFA 21, 445)
1] *daß Du es Dir [. . .] nicht verkneifen konntest*: bezieht sich auf Kurt Martens, ›Literatur in Deutschland. Studien und Eindrücke‹, Berlin 1910.
2] *›Wälsungenblut‹*: Thomas Mann hatte die 1905 geschriebene Erzählung aus Furcht vor einem Skandal zurückgezogen, da die Gefahr einer antisemitischen Auslegung bestand. Demungeachtet kursierte in München der Text der Erzählung, der von einem alerten Buchhändlerlehrling aus den schon gedruckten Umbruch-Bögen rekonstruiert worden war. Eine limitierte, private Luxusausgabe mit Steindrucken von Thomas Theodor Heine erschien 1921; in Deutschland wurde diese Erzählung erst posthum 1958 allgemein zugänglich.

42 **An Hermann Hesse, 1.4.1910**
Thomas Mann war mit Hesse (1877–1962) seit 1904 persönlich bekannt (GKFA 21, 448).
1] *Wagners »wechselnder Optik«*: zentraler Gedanke in Nietzsches Wagner-Kritik und, davon angeregt, in Thomas Manns Wagner- und Selbstverständnis. In Nietzsches nachgelassenen Fragmenten heißt es im Hinblick auf Wagner und auf Victor Hugo: »sie haben eine wechselnde Optik, bald in Hinsicht auf die gröbsten Bedürfnisse, bald in Hinsicht auf die raffiniertesten« (KSA XII, 436).

42 **An Maximilian Harden, 30.8.1910**
Ursprünglich Schauspieler, war Harden (1861–1927) einer der engagiertesten und berühmtesten deutschen Publizisten, der die 1892 von ihm gegründete *Wochenschrift für Politik, öffentliches Leben, Theater, Kunst und Literatur, Die Zukunft*, zu einer der wichtigsten Zeitschriften der Epoche machte (GKFA 21, 460 f.).

42 **›Der alte Fontane‹**
Essay, veranlaßt durch das Erscheinen von Theodor Fontane, ›Briefe. Zweite Sammlung. Briefe an Freunde und Zeitgenossen‹, 2 Bde., Berlin 1910; zuerst erschienen in *Die Zukunft*, 1.10.1910 (GKFA 14.1, 245–274).

43 **›Auseinandersetzung mit Wagner‹**
Aufsatz, geschrieben im Mai 1911 während des kurzen Aufenthalts am Lido in Venedig für die Bayreuth-Sondernummer der Wiener Zeitschrift *Der Merker*, Juli 1911, S. 21–23. Thomas Mann begegnete bei dieser Gelegenheit jenem schönen polnischen Knaben, der als Tadzio im ›Tod in Venedig‹ verewigt ist, wo im übrigen auf vorliegenden Wagner-Aufsatz angespielt wird (GW VIII, 492) (GKFA 14.1, 301–304).
1] *den dürftigen Todesschatten*: ›Oper und Drama‹ (JA VII, 119).
44 2] *»Literaturdichtern«*: ›Deutsche Kunst und deutsche Politik‹ (JA VIII, 316).
46 3] *im Barock-Kolossalischen*: vgl. Nietzsches Analyse ›Vom Barockstile‹ in Literatur, bildender Kunst und Musik, ›Menschliches, Allzumenschliches‹ (KSA II, 437 f.).

4] *eine neue Klassizität*: das Kunstideal des im Entstehen begriffenen ›Tod in Venedig‹.

An Ernst Bertram, 11.8.1911 46

Ernst Bertram (1884–1957), ein aus dem George-Kreis hervorgegangener Germanist und Lyriker, war mit Thomas Mann seit 1910 befreundet; er war Taufpate von Thomas Manns jüngster Tochter Elisabeth (GKFA 21, 477f.).

1] *»Abrechnung mit Wagner«*: ungenaues Zitat; *Der Merker* brachte Thomas Manns Aufsatz unter dem Titel ›Auseinandersetzung mit Wagner‹.

2] *»Götterdämmerung«*: Aufführung am 7.8.1911 in der Inszenierung von Karl Brulliot (1878). Es sangen Heinrich Knothe (Siegfried), Edith Walker (Brünnhilde), Max Gillmann (Hagen), Friedrich Brodersen (Gunther), Maude Fay (Gutrune), Desider Zador (Alberich), Ernestine Schumann-Heink (Waltraute); Dirigent: Otto Lohse.

An Julius Bab, 14.9.1911 (GKFA 21, 478f.) 47

1] *»Der Mann ist euch zu groß«*: Goethe über Napoleon im Gespräch mit Ernst Moritz Arndt (21.4.1813).

2] *Goethe oder Wagner*: vgl. Nietzsche, ›Richard Wagner in Bayreuth‹, wo Goethe als »das große Gegenbild« zu Wagner bezeichnet wird (KSA I, 442).

3] *Quaeritur*: das ist die Frage.

An Ernst Bertram, 16.10.1911 (GKFA 21, 481). 47

›Maler und Dichter‹ 47

Antwort auf eine Rundfrage, *Berliner Tageblatt*, 25.12.1913. Die Frage lautete: »Mit welchem Maler fühlen Sie sich in Ihrem Schaffen verbunden?« Umgekehrt waren namhafte Maler befragt worden, welche Dichter auf ihr Schaffen eingewirkt haben (GKFA 14.1, 399).

›Friedrich und die große Koalition. Ein Abriß für den Tag und die Stunde‹ 48

Essay, zuerst in: *Der Neue Merkur*, Januar / Februar 1915, der auf ein älteres Projekt (1905) zurückgeht und der mit ›Gedanken im Kriege‹ und dem ›Brief an die Zeitung ‹Svenska Dagbladet›, Stockholm‹ das Trio der Kriegsschriften im engeren Sinne bildet (GKFA 15.1, 55–122).

An Anton W. Heinitz, 9.11.1915 (GKFA 22, 107f.) 48

›Betrachtungen eines Unpolitischen‹ 48

Begonnen im Herbst 1915, abgeschlossen im März 1918, stellt dieser enorme Essay – teils intellektuelle Autobiographie, teils Kommentar zum Zeitgeschehen – die wohl gewichtigste Selbstcharakterisierung Thomas Manns dar. In der zweiten Auflage (1922) wurden einige demokratiefeindliche und nationalistische Stellen getilgt; gleichwohl blieben viele der hier artikulierten Anschauungen, nicht zuletzt die Wagner betreffenden, bis zum Ende gültig (GW XII, 9–589).

1] *Seite über den ›Tristan‹*: »Aber ich suche heute noch nach einem Werke von 50
gleich gefährlicher Faszination, von einer gleich schauerlichen und süßen

Unendlichkeit, wie der Tristan ist – ich suche in allen Künsten vergebens […] Dies Werk ist durchaus das non plus ultra Wagners; er erholte sich von ihm mit den Meistersingern und dem Ring« (KSA VI, 289f.).

2] *Baudelaire*: Charles Baudelaire (1821–1867), der erste bedeutende Fürsprecher Wagners in Frankreich; siehe ›Richard Wagner et ‹Tannhäuser› à Paris‹ (1861).

3] *Barrès*: Maurice Barrès (1862–1923), dessen ›Amori et dolori sacrum – La Mort de Vénise‹ (1902) die Themen Venedig, Wagner, Tristan umkreist.

51 4] *W. Peterson-Berger*: Wilhelm Petersen Berger, ›Richard Wagner als Kulturerscheinung‹, Leipzig 1917.

52 5] *jener herrlichen Analyse*: ›Jenseits von Gut und Böse‹. Achtes Hauptstück: Völker und Vaterländer, Nr. 240 (KSA V, 179f.).

53 6] *Tribschen*: Landhaus, unweit Luzern am Vierwaldstätter See gelegen, das Wagner durch die Gunst König Ludwigs II. seit 1866 als Heimstatt diente. Nietzsche war häufiger Gast in Tribschen.

7] *»Sternenfreundschaft«*: so bezeichnet Nietzsche sein Verhältnis zu Wagner in ›Jenseits von Gut und Böse‹, Nr. 279: »Und so wollen wir an unsere Sternen-Freundschaft glauben, selbst wenn wir einander Erden-Feinde sein müßten« (KSA III, 523f.).

8] *»Kreuz, Tod und Gruft«*: Brief Nietzsches an Erwin Rohde, 8.10.1868 (KSB II, 322).

54 9] *»Wirkung ohne Ursache«*: Wagners polemische Charakterisierung der Musik Meyerbeers in ›Oper und Drama‹: »Das Geheimnis der Meyerbeerschen Opernmusik ist – der Effekt. […] Wollen wir daher genauer bezeichnen, was wir unter diesem Worte verstehen, so dürfen wir ‹Effekt› übersetzen durch ›Wirkung ohne Ursache‹« (JA VII, 98).

10] *Maëstro Vessella*: Alessandro Vesella (1860–1929), Leiter der »Banda communale di Roma« und Verfasser eines ›Trattato di istrumentazione per banda‹ (1897).

55 11] *Der zwanzigjährige Fremde*: aus einem Brief an Otto Grautoff, 20.8.1897, aus Rom geht hervor, daß damals oder schon 1895 eine »Notiz über Wagner in Rom« entstanden sein muß; dieser verlorene Text ist vermutlich in die ›Betrachtungen‹ eingegangen.

56 12] *›Rougon-Macquart‹*: zwanzig-teiliger Roman-Zyklus (1871–1893) von Emile Zola mit dem programmatischen Untertitel ›Histoire naturelle et sociale d'une famille sous le Second Empire‹.

57 13] *»doppelte Optik«*: recte »wechselnde Optik«; siehe Anm. 1 zum 1.4.1910 [s. Seite 272].

59 14] *»schrecklichen Seichtigkeit …«*: ML, 378.

15] *»Es strahlt der Menschheit Morgen …«*: Schlußzeilen aus den Versen ›Zum 25. August 1870‹: »es strahlt der Menschheit Morgen; / nun dämm're auf, du Göttertag« (GSD VIII, 340).

16] *der Zivilisationsliterat*: Schimpfwort für den Typ des fortschrittsgläubigen, 60
politischen Intellektuellen, wie ihn vor allem Heinrich Mann verkörperte.

17] *den ›Lohengrin‹ verulkt*: siehe Heinrich Mann, ›Der Untertan‹, 5. Kapitel. Vgl. Thomas Manns Tagebuch vom 29.6.1919 (Tb I, 275) und 29.4.1920 (Tb I, 427).

18] *die »fremdartigen, undeutschen Begriffe«*: ungenaues Zitat aus ›Wie verhalten sich republikanische Bestrebungen dem Königtum gegenüber?‹ Thomas Mann bezieht »undeutsch« auf »Demokratismus«, Wagner auf »Monarchismus«: » … der Kreislauf der geschichtlichen Entwicklung des Königtums wird an seinem Ziele, bei sich selbst wieder angelangt sein, und als die weiteste Verirrung von diesem Ziele werden wir den Monarchismus, diesen fremdartigen, undeutschen Begriff, anzusehen haben« (JA V, 220).

19] *Friedrich Wilhelm Foerster*: Professor der Philosophie und Pädagogik in München (1869–1966); pazifistischer Publizist.

20] *»Der Deutsche ist konservativ«*: ›Was ist deutsch?‹ (JA X, 94).

21] *»Die Demokratie ist in Deutschland …«*: ›Was ist deutsch?‹ (JA X, 99).

22] *»Ein politischer Mann …«*: Brief an F. Liszt, 30.1.1852: »Ein politischer 61
Mann ist widerlich, ein politisches *Weib* aber grauenhaft: diese Grauenhaftigkeit hatte ich darzustellen« (SB IV, 273). Wagner spricht hier von Ortrud in ›Lohengrin‹.

23] *»Große Politiker, so scheint es …«*: ›Wollen wir hoffen?‹ (GSD X, 173).

24] *»nach dem einzig Wahren – dem Menschen«*: ›Oper und Drama‹ (JA VII, 368).

25] *»Wir wollen es besser machen …«*: ›Wie verhalten sich republikanische Be- 62
strebungen …‹ (JA V, 215).

26] *»Ende der Politik«*: »Zitat«, von Houston Stewart Chamberlain: ›Richard Wagner‹, S. 179, übernommen, der seinerseits einen Brief Wagners an Wilhelm Fischer, 26.4.1851, paraphrasiert (SB III, 358).

27] *Baudelaire*: siehe Anm. 2 [s. Seite 274]. 64

›Musik in München‹ 64

Kulturbrief für die Berliner Zeitung *Der Tag*, 20., 21. und 24.1.1917; der dritte Teil des Artikels wurde erst 1994 von Georg Potempa neu vorgelegt (GKFA 15.1, 198 f.).

›Tischrede auf Pfitzner‹ 67

Tischrede gehalten zu Pfitzners 50. Geburtstag; vgl. Tb. 18.6.1919 (GKFA 15.1, 250–255).

1] *»Armen Heinrich«*: Erste Oper Pfitzners (1895), nach Hartmann von Aue. Nach Ausweis des Tagebuchs hörte Thomas Mann die Oper zum ersten Mal unter der musikalischen Leitung Bruno Walters am 10.6.1919.

Tagebuch vom 29.6.1919 (Tb I, 275) 67

1] *K.*: Katia Mann (1883–1980), geb. Pringsheim; ihr Vater, Alfred Pringsheim, war ein Verehrer und Förderer Richard Wagners.

2] *»Lohengrin«*: Inszenierung von Willi Wirk (zuerst 1917), mit Otto Wolf in der Titelpartie und Delia Reinhardt als Elsa, Dirigent: Otto Heß.

67 **Tagebuch vom 19.9.1919** (Tb I, 304)

1] *»Parsifal«*: in der Inszenierung von Anton von Fuchs (zuerst 1914), mit Karl Erb in der Titelpartie sowie Zdenka Fassbender (Kundry), Alfred Jerger (Gurnemanz), Friedrich Brodersen (Amfortas); dirigiert von Otto Heß.

2] *Glöckner*: Ernst Glöckner (1885–1969), wie sein Freund Ernst Bertram zum George-Kreis gehörend.

68 **Tagebuch vom 29.4.1920** (Tb I, 427)

68 **An Ernst Bertram, 4.6.1920** (GKFA 22, 343 f.)

1] *meinen beiden Ältesten*: Erika (1905–1969) und Klaus Mann (1906–1949).

2] *die »Walküre« gehört*: es handelt sich hier noch um die von Karl Brulliot 1878 herausgebrachte Inszenierung, mit Heinrich Knote (»unmögliche Erscheinung«, siehe Tagebuch vom 3.6.1920, Tb I, 442) als Siegmund sowie Nelly Merz (Sieglinde), Berta Morena (Brünnhilde), Paul Bender (Wotan); musikalische Leitung: Hugo Röhr.

69 **Tagebuch vom 13.6.1920** (Tb I, 446)

1] *Marcks*: Erich Marcks (1861–1938), ›Otto von Bismarck. Ein Lebensbild‹ (Stuttgart 1915); Marcks war Historiker und Nachbar Thomas Manns im Münchner Herzogpark.

69 **An Paul Steegemann, 18.8.1920**

Paul Steegemann (1895–1956), Verleger in Hannover und Berlin, hatte zwei Bände mit erotischen Gedichten Paul Verlaines herausgebracht und Thomas Mann um eine Stellungnahme gebeten; 1921 nahm Thomas Mann den Briefessay in ›Rede und Antwort‹ auf (Br. I, 181–182).

1] *»Wollust der Hölle«*: so Nietzsche im ›Ecce homo‹ (KSA VI, 290).

70 **Tagebuch vom 8.4.1921** (Tb I, 502)

1] *»Siegfried«*: mit Otto Wolf (Siegfried), Carl Seydel (Mime), Emil Schipper (Wanderer); Zdenka Mottl-Faßbender (Brünnhilde) unter der Leitung von Robert Heger.

2] *Litzmanns*: Der Bonner Germanist Berthold Litzmann (1857–1926) und seine Frau Grete wohnten nach seiner Emeritierung im Münchner Herzogpark.

70 **›Theater und Volk‹**

Brief an *die Vossische Zeitung*, 21.7.1921, die Thomas Mann um einen Artikel über die damals noch nicht wieder aufgenommenen Bayreuther Festspiele gebeten hatte (ARE III, 116–117).

71 1] *den neuen Band*: ›Rede und Antwort‹ (1922).

2] *Reinhardts Zirkus*: das damals von Max Reinhardt (1873–1943) geleitete Große Schauspielhaus, nachmals Friedrichsstadtpalast.

71 **›Zur jüdischen Frage‹**

Entstanden im Herbst 1921. Der Artikel war für das Sonderheft ›Zur Judenfrage‹ des *Neuen Merkur* (August 1921) gedacht, wurde aber von Thomas Mann zurückgezogen; er erschien zuerst in der FAZ, 15.1.1966 (GKFA 15.1, 427–438).

1] *Undankbarkeit kolossalischen Stiles*: erste indirekte Anerkennung von Wagners Judenfeindschaft im allgemeinen und des Pamphlets über ›Das Judentum in der Musik‹ (1850) im besonderen.

›Die Zukunft Bayreuths‹ 72

Antwort auf eine Umfrage der *Hamburger Nachrichten*, 12.10.1924 (GKFA 15.1, 787).

1] *wie es sich heute darstellt*: die Festspiele waren nach zehnjähriger Unterbrechung am 22. 7. mit den ›Meistersingern‹ unter Fritz Busch wieder eröffnet worden; die gegen die Weimarer Republik gerichteten Kräfte benutzten die Festspiele zu einer politischen Demonstration: auf dem Festspielhaus wehte die alte schwarz-weiß-rote Fahne des Kaiserreichs, die Schlußansprache des Hans Sachs wurde stehend angehört, nach dem Finale wurde das Deutschland-Lied angestimmt.

An Josef Ponten, 31.1.1925 72

Josef Ponten (1883–1940) war Thomas Mann seit 1919 in einer schwierigen Schriftsteller-Freundschaft verbunden; ihre politischen Differenzen erwiesen sich bald als unüberbrückbar (TMS VIII, 59–60).

1] *Maurice Barrès*: siehe Anm. 3 zu den ›Betrachtungen‹ [s. Seite 274]; das Barrès-Zitat entnahm Thomas Mann der Schrift Ernst Robert Curtius, ›Maurice Barrès und die geistigen Grundlagen des französischen Nationalismus‹, Berlin 1921.

›Unterwegs‹ 72

Bericht über eine Ägypten-Reise im Frühjahr 1925, *Vossische Zeitung*, 12.4.1925 (GKFA 15.1, 952–962).

An Hans Pfitzner, 23.6.1925 73

Hans Pfitzner (1869–1949) war mit Thomas Mann seit der von Bruno Walter geleiteten Uraufführung der »musikalischen Legende« ›Palestrina‹ (12.6.1917) befreundet. Thomas Mann schrieb eine bis heute unübertroffene Würdigung von Pfitzners Werk (GW XII, 407–426) und war 1918 Mitbegründer des ›Hans-Pfitzner-Vereins für deutsche Tonkunst‹. Als Thomas Mann sich 1922 von bestimmten Positionen der ›Betrachtungen‹ distanzierte, kam es zu einer wachsenden Entfremdung; 1925 ließ der bedenkenlos nationalistisch gesinnte Komponist seinen einstigen Lobredner wissen, »daß mich Ihre letzten öffentlichen ›politischen‹ Kundgebungen schmerzlich Ihnen entfremdet haben« (Br. I, 241). Vgl. dazu in diesem Band die Seiten 229–261.

1] *Du folgtest selig der Liebe Macht*: Wotan zu Brünnhilde, ›Die Walküre‹, III,3.

An Erika Mann, 16.8.1925 (Br. I, 247) 74

1] *Parsifal in vorzüglicher Besetzung*: mit Hendrik Appels (Parsifal), Mayer a. G. (Gurnemanz), Emil Schipper (Amfortas), Elly Olms (Kundry).

2] *die neue Ausstattung*: gemeint ist die im Vorjahr (15.8.1924) vorgestellte Neuinszenierung von Max Hofmüller mit Bühnenbildern von Leo Pasetti und Adolf Linnebach; der Dirigent war Hans Knappertsbusch.

74 **›Briefe aus Deutschland‹**

Nr. 6, ›German Letters‹ (1922–1927), geschrieben für die amerikanische Zeitschrift *The Dial*, der vorliegende Artikel stammt vom September 1925 (GKFA 15.1, 1003–1012).

75 **›Kosmopolitismus‹**

Antwort auf eine Umfrage der *Literarischen Welt* (9., 16., 23.10.1925) unter Schriftstellern in ganz Europa: ›Was verdanken Sie dem deutschen Geist? der kosmopolitischen Idee?‹ (GKFA 15.1, 1016–1023)

1] *den Restaurationsversuchen Bayreuths*: die seit 1924 wieder regelmäßig veranstalteten Festspiele, die 1925 zum erstenmal von Adolf Hitler besucht wurden und zu einem Stelldichein der Republik-Gegner von rechts geworden waren.

2] *Spott Nietzsches*: ›Ecce Homo‹ (KSA VI, 289f.).

76 3] *Roman Franz Werfels*: ›Verdi, Roman der Oper‹, Wien 1924.

4] *Leszer*: Jonas Lesser (1896–1968), österreichischer Kritiker; Autor u. a. von ›Thomas Mann in der Epoche seiner Vollendung‹, München 1952.

5] *Schweizer Aufsatz*: Jonas Lesser, ›Neue erzählende Prosa‹, in: *Wissen und Leben / Neue Schweizer Rundschau*, Juli 1925, 759–771.

77 **An Ernst Fischer, 25.5.1926**

Österreichischer Journalist und Politiker (1899–1972), zuerst Sozialdemokrat, seit 1934 Kommunist (Br. I, 255–256).

77 **›Lübeck als geistige Lebensform‹**

Festrede aus Anlaß der 700-Jahr-Feier der Hansestadt, gehalten am 5.6.1926 im Stadttheater (GW XI, 376–398).

77 **An Josef Ponten, 16.8.1926** (TMS VIII, 71–72)

78 1] *Knappertsbusch*: Hans Knappertsbusch (1888–1965), seit 1923 als Nachfolger Bruno Walters Generalmusikdirektor in München und Nachbar Thomas Manns im Herzogpark. 1933 war er der Initiator des ›Protests der Richard-Wagner-Stadt München‹ gegen Thomas Mann – 1936 wurde er vorzeitig in den Ruhestand versetzt; danach in Wien, nach dem Krieg wieder in München. Knappertsbusch, der noch Hans Richter in Bayreuth assistierte und 1951 mit ›Parsifal‹ die Ära Neu-Bayreuth einläutete, galt weithin als der geachtetste Hüter der musikalischen Wagner-Tradition.

78 **›Wie stehen wir heute zu Richard Wagner?‹**

Antwort auf eine Umfrage des Intendanten des Stadttheaters Würzburg, Bruno Heyn, anläßlich einer Neuinszenierung (September 1927) des ›Lohengrin‹ (GW X, 893–896).

79 1] *Analyse des Vorspiels*: siehe Anm. 5 zu ›Betrachtungen‹ [s. Seite 274].

2] *– gegen die Zivilisation*: ›Nachgelassene Fragmente‹ (KSA VIII, 266).

›Kleists ‹Amphitryon›. Eine Wiedereroberung‹ 80

Stark erweiterte Essay-Fassung eines Vortrags, ›Die große Szene in Kleists ‹Amphitryon›‹, den Thomas Mann am 10.10.1927 zu Kleists 150. Geburtstag vor der Festaufführung des »Lustspiels nach Molière« im Münchner Schauspielhaus hielt; die kritische Glosse zu ›Götterdämmerung‹ II, 4 kam erst in der Essay-Fassung hinzu (GW IX, 202 f.).

1] *So ist es*: Bezieht sich auf III, 11, d. h. auf Amphitryons »besonders bittere Entdeckung, daß er ohne Zweifel ein Cocu ist«, bei gleichzeitiger Unfähigkeit, den naheliegenden, wahren Sachverhalt zu erraten: »... man lebt in einer Welt, in der, wie sich zeigen wird, das Wunder möglich, ja, der es geläufig ist, – aber man kommt auf nichts.« (GW IX, 202).

›Ibsen und Wagner‹ 80

Antwort auf eine Umfrage der dänischen Zeitung *Politiken* über Ibsen; deutsche Fassung: *Vossische Zeitung*, 18.3.1928 (GW X, 227–229).

1] *Hermann Levi*: (1839–1900), Direktor der Münchner Hofoper 81
(1872–1896), dirigierte die Uraufführung des ›Parsifal‹ am 26.7.1882.

2] *›Wenn wir Toten erwachen‹*: Künstlerdrama, uraufgeführt in London 1899. 82

3] *»Alles Vollkommene ...«*: ›Die Wahlverwandtschaften‹, 2. Teil, Kap. 9. 83

4] *des Dumas-Dramas*: Alexandre Dumas, der Jüngere (1824–1895), Autor von 16 überaus erfolgreichen Gesellschaftsstücken, darunter ›La Dame aux camelias‹ (1852) und ›Le Demi-Monde‹ (1855).

›An die Preußische Akademie der Künste, Sektion für Dichtkunst‹ 83
(4.1.1930)

Th. Manns Einspruch gegen Guido Kolbenheyers Antrag, die Sektion umzubenennen, da nicht alle Literatur den Namen Dichtung verdiene (TMS I, 231).

›Erinnerungen ans Lübecker Stadttheater‹ 84

Beitrag zu dem Jahrbuch (Juni 1930) der Gesellschaft Lübecker Theaterfreunde, *Stadttheater Lübeck* (GW XI, 417–420).

1] *Winkelmann*: Ludwig Winkelmann, Konzertmeister des Lübecker Orchesters, Bruder von Hermann Winkelmann (1849–1912), dem von Wagner hochgeschätzten Parsifal der Uraufführung.

›Vom Beruf des deutschen Schriftstellers in unserer Zeit‹ 84

Ansprache zu Heinrich Manns 60. Geburtstag (27.3.1931) vor der Preußischen Akademie (TM / HM, 378–386).

An Walter Opitz, 20.1.1933 (Br. I, 326–327) 85

1] *Veranstaltung*: Thomas Mann war von dem preußischen Kultusminister Adolf Grimme eingeladen worden, auf einer für den 15. 1. geplanten Kundgebung des Sozialistischen Kulturbundes in Berlin eine Rede zu halten, wie er sie am 22.10.1932 vor Arbeitern in Wien gehalten hatte. Da Thomas Mann absagen mußte, wurde auch die Berliner Kundgebung abgesagt. Der ausführliche Brief Thomas Manns an Grimme ist unter dem Titel ›Bekenntnis zum Sozialismus‹ (GW XII, 678–684) bekannt.

87 **›Leiden und Größe Richard Wagners‹**
Summe und umfassendste Darstellung des Phänomens Wagner in Thomas Manns Werk, entstanden im Dezember 1932/Januar 1933. (Essays IV, 11–72) Thomas Mann war von der Wagner-Vereinigung Amsterdam eingeladen worden, am 50. Todestag Wagners (13.2.1933) im Concertgebouw eine Rede zu Ehren Wagners zu halten. Die musikalische Umrahmung gestaltete das Concertgebouw Orchester unter Josef Willem Mengelberg. Diese Einladung nahm Thomas Mann zum Anlaß, einen älteren Plan (1924) zu einer größeren Wagner-Schrift in Buchform wieder aufzunehmen. Der Essay, der weit über die übliche Redelänge hinaus gedieh, sollte ursprünglich auch als selbständige Schrift erscheinen; dazu kam es jedoch nicht, der Essay erschien im April-Heft der *Neuen Rundschau*. Weitere Einladungen folgten der aus Amsterdam: des belgischen PEN-Clubs, des Foyer de l'Europe in Paris, der Goethe-Gesellschaft München. Der gegenüber der Druckfassung stark gekürzte Vortrag im Auditorium maximum der Universität München (10.2.1933) war der Anlaß, beziehungsweise Vorwand des ›Protests der Richard-Wagner-Stadt München‹ (Essays IV, 342–344).

1] *Il y a là mes blâmes ...*: Zitat aus Maurice Barrès, ›Cahiers‹ (1904), das Thomas Mann »wahrscheinlich« (siehe *Kurzke / Stachorski*) aus dem Buch von Kurt Jäckel, ›Richard Wagner in der französischen Literatur‹, Breslau 1932, übernahm: »Hier habt ihr mein Für und Wider – alles, was ich je gesagt und geschrieben habe.«

88 2] *in einem feierlichen Brief*: an Franz Liszt, 20.11.1851 (SB IV, 183 ff.).

89 3] *von Wagner sagt Nietzsche*: ›Der Fall Wagner‹ (KSA VI, 14).

90 4] *wenn Nietzsche es so darstellt*: ›Menschliches, Allzumenschliches‹ (KSA II, 372).

91 5] *»Alles Vollkommene ...«*: siehe Anm. 3 zu ›Ibsen und Wagner‹ [s. Seite 279].

6] *des Dumas-Dramas*: siehe Anm. 4 ebda. [s. Seite 279].

92 7] *Psychologie und Mythus*: diese Formel, zuerst zur Charakterisierung Fontanes geprägt (GW IX, 32), bezeichnet einen wesentlichen Zug nicht nur Wagners, sondern auch Thomas Manns.

8] *Man will ihre Vereinbarkeit leugnen*: so z. B. Alfred Baeumler in seiner Einleitung zu J. J. Bachofen: ›Der Mythos von Orient und Okzident‹, München 1926; dort heißt es: »Psychologie und Mythus schließen sich jedoch ebenso aus wie Sokratismus und Musik« (S. CCLI).

93 9] *Sigmund Freud*: (1856–1939), Begründer der Psychoanalyse, dem Thomas Mann 1929 einen huldigenden Essay gewidmet hatte: ›Die Stellung Freuds in der modernen Geistesgeschichte‹ (GW X, 256–280).

10] *»Die Liebe in vollster Wirklichkeit ...«*: an August Röckel, 25.1.1854 (SB VI, 62).

94 11] *»Brennpunkt des Willens«*: A. Schopenhauer, ›Die Welt als Wille und Vorstellung‹, Paragraph 60.

12] *»Seitdem mir dies aufgegangen …«*: an Mathilde Wesendonk, Anfang August 1860 (MW, 243).
13] *»Namentlich geht mir …«*: an Mathilde Wesendonk, 2.3.1859 (MW, 110).
14] *»il a souri d'allégresse«*: Nietzsche an Heinrich Köselitz (Peter Gast), 96
26.2.1888 (KSB VIII, 264).
15] *»Den habe ich sehr geliebt«*: nach Ernst Bertram, ›Nietzsche. Versuch einer Mythologie‹, Berlin 1918, S. 147.
16] *an dem »heiligen Tage«*: recte »in der heiligen Stunde«, ›Ecce Homo‹ (KSA VI, 336).
17] *Grillparzer zum Beispiel*: siehe Anm. 2 zu ›Versuch über das Theater‹ 98
[s. Seite 269].
18] *»Seine Jugend ist die …«*: ›Richard Wagner in Bayreuth‹ (KSA I, 436).
19] *»Sehen Sie und schauen Sie …«*: an Mathilde Wesendonk, 1.1.1860 (MW, 99
203).
20] *»Ach was schwelgt …«*: an Mathilde Wesendonk, 30.9.1860 (MW, 249).
21] *»Wie wenig Begabung …«*: ›Nachgelassene Fragmente‹ (KSA XI, 472). 101
22] *»Ich entsinne mich noch …«*: an Mathilde Wesendonk, 9.6.1862 (MW, 305).
23] *»Wie jämmerlich …«*: an Franz Liszt, 8.5.1859 (WLBr., 266).
24] *»verrückte Ungerechtigkeit …«*: Franz Liszt an Wagner, 14.5.1859 (WLBr., 268).
25] *verspottete und verdammte*: ›Über das Dichten und Komponieren‹; ›Über 102
das Operndichten und Komponieren im Besonderen‹ (JA IX, 281 ff., 298 ff.).
26] *Ein berühmter Dirigent*: Bruno Walter (siehe DüD II, 407). 103
27] *»… Lastwagen nach dem Himmelreich«*: vgl. TM, Notizbücher 1–6, S. 217: 105
»Wagners Musik nach [Franz von] Lenbach ein ›Frachtwagen‹ nach dem Himmelreich«.
28] *»Eine üble Geschichte das!«*: recte »Das ist denn nun aber keine üble Ge- 107
schichte das«, an Mathilde Wesendonk, 30.5.1859 (MW, 144).
29] *Bülow*: Hans Guido Freiherr von Bülow (1830–1894); Schüler Wagners 108
und Liszts, von 1857–1869 mit Cosima verheiratet. Hans v. Bülow wurde 1864 Hofkapellmeister in München und war Dirigent der Uraufführungen sowohl von ›Tristan und Isolde‹ (1865) als auch der ›Meistersinger‹ (1868).
30] *»denkt er täglich an den Tod«*: an Franz Liszt, 11.2.1853 (SB V, 189). 109
31] *»Meine Nerven …«*: an Luise Brockhaus, 11.11.1852 (SB V, 106).
32] *»Ich bin sehr nervenkrank …«*: an Cecile Avenarius, 30.12.1852 (SB V, 147).
33] *»Die echte Geduld …«*: Novalis, Sämtliche Werke, hrsg. Carl Meissner, III, 257 (siehe *Kurzke / Stachorski*).
34] *die wahre Tapferkeit*: ›Paralipomena‹, Paragraph 111.
35] *»In Wahrheit, …«*: an Mathilde Wesendonk, 3.8.1863 (MW, 321). 110
36] *»Vor einem Jahre …«*: an Luise Brockhaus, 11.1.1852 (SB V, 106).
37] *»Und so etwas soll ich …«*: an Mathilde Wesendonk, 30.5.1859 (MW, 145).

111 38] *»Mit mir geht es …«*: an Franz Liszt, 9.11.1852 (SB V, 95).

39] *»Da will ich mich …«*: an Franz Liszt, 30.3.1853 (SB V, 234).

40] *Je m'en fichisme*: Unbekümmertheit, Wurstigkeit.

41] *»… Herbeischaffung des Nötigen …«*: an Mathilde Wesendonk, 3.10.1858 (MW, 55).

112 42] *»Rad des Ixion«*: Schopenhauers Bild für das menschliche Leben; Ixion ist der Sage nach mit Schlangen an ein Rad gebunden. ›Die Welt als Wille und Vorstellung‹, Paragraph 38.

113 43] *stürmischer Brief an die Wesendonk*: vom 5.10.1858 (MW, 56ff.).

44] *Goethe konstatiert*: ›Die Wahlverwandtschaften‹, 2. Teil, Kap. 5.

114 45] *Ein Zettel an die Wesendonk*: an Mathilde Wesendonk, 10.4.1859 (MW, 123).

46] *»Sehr oft …«*: Heckel, 103.

116 47] *»Richard Wagner, Oberkirchenrat«*: ›Ecce Homo‹ (KSA VI, 327); siehe dazu *Kurzke / Stachorski*: »Nietzsche gibt die Widmung […] in entstellender Verkürzung wieder, sie lautete vollständig: ›Herzlichen Gruß und Wunsch seinem theuren Freunde Friedrich Nietzsche / Richard Wagner (Oberkirchenrat: zur freundlichen Mitteilung an Professor Overbeck)‹. Nietzsches Freund Franz von Overbeck hatte 1873 eine Streitschrift mit dem Titel ›Über die Christlichkeit der heutigen Theologie‹ veröffentlicht« (Essays IV, 328).

117 48] *»Aber einen Freund habe ich …«*: an Mathilde Wesendonk, 22.7.1860 (MW, 239f.).

49] *»Pereant qui ante nos …«*: »Sprüche in Prosa. Sämtliche Maximen und Reflexionen«, hrsg. von Harald Fricke, Frankfurter Ausgabe XIII, 306. Der Terenz zugeschriebene Spruch: »Verderben sollen diejenigen, die unser geistiges Eigentum schon vor uns ausgesprochen haben.« Das andere Zitat stammt aus dem ›West-östlichen Divan‹, Buch des Unmuts: »Wenn wir andern Ehre geben / Müssen wir uns selbst entadeln; / Lebt man denn, wenn andere leben?«

50] *der Jüngling im Roman*: ›Buddenbrooks‹ (GW I, 654).

118 51] *mit höchster Dankbarkeit aufgegriffen*: an Franz Liszt, 16.12.1854 (SB VI, 298).

119 52] *in wagneroffiziellen Werken*: Houston Stewart Chamberlain, ›Richard Wagner‹, München 1901: »Es zeigt sich dieses herrliche Werk ›Tristan und Isolde‹ weder metaphysisch noch moralisch von Schopenhauer abhängig«. Thomas Mann schrieb an dieser Stelle »Dumm!« auf den Rand seines Exemplars (siehe *Kurzke / Stachorski*).

53] *»Verbindung, die auch für den Tod …«*: Novalis, ›Schriften‹, hrsg. von P. Kluckhohn / R. Samuel, Stuttgart 1960, I, 158.

54] *»Muß immer der Morgen …«*: ›Hymnen an die Nacht‹, Nr. 2, ebda., S. 133.

55] *»Wir sind unsterblich …«*: leicht entstelltes Zitat aus Friedrich Schlegel, ›Lucinde‹, Dithyrambische Phantasie über die schönste Situation; dort auch die beiden folgenden Zitate.

56] *»Sehnsüchtig, blicke ich oft ...«*: an Mathilde Wesendonk, 3.3.1860 (MW, 121
217).

57] *»Wie könnten wir sterben«*: Entwürfe, S. 153. 122

58] *»Fahr er zur Hölle ...«*: ebda., S. 33.

59] *»doppelte Optik«*: siehe Anm. 1 zum 1.4.1910 [s. Seite 272]. 123

60] *»Pathos der Distanz«*: von Thomas Mann häufig verwendete Formel für geistige Distanz, aus Nietzsches ›Jenseits von Gut und Böse‹ (KSA V, S. 205).

61] *in der berühmten Kutsche*: siehe Achim von Arnim ›Isabella von Ägypten‹ 124
(1812), Sämtl. Romane und Erzählungen, hrsg. von W. Migge, München 1963, II, 511 ff. Thomas Mann stützt sich hier auf Heinrich Heine ›Die romantische Schule‹ III, 2: »In sämtlichen französischen Schauergeschichten ist nicht so viel Unheimliches zusammengepackt wie in jener Kutsche, die Arnim von Brake nach Brüssel fahren läßt ...« Düsseldorfer Heine-Ausgabe 8 / I, 213. Die Formulierung »die zweideutigsten Frauen« ebda.

62] *»Erkenntnisekel«*: ›Tonio Kröger‹ (GW VIII, 300). 125

63] *Nietzsche erklärt*: ›Nachgelassene Fragmente‹ (KSA XIII, 601).

64] *»Wollust der Hölle«*: siehe Anm. 1 zum 18.8.1920 [s. Seite 276].

65] *»Ekstase aus Wonne und Erkenntnis«*: dieses und das folgende Zitat aus ›Richard Wagner et ‹Tannhäuser› à Paris‹.

66] *»leichteren Sinnlichkeitsepidemie ...«*: ›Nachgelassene Fragmente‹ (KSA XIII, 601).

67] *Shaws vergnügter Rationalismus*: George Bernard Shaw, ›The Perfect Wag- 126
nerite‹, London 1898, nennt Siegfried wiederholt »Bakunin«.

68] *»Bauchredner Gottes«*: ›Genealogie der Moral‹ (KSA V, 346).

69] *»Schlagen wir die Kraft der Reflexion ...«*: an Eduard Hanslick, 1.1.1847 (SB II, 538).

70] *»Ach, ich habe versucht ...«*: Bericht Ferdinand Praegers, ›Echte Briefe an 127
Ferdinand Praeger‹, Bayreuth o. J., S. 4.

71] *»Sie macht mich nun einmal ...«*: an Mathilde Wesendonk, 28.9.1861 (MW, 285).

72] *»Mich drängt es zu Männern und Frauen ...«*: ›Die Walküre‹ I, 2. 128

73] *»– da mich die Welt ...«*: an Mathilde Wesendonk, 3.10.1858 (MW, 55).

74] *»– daß ich so schwer ...«*: an Otto Wesendonk, 22.5.1855 (SB VII, 174).

75] *»Dies ist ein Fehler ...«*: an Mathilde Wesendonk, 19.8.1861 (MW, 279).

76] *»Alles ist nach Wunsch ...«*: an Franz Liszt, 8.5.1857 (SB VIII, 318). 129

77] *»Über den Stand meiner Arbeit ...«*: an Otto Wesendonk, 26.7.1862 (OW, 106).

78] *›Tristan‹-Partitur*: vgl. oben den 6. ›Brief aus Deutschland‹ (September 130
1925) [s. Seite 278].

79] *»Ich habe seit einiger Zeit ...«*: an Julie Ritter, 20.1.1854 (SB VI, 56).

80] *»Doch eigentlich nur ...«*: an Franz Liszt, 15.1.1854 (SB V, 495). 131

132 81] *»den im üppigsten Schoße des Luxus ...«*: dieses und die folgenden Zitate aus ›Oper und Drama‹ (JA VII, 47f.).

82] *Eichendorff*: ›Die zwei Gesellen‹, vertont von Robert Schumann.

133 83] *»So viel sage ich Ihnen ...«*: an Mathilde Wesendonk, 22.7.1860 (MW, 239).

84] *»Aus Größe, Ruhm ...«*: an Franz Liszt, 12.6.1856 (SB VIII, 77).

134 85] *»Quand la populace ...«*: wahrscheinlich nach Nietzsche, ›Menschliches, Allzumenschliches‹, Nr. 438 (KSA II, 285).

86] *»Häßliche, kleine, gewaltsame Naturen ...«*: an Mathilde Wesendonk, 10.10.1859 (MW, 185).

87] *»Denn das sehe ich ...«*: an Otto Wesendonk, 27.10.1859 (OW, 74).

135 88] *»Wirkung ohne Ursache«*: siehe Anm 9 zu ›Betrachtungen‹ [s. Seite 274].

89] *»Wer sich unter der Politik hinwegstiehlt ...«*: leicht entstelltes Zitat aus ›Oper und Drama‹ (JA VII, 176).

137 90] *»Ach, wie bin ich voll Enthusiasmus ...«*: an Franz Liszt, 8.5.1859 (WLBr., 265).

91] *»Es ist ein elendes Land ...«*: an Mathilde Wesendonk, 3.8.1863 (MW, 318).

92] *»O ja! der Sultan ...«*: nach Heckel, S. 100.

93] *Freund Heckel*: Emil Heckel (1831–1908), Instrumentenbauer in Mannheim, Initiator der Wagner-Vereine zur Förderung der Bayreuther Festspiele.

139 94] *Schon früher einmal*: ›Betrachtungen‹ [s. Seite 51].

140 95] *»Wenn Baudelaire seinerzeit ...«*: ›Ecce Homo‹ (KSA VI, 289).

96] *Kommt ihm der Brief vor Augen*: siehe Anm. 14 [s. Seite 281].

141 97] *Edgar Allan Poe*: amerikanischer Erzähler (1808–1849) und Lyriker, dessen ›Fall of the House of Usher‹ in ›Buddenbrooks‹ (GW I, 720) eine Rolle spielt.

98] *Wagner und Poe*: Baudelaires Essays über Wagner und über Poe stehen in demselben von Thomas Mann benutzten 3. Bd. von ›Charles Baudelaire in deutscher Ausgabe‹, von Max Bruns, Minden 1902.

99] *Maurice Barrès*: ›La Mort de Venise‹, Paris 1925, S. 95: der Einfluß von ›Tristan und Isolde‹ komme einer tödlichen Vergiftung gleich und äußere sich in dem Bedürfnis, »d'aller au delà, plus outre que l'humanité« (die Grenzen der Menschheit zu überschreiten).

100] *»Sind es Wellen ...«*: Schlußgesang Isoldes.

143 101] *Kulturbolschewisten*: gängiges nazistisches Schimpfwort für linke Intellektuelle und Künstler; im *Völkischen Beobachter*, 17.2.1933, wurde Thomas Mann als »Halbbolschewik« bezeichnet (›Skandal um Thomas Mann in Brüssel‹).

143 **Tagebuch vom 25.4.1933** (Tb II, 60)

1] *Reisiger*: Hans Reisiger (1884–1968), Erzähler und Übersetzer (Walt

Whitman); seit 1913 Hausfreund der Manns, Vorbild für Rüdiger Schildknapp in ›Doktor Faustus‹.
2] *Prof. Overbeck*: Alfred Freiherr von Overbeck (1877–1945), Professor der Rechtswissenschaft in Fribourg (Schweiz).

Tagebuch vom 7.5.1933 (Tb II, 76) 144

1] *Medi*: Elisabeth Mann Borgese (1918–2002), Thomas Manns jüngste Tochter.
2] *»Bin ich in Cornwall? ...«*: ›Tristan und Isolde‹, III,1.

Tagebuch vom 1.9.1933 (Tb II, 165–166) 144

1] *Beidlers*: Franz Wilhelm Beidler (1901–1981) und seine Frau Ellen (geb. Gottschalk). Beidler war der erste Enkel Richard Wagners: sein Vater Franz, der Bayreuther Dirigent, war mit Isolde, Richard und Cosimas erstem Kind, verheiratet. Franz W. Beidler, 1913 nach einem notorischen Prozeß offiziell enterbt, studierte Rechts- und Staatswissenschaften und wurde Sekretär und Mitarbeiter Leo Kestenbergs im Preußischen Ministerium für Wissenschaft, Kultur und Volksbildung. Sein wissenschaftliches Hauptwerk: eine aus den Quellen erarbeitete, Bayreuth-kritische Biographie Cosimas, blieb Fragment. Siehe jetzt: Franz W. Beidler, ›Cosima Wagner-Liszt. Der Weg zum Wagner-Mythos‹. Ausgewählte Schriften des ersten Wagner-Enkels und sein unveröffentlichter Briefwechsel mit Thomas Mann, hrsg. und mit einem Nachwort versehen von Dieter Borchmeyer, Bielefeld 1997.
2] *Ilse D.*: Ilse Dernburg (1880–1964), Kusine Katia Manns.

Tagebuch vom 3.10.1933 (Tb II, 208–209) 144

1] *Hornstein*: Ferdinand Freiherr von Hornstein: ›Zu Richard Wagners Aufenthalt in der Schweiz‹, NZZ, 3., 4., 5.10.1933. Bericht über die Aufzeichnungen seines Vaters, des Komponisten Robert Baron von Hornstein (1833–1890) über Wagner zur Zeit des Schweizer Musikfests 1855 in Sion. Wagner zeichnete später ein recht ungünstiges Bild von Hornstein in ›Mein Leben‹, nicht zuletzt, so darf man vermuten, weil dieser sich für Wagners Ansinnen, sein Mäzen zu werden, unempfänglich zeigte.
2] *Barnum oder Straussberg*: Phineas Taylor Barnum (1810–1891), amerikanischer Zirkusunternehmer; Henry Straussberg (1823–1884), Berliner Unternehmer, der 1871 spektakulär faillierte. Dazu Hornstein in seinem Bericht über die gemeinsame Reise in der Postkutsche nach Sion, auf der Wagner über sein Nibelungen-Werk sprach: »Wenn ein Unbeteiligter zugehört hätte, er würde den Mann für einen Barnum, für einen Straussberg, aber nicht für den Autor des Tannhäuser und Lohengrin gehalten haben.«
3] *Lortzing ... Vorgänger*: Albert Lortzing (1801–1851) ging Wagner mit einer 145
Oper über ›Hans Sachs‹ (1840) voran.

Tagebuch vom 20.3.1934 (Tb II, 365) 145

1] *Ponten*: siehe Brief vom 31.1.1925.
2] *Lion*: Ferdinand Lion (1883–1965), Literaturkritiker, Mitherausgeber von

Maß und Wert (1937/38); Autor von ›Thomas Mann. Leben und Werk‹, Zürich 1947.

3] *»Friseur und Charlatan«*: Brief Gottfried Kellers an Ferdinand Freiligrath, 30.4.1857.

145 **An René Schickele, 16.5.1934**

(1883–1940); aus dem Elsaß stammender Schriftsteller (TMS X, 69).

145 **Tagebuch vom 30.7.1934** (Tb II, 488)

146 **Tagebuch vom 9.8.1934** (Tb II, 502)

146 **Tagebuch vom 21.8.1934** (Tb II, 511)

1] *Winnifred Wagner*: Winifred (1897–1980), geb. Williams, Witwe Siegfried Wagners; frühe Sympathisantin und Förderin Adolf Hitlers.

146 **Tagebuch vom 13.2.1935** (Tb III, 35)

1] *Buch von Sinoja*: J. E. de Sinoja (Pseudonym für Josef Engel de Janosi), ›Das Antisemitentum in der Musik‹, Zürich 1933, eine Verteidigung Meyerbeers gegen Wagner und die Wagnerianer, besonders Glasenapp.

146 **An Karl Vossler, 4.5.1935** (WuZ, 124–125)

Karl Vossler (1872–1949) war Professor der Romanistik an der Universität München.

147 1] *»Sagt es niemand, ...«*: Goethes Gedicht ›Selige Sehnsucht‹, ›West-östlicher Divan‹, Buch des Sängers.

147 **Tagebuch vom 10.9.1935** (Tb III, 171–172)

147 **Tagebuch vom 25.11.1935** (Tb III, 212)

1] *»Träume«*: das letzte der fünf sogenannten Wesendonk-Lieder (1857/58).

147 **An Franz W. Beidler, 26.11.1935** (Beidler/Borchmeyer, 325–326)

1] *Ihren Vortrag*: ›Cosima Wagner. Eine kulturkritische Studie‹, Vortrag in Basel (8.9.1935), *Neue Schweizer Rundschau*, März 1936.

2] *Chamberlain*: Houston Stewart Chamberlain (1855–1927), in England geboren, erzogen in Frankreich und der Schweiz, seit 1908 mit Eva Wagner verheiratet; Chefideologe des Bayreuther Arier-Evangeliums, Autor u. a. von ›Die Grundlagen des neunzehnten Jahrhunderts‹, München 1899, und der auch von Thomas Mann benutzten Monographie ›Richard Wagner‹, München 1895.

148 3] *Cosima-Biographie*: siehe Anm. 1 zu Tagebuch vom 1.9.1933 [s. Seite 285].

148 **An Heinrich Zimmer, 25.3.1936** (unveröffentl.)

Heinrich Zimmer (1890–1943), Schwiegersohn Hugo von Hofmannsthals, war Indologe in Heidelberg, später in Princeton.

148 **Tagebuch vom 26.3.1936** (Tb III, 281)

148 **Tagebuch vom 8.4.1936** (Tb III, 288)

1] *zum ›Parsifal‹*: Viktor Prusche (Insz.), Robert Denzler (Dir.), Max Hirzel (Parsifal), Maria Bernhard-Ulbrich (Kundry), Albert Emmerich (Gurnemanz), Roman Clemens (Amfortas).

Tagebuch vom 31.5.1936 (Tb III, 309) 149

1] *Furtwängler*: Wilhelm Furtwängler (1886–1954), von 1911–1915 in Lübeck tätig, seit 1922 Chefdirigent des Berliner Philharmonischen Orchesters, war einer der führenden Wagner-Dirigenten. Thomas Mann hatte Furtwängler am 22.5. im Hause der Zürcher Mäzenatenfamilie Hermann und Lilly Reiff kennengelernt; dazu das Tagebuch: »Unterhaltung mit Furtwängler bei Tisch und nachher, auf sein Betreiben, schwimmend, ausweichend.«

An Willi Schuh, 28.6.1936 (WuZ, 125–126) 149

Willy Schuh (1900–1986) war Musikreferent (1928) und Feuilletonredakteur (1944) der NZZ; war mit Richard Strauss befreundet, über den er mehrere Bücher schrieb. Über seine Rolle in der Affäre des Münchner Wagner-Protests siehe in diesem Band die Seiten 229–261.

1] *Ihr Wagnerbuch*: ›Die Briefe Richard Wagners an Judith Gautier‹, hrsg. und übers. von Willi Schuh, Zürich 1936.

2] *Mendès*: Catulle Mendès (1841–1909), Lyriker, Mitarbeiter der *Revue Wagnerienne*, Autor einer Wagner-Biographie (1886) und von ›L'œuvre Wagnerienne en France‹ (1899); war 1866–1873 mit Judith Gautier (1845–1917), der Tochter Theophile Gautiers, verheiratet.

Tagebuch vom 17.7.1936 (Tb III, 332–333) 149

1] *den Alten*: Th. Manns Schwiegereltern Alfred und Hedwig Pringsheim.

Tagebuch vom 19.7.1936 (Tb. III, 333 f.) 150

1] *den »Lohengrin« aus Bayreuth*: Die Neuinszenierung des *Lohengrin* 1936 durch Heinz Tietjen mit den Bühnenbildern von Emil Preetorius und unter der musikalischen Leitung von Wilhelm Furtwängler und Heinz Tietjen gilt als die künstlerisch gelungenste der Ära Winifred Wagner, nicht zuletzt weil die beiden Hauptrollen mit zwei Sängern im Zenith ihrer Karriere besetzt waren.

2] *Völker*: Franz Völker (1899–1965), lyrischer Heldentenor, hoch geschätzt als Lohengrin und Siegmund auf Grund seiner Maßstab setzenden Gesangskunst. Völker sang von 1933 bis 1944 in Bayreuth.

3] *Müller*: Maria Müller (1898–1958), lyrisch-dramatischer Sopran. Die führende Elsa und Elisabeth (›Tannhäuser‹) ihrer Zeit; sang seit 1930 in Bayreuth.

4] *Fortsetzung der Gralserzählung*: Wie die historische Aufnahme (Teldec 9031-76442-2) belegt, wurde 1936 in Bayreuth die komplette Erstfassung der Gralserzählung gegeben, also mit dem gewöhnlich ausgelassenen zweiten Teil: »Nun höret noch, wie ich zu euch gekommen!« Die Kürzung der Gralserzählung war von Wagner für die Weimarer Uraufführung unter Franz Liszt autorisiert worden und hatte sich seither durchgesetzt.

5] *Tietjens*: Heinz Tietjen (1881–1967), seit 1927 Generalintendant in Berlin und von 1933 bis 1944 mit Winifred Wagner künstlerischer Leiter der Bayreuther Festspiele.

6] *André*: Edgar André, aus Belgien stammender kommunistischer Hafenarbeiter in Hamburg, der 1934 wegen angeblicher Vergehen vor 1933 zum Tode verurteilt und hingerichtet wurde.

150 **Tagebuch vom 27.11.1936** (Tb III, 400)

1] *Walter*: Bruno Walter (1876–1962), mit dem Thomas Mann seit seiner Münchner Zeit (1913–1923) gut befreundet war; im Alter wurden sie Duzfreunde. Thomas Mann widmete seinem Lieblingsdirigenten mehrere Huldigungsartikel; vgl. auch Bruno Walter, ›Thema und Variationen. Erinnerungen und Gedanken‹, Frankfurt am Main 1950.

151 **Tagebuch vom 25.12.1936** (Tb III, 413)

1] *in der »heiligen Not« von heute*: gemeint ist wohl die Stelle »Heiligster Minne höchste Not«, ›Die Walküre‹ I, 3. Bei den Schallplatten, einem Weihnachtsgeschenk, handelt es sich vermutlich um die legendäre Einspielung (1935) des ersten Akts ›Walküre‹ mit Lotte Lehmann, Lauritz Melchior, Emanuel List und den Wiener Philharmonikern unter Bruno Walter.

151 **Maß und Wert**

Vorwort zum ersten Jahrgang, Juli 1937, Zweimonatsschrift für freie deutsche Kultur, hrsg. von Thomas Mann und Konrad Falke (GW XII, 798 bis 812).

1] *»unter ihr fortstehlen«*: siehe Anm. 89 zu ›Leiden und Größe Richard Wagners‹ [s. Seite 284].

151 **Tagebuch vom 2.6.1937** (Tb IV, 69–70)

1] *Kahler*: Erich von Kahler (1885–1970), der aus Prag stammende Historiker, mit dem Thomas Mann seit 1918 befreundet war.

152 **Tagebuch vom 13.10.1937** (Tb IV, 115)

1] *Medi*: Elisabeth Mann; die anderen Ausflügler: Golo Mann, Katia Mann, Hans Reisiger.

2] *Begleitgedicht zum »Idyll«*: am 25.12.1870, Cosimas 33. Geburtstag, dirigierte Wagner in seinem Tribschener Haus ein »symphonisches Geburtstagsgeschenk«, das sogenannte ›Siegfried-Idyll‹, das er ohne Wissen Cosimas geschrieben und von Hans Richter und einer kleinen Gruppe von Musikern hatte einstudieren lassen. Das Begleitgedicht beginnt mit den Worten »Es war dein opfermuthig hehrer Wille ...«

152 **Tagebuch vom 26.10.1937** (Tb. IV, 122)

1] *»Demokratie«*: Der Vortrag ›Vom zukünftigen Sieg der Demokratie‹, mit dem Thomas Mann im Frühjahr 1938 seine erste große Vortragstournee in den Vereinigten Staaten bestritt (Essays IV, 214–244).

2] *Oprecht*: Dr. Emil Oprecht (1895–1952), Buchhändler und Verleger in Zürich, einer der wichtigsten Schweizer Freunde Thomas Manns.

152 **Tagebuch vom 29.10.1937** (Tb. IV, 123)

153 **Tagebuch vom 2.11.1937** (Tb. IV, 125)

1] *Cosima-Buch*: Siehe die Anm. 1 zum Tagebuch vom 1.9.1933, 285.

Tagebuch vom 5.11.1937 (Tb IV, 126) 153

›Richard Wagner und der ‹Ring des Nibelungen›› 153

Vortrag an der Universität Zürich (16.11.1937) aus Anlaß einer Neuinszenierung am Stadttheater Zürich (GW IX, 502–527).

1] *»Der erste künstlerische Wille ...«*: ›Eine Mitteilung an meine Freunde‹ 154 (JA VI, 216f.).

2] *dem »zarten Licht- und Liebesgenius Mozarts«*: ›Beethoven‹ (JA IX, 69). 155

3] *»das Beispiel eines besonnenen ...«*: Zitat aus Hans von Wolzogen, ›Erinne- 156 rungen an Richard Wagner‹, neue, um das Doppelte vergrößerte Ausgabe, Leipzig o. J. [1891], S. 31: »Mitunter stellte er ein Beispiel eines besonnenen und maßvollen feinen künstlerischen Sinnes auf, gegenüber den modernen Effekthaschern, die, anstatt in klaren Formen, nur mit lauter Überraschungen arbeiten, und keinen Gedanken hinzubrächten, sondern, indem sie ihr Programm hinter ihrer Musik versteckten, nur immer dunkler und unsinniger schrieben. Dieses Beispiel war – Mendelssohn, dessen Hebriden-Ouvertüre er sich besonders gern vorspielen ließ [...].«

4] *»man kann ... von ihm nicht reden ...«*: ›Beethoven‹ (JA IX, 66f.).

5] *»Was hat der Mann gesehen! ...«*: vgl. Hans von Wolzogen, ›Erinnerungen an Richard Wagner‹, S. 18: »Immer von neuem, unter Thränen des künstlerischen Entzückens, rief der Meister bei solchen Shakespeareschen Scenen aus: ›Was hat der Mann gesehen! – Was hat er gesehen!‹ – ›Er bleibt der ganz Unvergleichliche! – Er ist nur als Wunder zu verstehen!‹ – zumal wenn er mitunter im besonders angeregten Gespräche darauf kam, plötzlich zum Ausdruck der guten Stimmung eine heitere Lustspielszene herauszugreifen, woran er sich immer mit der Glückseligkeit des naivsten Enthusiasmus zu erquicken pflegte.«

6] *»Dies ist wohl das Originellste ...«*: nach Glasenapp VI, 249. 157

7] *»Gestalten groß ...«*: ›Faust‹ V. 7190. 158

8] *Kulturbolschewisten*: siehe Anm. 101 zu ›Leiden und Größe Richard Wag- 161 ners‹ [s. Seite 284].

9] *das »Rein-Menschliche«*: ›Eine Mitteilung an meine Freunde‹ (JA VI, 297): »Hiernach bestimmt sich ganz von selbst der Inhalt dessen, was der Wort-Tondichter auszusprechen hat: es ist *das von aller Konvention losgelöste Reinmenschliche.*«

10] *Er setzt da auseinander*: ebda., S. 292f. 162

11] *»in der natürlichsten, heitersten Fülle ...«*: ebda., S. 308. 163

12] *»Laßt mich nun still ...«*: an Otto Wesendonk, 27.10.1859 (OW, 74). 164

13] *»Das ›Rheingold‹ ist ...«*: an Clara Brockhaus, 12.3.1854 (SB VI, 94f.). 165

14] *»Und nenn' es ...«*: ›Torquato Tasso‹, III,1.

15] *»Erfahre hiermit ...«*: siehe Anm. 2 zu ›Leiden und Größe Richard Wag- 166 ners‹ [s. Seite 280].

16] *»Du wirst begreifen ...«*: ebda., S. 187. 168

17] *»Schlagen wir die Kraft der Reflexion ...«*: siehe Anm. 69 zu ›Leiden und Größe Richard Wagners‹ [s. Seite 283].

170 18] *des »hehrsten Helden der Welt«*: ›Die Walküre‹, III, 1.

172 19] *»Mein Blut verdürb' euch ...«*: ›Götterdämmerung‹, I, 2.

173 20] *»Das ist kein Mann!«*: ›Siegfried‹, III, 3.

175 21] *mehr als ein Prophet*: Anspielung auf Stefan George und ›Das neue Reich‹ (1928); George entzog sich dem Werben der Nazis, besonders Joseph Goebbels', ging in die Schweiz und starb am 4.12.1933 in Minusio bei Locarno. Vgl. Tagebuch vom 5. und 8.12.1933 (Tb II, 263 und 265).

176 22] *»Zerging' in Dunst ...«*: ›Die Meistersinger‹, III, 5.

23] *nicht »Gut noch Gold ...«*: Thomas Mann zitiert hier, abgekürzt, die von Wagner nicht komponierten Verse in Brünnhildes Schlußgesang; nicht komponiert, »weil ihr Sinn in der Wirkung des musikalisch ertönenden Dramas bereits mit höchster Bestimmtheit ausgesprochen wird.« Die Verse lauten: »Nicht Gut, nicht Gold, / noch göttliche Pracht; / nicht Haus, nicht Hof, / noch herrischer Prunk: / nicht trüber Verträge / trügender Bund, / noch heuchelnder Sitte / hartes Gesetz: / selig in Lust und Leid / läßt – die *Liebe* nur sein!«

176 **An Hermann J. Weigand, 18.11.1937** (*Philobiblon*, Juni 1994)

H. J. Weigand (1892–1985), bedeutender Germanist an der Yale University, war der Autor der bahnbrechenden Studie ›Thomas Mann's Novel ‹Der Zauberberg›‹, New York 1933.

1] *die Berechtigung des Roman-Titels*: in seinem Artikel ›Thomas Manns ‹Joseph in Ägypten›‹, in: *Monatshefte*, Jg. 29, 1937, 241–256, hatte Weigand bemerkt, man »könnte« den Untertitel »Der dritte Roman« für ›Joseph in Ägypten‹ »beanstanden«, da die einzelnen Romane »ein solches Ineinander der verarbeiteten Motive« darstellten, daß der Eindruck eines »gegliederten Gesamtwerks« den der Selbständigkeit der Einzelpartien weit überwiegt (S. 241).

176 **Tagebuch vom 21.11.1937** (Tb IV, 132–133)

1] *Keine große Aufführung*: unter dem Dirigenten Robert Denzler sangen Maria Bernhard-Ulbrich (Sieglinde), Max Hirzel (Siegmund), Henny Trundt (Brünnhilde), Albert Emmerich (Hunding), Asger Stig (Wotan), und Georgina von Milinkovic (Fricka). Spielleitung: Karl Schmid-Bloss.

177 **An Kuno Fiedler, 21.12.1937** (TM-Bl. 11, 21)

Kuno Fiedler (1895–1973), evangelischer Pastor und Theologe, war 1936 aus einem Gestapo-Gefängnis in die Schweiz geflohen.

177 **Tagebuch vom 12.2.1938** (Tb IV, 175)

1] *Cosima-Buch*: siehe Anm. 1 zum 1.9.1933 [s. Seite 285].

177 **›Bruder Hitler‹**

Entstanden während einer Reiseunterbrechung im April 1938 in Los Angeles. Ursprünglich unter dem Titel ›Hitler als Künstler, oder Gegenkünstler,

Antichrist‹ als Schlußstück für den Essay-Band ›Achtung, Europa!‹ gedacht, gab Thomas Mann diesem Text den Arbeitstitel ›Tagebuchblätter‹; eine stark gekürzte Fassung in englischer Übersetzung erschien zuerst unter dem Titel ›This Man is My Brother‹ in dem Herrenmagazin *Esquire* (März 1939). Erster vollständiger Abdruck in Essays IV,305–312.

1] *Dornröschen ... Brünhilden-Lohe*: eine für Thomas Mann charakteristische 179
Perspektive auf den Nationalsozialismus und auf Hitler als Kontamination von Märchenwelt und Wagner.

2] *der ›Jude im Dorn‹*: aus den Grimm'schen ›Kinder- und Hausmärchen‹.

3] *Gottfried Keller*: siehe Anm. 3 zum Tagebuch vom 20.3.1934 [s. Seite 286].

›Schopenhauer‹ 179

Einleitung zu einer amerikanischen Schopenhauer-Anthologie, ›The Living Thoughts of Schopenhauer‹, presented by Thomas Mann, New York 1939 (Essays IV, 253–303).

1] *Man hat bestritten*: siehe Anm. 8 zu ›Leiden und Größe Richard Wagners‹ 180
[s. Seite 280].

An Karl Kerényi, 6.12.1938 180

Karl Kerényi (1897–1970), ungarischer Religionshistoriker, mit dem Thomas Mann seit 1934 im Briefwechsel stand (Br. II, 69).

›Einführung in den Zauberberg‹ 180

Geschrieben für Studenten der Princeton University, an der Thomas Mann von 1938 bis 1941 »Lecturer in the Humanities« war; zum ersten Mal am 10.5.1939 vorgetragen (GW XI, 602–617).

Tagebuch vom 21.12.1939 (Tb IV, 512–513) 181

1] *zur Aufführung*: unter der musikalischen Leitung von Erich Leinsdorf sangen Lauritz Melchior (Tristan), Kirsten Flagstad (Isolde), Kerstin Thorberg (Brangäne), Julius Huehne (Kurwenal), Emanuel List (Marke).

2] *Mrs. Meyer*: Agnes E. Meyer (1887–1970), Thomas Manns großzügige Förderin und problematische Freundin, die er seit 1937 kannte.

3] *Germanisten*: Joseph Campbell (1904–1987), lehrte englische Literatur am Sarah Lawrence College; bedeutender Mythenforscher, Autor von u. a. ›Myths, Dreams, and Religion‹, New York 1970.

›Zu Wagners Verteidigung‹ 181

Geschrieben (5.-10.11.1939) für die amerikanische Zeitschrift *Common Sense*, deren Herausgeber Alfred M. Bingham, Thomas Mann um eine Stellungnahme zu einem Artikel des jungen Peter Viereck (geb. 1917) gebeten hatte (GW XIII, 351–359).

Dieser Artikel ›Hitler and Richard Wagner‹ (November 1939, S. 3–6) war aus Vierecks Magister-Arbeit an der Harvard University hervorgegangen, die 1941 unter dem Titel ›Metapolitics‹ erschien und auf lange Zeit als Lehrbuch über die Wurzeln des Nationalsozialismus (Untertitel: ›The Roots of the Nazi-Mind‹) eine tonangebende und beherrschende Stellung einnahm. Auch Thomas Mann empfahl das Buch in diesem Sinne (Regesten 41 / 464). – Peter Viereck ist der Sohn von George Sylvester Viereck (1884–1962). Thomas Mann stand mit dem älteren Viereck, dem er ein Exemplar der ›Betrachtungen‹ zugeeignet hatte, seit 1920 in einem sporadischen Briefwechsel. – Der Artikel Thomas Manns erschien zuerst unter dem Titel ›In Defense of Wagner. A Letter on the German Culture that Produced both Wagner and Hitler‹, Januar 1940, S. 11–14; er markiert einerseits, unerachtet der Überschrift, eine deutliche Verschärfung in der Beurteilung Wagners und andererseits, im Schlußteil, einen entscheidenden Schritt auf dem Weg zur Konzeption des ›Doktor Faustus‹.

182 1] *Kultur-Bolschewisten*: siehe Anm. 101 zu ›Leiden und Größe Richard Wagners‹ [s. Seite 284].

2] *»›Meistersinger‹ – gegen die Civilisation«*: siehe Anm. 2 zu ›Wie stehen wir heute zu Richard Wagner?‹ [s. Seite 278].

3] *das unvergleichliche Stück Prosa*: ›Jenseits von Gut und Böse‹ (KSA V, 179f.).

4] *berühmte Seite im ›Ecce homo‹*: KSA V, 289f.

183 5] *Edgar Allan Poe*: siehe Anm. 97 zu ›Leiden und Größe Richard Wagners‹ [s. Seite 284].

6] *d'Annunzio*: Gabriele d'Annunzio (1863–1938), in seiner Frühzeit ein glühender Wagnerianer: ›Trionfo della Morte‹, Mailand 1894.

7] *von der »doppelten Optik«*: siehe Anm. 1 zum 1.4.1910 [s. Seite 272].

8] *jene Liebe der Philosophie zum »Leben«*: ›Die fröhliche Wissenschaft‹ (KSA III, 350).

184 9] *von »Wunderwerken«*: siehe Anm. 12 zu ›Richard Wagner und der ‹Ring des Nibelungen›‹ [s. Seite 289].

186 10] *hat jüdisches Blut Anteil daran*: die Frage: ›War Wagner überhaupt ein Deutscher?‹, hat zuerst Nietzsche erhoben, indem er abwegigerweise insinuierte, daß Wagner der Sohn seines Stiefvaters Ludwig Geyer und dieser jüdischer Abstammung sei; siehe ›Der Fall Wagner‹ (KSA VI, 41).

11] *»Was ist deutsch?«*: in ›Meerfahrt mit Don Quijote‹ (Essays IV, 90) spricht Thomas Mann von der stets offenen Frage »Was ist deutsch?« – eine Frage, die er in ›Richard Wagner und der ‹Ring des Nibelungen›‹ zu beantworten versuchte. Vgl. dazu auch den Essay Wagners ›Was ist deutsch?‹ (JA X, 84–103) sowie Nietzsche, ›Jenseits von Gut und Böse‹ (KSA V, 184): »Es kennzeichnet die Deutschen, daß bei ihnen die Frage ›was ist deutsch‹ niemals ausstirbt.«

187 12] *der »metapolitischen« Bewegung*: der für Vierecks Buch zentrale Begriff »metapolitics« ist einem Artikel von Constantin Frantz (1817–1891) entnommen, den Wagner als einen Gesinnungsgenossen bezeichnete. Frantz argumentierte in seinem ›Offenen Brief an Richard Wagner‹ (*Bayreuther Blätter*, Jg. 1, Nr. 6, 1878), eine genuin deutsche Politik müsse sich zur »Metapo-

litik« erheben, die sich zur gewöhnlichen Politik verhalte wie die Metaphysik zur Physik. Bei Viereck bezeichnet »metapolitics« die quasi-politische Ideologie Wagners und des Bayreuther Kreises.

13] *»The German character ...«*: dieses dem englischen Diplomaten und 188
Schriftsteller zugeschriebene Bonmot muß als apokryph bezeichnet werden.

Tagebuch vom 11.5.1940 (Tb V, 73–74) 189

1] *Cello-Konzert von Schubert*: Ein Konzert für Cello und Orchester von Schubert gibt es nicht. Vermutlich ist die Transkription der Sonate für Arpeggione (D 821) gemeint, das sogenannte Gitarren-Violoncello; von dieser Komposition hatte der spanische Cellist Gasper Cassadò eine Orchesterfassung hergestellt, die er zweimal auf Platten eingespielt hat: mit dem englischen Hallé Orchestra unter Hamilton Harty (1929) und mit dem Amsterdamer Konzertgebau Orchester unter Wilhelm Mengelberg (1940).

2] *Stokowsky*: Der englische Dirigent Leopold Stokowsky (1882–1977), Chefdirigent des Philadelphia Orchestra (1912–1941) und berühmt als Orchester- und Klangvirtuose, hat zwei verschiedene symphonische Synthesen von Wagners ›Tristan‹ eingespielt (1932 und 1935–1939); vermutlich ist hier die zweite gemeint, in der Stokowsky die Schlußtakte des zweiten Akts als Übergang einsetzt von dem Zwiegesang der Liebenden im zweiten Akt zum abschließenden ›Liebestod‹. Vgl. Andante 1130 mit den kompletten Wagnereinspielungen des Philadelphia Orchestra unter Stokowsky.

Tagebuch vom 20.6.1940 (Tb V, 102) 189

›Deutschland‹ 189

Artikel, veranlaßt durch ein Interview des Prinzen Bernhard der Niederlande in Boston, zuerst in Klaus Manns Zeitschrift *Decision* (Juli 1941, 9–14), wo er unter dem Titel ›Germany's Guilt and Mission‹ erschien (GW XII, 902–910).

1] *Fichte*: Johann Gottlieb Fichte (1762–1814), Philosoph in Jena, Berlin, Erlangen; vgl. P. Viereck, ›Metapolitics‹, S. 194f.

2] *Dinge gesagt*: in den ›Reden an die deutsche Nation‹ (1807/08).

3] *Vater Jahns Teutonismus*: Ernst Ludwig Jahn (1778–1852), Autor u. a. von ›Deutsches Volkstum‹ (1810).

4] *Bayreuther Blätter*: 1878 gegründet, hrsg. von Hans von Wolzogen; Zen- 190
tralorgan des Bayreuther Kreises und ihrer völkischen Ideologie.

5] *H. St. Chamberlain*: siehe Anm. 2 zum 26.11.1935 [s. Seite 286].

6] *Treitschke*: Heinrich von Treitschke (1834–1896), Historiker und Reichstagsabgeordneter.

7] *Sybel*: Heinrich von Sybel (1817–1895), Historiker.

8] *Spengler*: Oswald Spengler (1880–1936), dessen ›Untergang des Abendlands‹ (1918) Thomas Mann zunächst mit Bewunderung las, dann jedoch verwarf.

9] *Carl Schmidt*: Carl Schmitt (1888–1985), Staatsrechtler, Theoretiker des »Führerstaats«.

10] *zu Rosenbergs*: Alfred Rosenberg (1893–1946), dessen ›Mythos des 20. Jahrhunderts‹ (1930) als die Bibel des Nationalsozialismus galt.

190 **Tagebuch vom 5.10.1941** (Tb V, 328)

1] *Frank*: Bruno Frank (1887–1945), aus Stuttgart stammender Schriftsteller, mit dem Thomas Mann in München und später in Los Angeles freundnachbarlich verbunden war.

190 **Tagebuch vom 11.10.1941** (Tb V, 331)

190 **Tagebuch vom 3.1.1942** (Tb V, 373–374)

190 **An Agnes E. Meyer, 18.2.1942** (TM / AM, 372)

1] *Aeusserung in ›Common Sense‹*: ›Zu Wagners Verteidigung‹.

191 **An Agnes E. Meyer, 5.5.1942** (TM / AM, 395)

1] *Bermann und Landshoff*: Gottfried Bermann Fischer (1897–1995) und Fritz H. Landshoff (1901–1990), Leiter zweier Exilverlage, des Bermann-Fischer Verlags (Stockholm) und des Querido Verlags (Amsterdam).

2] *ein schönes Buch*: ›Verdi. The Man in His Letters‹, ed. and selected by Franz Werfel and Paul Stefan, tr. Edward Downes, New York 1942 (zuerst Berlin 1926).

3] *von dem Brief*: an Verdis Verleger Giulio Ricordi, 14.2.1883.

191 **An Agnes E. Meyer, 12.1.1943** (TM / AM, 455)

1] *Den ›Lindenbaum‹*: bezieht sich auf das Kapitel ›Fülle des Wohllauts‹ in ›Der Zauberberg‹ (GW III, 903 ff.).

2] *von Tauber*: Richard Tauber (1891–1948), österreichischer lyrischer Tenor.

3] *als er sich Wagner vom Herzen riss*: vgl. ›Kosmopolitismus‹ sowie den Brief an H. Pfitzner, 23.6.1925 [s. Seite 277].

191 **›Deutsche Hörer‹, 25.5.1943**

Monatliche Radiosendungen (insgesamt 56), die vom Oktober 1940 bis Mai 1945 von der British Broadcasting Corporation ausgestrahlt wurden (GW XI, 986–1123).

192 **›Schicksal und Aufgabe‹**

Vortrag, zuerst 13.10.1943 unter dem Titel ›The War and the Future‹ in der Library of Congress in Washington gehalten (Essays V, 218–238).

194 **Tagebuch vom 14.9.1944** (Tb VI, 101)

194 **An Theodor W. Adorno, 27.9.1944** (TM / TWA, 12)

1] *Wagner-Arbeit*: Adornos ›Versuch über Wagner‹ (1952) besteht aus zehn Kapiteln, von denen vier, darunter ›Phantasmagorie‹, 1939 und 1940 als ›Fragmente über Wagner‹ in der *Zeitschrift für Sozialforschung* erschienen waren.

2] *der »Fragmente«*: Gemeint ist die mimeographierte Erstausgabe der ›Dialektik der Aufklärung‹ von Max Horkheimer und Theodor Adorno, die 1944 unter dem Titel ›Philosophische Fragmente‹ vom Institute of Social

Research in New York aufgelegt wurde. Die Buchausgabe der ›Dialektik der Aufklärung‹ erschien erst 1947 in Amsterdam.
3] *Lohengrin als winziger Elfenfürst*: Vgl. dazu Adorno: »Es ist Elsas Vision, in welcher sie als Träumende den Ritter und alle Handlung gleichsam herbeizieht. Ihre Beschreibung des Ritters ähnelt dem Bilde Oberons: der inwendige Lohengrin als ein winziger Elfenfürst. [...] Für das Horn des Textes wird in der Musik als Verkleinerung die Pianissimotrompete eingesetzt.« (GS 13, 83)

Tagebuch vom 28.9.1944 (Tb VI, 106) 194

1] *Abends in Adorno's*: Theodor Wiesengrund Adorno (1903–1969), Philosoph, Komponist (Schüler Alban Bergs), Mitbegründer des ›Instituts für Sozialforschung‹. Emigration über Genf, London, New York nach Los Angeles; Thomas Mann und Adorno lernten sich im Sommer 1943 kennen, fortan war Adorno sein musikalischer Berater bei der Arbeit am ›Doktor Faustus‹.
2] *Schrift über Wagner*: ›Fragmente über Wagner‹, vier Kapitel (Nr. 1, 6, 9, 10) aus Adornos ›Versuch über Wagner‹, Frankfurt 1952, die in der *Zeitschrift für Sozialforschung*, Jg. 8, 1939, erschienen waren.

Tagebuch vom 25.11.1944 (Tb VI, 127–128) 194

1] *Musikbeschreibung*: ›Doktor Faustus‹, Kap. 15 (GW VI, 178 f.).

Tagebuch vom 18.2.1945 (Tb VI, 164) 195

Tagebuch vom 24.9.1945 (Tb VI, 256) 195

1] *Waltrautenstelle*: ›Götterdämmerung‹, I, 3.

An Gerhard Albersheim, 10.2.1946 195

Der aus Wien stammende Pianist und Musikwissenschaftler (geb. 1902) lehrte seit 1940 an der University of Southern California und war in der ›Doktor Faustus‹-Zeit ein geschätzter Gesprächspartner Thomas Manns. ›Die Entstehung des ‹Doktor Faustus›‹ (GW XI, 207).

An Franz W. Beidler, 24.6.1946 (Beidler / Borchmeyer, 343–344) 195

1] *den Punkt Ihres Briefes*: in einem Brief aus Zürich, Pfingstsonntag 1946, hatte Beidler seinen dringenden Wunsch erklärt, Zugang zu dem von der amerikanischen Militärregierung beschlagnahmten Archiv der Familie Wagner zu erhalten, um die Recherchen für seine Cosima-Biographie abzuschließen. Er erkundigte sich, ob Thomas Mann nicht über Washington eine »Generalvollmacht zur Durchforschung aller Bestände bis in die geheimsten Winkel« erwirken könne. Thomas Mann meinte, nach Beratung mit Erika, dies sei wenig aussichtsreich, und empfahl Beidler, sich mit Golo Mann in Verbindung zu setzen, der damals am Radio Frankfurt für das US Military Government tätig war.

Tagebuch vom 25.6.1946 (Tb VII, 13) 196

Tagebuch vom 30.8.1946 (Tb VII, 35) 196

1] *Die »Dunklen« lauter Juden*: d. h. die »Schwarz-Alben« Alberich, Mime und Hagen; vgl. dazu Adorno, ›Versuch‹, Kap. 1: »all die Zurückgewiesenen in Wagners Werk sind Judenkarikaturen«.

196 **Tagebuch vom 22.11.1946** (Tb VII, 66–67)

1] *im Newman*: der 4., abschließende Bd. von Ernest Newmans monumentaler Biographie ›The Life of Richard Wagner‹, New York 1946.

196 **Tagebuch vom 4.1.1947** (Tb VII, 84)

197 **Tagebuch vom 25.1.1947** (Tb VII, 91)

1] *›Lohengrin‹ aus New York*: Übertragung aus der Metropolitan Opera; unter der Leitung von Fritz Busch sangen Lauritz Melchior (Lohengrin), Helen Traubel (Elsa), Margaret Harshaw (Ortrud) und Herbert Janssen (Telramund).

2] *Ehrenpräsidentschaft*: d. h. des Stiftungsrates einer neu zu schaffenden ›Richard Wagner Festspiel-Stiftung‹, einem internationalen Gremium bestehend aus »unbelasteten Nachfahren des Meisters« (d. h. Friedelind Wagner und Franz W. Beidler), Wagner-Experten (darunter Ernest Newman) sowie zeitgenössischen Musikschaffenden (darunter Arnold Schönberg, Paul Hindemith, Arthur Honegger, Karl Amadeus Hartmann). Vgl. dazu M. Karbaum, H. R. Vaget, D. Borchmeyer (Literaturverzeichnis).

197 **An Franz W. Beidler, 27.1.1947** (Beidler / Borchmeyer, 354–356)

1] *Ihr Brief mit den zugehörigen Dokumenten*: Brief vom 9.1.1947 mit einem ›Entwurf von Richtlinien für die Neugestaltung der Festspiele‹, einem ›Vorschlag für die personelle Zusammensetzung eines Stiftungsrates‹ und der Kopie eines Briefes an den Oberbürgermeister von Bayreuth, Oskar Meyer, der Beidler den Auftrag zu seiner Initiative erteilt hatte (Brief vom 28.8.1946).

2] *die Wärme und das ehrende Vertrauen*: Beidler hatte geschrieben: »Für mich und überhaupt entscheidend ist nun aber, welche Aufnahme der ganze Plan bei Ihnen findet, hochverehrter, lieber und großer väterlicher Freund und Mentor. Stimmen Sie zu und wären Sie bereit, das Ihnen allein zustehende Ehrenpräsidium auch tatsächlich zu übernehmen?«

198 3] *Sie selbst sagen*: Beidler ebda.: »Wie erwartet fühlt man sich in Feindesland, und ohne Besetzung wären Leute unserer Gesinnung innert 24 Stunden nicht mehr am Leben. Das Gift ist so tief eingefressen, daß es nach so kurzer Zeit nicht anders sein könnte.«

198 **Tagebuch vom 5.4.1947** (Tb VII, 112)

1] *eines Artikels von Adorno*: Rezension von Bd. 4 der Wagner-Biographie Ernest Newmans, ›Wagner, Nietzsche, and Hitler‹, in *Kenyon Review* 9, 1947, 155–162. Zu ›Parsifal‹ hatte Adorno geschrieben: »The religion of love and pity it proclaims has no greater dignity than Goering's protection of game. Redemption, in Wagner, is tantamount to annihilation: Kundry is redeemed the same way in which the Gestapo may claim to have redeemed the Jews.«

198 **Tagebuch vom 6.4.1947** (Tb VII, 112)

Tagebuch vom 2.7.1947 (Tb VII, 129) 199

1] *›Götterdämmerung‹*: Aufführung am 14.6.1947 im Stadttheater Zürich. Regie: Karl Schmid-Bloß, Bühnenbild: Roman Clemens; es sangen Max Lorenz (Siegfried), Kirsten Flagstad (Brünnhilde), Ludwig Weber (Hagen), Alois Pernerstorfer (Alberich), Andreas Boelen (Gunther), Monika Huber (Gutrune), Elsa Cavelti (Waltraute).

2] *Knappertsbusch*: siehe Anm. 1 zum Brief vom 16.8.1926 [s. Seite 278].

Tagebuch vom 23.7.1947 (Tb VII, 136) 199

1] *Hesses*: Hermann Hesse und seine Frau Ninon.

2] *Friedelind*: Friedelind Wagner (1918–1991), Tochter Siegfried und Winifred Wagners.

3] *unserer Begegnung*: bezieht sich auf das Zusammensein in New York (8.5.1947) auf der Reise von Kalifornien nach Europa.

Tagebuch vom 3.1.1948 (Tb VII, 206) 199

1] *Brief-Aufsatz*: von Oscar Schmitt-Halin (geb. 1906) über ›Doktor Faustus‹.

An Oscar Schmitt-Halin, 7.1.1948 (Br. III, 13) 199

Oscar Schmitt-Halin (geb. 1906) war Rechtsanwalt in Wiesbaden.

›Sechzehn Jahre‹ 200

Vorwort zur amerikanischen Ausgabe von ›Joseph und seine Brüder‹ in einem Band, New York 1948 (GW XI, 669–681).

Tagebuch vom 22.2.1948 (Tb VII, 230) 200

1] *Fall Schönberg*: Arnold Schönberg (1874–1951) hatte beleidigt reagiert auf die Verwendung der sogenannten Zwölftontechnik im ›Doktor Faustus‹, was Thomas Mann schließlich dazu nötigte, in alle Ausgaben des Romans ab 1951 eine ausdrückliche Erklärung aufzunehmen, daß die in Kap. 22 dargestellte Kompositionsweise »in Wahrheit das geistige Eigentum« Schönbergs sei. Vgl. dazu ›Der Eigentliche‹ (Essays VI, 98–103) sowie den Kommentar von *Kurzke / Stachorski* (ebda., 434–438).

2] *»Abendlich strahlt«*: ›Das Rheingold‹, 4. Szene. Thomas Mann besaß (Inge Jens zufolge) eine Aufnahme mit Friedrich Schorr.

3] *Bergs*: Alban Berg (1885–1935), mit dessen Werk Thomas Mann durch 201 Adorno, einen Berg-Schüler, vertraut war.

4] *Kreneks*: Ernst Krenek (1900–1995), der aus Österreich stammende Komponist von ›Johnny spielt auf‹ (1927), war 1938 in die USA emigriert und gelangte 1947 nach Los Angeles, wo er zu Th. Manns Bekanntenkreis zählte.

Tagebuch vom 13.4.1948 (Tb VII, 248–249) 201

Tagebuch vom 4.5.1948 (Tb VII, 261) 201

Tagebuch vom 19.6.1948 (Tb VII, 275) 201

An Ernst Toch, 17.8.1948 (unveröffentl., Sammlung HOM Düsseldorf) 201

Ernst Toch (1887–1964), österreichischer Komponist, der seit 1936 an der University of Southern California lehrte. Der Brief bezieht sich auf Tochs Buch ›The Shaping Forces of Music‹, New York 1948.

202 **Tagebuch vom 19.9.1948** (Tb VII, 306)

202 **An Kurt Driesch, 25.9.1948** (unveröffentl., Thomas-Mann-Archiv, Zürich)

Driesch (1904–1986), Komponist in Köln, Sohn des Philosophen Hans Driesch. Thomas Mann hatte Driesch 1925 in Leipzig kennengelernt.

1] *Musik-Aufsatz Ihres Vaters*: ›Musik und die Weltanschauung‹, in *Neue Musikzeitschrift*, Jg. 3, 1948.

202 **›Die Entstehung des Doktor Faustus‹**

Geschrieben vom 28. Juni bis 20.10.1948 (GW XI, 145–301).

1] *sehr kluge Abhandlung*: ›Fragmente über Wagner‹; siehe Anm. 2 zum 28.9.1944 [s. Seite 295].

204 2] *Es war keine Versuchung*: vgl. dagegen Thomas Manns Reaktion in seinem Brief vom 27.1.1947.

204 **Tagebuch vom 27.1.1949** (Tb VIII, 13)

204 **Tagebuch vom 27.9.1949** (Tb VIII, 104)

204 **›Richard Wagner und kein Ende‹**

Der Brief erschien zuerst in der *Süddeutschen Zeitung*, 6./7.4.1950 (Essays VI, 144–146).

1] *Lieber Pree*: Emil Preetorius (1883–1973), Graphiker und Bühnenbildner, von 1933 bis 1939 »szenischer Leiter« der Bayreuther Festspiele; Vorbild des Sixtus Kridwiss im ›Doktor Faustus‹.

2] *die Wagner-Schrift*: ›Wagner: Bild und Vision‹, Bad Godesberg 3. Aufl. 1949. Die beiden ersten Auflagen 1941 und 1942 enthalten kritische Stellungnahmen zu ›Leiden und Größe Richard Wagners‹, die in der 3. Aufl. stark abgemildert sind.

206 3] *gewiß, es ist viel »Hitler« in Wagner*: vermutlich eine verspätete Reaktion auf Preetorius' Aufforderung (Brief 8.9.1945) an Thomas Mann, eine »Apologie Wagners« zu schreiben, »die der irrigen und irre führenden Meinung entgegentritt, Wagner sei eine Art Nazi und seine Musik und Philosophie als nazistische Regungen fördernd zu boykottieren« (Essays VI, 466).

4] *von unserer Delia Reinhardt*: Sopran (1892–1974), von Bruno Walter 1916 an die Münchner Hofoper geholt, wo sie in der Uraufführung von Pfitzners ›Palestrina‹ und als Kaiserin der Münchner Premiere der ›Frau ohne Schatten‹ (1919) von Richard Strauss mitwirkte; glänzte vor allem in Wagner-Rollen (Elsa, Sieglinde, Eva) zunächst in München, später an der New Yorker Met und der Staatsoper Berlin.

207 **›Meine Zeit‹**

Vortrag an der University of Chicago (22.4.1950); ursprünglich geschrieben für die Library of Congress in Washington, die jedoch nach Intervention des FBI aufgrund von Thomas Manns Auftreten in Weimar den Vortragstermin zurücknahm (GW XI, 302–324).

207 **Tagebuch vom 8.4.1950** (Tb VIII, 184)

An Richard Braungart, 14.4.1950 (unveröffentl., Thomas-Mann-Archiv, Zürich) 208

An Rosemary M. Barstow, 13.10.1950 (unveröffentl., Thomas-Mann-Archiv, Zürich) 208

Tagebuch vom 25.12.1950 (Tb VIII, 312) 208

›Briefe Richard Wagners‹ 208

Besprg. in der *Saturday Review of Literature*, 20.1.1951 (GW X, 791–801).

1] *Buch*: ›Letters of Richard Wagner. The Burrell Collection‹, ed. with notes by John N. Burk, New York 1950; deutsch Frankfurt am Main 1953. 209

2] *»Cosima hätte die Wagner-Dokumente ...«*: ›Letters‹, S. 3 f.

3] *Elisabeth Förster-Nietzsche's Wirken*: Nietzsches Schwester (1846–1935), pflegte ihren Bruder von 1897 bis zu seinem Tod, nahm Eingriffe in den Nachlaß vor, um das Nietzschebild zu »korrigieren«.

4] *Uhligs ... Tochter*: Elsa Uhlig; vgl. dazu den Bericht ›Cosima's Blue Pencil‹ in ›Letters‹, S. 607–610. 210

5] *Uhlig-Brief*: an Theodor Uhlig, 22.10.1852, ›Letters‹, S. 617 ff. (nicht in SB).

6] *Tochter von Wagners altem Freunde ...* : Marie Schmole, geb. Heine; ›Letters‹, S. 479.

7] *Ferdinand Heine*: Dresdner Schauspieler (1798–1872), befreundet mit Wagners Stiefvater Ludwig Geyer.

8] *Tochter der Mrs. Burrell*: Lermonda Burrell; ›Letters‹, S. 498.

9] *Cosima-Biographie*: siehe Anm. 1 zum 1.9.1933 [s. Seite 285]. 211

10] *das biographische Fragment*: Mary Burrell, ›Richard Wagner: His Life and Works from 1813 to 1834‹, London 1898.

11] *Curtis Institute of Music*: Musikhochschule in Philadelphia, gegründet 1924 von Mary Louise Curtis Bok.

12] *So, wenn er schreibt*: ›Letters‹, S. 261. 213

13] *»Friseur und Charlatan«*: siehe Anm. 3 zum Tagebuch vom 20.3.1934 [s. Seite 286]. 214

14] *»Die Zeit wird kommen«*: an Minna, 14.2.1962; ›Letters‹, S. 406.

15] *›Luthers Hochzeit‹*: ein Sujet, mit dem sich Thomas Mann selbst in den letzten Wochen vor seinem Tod beschäftigte. 215

16] *an Karl Gaillard*: ›Letters‹, S. 108 f. (SB III, 355–359); K. Gaillard (1813–1851) war der Gründer und Herausgeber der *Berliner musikalischen Zeitung*.

17] *Er schreibt aus Zürich*: an Theodor Uhlig, 12.11.1851 (SB IV, 176). 217

18] *Und Nietzsche floh*: Nietzsche war bereits zu den Hauptproben der ersten Festspiele angereist, floh jedoch seines schlechten Gesundheitszustands wegen und um die »grenzenlose Enttäuschung dieses Sommers zu ertragen« (KSB V, 182) nach Klingenbrunn im Bayrischen Wald, kehrte dann aber rechtzeitig zum ersten Zyklus nach Bayreuth zurück. 218

Tagebuch vom 13.1.1951 (Tb IX, 8) 218

218 **Tagebuch vom 16.1.1951** (Tb IX, 9)

1] *(Pfistermeister)*: Franz Seraph Pfistermeister (1820–1912), Kabinettsekretär, der 1866 Wagners wegen demissionierte.

2] *›Tristan‹-Aufführung*: am 10.6.1865 unter der Leitung von H. von Bülow.

3] *Schnorr v. Carolsfeld*: Ludwig Schnorr von Carolsfeld (1836–1865), der früh verstorbene erste Tristan; seine Frau Malvina (1825–1904) sang die Isolde.

219 **Tagebuch vom 28.1.1951** (Tb IX, 16)

1] *Hans Heiling*: romantische Oper (1833) von Heinrich Marschner (1795–1863).

2] *»Durch mich und keine andere!«*: vgl. Sentas klimaktische Erklärung in der Schlußszene: »Ich bin's, durch deren Treu dein Heil du finden sollst.«

219 **›Meistersinger‹**

Brief an Friedrich Schramm, den Intendanten des Stadttheaters Basel anläßlich einer Neuinszenierung; zuerst in der Basler *Theater-Zeitung*, 17.9.1951 (GW X, 928–929).

1] *›Schweizerischen Musikzeitung‹*: Jg. 91, Juli 1951, 290f.

220 **Tagebuch vom 19.12.1951** (Tb IX, 151)

1] *die Traubel*: Helen Traubel (1899–1972), die führende Wagner-Sängerin an der Met nach der politisch bedingten Abwesenheit von Kirsten Flagstad nach 1941.

2] *unter Toscanini*: Arturo Toscanini (1867–1957), einer der entscheidenden Anwälte Wagners in Italien; dirigierte 1930 und 1931 in Bayreuth, lehnte es jedoch ab, 1933 dorthin zurückzukehren aus Protest gegen die Diskriminierung jüdischer Kollegen (Bruno Walter u. a.).

220 **Tagebuch vom 10.4.1952** (Tb IX, 200)

1] *Abends ›Parsifal‹*: diese und die beiden folgenden Einträge beziehen sich vermutlich auf eine Rundfunkausstrahlung des Bayreuther ›Parsifal‹, mit dem im Vorjahr (30.7.1951) die Festspiele neu eröffnet worden waren. Es sangen, in einer epochemachenden Neuinszenierung durch Wieland Wagner, Wolfgang Windgassen (Parsifal), Martha Mödl (Kundry), Ludwig Weber (Gurnemanz) und George London (Amfortas), Hermann Uhde (Klingsor); Dirigent: Hans Knappertsbusch.

220 **Tagebuch vom 11.4.1952** (Tb IX, 200)

220 **Tagebuch vom 12.4.1952** (Tb IX, 201)

220 **Tagebuch vom 4.5.1952** (Tb IX, 209)

221 **Tagebuch vom 22.5.1952** (Tb IX, 217)

221 **Tagebuch vom 20.6.1952** (Tb IX, 230)

221 **An Wilhelm H. V. Lunau,** 29.7.1952 (unveröffentl.)

Lübecker Schulkamerad Thomas Manns, ab 1902 Buchhändler in Hamburg (Tb IX, 681).

1] *Direktor Schubring*: Professor Dr. Julius Schubring (1839–1914), Vorbild des Direktors Wulicke (im Wotanshut) in ›Buddenbrooks‹. Der aus Dessau stammende Altphilologe, der auch Gesangsunterricht erteilte, war von 1880 bis 1904 Direktor des Lübecker Katharineums, an dem er bereits von 1868 bis 1872 als Oberlehrer tätig gewesen war.

An Theodor W. Adorno, 30.9.1952 (TM / TWA, 117) 221

1] *in der Apokalypse*: In der Offenbarung des Johannes 10, 9 (nicht der Apokalypse) berichtet dieser, daß er auf Geheiß eines Engels ein Buch verschlungen habe, nachdem der Engel ihm bedeutet habe: »es wird dich im Bauche grimmen; aber in deinem Munde wird's süß sein wie Honig.«

An Theodor W. Adorno, 30.10.1952 (TM / TWA, 121–123) 221

1] *den »Wagner«*: ›Versuch über Wagner‹, in: Gesammelte Schriften Bd. XIII, Frankfurt am Main 1952, 9–148.

2] *»Phantasmagorie«*: das zentrale 6. Kapitel, das mit dem von Thomas Mann 222 angeführten Satz beginnt (ebda., 82).

3] *gilt der »Singstimme, die ...«*: ebda., 98.

4] *»Kein Verfallsmoment ...«*: ebda., 144; auch die beiden folgenden Zitate ebda.

5] *das erstaunlich prophetische Citat*: ebda., 144, betreffend Wagners Ahnung, 223 daß wie »die fortschreitende Kriegskunst« auch die Kunst selbst einst die selbstzerstörerischen Mittel entwickeln werde, so daß »dieses Alles [...] einmal durch ein unberechenbares Versehen in die Luft fliegen« könnte (JA X, 162).

6] *»jene Stelle«*: ebda., 141: »Jene Stelle zu Beginn des dritten Aktes Tristan, da das Horn im Orchester gleichwie über die Grenze von Nichts und Etwas hinweg das Echo der traurigen Hirtenweise empfängt, wenn Tristan sich regt – jene Stelle, die leben wird so lange, wie die Grunderfahrungen des bürgerlichen Zeitalters von Menschen vollzogen werden können – [...]«

Tagebuch vom 9.2.1953 (Tb X, 24) 223

Tagebuch vom 25.2.1953 (Tb X, 28) 223

Tagebuch vom 27.3.1953 (Tb X, 41) 224

Tagebuch vom 18.4.1953 (Tb X, 51–52) 224

Tagebuch vom 6.7.1953 (Tb X, 81) 224

Tagebuch vom 13.8.1953 (Tb X, 98) 224

1] *›Lohengrin‹, aus Bayreuth*: die Neueinstudierung des ›Lohengrin‹ 1953 von Wolfgang Wagner stand unter der musikalischen Leitung von Joseph Keilberth; es sangen W. Windgassen (Lohengrin), Eleanor Steber (Elsa), Hermann Uhde (Telramund), Astrid Varnay (Ortrud), Josef Greindl (König Heinrich).

Tagebuch vom 5.9.1953 (Tb X, 108–109) 224

1] *zum ›Lohengrin‹*: am Stadttheater Zürich. Inszenierung: Karl Schmid-Bloß, musikalische Leitung: Victor Reinshagen. Es sangen: Franz Lechleitner (Lohengrin), Hildegard Hillebrecht (Elsa), Willy Heyer (Telramund), Grace Hoffman (Ortrud), Siegfried Tappolet (König Heinrich).

2] *Dunkelpaar*: Ortrud und Telramund.

225 3] *ohne daß Lohengrin schon »erzählt« hatte*: d. h. vor der Gralserzählung (»In fernem Land«), durch die seine und des Grals Identität erst enthüllt werden.

225 **Tagebuch vom 16.9.1953** (Tb X, 114)

1] *nicht so hoch reicht*: recte nicht so tief.

225 **An Victor Reinshagen, 21.9.1953** (Br. III, 307–308)

1] *»wieder einmal zum erstenmal«*: so Nietzsche über das Vorspiel zu den ›Meistersingern‹ in ›Jenseits von Gut und Böse‹ (KSA V, 179).

226 2] *Was ... halten Sie von der Sache?*: Reinshagen antwortete ausführlich mit Brief vom 28.9.1953 (siehe Tb 1953–1966, 502 f.): was Thomas Mann an der betreffenden Stelle im 2. Akt als ›Gralsmotiv‹ bezeichne, sei lediglich der Kopf des Gralsmotivs, das als solches nicht zu erkennen sei. Andererseits werde aber im 3. Akt noch vor der Gralserzählung das Gralsmotiv von 4 Posaunen geblasen. Thomas Mann fand den Brief »ziemlich verwirrend und eher geeignet, mich von dem Gegenstand abzubringen« (Tagebuch vom 29.9.1953). An Reinshagen schickte er eine Postkarte: »Werter Herr Kapellmeister, tausend Dank für Ihre liebenswürdige Mühewaltung! Sie haben alles sehr klar und kundig dargestellt. Aber der Gegenstand ist heikel, und ich glaube doch nicht, daß ich mich öffentlich daran versuchen werde« (Br. III, 309).

226 **An Hans Mayer, 21.11.1953** (Tb X, 837–838)

Hans Mayer (1907–2001), einflußreicher Literaturhistoriker und Kritiker, lehrte damals an der Karl-Marx-Universität Leipzig und war an den Gesammelten Werken in zwölf Bänden (einer Lizenzausgabe für die DDR, ohne die ›Betrachtungen‹) maßgeblich beteiligt. Thomas Mann stand seit 1948 mit ihm im Briefwechsel.

1] *Ihre große Wagner-Studie*: ›Richard Wagners geistige Entwicklung‹, in *Sinn und Form*. Jg. V, Heft 3 / 4, 1953, 111–162. Mayer nimmt darin mehrmals auf Thomas Mann Bezug.

2] *aber Adorno ... geht darin zu weit*: Mayer wertet Adornos ›Versuch über Wagner‹ als einen von jenen »polemischen Essays und kritischen sogenannten ›Abrechnungen‹«, die ein »Anti-Wagner-Bild« propagieren, ebda., 116.

3] *über ›Lohengrin‹*: Elsas »Beschreibung des Ritters ähnelt dem Bilde Oberons: der inwendige Lohengrin ist ein winziger Elfenfürst«, ebda., 83.

227 4] *Tschaikowsky-Citat*: »›Wie man sich auch zu Wagners titanischem Werk stellen mag, niemand kann jedoch die Größe der selbstgewählten und erfüllten Aufgabe und die geistige Kraft bestreiten, die ihn sein Werk, eine Heldentat, vollenden ließ – wahrhaft einen der größten künstlerischen Pläne, die jemals im Kopfe eines Menschen zustande kamen‹«, ebda., 161.

5] *das Weib*: Cosima Wagner, deren Eingriffe in Wagners Briefe mehrmals, unter Berufung auf die ›Burrell Collection‹, betont werden, ebda., 129 f.

227 **Tagebuch vom 7.1.1954** (Tb X, 167–168)

An Kuno Fiedler, 18.4.1954 (unveröffentl., Thomas-Mann-Archiv, Zürich) 228
1] *In Mailand neulich*: in dem von Thomas Mann besuchten ›Otello‹ am 3. März 1954 sangen, unter der Leitung von Antonio Votto, Mario del Monaco (Otello), Antonietta Stella (Desdemona) und Paolo Silveri (Jago).
2] *Ich sage nichts weiter*: dazu das Tagebuch (5.3.1954): »... zur ›Scala‹, den ›Othello‹ [sic] zu hören [...] Prachtvolle Ausstattung, prächtige Stimmen, gute musikalische Leitung. Genußreich trotz Müdigkeit. Aufmerksam gelauscht u. des Verdi-Portraits im hohen Hut nach einer Pariser Premiere gedacht. Glänzendes Leben! Die vorletzte Oper italienisierter Wagner, reich an musikalischer Phantasie und Erfindung, ›rein menschlich‹, ohne die mythische Weihe, aber auch ohne Shakespeares psychologische Tiefe. Stark gefühlvoll, stark dramatisch-theatralisch. ›Lohengrin‹ ist besser als Dichtung. Boito hat z. T. groben Unsinn gemacht. Die große Staatsszene vor der im Bettgemach unmöglich.«
Tagebuch vom 26.5.1954 (Tb X, 229–230) 228
Tagebuch vom 14.6.1954 (Tb X, 239) 228
Tagebuch vom 19.6.1954 (Tb X, 241) 228
1] *Anni Carlsson*: Schriftstellerin (geb. 1911), Übersetzerin aus den skandinavischen Sprachen. Promovierte mit ›Die Fragmente des Novalis‹, Berlin 1939; edierte den ›Briefwechsel Hermann Hesse – Thomas Mann‹, Frankfurt am Main 1968.
Tagebuch vom 20.7.1954 (Tb X, 250) 229
Tagebuch vom 11.4.1955 (Tb X, 336) 229
1] *mit dem Schwager*: der Dirigent und Musikologe Klaus Pringsheim (1883–1972).
An Hermann Ströle, 14.7.1955 229
Hermann Ströle, Leiter der Stadtkapelle Schorndorf, hatte sich erboten, anläßlich einer Schweizer Reise Thomas Mann in Kilchberg ein Ständchen zu bringen. Dazu ist es nicht mehr gekommen (Br. III, 413).
›Mein Wunschkonzert‹ 229
Aus dem von Gerd Fricke geführten Interview im Juli 1954 zu der Reihe ›Mein Wunschkonzert‹ des Süddeutschen Rundfunks, Stuttgart. (Transkription in Thomas Mann, ›Ton- und Filmaufnahmen. Ein Verzeichnis‹, zusammengestellt und bearbeitet von Ernst Loewy, Frankfurt am Main 1974, 114f.)
1] *Richard Strauss gesagt hat*: Strauss war ein großer Bewunderer der ›Lohengrin‹-Partitur, doch die von Thomas Mann ihm zugeschriebene Aussage läßt sich in seinen Schriften und Briefen nicht nachweisen. Möglicherweise hatte Thomas Mann indirekt Kenntnis von einer sinngemäßen mündlichen Äußerung des Komponisten. Bemerkenswert ist jedoch, daß sich Thomas Mann hier in einem durchaus positiven Sinn auf Strauss bezieht – ein Beispiel mehr (vgl. Tb. 18.10.1949) für die im Grunde versöhnliche Einstellung 230

zu dem Komponisten nach dessen Ableben 1949, die nach den zahlreichen Strauss-feindlichen Reaktionen während des Dritten Reichs und des Zweiten Weltkriegs ein abschließendes Bemühen um Ausgewogenheit indizieren.

Dokumente zu dem ›Protest der Richard-Wagner-Stadt München‹

233 **Rundschreiben, 3.4.1933**
Von Hans Knappertsbusch an 45 Persönlichkeiten des Münchner Kulturlebens; diese sind identisch mit den am Ende des »Protests« aufgeführten Namen (TMJ 7, 1994, 48).

234 **Tagebuch vom 16.4.1933** (Tb II, 51)
1] *Frau Klöpfer*: nicht ermittelt.
2] *der nationalsozialistische Bürgermeister*: Karl Fiehler (1895–1969), ein Nazi der ersten Stunde und Teilnehmer an dem Hitler-Putsch von 1923, wurde am 20. März 1933 neuer Oberbürgermeister von München.

234 **›Protest der Richard-Wagner-Stadt München‹**
Veröffentlicht in den MNN, 16./17./4.1933 (Essays IV, 342–344).
1] *»Deutschheit und Modernität«*: Hörfehler (?), recte »Deutschheit und Mondänität«, [s. ›Leiden und Größe Richard Wagners‹, Seite 138].
2] *›Gedanken eines Unpolitischen‹*: recte ›Betrachtungen eines Unpolitischen‹.
3] *umgearbeitet*: bezieht sich auf die 2., revidierte Ausgabe der ›Betrachtungen‹ (1922), in der eine Reihe von demokratiefeindlichen und nationalistischen Stellen getilgt waren.

236 **Tagebuch vom 19.4.1933** (Tb II, 52)
1] *Frank*: Bruno Frank (1887–1945) mit Thomas Mann befreundeter Schriftsteller siehe Anm. 1 zum 5.10.1941 [s. Seite 294].

237 **›Erwiderung auf den ‹Protest der Richard-Wagner-Stadt München›‹**
Vossische Zeitung, 21.4.1933; *Deutsche Allgemeine Zeitung*, *Frankfurter Zeitung*, *Neue Freie Presse (Wien)*, 22.4.1933 (GW XIII, 76–77).

238 **Tagebuch vom 21.4.1933** (Tb II, 55)
1] *Artikel der N. Z. Z.*: siehe unten den Artikel von Willi Schuh in NZZ vom 21.4.1933.

239 **›Thomas Mann, Richard Wagner und die Münchner Gralshüter‹**
Von Willi Schuh, NZZ, 21.4.1933. Zu Schuh vgl. Kommentar zum 28.6.1936 [s. Seite 287].

241 1] *Franckenstein*: Clemens Freiherr von Franckenstein (1875–1942), Kompo-

nist und Dirigent, von 1912–1934 Generalintendant der Bayrischen Staatstheater in München.
2] *Gulbransson*: Olaf Gulbransson (1873–1958), Zeichner und Karikaturist, Mitarbeiter des *Simplicissimus*.
3] *Hausegger*: Siegmund von Hausegger (1872–1948), Komponist und Dirigent, von 1920–1934 Präsident der Münchner Akademie der Tonkunst. Vgl. auch Hauseggers Stellungnahme zu der »›Protest‹-Affäre«: einen offenen Brief an die *Neue Rundschau* in MNN, 6.5.1933 (abgedruckt bei D. Borchmeyer in: Jb. der Bayerischen Staatsoper 1983); dort erklärt Hausegger, der ›Protest‹ richtete sich weniger gegen die eine oder andere aus dem Zusammenhang gerissene Formulierung Thomas Manns, sondern »gegen die gesamt geistige Einstellung und Gesinnung, aus der heraus Herr Thomas Mann glaubt, einer Erscheinung wie Richard Wagner gerecht werden zu dürfen«.
4] *einer ›Deutschen Ansprache‹*: Rede am 17.10.1930 im Berliner Beethoven- 242
Saal, Stellungnahme zu dem Wahlerfolg der NSDAP bei den Reichstagswahlen im September; sie erschien als Broschüre: ›Deutsche Ansprache. Ein Appell an die Vernunft‹, Berlin 1930.
5] *die tiefgründigen Worte*: gemeint ist Thomas Manns Würdigung Pfitzners in 243
den ›Betrachtungen eines Unpolitischen‹, siehe Kommentar zum Tagebuch vom 23.6.1925 [s. Seite 277].
6] *eine edel stilisierte Tischrede*: Thomas Manns ›Tischrede auf Pfitzner‹, gehalten zu Pfitzners 50. Geburtstag, 18.6.1919 (GW X, 417–422).

An Willi Schuh, 21.4.1933 (WuZ, 124) 243

›Zur Kundgebung gegen die Wagner-Rede Thomas Manns‹ 243

Von Hans Pfitzner, *Frankfurter Zeitung*, 2.7.1933 (D. Borchmeyer in: Jb. der Bayerischen Staatsoper 1983).
1] *unsere unveränderte Stellungnahme*: bezieht sich auf Bernhard Diebolds Artikel in der *Frankfurter Zeitung*, 16.5.1933, ›Olympia des Geistes‹, in dem der Münchner ›Protest‹ als eine Selbstschädigung des deutschen Geistes angeprangert wird; mit dieser Aktion habe man einen »bedeutenden Deutschen« und einen »der seltensten Jasager zum Werke Wagners« aus ihren Reihen gestoßen.
2] *meines letzten Romans*: ›Der Zauberberg‹. 247

Tagebuch vom 3.7.1933 (Tb II, 126–127) 248

Tagebuch vom 20.7.1933 (Tb II, 130) 249

1] *bei Schickeles*: René Schickele und seine Frau Anna, die in Sanary sur Mer ein Domizil hatten.
2] *Berlin, Bülowstraße*: Adresse des S. Fischer Verlags.

Tagebuch vom 24.7.1933 (Tb II, 136) 250

›Antwort an Hans Pfitzner‹ 250

Dieser Artikel, die wohl gewichtigste politische Stellungnahme Thomas Manns vor dem Bonner Brief (1936/37), wurde sowohl von der *Neuen*

Rundschau als auch von der *Frankfurter Zeitung* abgelehnt und erschien erst 1974 in den GW XIII, 78–92. Die *Neue Rundschau* habe erklärt, die Veröffentlichung des Aufsatzes »würde sie den Kragen kosten« (TM an Ida Herz, 27.7.1933).

251 1] *Eine Frau*: Ida Herz (1894–1984), Buchhändlerin in Nürnberg, seit 1925 dem Hause Mann verbunden; sie erwarb sich in den ersten Monaten nach Thomas Manns »Draußenbleiben« große Verdienste um die Rettung seiner Münchner Bibliothek.

252 2] *Berner Bund*: Heinrich Wiegand, ›Richard Wagner und Thomas Mann‹, *Der Bund (Bern)*, 20.4.1933.

3] *Die Wiener [Blätter]*: ein nicht näher identifizierter Artikel von Paul Stefan (Tagebuch vom 27.4.1933; Tb II, 61).

253 4] *Baseler Nachrichten in einem Bericht*: Anon., ›Wagner im heutigen Frankreich‹, *Basler Nachrichten*, 27.4.1933. Der Artikel ist eine tour d'horizon über die Veröffentlichungen und Inszenierungen aus Anlaß des Wagner-Jubiläums und endet mit einer Würdigung von Thomas Manns Auftreten in Paris.

255 5] *die Nietzsche mit der Formel*: siehe Nietzsches Kommentar zu drei Generationen von Wagnerianern, ›Ecce Homo‹: »Ein Königreich für ein gescheidtes Wort! – In Wahrheit, eine haarsträubende Gesellschaft! Nohl, Pohl, *Kohl* mit Grazie in infinitum. Keine Missgeburt fehlt darunter, nicht einmal der Antisemit« (KSA VI, 324).

6] *Walter Seidel*: Walter Seidl, ›An Richard Strauss‹, *Prager Tagblatt*, 25. April 1933. Walter Seidl prangert die Münchner Aktion als ein großes Unrecht an und wundert sich vor allem über die Beteiligung von Richard Strauss: »Wer das Werk Thomas Manns nur oberflächlich kennt [...], weiß, daß dem Dichter hier ein kaum zu überbietendes Unrecht zugefügt wird. Sie, der seit Wagners Tod meistgeehrte deutsche Musikdramatiker, hätten Ihren Namen nicht unter dieses Dokument setzen dürfen.« Seidl bezeichnet sich als einen »Vertreter der jungen auslanddeutschen Musikkritik« und schließt sehr pointiert mit einer Invokation Nietzsches: »Unzählige durchaus bewußte Deutsche aber finden gleich mir – seien Sie dessen versichert – Ihre Unterschrift unter dem Münchner Dokument als Kultursymptom wenig erhebend; darunter ein gewisser Friedrich Nietzsche, der infolge Totseins am Urteilen verhindert ist.«

256 7] *ein junger norddeutscher Museumsdirektor*: Carl Georg Heise (geb. 1890), von 1920–1933 Direktor des Lübecker Museums für Kunst und Kulturgeschichte.

258 8] *»ob jetzt die Welt«*: ›Palestrina‹, I, 3.

259 9] *»Sympathie mit dem Abgrund«*: GW VIII, 455; vgl. auch Tagebuch vom 3.6.1933 (Tb II, 102).

10] *verstoße gegen das Ethos*: siehe den oben zitierten Artikel von Siegmund von Hausegger, Anm. 3 zu dem Artikel von Willi Schuh [s. Seite 305].

11] *Busoni*: Ferruccio Busoni (1866–1924), deutsch-italienischer Kompo- 261
nist, gegen den Pfitzner eine heftige Polemik geführt hatte: ›Futuristen-
gefahr‹, Leipzig/München 1917.

12] *nationale Exkommunikation*: dieser Begriff wie die gesamte Schlußpartie 262
des Aufsatzes nehmen entscheidende Passagen in dem großen politischen
Manifest vom Januar 1937, ›Ein Briefwechsel‹ (GW XII, 753–760), vorweg.

Hans Pfitzner an Walther Abendroth, 11.4.1934 263

(Bernhard Adamy, ›Hans Pfitzner. Literatur, Philosophie und Zeitgeschehen‹, Tutzing 1980). Walther Abendroth, Musikschriftsteller, nachmaliger Feuilleton-Redakteur der *Zeit* (1948–1955), war ein glühender Verehrer Pfitzners und veröffentlichte mehrere Bücher über den Komponisten, darunter ›Hans Pfitzner‹, München 1935; vgl. auch seinen Propaganda-Artikel ›Hier spricht die Hitler-Jugend: Hans Pfitzner der Deutsche‹, *Die Musik*, Jg. 26, 1934, 561–565.

›An das Reichsministerium des Inneren, Berlin‹ 263

Zweck dieses im April 1934 in Küsnacht entstandenen, ausführlichen Schreibens von Thomas Mann an Innenminister Wilhelm Frick (abgesandt am 23. 4.) war es, die Verlängerung seines deutschen Reisepasses und die Rückerstattung seines beschlagnahmten Besitzes in München zu beantragen. Er nahm diese Gelegenheit wahr, seine gegenwärtigen Lebensumstände und Einstellung zu dem neuen Deutschland zu erläutern. Der Brief wurde zuerst am 8. August 1947 in der *Neuen Zeitung* veröffentlicht, nachdem Manfred Hausmann behauptet hatte, es gäbe einen Brief, mit dem sich Thomas Mann, um seine Rückkehr zu ermöglichen, dem Regime angebiedert habe. Hausmanns Anschuldigung war Teil der vergifteten Kontroverse zwischen der inneren Emigration und Thomas Mann. Der in den Akten des ehemaligen Reichsministeriums des Inneren aufgefundene Brief erwies Hausmanns Behauptungen als unhaltbar. (GW XIII, 96–106)

1] *Rotary Brüder*: Nach Ausweis des Mitgliederverzeichnisses für 1932 gehörten sowohl »Mann, Thomas, Prof. Dr., Schriftsteller« als auch der Initiator des Wagner-Protests »Knappertsbusch, Hans, Professor, Generalmusikdirektor an der Staatsoper« dem Münchner Rotary-Klub an. Von den Unterzeichnern des Protests war zudem Clemens von Franckenstein, Generalintendant der Bayrischen Staatstheater, Mitglied.

›Warum ich nicht nach Deutschland zurückgehe‹ 265

Antwort Thomas Manns vom 7.9.1945 auf den offenen Brief (u. a. in: *Hessische Post*, 4.8.1945) Walter von Molos, der den prominenten Emigranten aufgefordert hatte, »wie ein guter Arzt« möglichst bald nach Deutschland zurückzukehren. Thomas Mann erteilte diesem Ansinnen eine Absage; seine ausführliche Replik, in der er die daheimgebliebenen Schriftsteller-Kollegen der objektiven Komplizenschaft mit dem Dritten Reich zieh, wurde zum Anlaß einer heftigen Kontroverse (Essays VI, 33–42).

1] *Briefe in die Nacht:* so (recte: in die Finsternis) hatte René Schickele (s. Seite 145) die Briefe Thomas Manns charakterisiert, die er in den ersten Jahren des Dritten Reichs schrieb, als er sich aus bestimmten Rücksichten Schweigen zu den Vorgängen in Deutschland auferlegte (s. auch GW XI, 793–795).

Im Schatten Wagners

»Es gibt Fälle, bei denen man alles mögliche zugeben mag, und es bleibt immer etwas Überwältigendes zurück.«

(s. Seite 185 f.)

»Die höchste Passion gilt dem absolut Verdächtigen [...]«

(GW VI, 323)

»Das über Wagner Gedachte steht wie unter einem Bann. Der Geist hat ihm gegenüber die Freiheit noch nicht gewonnen.«

Theodor W. Adorno[1]

Nur wenige Gestalten haben auf Mitwelt und Nachwelt eine derart nachhaltige Faszination ausgeübt wie Richard Wagner. Ungezählte junge Menschen in ganz Europa, ja auch in Amerika ließen sich von den neuartigen musikdramatischen Schöpfungen Wagners in Bann schlagen, darunter, im deutschen Sprachgebiet, praktisch eine ganze Generation von Künstlern und Intellektuellen, die in den beiden ersten Dekaden nach seinem Tod auf den Plan traten. Unter diesen nimmt Thomas Mann eine Sonderstellung ein. Wagner hat im Werk und in der Laufbahn dieses Schriftstellers auf vielfache Weise Epoche gemacht; umgekehrt ist die Epoche, in der er lebte, durch seine Auseinandersetzung mit Wagner und dessen Erbe für uns Nachgeborene lesbarer und verständlicher geworden. Ihm war es gegeben, die unerhörte, Geist und Sinne gleichermaßen ansprechende Wirkung der Wagnerschen Musik in Worte zu fassen – in treffende, erhellende Worte, die ihrerseits uns heute vielfältige Anhaltspunkte liefern zu einer kritischen Aufarbeitung des Wagner-Phänomens. Von diesem

1 Theodor W. Adorno, ›Gesammelte Schriften‹, Bd. XIII, Frankfurt am Main 1971, S. 504.

gilt auch heute noch, was er 1953 in einem Brief an Hans Mayer konstatierte: daß es »nicht aufhören will, erregend lebendig zu sein« (s. Seite 226).

Wagner war für Thomas Mann, wie die Tagebücher belegen, ständig präsent; sie bestätigen jene briefliche Äußerung von 1920, daß Wagner der Künstler sei, »auf den ich mich am besten verstehe und in dessen Schatten ich lebe« (s. Seite 68). Keine andere Künstlergestalt – auch Goethe nicht, Tolstoi oder Schiller – erlangte eine derart zentrale Bedeutung. In der Periode der deutschen Zweistaatlichkeit wurde dieser Bezug gerne heruntergespielt, wenn nicht gar ignoriert. In jener Zeit der ideologischen Grabenkämpfe, zumal an den Universitäten, war es ein leichtes, sich mit forscher »Genie-Erledigung auf Grund armseliger Bescheidwisserei« (s. Seite 78) zu profilieren; es wurde üblich, wie Ernst Bloch tadelnd anmerkte, »schnöselhaft absprechend sich und Bessere um das immerhin nicht kleinliche Werk [zu] betrügen«[2]. Offensichtlich spielte Wagner in der Inkubationszeit der nationalsozialistischen Weltanschauung eine immense Rolle; dieses desaströse Nachleben Wagners zeitigte nach dem Ende des Dritten Reichs einen dumpfen Generalverdacht gegen alles, was mit seinem Namen zu tun hatte. Während die einen die »schlimmen Zusammenhänge« (s. Seite 148) einfach ableugneten, schoben ihm die anderen, ebenso bequemerweise, die Sündenbockrolle zu. Heute, in einem intellektuellen Klima, in dem die Goldhagen-Debatte nachwirkt und das von einer wohlmeinenden, doch sentimental verschwommenen Gedächtniskultur geprägt ist, scheint sich eine neue Orthodoxie etablieren zu wollen, die es geradezu gebietet, in Wagner nur noch eine Präfiguration Hitlers zu sehen und seine Opern als Vehikel von Antisemitismus zu brandmarken. Hier tut Besinnung not – Besinnung auf das Beispiel Thomas Mann, der einer der ersten war, die Rede auf den »Hitler« in Wagner zu bringen. Während heute immer wieder versucht wird, Wagner rückblickend zu dem Propheten zu machen, als dessen Vollstrecker Hitler in der Tat zu handeln wähnte, hat Thomas Mann von Anfang an die Legitimität der Indienstnahme Wagners durch den

2 Ernst Bloch, ›Paradoxa und Pastorale bei Wagner‹, Gesamtausgabe, Bd. IX, Frankfurt am Main 1965, S. 296.

Nationalsozialismus bestritten. Seine historische Bedeutung liegt nicht zuletzt in diesem Engagement für einen intellektuell verantwortlichen Umgang mit der deutschen Geistesgeschichte. Kritik und Verteidigung Wagners koexistieren im Werk Thomas Manns; sie erwuchsen einer lebenslangen Faszination durch Wagner, die in ihrem geistigen Niveau und ihrer künstlerpsychologischen Intimität nicht ihresgleichen hat.

Von Anfang bis Ende waren ihm Wagners Werke der Maßstab des schlechthin Gelungenen und Wagner selbst vor allem eins: »das Paradigma welterobernden Künstlertums« (s. Seite 78); mit anderen Worten, ein in der neueren deutschen Kulturgeschichte einzigartiges Phänomen. Nicht zuletzt darum wirkte die Beschäftigung damit auf den ehrgeizigen jungen Autor so stimulierend und prägend »wie sonst nichts in der Welt« (s. Seite 18). Wir haben es also zuvörderst mit einer außerordentlichen, intellektuellen Liebesaffäre zu tun, der Geschichte einer lebenslangen Bewunderung eines Wortkünstlers für die »Wunderwerke« (s. Seite 184) eines Tonkünstlers. Es steht somit zu erwarten, daß die Erhellung des Wagner-Komplexes auch eine Erhellung der inneren Biographie Thomas Manns bedeutet.

Was an seiner Fixierung auf Wagner auch heute noch fasziniert, ist die erstaunliche literarische Produktivität, die sich daraus herschreibt und die doch dem Zweifel abgewonnen werden mußte – dem nie verstummenden Zweifel an einem Künstler, »dessen Charakter zu seinem Talente in dem betrübendsten Mißverhältnis stand« (s. Seite 36). Es ist dieser permanente Zweifel an der Zuträglichkeit seiner Liebe zu einer zugleich betörenden und fragwürdigen Kunstwelt, die dem unkomplizierten Affekt der Begeisterung die Dimension einer durchaus einzigartigen Passion verlieh und die ihn in den Augen mancher Zeitgenossen – Franz W. Beidler und Susan Sontag zum Beispiel[3] – in die Rolle des bedeutendsten Wagnerianers seiner

3 Franz W. Beidler, Brief an Oskar Meyer, 3.1.1947: »Er muß heute mit Fug und mit Recht als der erste und tiefste aller Wagnerianer im positiven Sinne dieses Begriffs bezeichnet werden.« Zitiert nach Michael Karbaum, ›Studien zur Geschichte der Bayreuther Festspiele (1876–1976)‹, Teil II, Regensburg 1976, S. 133; Susan Sontag, ›Under the Sign of Saturn‹, New York 1980, S. 155.

Epoche wachsen ließen. Diese Rolle wäre ihm gewiß nicht zugewachsen, hätte er sich, wie Bertolt Brecht, dem zweideutigen Zauber Wagners schlicht entzogen. Brechts Devise: »Laßt euch nicht verführen«, richtete sich gegen die den Kopf vernebelnden Wirkungen der symphonischen Musik im allgemeinen und der Wagners im besonderen.[4] Freilich machte die Wagner-Abstinenz ihn keineswegs gefeit gegen andere intellektuelle Verführungen. Thomas Mann stellte sich der Verführung durch Wagner und kostete sie aus, um davon erzählen zu können.

Anfänglich nährten sich die Zweifel bezüglich Wagner aus den Schriften Nietzsches. Von ihm empfing er die ersten Begriffe von Psychologie und Kritik. Er war seinerseits hellsichtig genug, die vehemente, gelegentlich sich überschlagende Wagner-Kritik Nietzsches als »Verherrlichung« (s. Seite 50) mit umgekehrten Vorzeichen zu lesen. Nietzsches Kritik vermochte denn auch seinem Enthusiasmus keinen Abbruch zu tun; im Gegenteil, sie befeuerte ihn noch. Im Laufe der Zeit jedoch sah sich Thomas Mann gezwungen, über die von Nietzsche vorgegebenen Kategorien hinauszugehen, da das Wagner-Phänomen in diesem Jahrhundert eine ungeahnte historische Auswirkung entfaltet hat, von der Nietzsche noch nichts wissen konnte; erst an Thomas Mann war es, als Zeitzeuge und Mitbetroffener darüber Rechenschaft abzulegen.

Als Thomas Mann sein Verhältnis zu Wagner als Passion charakterisierte (s. Seite 50), betonte er damit das Moment der Leidenschaftlichkeit und Unbeirrbarkeit. Zu dem Zeitpunkt konnte er jedoch kaum ahnen, daß es sein Los sein würde, Passion auch in dem anderen Sinn, nämlich als Leidensgeschichte, am eigenen Leib zu erfahren. Ebendies widerfuhr ihm im Gefolge seiner historischen Rede ›Leiden und Größe Richard Wagners‹, die den folgenreichen ›Protest der Richard-Wagner-Stadt München‹ auslöste. Indem Thomas Mann die »Deutschheit« von Wagners Werk problematisierte und es als »vieldeutiges Phänomen deutschen und abendländischen Lebens« (s. Seite 143) verherrlichte, hat er sich buchstäblich »geradezu aus Deutschland herausgeschrieben«[5]. Das Establishment des

4 Albrecht Dümling, ›Laßt euch nicht verführen. Bertolt Brecht und die Musik‹, München 1985.

5 Brief an Eudo C. Mason, 30.3.1950, Regesten III, 50/143.

Münchner Musiklebens, ermutigt durch die trügerische Gunst der Stunde, nutzte die Gelegenheit, im Verein mit den neuen Machthabern, die angebliche Verunglimpfung »unseres großen deutschen Musikgenies« (s. Seite 234) anzuprangern und alte politische Rechnungen zu begleichen. Jener ›Protest‹ – eines der beschämendsten, aber auch aufschlußreichsten Dokumente der deutschen Kulturgeschichte – bedeutete für den Betroffenen die »nationale Exkommunikation« (s. Seite 262) und hatte zwangsläufig die endgültige Trennung von Deutschland, wenn nicht im psychologischen, so doch im geographischen Sinne zur Folge. Die kurzen Deutschland-Besuche 1949 und auch später waren Teil einer Image-Pflege: kosmetische Retuschen an schlecht verheilten Narben. Schon 1945 hatte er wissen lassen, daß er die »analphabetische und mörderische« Münchner Kampagne (s. Seite 265) von 1933 nicht vergessen könne. Als er 1952 endgültig aus Amerika nach Europa zurückkehrte, ließ er sich – zur Irritation so mancher vergeßlicher Zeitgenossen – in der Schweiz nieder, nicht in Deutschland.

Die Geschichte selbst hatte dem Wagner-Enthusiasten eine schmerzliche, tragische Lektion erteilt, die er mit dem Verlust von »Heim und Vaterland« (s. Seite 262) teuer bezahlen mußte. Diese Lektion bestätigte ihm, was er früher schon ahnungsweise ausgesprochen hatte: daß in Deutschland zwischen Musik und Geschichte eine enge, untergründige Beziehung besteht, daß das Werk Wagners eine »eruptive Offenbarung deutschen Wesens« (s. Seite 140) in seinen »guten« wie »bösen« Möglichkeiten darstellt und daß Deutschland als »die Verwirklichung seiner Musik« (GW XII, 604) zu denken ist. ›Doktor Faustus‹, sein großer Deutschland- und Musik-Roman, ist zutiefst geprägt von dieser seiner persönlichsten Erfahrung. Darin wird gezeigt – wiederum zur Irritation vieler erinnerungsschwacher Zeitgenossen – wie Deutschland nicht trotz, sondern gerade aufgrund seiner Musik-Idolatrie den Weg in die »Anti-Humanität« (GW VI, 378) genommen hat.

Der Mann-Wagner-Konstellation ist somit eine allgemeinere, emblematische Bedeutung eingeschrieben. Diese wird sogleich erkennbar, wenn wir den Namen jenes anderen Wagnerianers hinzufügen, der im Namen Wagners Geschichte gemacht hat – den Adolf Hitlers. Die verheerende Wirkung dieses antipodischen Wagnerianers hat den Wagner-Schriften Thomas Manns einen verborgenen Mehrwert an historischer Erkenntnis zugeführt. Deutlicher als die Zeitgenossen vermögen wir heute zu sehen, daß mit der Konstellation Wagner – Hitler – Thomas Mann ideologische Positionen bezeichnet sind, die diesem Jahrhundert sein Gepräge gegeben haben. Sie haben in weit höherem Maße, als die Schulweisheit sich träumen läßt, mit dem Kampf um das Erbe Wagners zu tun. Von daher rührt die intellektuelle Hochspannung, die noch jeder seiner Äußerungen über Wagner nach dem ersten Auftreten Hitlers etwas eigentümlich Vibrierendes und eine weittragende historische Resonanz verleiht. Ebendies macht das Corpus der Wagner-Reflexionen Thomas Manns unentbehrlich in jedem Versuch, die mentalitätsgeschichtlichen Tiefen auszuloten, in die die Verwerfungen in der Topographie der deutschen Kultur hinabreichen. Grund genug also, uns das ganze Verhältnis Thomas Manns zu Wagner, zu Bayreuth und zum deutschen Wagner-Kult von den frühesten Anfängen her vor Augen zu führen.

Thomas Manns Kindheit war offenbar geprägt von einer starken Neugierde auf alles Musikalische; sie war von der Mutter geweckt worden, die dem Kind, wie später dankbar erinnert, Lieder von Schubert, Schumann und Brahms vorzusingen pflegte. Sie liebte auch die Oper und war eine Wagner-Verehrerin. Was Julia Mann in ihrem zweiten, bevorzugten Kind geweckt hatte, wurde bestärkt durch den Unterricht im Violinspielen, den der Junge seit seinem achten Lebensjahr genoß. Sein Lehrer, Ludwig Winkelmann, war Violinist am Lübecker Stadttheater, zudem ein Bruder des Tenors Hermann Winkelmann, der Wagners erster Parsifal war. Im übrigen hatte Thomas in Franz Sucher einen Klassenkameraden, durch den ebenfalls Bayreuth in seinen Gesichtskreis trat. Franz' Eltern waren Rosa und Franz Sucher: sie eine in Bayreuth vielbewunderte Sieglinde und Isolde, er Hofkapellmeister in Berlin und Probendirigent bei den Wagner-Festspielen. Schwer vorstellbar, daß »ein deliziöser Thunichtgut«[6], wie Franz es offenbar war, das Gespräch mit Tho-

6 Zitiert nach Peter de Mendelssohn, ›Der Zauberer. Das Leben des deutschen Schriftstellers Thomas Mann‹, überarbeitete und erweiterte Neuausgabe, Frankfurt am Main 1996, S. 175.

mas nicht gelegentlich auf Wagner und Bayreuth gelenkt haben könnte.

Es kann jedoch kein Zweifel sein, daß es ›Lohengrin‹ war, der das entscheidende Durchbruchserlebnis in Thomas Manns denkwürdiger Laufbahn als Wagnerianer bedeutete.[7] Er hat sich darüber unzweideutig geäußert: »Den ›Lohengrin‹ lernte ich am ehesten kennen, habe ihn unzählige Male gehört und weiß ihn nach Wort und Musik noch heute fast auswendig« (s. Seite 79). Dies bezieht sich auf sein letztes Schuljahr in Lübeck (1893/94), als der junge, später in München, Bayreuth und New York sehr erfolgreiche Emil Gerhäuser – damals »in seiner Stimme Maienblüte« (s. Seite 84) – am Stadttheater den Lohengrin sang.

Den schlagendsten Beweis für den Durchbruchscharakter des ›Lohengrin‹-Erlebnisses stellen jedoch die beiden ersten von Wagner geprägten Erzählwerke dar: ›Der kleine Herr Friedemann‹ und ›Buddenbrooks‹. In beiden ist der Begegnung mit Wagner eine schicksalhafte Bedeutung zugeschrieben. Der aufstrebende junge Autor hatte inzwischen Nietzsche gelesen, und dieses zweite Kapital-Ereignis seiner Jugend setzte ihn in den Stand, sich den Friedemann und Hanno vom Leibe zu schreiben. Das ›Lohengrin‹-Erlebnis lag also der Nietzsche-Lektüre voraus; der Weg führte von Wagner zu Nietzsche, nicht umgekehrt. Das mag erklären, warum die Wagner-Schriften Nietzsches seiner Liebe zu den romantischen Frühwerken ›Holländer‹ und ›Lohengrin‹ nichts anzuhaben vermochten. Thomas Mann hat sie bis zum Ende rückhaltlos bewundert und geliebt. Zwar spielte er ganz spät noch, 1953, mit dem Gedanken, einen Essay über ›Lohengrin‹ zu schreiben, ausgehend von einem vermeintlichen Fehler in der musikalischen Struktur seiner

7 Es gibt jedoch ein spätes Briefzeugnis (an Max Flesch-Thebesius, 7.3.1953, Regesten IV, 53/63), dem zufolge ›Der fliegende Holländer‹ seine erste Wagner-Oper war, in dunkler, kaum erinnerter »Knabenzeit«, auf einer Opernreise mit den Eltern nach Frankfurt. Das müßte 1886 oder 1887 gewesen sein, denn die Opernreise von 1888 ist wohl dokumentiert: sie reisten damals ohne den Knaben Thomas. Siehe Julia Mann: ›Ich spreche so gern mit meinen Kindern‹. Erinnerungen, Skizzen, Briefwechsel mit Heinrich Mann, hg. von Rosemarie Eggert, Berlin und Weimar 1991, S. 78ff.

Lieblingsoper, aber die Tagebücher lassen erkennen, daß daraus wohl eher ein herbstlich verklärter Abgesang auf ›Lohengrin‹ und den ganzen sinnigen Zauber der Wagnerschen Musik geworden wäre – einer Musik, in der er sich bis zuletzt »[r]ettungslos zu Hause« (s. Seite 68) fühlte.

Als Thomas Mann im Frühjahr 1894 Lübeck auf immer verließ und nach München zog, wohin seine verwitwete, damals 42jährige Mutter im Vorjahr übersiedelt war, um dort, in der Rambergstraße, ein neues Leben zu beginnen, geriet er unmittelbar in das Kraftfeld eines in jenen Jahren noch wachsenden, immer neue Blüten treibenden Wagner-Kults. Bayreuth lag nicht fern, doch war es München, das sich zur eigentlichen Hauptstadt der Wagner-Bewegung entwickelte. Vier von Wagners Hauptwerken hatten am Königlichen Hof- und Nationaltheater ihre Uraufführung erlebt; hier wirkten mit Franz Fischer, Hermann Zumpe und Hermann Levi drei Bayreuth-erfahrene Dirigenten, deren Stil vom »Meister« selbst noch mitgeprägt worden war. Und hier entstand ein neues, ganz auf Wagner zugeschnittenes Opernhaus, das Prinzregententheater, in dem seit dem Sommer 1901 Opernfestspiele stattfanden. In der Werbung dafür – »amphitheatralischer Zuschauerraum, unsichtbares Orchester« – wurde die Konkurrenz zu Bayreuth unverhohlen hervorgekehrt. Die Pflege des Wagner-Erbes war in München eine Sache des Lokalpatriotismus; sie sollte vergessen lassen, daß ihr Idol einst unter entwürdigenden Umständen aus der Stadt vertrieben worden war. Die Atmosphäre Münchens, wo – wie es in ›Gladius Dei‹ (GW VIII, 197) heißt – junge Leute ohne besonderen Anlaß das Nothung-Motiv pfeifen, war geradezu schwanger mit einem dumpfen Wagner-Kult. Das München der Prinzregenten-Zeit war auf dem besten Wege, jene »Richard-Wagner-Stadt« zu werden, in deren Namen Thomas Mann seinerseits 1933 aus der Stadt vertrieben werden sollte.

Der Neunzehnjährige fand in München also die denkbar besten Voraussetzungen, um seine in Lübeck entfachte Wagner-Begeisterung auszuleben. Bezeichnenderweise fiel die intensivste Phase seines Wagner-Kults mit der erfülltesten Periode seiner Beziehung zu Paul Ehrenberg zusammen. Es war jene von Freundschaft und Kulturglück erfüllte Periode in seinem Leben, in der er »keine Aufführrung des ›Tristan‹ im Münchner Hoftheater versäumte« (s. Seite 44). Homosexualität als geistige Lebensform und Wagner-Kult gingen, wie Oskar Panizza beobachtete,[8] Hand in Hand. Im übrigen darf vermutet werden, daß Thomas Manns Wagner-Kenntnisse durch Carl Ehrenberg, den Bruder Pauls, entschieden gefördert wurden. Carl machte sich später als Dirigent und Komponist einen gewissen Namen; er hatte, wie Thomas Mann selbstironisch bemerkte, »die Musik auf seiner Seite, die Kunst, der ich, unerwiderte Liebe im Herzen, sehnsüchtig nachlaufe«[9]. Thomas Mann verbrachte fast vierzig Jahre in München und nahm aufs lebhafteste an der Münchner Wagner-Szene teil; so konnte er aus nächster Nähe verfolgen, wie sich die Atmosphäre der einst leuchtenden, Wagner-seligen »Stadt der Kunst« allmählich verdunkelte und München zum Hort der »nationalistisch-wagnerisch-romantischen Reaktion« (GW VI, 515) wurde.

Der angehende Autor, kaum in München angekommen, hatte sich offenbar vorgenommen, nach Bayreuth zu pilgern, denn der erste Eintrag in seinem frühesten Notizbuch bezieht sich auf »Bayreuther Billette«. Es sollte dann jedoch noch fünfzehn Jahre dauern, bis er die Pilgerfahrt zum Grünen Hügel unternahm, obgleich er in der Zwischenzeit mehrere Anläufe dazu machte. Sie scheiterten u. a. an Katia Pringsheim, seiner Braut, um die er 1904 zu werben begann und um derentwillen er einmal sogar seine schon erstandene ›Parsifal‹-Karte opferte. Sein Entschluß, zu heiraten und sich eine bürgerlich sanktionierte Verfassung zu geben, gründete auf der Erkenntnis, daß er realistischerweise nur dann hoffen konnte, seinen auf Größe und Repräsentanz gerichteten Lebensentwurf zu verwirklichen, wenn er seinen, wie er wohl ahnte, primär gleichgeschlechtlichen Neigungen entsagte. Die Abwendung von Paul und die Hinwendung zu Katia, die einer assimilierten jüdischen, zum Protestantismus übergetretenen Familie entstammte, markierte auch in seinem Verhältnis zu Wagner eine Zäsur. Mit der Einsicht, daß die Wagner-Schwärmerei mit dem geliebten Gefährten einem unentwirrbaren Geflecht von »Metaphysik, Musik und Pubertätserotik«[10] entsprang,

8 Oskar Panizza, ›Bayreuth und die Homosexualität‹, in: Die Gesellschaft, Januar 1895, 88–92.

9 Brief an Hilde Distel, 2.1.1901, in: Br. I, 22.

10 Brief an Heinrich Mann, 7.3.1901, in: TM / HM, 21.

wuchs auch der Entschluß, sein Verhältnis zu Wagner auf die Basis einer »gesündere[n] Geistigkeit« (s. Seite 46) zu stellen. Damit trat Thomas Mann schon früh in das Stadium einer permanenten Wagner-Krise ein, die sich über fünf Jahrzehnte hin mit wechselnden Akzenten entfaltete.

Zunächst jedoch wurde durch die Verbindung mit dem Hause Pringsheim sein Interesse an allem, was mit der Welt Wagners zu tun hatte, eher noch bestärkt. Katias Vater, Alfred Pringsheim, war ein unbeirrbarer Verehrer und großzügiger Förderer Wagners gewesen. Unbeirrt durch Wagners notorische Judenfeindlichkeit, hatte der betont national empfindende Mathematikprofessor und Mäzen Patronatsscheine gezeichnet und so die Bayreuther Festspiele finanzieren helfen. Diese Verdienste um Wagner haben ihm später vermutlich das Leben gerettet. Seinem Enkel Klaus Pringsheim zufolge intervenierte Winifred Wagner, eingedenk der alten Pringsheimschen Verbindung zu Wagner, persönlich bei Hitler, um dem alten Paar, Alfred und Hedwig, spät noch, im Jahre 1939, die Ausreise in die Schweiz zu ermöglichen – allerdings unter Verlust ihres Vermögens und ihrer Kunstsammlung.[11] Die Wagner-Verehrung im Hause Pringsheim kam auch dem Schwiegersohn zustatten. Als Thomas Mann im August 1909 Bayreuth seinen lang anvisierten Besuch abstattete, um ›Parsifal‹ zu sehen, reiste er in Begleitung seines Schwagers Klaus, dem Zwillingsbruder Katias. Klaus war ein hochkarätiger Musiker; er war in Wien Assistent bei Gustav Mahler gewesen und machte später als Dirigent in Berlin und Tokio eine respektable Karriere. Man darf vermuten, daß Thomas Manns bemerkenswert kenntnisreicher Bericht über sein ›Parsifal‹-Erlebnis (s. Seite 40f.) sich teilweise dem fachmännischen Miterleben des jungen Dirigenten verdankte.

Entscheidend für das Verhältnis zu Wagner war letztlich das Moment des Kreativen. Das unablässige Reflektieren auf Werk und Wirkung Wagners, das immer wieder erneuerte Erlebnis der musikdramatischen Schöpfungen, ob im Theater, vor dem Radio oder Grammophon, setzten »wie sonst nichts« (s. Seite 18) kreative Ener-

11 Klaus Pringsheim Jr. (mit Victor Boesen), ›Wer zum Teufel sind Sie? Lebenserinnerungen‹, übers. von Tilman Lang, Bonn 1995, S. 281.

gien frei, die Thomas Manns Schriftstellerschaft ihr charakteristisches, prinzipiell intertextuelles Profil gaben. Dies geschah jedoch keineswegs unvermittelt, sondern auf dem Wege einer intensiven Nietzsche-Lektüre. Dort fand er Fingerzeige, wie Wagner literarisch weiterzuverarbeiten wäre. Nietzsche machte Lust, Wagner gleichsam fortzuschreiben. Und indem er dieser Lust frönte, wurde ihm Wagner eine unversiegbare Quelle der Inspiration und Kreativität.

Der erste Wagner-Text Thomas Manns, von dem wir Kunde haben, ist »Wagner in Rom« betitelt und stammt vermutlich von seinem ersten Rom-Aufenthalt im Jahre 1895.[12] Der Text ist nicht erhalten, doch spricht vieles dafür, daß er in die ›Betrachtungen eines Unpolitischen‹ eingegangen ist. Die Anknüpfung an Nietzsche ist hier jedoch weniger evident als in einem 1901 entstandenen »Aufsatz über den ›Fall Nietzsche contra Wagner‹«[13]. Auch dieser Text ist nicht erhalten; auch er wurde wohl in die ›Betrachtungen‹ aufgenommen. In dem ersten erhaltenen Versuch, sich über sein Verhältnis zu Wagner Rechenschaft zu geben, stammt der entscheidende Gesichtspunkt bezeichnenderweise von Nietzsche: Wagners Affinität zur französischen Romantik. Dieser Gedanke diente ihm zum Vorwand, die Antwort auf eine Umfrage über den »französischen Einfluß« zu einem Bekenntnis zu Wagner zu nutzen, den er hier noch ganz ohne Ironie als seinen »Meister und nordischen Gott« (s. Seite 19) bezeichnet. Diese Methode, sich auf Nietzsche zu berufen, wenn er sich über Wagner äußerte, sei es in preisender, kritischer oder bekenntnishafter Absicht, bleibt bis zu dem großen Wagner-Essay von 1933 in Kraft. Dieser Text – ein Glanzstück seiner Essayistik und ein Gipfelwerk der Wagner-Literatur – darf, vereinfacht ausgedrückt, als der Versuch gedeutet werden, gegen den zur Herrschaft gelangten völkischen Wagner ein kosmopolitisches Wagner-Bild aufzurichten und, unter durchgängiger Bezugnahme auf Nietzsche, Wagner vor dem völligen Zugriff einer »höhlenbärenmäßigen Deutschtümelei« (s. Seite 75) zu retten.

In einem späten Brief an Theodor W. Adorno betont Thomas

12 Brief an Otto Grautoff, 28.8.1897, in: TM / OG, 98.
13 Brief an Paul Ehrenberg, 13.6.1901, in: Br. III, 427.

Mann noch einmal, was er schon in dem frühen Aufsatz über den französischen Einfluß bekannt hatte und wovon sein erzählerisches Werk auf Schritt und Tritt Zeugnis gibt: »Ich habe Wagnern viel nachgemacht, mich viel an ihn ›erinnert‹« (s. Seite 222). Wie es dazu kam, daß ein junger Autor sein literarisches Heil ausgerechnet in Wagner suchte und inwieweit davon sein ganzes Œuvre geprägt wurde, läßt sich heute einigermaßen verläßlich angeben.

»Wagner,« so hatte Nietzsche erklärt, – »*resümiert* die Modernität. Es hilft nichts, man muß erst Wagnerianer sein ...«[14] Der Gestus der Autorität, mit der dieser Befund verkündet wurde, hatte etwas Bestechendes. Für keinen Autor erlangte er eine derart umfassende Verbindlichkeit wie für Thomas Mann. In seinen Romanen und Erzählungen ist häufig von der Musik Wagners die Rede; mehr noch, sie sind ihr in einigen wesentlichen Zügen nachgebildet. Der junge Thomas Mann unterscheidet sich von seinen wagnerisierenden Zeitgenossen darin, daß er Wagner als Epiker und Psychologen begriff und damit als eine Herausforderung an die Erzählkunst. Hier gründet sein Ehrgeiz, »gute Partituren« (GW XII, 319) zu schreiben – Wagnersche Partituren. In diesem unter dem Gesichtspunkt der Modernität ausschlaggebenden Gesichtspunkt geht Thomas Mann von vorneherein über Theodor Fontane, der das Wagner-Phänomen als erster literarisch verarbeitete, weit hinaus. Während Fontane der Musik Wagners keine Bereicherung im Technischen abzugewinnen vermochte, beruht die Neuartigkeit der »musikalischen« Erzählweise Thomas Manns gerade auf den Wagner nachgemachten Wirkungsmitteln. Nur bei James Joyce läßt sich eine vergleichbar weitgehende Orientierung an Wagner nachweisen; bezeichnenderweise stand auch seine Wagner-Rezeption im Zeichen Nietzsches.[15] Die neuartige Kompositionsweise Wagners, die die Periodenstruktur der klassischen Symphonik ebenso negierte wie die Nummernstruktur der überkommenen Operngattungen, führte zu einer Motivtechnik, die dem literarischen Erzählen neue Wege zu weisen vermochte. Das kommentierende, analysierende, Beziehungen herstellende, Zusam-

14 Friedrich Nietzsche, ›Der Fall Wagner‹, in: KSA VI, 12.

15 Timothy Martin, ›Joyce and Wagner. A Study of Influence‹, Cambridge 1991.

menhänge aufdeckende und Ordnung stiftende Orchester der ›Ring‹-Tetralogie verleiht dem Bühnengeschehen einen doppelten Boden und übt so die Funktion eines Erzählers aus.

Für Autoren, die auf Neuerungen bedacht waren, mußte sich Wagners Verfahren im ›Ring‹ als eine überaus attraktive Möglichkeit darstellen, neue Lösungen zu entwickeln für das ästhetische Gebot der Stunde: die Verinnerlichung des Erzählens und die Überwindung des Naturalismus. Hier bot sich die Möglichkeit einer Bereicherung und Verfeinerung des literarischen durch das musikalische Erzählen. Ein entscheidender Modernisierungsschub des europäischen Romans: die im »stream of consciousness« gipfelnde Verinnerlichung schreibt sich somit von der Anverwandlung Wagnerscher Gestaltungsmittel her. Sie dienten der psychologischen Erhellung von Innenwelt gleichsam über die Köpfe der Protagonisten hinweg sowie als Signum einer autonomen, jedem Naturalismus entrückten Symbolstruktur.

Bei Thomas Mann kam eine gravierende psychologische Komplikation hinzu, die seine Schriftstellerschaft zugleich erschwerte und verfeinerte. Wie jeder junge Autor hatte er das Bedürfnis, mit seinen »Erlebnissen unter die Leute [zu] gehen«[16]. Die intimsten, der Mitteilung am meisten bedürftigen seiner Erlebnisse waren jedoch nicht öffentlichkeitsfähig, da sie ein gleichgeschlechtliches Begehren enthüllt haben würden. Wie das Beispiel Oscar Wildes oder des Grafen Eulenburg zeigte, mußte ihm selbst der Anschein von Homosexualität als ein Hindernis erscheinen auf dem langen Weg zur Repräsentanz; der Ehrgeiz zur Größe und der autobiographische Schreibimpuls waren nicht ohne weiteres in Einklang zu bringen. Um mit seinen Außenseiterproblemen unter die Leute gehen zu können, mußte er zu einer literarischen Verschlagenheit, will sagen der Camouflage, seine Zuflucht nehmen, und dazu bedurfte es »diskrete[r]«, d. h. verhüllender, öffentlichkeitsfähiger »Formen und Masken«[17].

All dies muß ihm am Beispiel des ›Kleinen Professors‹ aufgegangen sein, einer Novelle, die gleich dreimal abgelehnt wurde und die doch seine Durchbruchsgeschichte wurde. An diesem Text läßt sich ablesen, wie es ihm gelang, eine Geschichte zu schreiben, die sein per-

16 Brief an Otto Grautoff, 6.4.1897, in: TM / OG, 90.
17 Ebda.

manent von den »Hunden im Souterrain«[18] bedrohtes Innenleben adäquat, doch diskret zum Ausdruck brachte. Er schlüpfte in eine literarische Maske – die des liebenswürdigen, aber buckligen Apothekers Alonzo Gieshübler aus Fontanes ›Effi Briest‹ –, gab ihm einen neuen Namen: Johannes Friedemann, und entwarf einen Lebenslauf, in dem sich die Gieshüblersche Glücksformel: Liebesverzicht um der Sicherung eines »kleinen Glücks« willen, als trügerisch erwies. Gestützt auf Nietzsches Kritik der asketischen Ideale, ließ er das prekäre Glück des feinen Epikuräers Friedemann scheitern. Dies schien der Lebenserfahrung seiner zwanzig Jahre angemessener. Erschüttert durch das Erlebnis des Dionysischen der Wagnerschen Musik, spürt Friedemann die Hunde im Souterrain wieder erwachen; von da an treibt es ihn in die Selbstvernichtung. Thomas Mann hatte einen Gegenentwurf geschrieben, eine Kontrafaktur Fontanes im Lichte Nietzsches. Dieses Verfahren sollte sich bewähren: Intertextualität, ob als Kontrafaktur oder Parodie, blieb ein Grundzug seines Schreibens.

In diesem Selbstfindungsprozeß spielt Wagner eine entscheidende Rolle: im ›Friedemann‹ wird Wagner zum erstenmal eine lebensentscheidende Funktion zugeschrieben, und gleichzeitig ist hier zuerst eine leitmotivische Struktur erkennbar. Wagner okkupierte jene Schicht seiner Psyche, in der sich Musik und Sexualität überlagerten. Von daher wurde Wagner – Mythos und Musik – zum *master code* seines Schreibens, in dem er die verborgenen Gefährdungen und Sehnsüchte der Epoche artikulierte. Wenn bei Thomas Mann von Wagner gehandelt wird, steht somit höchst Persönliches und eminent Öffentliches auf dem Spiel.

Thomas Mann erreichte bereits als Fünfundzwanzigjähriger, mit ›Buddenbrooks‹, das Hochplateau seiner literarischen Produktion, auf dem es sich fortan zu behaupten galt. Hier fand er, über den ›Friedemann‹ hinaus, zu einer humoristischen, von Fritz Reuter und dem Geist des *Simplicissimus* inspirierten Erzählweise, deren charakteristisch tiefe Klangfarbe jedoch von der effektvollen Kombination von Religion, Philosophie und Musik herrührt. Wie Wagners ›Ring‹, der zunächst als ›Siegfrieds Tod‹ geplant war, wurde auch die-

18 Ebda, 68.

ser Roman zuerst als die Geschichte von Hannos Tod konzipiert. Beide Werke verdanken sich also einer Konzeptionserweiterung vom Ende her. Wie bei Wagner ist das Ende schon am Anfang angelegt: in dem heimlichen »Riß« (GW I, 50), der den Verfall der Familie Buddenbrook signalisiert. Daran anschließend ergeben sich weitere strukturelle Ähnlichkeiten: wie im ›Ring‹ steht die Inbesitznahme einer neuen Wohnung am Anfang; beide Werke erzählen von der Rivalität zweier Familien, und selbst die Elf-Teiligkeit des Romans mutet wie ein Echo auf die Makrostruktur der ›Ring‹-Komposition an, die, zählt man das Vorspiel zur ›Götterdämmerung‹ als einen Teil für sich, gleichfalls elf Teile aufweist. Hier wie dort werden die epischen Massen durch ein dichtes Gewebe von Motiven zusammengehalten. Die sogenannten Leitmotive kommen in den ›Buddenbrooks‹ noch recht humoristisch klappernd daher. Entscheidend ist jedoch weniger ihre charakterisierende als ihre strukturierende Funktion. Von besonderer Bedeutung sind hier die Wagner nachgebildeten Motivbündelungen an den epischen Höhepunkten; sie fungieren als »treibende Haltestellen«[19]. An solchen Stellen – man denke an die Meditation über das »türkische Sprichwort« (GW I, 430) – wird das Romangeschehen – und damit Geschichte – als Simultaneität gegenläufiger Bewegungen einsehbar, als ein Ineinander von Aufstieg und Abstieg, von Verfall und Erneuerung. Wie im ›Friedemann‹ wird auch hier Wagner eine schicksalhafte Rolle zugeschrieben. Es ist Gerda, »die Mutter zukünftiger Buddenbrooks« (GW I, 304), durch die Wagner Einlaß in die Familiengeschichte gewinnt – ein Vorgang, der zugleich biologischen Verfall und künstlerische Sensibilisierung markiert.

›Buddenbrooks‹ sind also sehr wohl als Nachbildung Wagners im »Kleinen« und »Komischen« (s. Seite 18f.) zu betrachten, wie Thomas Mann selbst nicht ohne Stolz verkündete. Thomas, Tony und Hanno Buddenbrook erinnern in manchen Zügen an Wotan, Brünnhilde und Siegfried; sie erscheinen hier in verkleinertem, d. h. bürgerlichem Format, ihren mythologischen Vorbildern auf komische Weise unangemessen. Kein Zweifel, Thomas Mann folgt auch

19 E. Bloch, Gesamtausgabe, Bd. IX, a. a. O., 310.

hier gewissen Fingerzeigen Nietzsches, der im ›Fall Wagner‹ darauf aufmerksam macht, daß die Wagnerschen Frauengestalten an Madame Bovary erinnern, also eine zeitgenössische Substanz aufweisen, und daß es nichts Ergötzlicheres gebe, als Wagners Figuren ins Bürgerliche zurückzuübersetzen.

Selbstbewußt in seiner verschlagenen Wagner-Schülerschaft, macht der noch kaum bekannte Autor mit der Leitmotivtechnik Reklame, indem er behauptet, daß sie bei ihm »schon völlig Instinkt« (s. Seite 19) geworden sei. Nicht zu leugnen ist, daß seine Erzählweise vom ›Friedemann‹ an Wagnersches Gepräge aufweist. Dies gilt besonders für ›Tonio Kröger‹ und mehr noch für den ›Tod in Venedig‹, in den zudem vielfach thematische Bezüge zum ›Tristan‹-Schöpfer eingegangen sind. ›Tristan‹ und ›Wälsungenblut‹, die demonstrativsten Dokumente seines Wagnerismus, stellen beide, unerachtet gewisser Spitzen gegen die Wagner-Idolatrie, eine Huldigung an die drogenhafte, lebensbestimmende Wirkung der Wagnerschen Musik dar. Diese beiden frühen Novellen gewinnen ihre eindrucksvollsten Effekte aus dem intertextuellen Spiel mit Wagnerschen Fabelmustern.

Wie weitreichend Thomas Manns Werk durch Wagner geprägt ist, läßt sich dort am deutlichsten erkennen, wo alle ostentativen Bezugnahmen à la ›Wälsungenblut‹ getilgt sind: in den Romanen der Reifezeit. Im ›Zauberberg‹, dem ›Joseph‹-Zyklus und im ›Doktor Faustus‹ ist von Wagner nicht eigentlich die Rede, und doch sind diese Bücher undenkbar ohne die Orientierung an Wagnerschen Vorbildern. Nicht zufällig ist das *summum opus* seiner mythopoetischen Erzählkunst, ›Joseph und seine Brüder‹, auch das Gipfelwerk seines Wagnerismus. Das nahtlose Motivgewebe, die Kunst der von langer Hand vorbereiteten Übergänge, der interne und externe Beziehungszauber wie überhaupt der hohe, verpflichtende Begriff von Werk und Lebenswerk markieren Thomas Mann als einen Erzähler im Geiste Wagners. Denn was Theodor W. Adorno als das »Formgesetz« Wagners diagnostiziert hatte: die »Verdeckung der Produktion durch die Erscheinung des Produkts«[20], das gilt letztlich auch

20 Theodor W. Adorno, ›Versuch über Wagner‹, Gesammelte Schriften, Bd. XIII, a. a. O., S. 82.

für das Werk Thomas Manns; die »Kräfte und Bedingungen« seines »realen Produziertseins« – das Arsenal von Intertextualität und Montage, dem es sich verdankt – sind verhüllt von dem lückenlos und meisterlich gewobenen Schleier einer glänzend durchkomponierten Prosa, der blendenden »ästhetischen Erscheinung« dieses Werkes.

Im Lichte solcher Wagner-Schülerschaft kann es eigentlich nicht verwundern, daß sich Thomas Mann, unbeschadet aller Vorbehalte im Ideologischen, mit Wagner in einem Punkt identifizierte – seinem Schaffensethos. Wagners Bekenntnis: »ganz bin ich nur, was ich bin, wenn ich schaffe« (s. Seite 134), könnte auch von Thomas Mann stammen; das gleiche gilt von Wagners Ausruf: »Was bin *ich* denn – ohne mein Werk?« (MW, 216) Thomas Mann hat sein Leben lang zu Wagner, dem stupenden Vollbringer, aufgeblickt; der Geist heroischer Künstleranstrengung weht uns aus beider Lebenswerk entgegen. In seinen letzten Lebensjahren, als er lustlos am ›Felix Krull‹ schrieb, konnte der Gedanke an jenen exemplarischen Werkmenschen sogar Verzweiflung und Depression auslösen: »Wagner schrieb mit annähernd 70 sein Schlußwerk, den Parsifal, und starb nicht lange danach. Ich habe ungefähr im selben Alter mein Werk letzter Konsequenz, den Faustus, Endwerk in jedem Sinn, geschrieben, lebte aber weiter« (s. Seite 224). Wie zur Bestätigung dieser lebenslangen Wagner-Fixation wendet er sich nach dem ›Felix Krull‹, den Tod schon vor Augen, seinem letzten Arbeitsvorhaben zu: ›Luthers Hochzeit‹. Bezeichnenderweise war dies aber ein Projekt Wagners, von diesem konzipiert, aber nicht ausgeführt. Auch Thomas Manns Beschäftigung damit gedieh über Vorarbeiten nicht hinaus.

Von Anfang bis Ende also Wagner-Schülerschaft, Wagner-Konkurrenz – eine Künstlerexistenz im Schatten Wagners. Nach der Selbstfindung der ersten Jahre und der Hinwendung zu Goethe um 1910 gewinnt er jedoch rasch ein freieres, kritischeres Verhältnis zu Wagner, so daß er sich vor die Alternative »Goethe oder Wagner« (s. Seite 47) gestellt findet – eine Alternative, die für ihn auf die Dauer keine sein konnte, denn im Grunde wußte er: »Goethe und Wagner, beides ist Deutschland. Es sind die höchsten Namen für zwei Seelen in unserer Brust« (s. Seite 157). Wenn Thomas Mann Wagner kritisierte, sprach er als Anwalt der Literatur und ihrer intellektuellen

Würde. Seine Kritik entzündete sich vornehmlich an künstlerischen Belangen: an dem Hegemonieanspruch des Gesamtkunstwerks, an der Privilegierung des Theaters gegenüber dem Roman und an Wagners rattenfängerhaftem Buhlen um das »Volk«, wiewohl die von Nietzsche festgestellte »doppelte Optik« (s. Seite 42) Wagners – der Ehrgeiz, sowohl den Kennern als auch dem gewöhnlichen Publikum zu gefallen – zeitlebens auch ein Signum von Thomas Manns Werk bleiben sollte. Offensichtlich wurde die unabhängige, kritische Einstellung zu Wagner dadurch merklich erleichtert, daß in den zwanziger Jahren auch seinen Namen jener beneidete »Weltruhmesglanz« (s. Seite 87) zu zieren begann, zumal nach dem Nobel-Preis 1929 und vollends während der ersten Jahre des amerikanischen Exils, als sein eigener Ruhm zu Lebzeiten den Zenith erreichte.

Wie sehr jedoch bei aller kritischen Distanz stets ein intimer, künstlerpsychologischer Kontakt zu Wagner existierte, zeigt sein Besuch in Tribschen am Vierwaldstättersee, dem Ort von Wagners Schaffensglück und des vertraulichen Umgangs mit Nietzsche. Thomas Mann besuchte Tribschen dreimal: 1936, 1937 und 1947. Diese bildungsbeflissenen Familienexkursionen hatten offenbar den geheimen Sinn einer Kontaktsuche mit dem Geist von Tribschen; es ist, als ob der mit dem ›Joseph‹ Beschäftigte den Geist von Wagners bewundertem Vollbringertum beschwören wollte, um den Segen für das Gelingen des eigenen Werkes zu erwirken. Verräterischerweise läßt er Katia an dem ironischen Identifikationsspiel dieser Wallfahrt teilhaben, wenn er ihr die Frage stellt, ob auch an ihrem Haus in der Schweiz, wie an dem Haus in Tribschen, dereinst einmal eine Tafel verkünden werde, welche Werke Thomas Manns darin vollendet wurden. Und indem er diese Episode im Tagebuch (s. Seite 150) festhält, beglaubigt er das Identifikationsspiel auch für die Nachwelt.

Kein Zweifel, der Sänger des mythischen In-Spuren-Gehens wandelte selbst mit einem Teil seiner Psyche in den Spuren Wagners. Wie diesem wurde auch ihm Zürich Zuflucht und Exil. Nach Zürich hatte bereits die Hochzeitsreise mit Katia geführt – ins Hotel Baur-au-Lac, in dem Wagner zuerst den ›Ring des Nibelungen‹ vorgetragen hatte. Das ständige Sich-in-Beziehung-Setzen zu Wagner fand seinen bedeutendsten Niederschlag in seiner schriftstellerischen Praxis: von ›Buddenbrooks‹ mit seiner Anlehnung an den ›Ring‹ bis zum ›Doktor Faustus‹, dessen Stellenwert in seinem Lebenswerk er mit dem ›Parsifal‹ gleichsetzte, gibt es kaum ein erzählerisches Hauptwerk, das nicht zu Wagner eine Beziehung unterhielte.

Bei einem numerologisch Interessierten und Vorbelasteten wie Thomas Mann ist es zudem bemerkenswert, daß sein Geburtstag, der 6. Juni, identisch war mit dem von Wagners einzigem Sohn. Sechs Jahre trennen den literarischen Nachfahren Wagners von dessen leiblichem Sohn. Er hat davon kein Aufhebens gemacht, doch ist es schwer vorstellbar, daß ihm diese Laune der Chronologie völlig verborgen blieb, zumal in seinen quasi väterlichen Beziehungen zu Franz Wilhelm Beidler, dem Sohn Isolde Wagners und des Schweizer Dirigenten Franz Beidler. Als Wagners erstgeborener Enkel hatte Beidler gewisse Anrechte auf das Erbe. Doch dieser Eventualität war man in Wahnfried zuvorgekommen. Isolde, um ihre und ihres Mannes Rechte geltend zu machen, war gezwungen, gegen ihre eigene Mutter zu prozessieren – ein Prozeß, der an einem kleinen, doch juristisch ausschlaggebenden Detail scheiterte: zum Zeitpunkt von Isoldes Geburt war Cosima offiziell noch mit Hans von Bülow verheiratet; im übrigen war sie lange zuvor schon dazu überredet worden, das Erbe Hans von Bülows anzutreten, was sich nun als ein weiteres juristisches Handikap erwies.[21] Damit waren alle Beidlers von der Wagner-Erbfolge ausgeschlossen. Das Erbe blieb in Wahnfried, d. h. in den Händen Siegfried Wagners und seiner damals (1913 / 14) noch ungeborenen Nachkommen, was nicht nur Cosimas Wünschen entsprach, sondern auch denen Houston Stewart Chamberlains, der 1908 Eva Wagner geheiratet hatte; als Vertrauter Cosimas und salbungsvoller Publizist hatte sich Chamberlain zum *spiritus rector* Wahnfrieds aufgeschwungen.

Franz W. Beidler, der Enterbte, studierte Politikwissenschaft, Musik und Philosophie, wurde Mitglied der SPD und engster Mitarbeiter des Preußischen Kultusministers Leo Kestenberg und machte es

21 Vgl. dazu das Nachwort von Dieter Borchmeyer in seiner Edition von Franz W. Beidler, ›Cosima Wagner-Liszt. Der Weg zum Wagner-Mythos‹. Ausgewählte Schriften des ersten Wagner-Enkels und sein unveröffentlichter Briefwechsel mit Thomas Mann, Bielefeld 1997, bes. S. 367–384.

sich zu seiner Lebensaufgabe, der »Herrin« von Bayreuth das Erbe Wagners mit geistig-intellektuellen Mitteln streitig zu machen. Er unternahm eine umfassende Biographie Cosimas, worin er zu zeigen versuchte, wie sie das im Kern sozialrevolutionäre Werk Wagners umfunktioniert und so der Indienstnahme durch das völkische Lager vorgearbeitet habe. Das Buch blieb Fragment, da dem enterbten Außenseiter der Zugang zu den Quellen verweigert wurde. Die schriftstellerischen Qualitäten des Buches sind jedoch beeindrukkend; sie beeindruckten schon Thomas Mann, der die Entstehung des Buches interessiert verfolgte und in seiner großen Rezension der ›Briefe Richard Wagners‹ nachdrücklich darauf aufmerksam machte (s. Seite 211).

Beidler suchte 1933 im Gefolge der Münchner Femeaktion engeren Kontakt zu Thomas Mann, der den verstoßenen Wagner-Enkel bereitwillig an sich band. Offenbar ging es beiderseits um die Knüpfung geistiger Familienbande: Im Hause Mann gewöhnte man sich bald daran, die jungen Beidlers als Adoptivkinder zu betrachten, und Beidler, der damals als einziger Wagner-Nachfahre (später gesellte sich Friedelind, die Tochter Winifred und Siegfried Wagners, hinzu) dem Nationalsozialismus opponierte und eine jüdische Frau geheiratet hatte, blickte zu Thomas Mann wie zu einem Vater auf. Damit schienen sich die Fronten zu einem geistigen Erbfolgekrieg zu formieren: der Autor von ›Leiden und Größe Richard Wagners‹, alliiert mit dem Biographen Cosimas, gegen die Phalanx der Wagners und Wagnerianer, die Hitler adoptiert hatten und ihm nun bedingungslos Gefolgschaft leisteten.

Beidler war praktisch Thomas Manns einziger Verbündeter. Als man nach dem Ende des Hitler-Regimes daran ging, die zu »Hitlers Hoftheater« (s. Seite 211) umfunktionierten Bayreuther Festspiele an Haupt und Gliedern zu reformieren, wurden ursprünglich Franz W. Beidler und Friedelind Wagner, die beiden »unbelasteten Nachfahren des Meisters« (s. Seite 296) mit der Aufgabe betraut. Für Beidler war es eine Selbstverständlichkeit, seine Pläne von dem väterlichen Freund absegnen zu lassen und ihn zu bitten, die Ehrenpräsidentschaft eines neu zu schaffenden Stiftungsrates zu akzeptieren. Sei es aus Loyalität gegenüber seinem Verbündeten, sei es aus Anhänglichkeit an einen »Jugendtraum« und an seine »Jugendliebe« (s. Seite

197), Thomas Mann zeigte sich zunächst keineswegs abgeneigt. Das Beidlersche Reformprojekt scheiterte jedoch an den testamentarischen Bestimmungen Siegfried und Winifred Wagners, die schließlich zu der Ägide Wieland und Wolfgang Wagners führten. Thomas Mann stand Neu-Bayreuth prinzipiell skeptisch gegenüber. Gleichwohl beschied er eine mündlich überbrachte Einladung der beiden Wagner-Enkel, die Festspiele zu besuchen, keineswegs abschlägig (Tb X, 449); offenbar hinderten ihn lediglich anderweitige Verpflichtungen, der Einladung nachzukommen. Vermutlich spürte er auch, daß der liberale, kosmopolitische Geist seiner Wagner-Deutung in Bayreuth nicht länger auf Ablehnung stieß.

Es dauerte lange, bis Thomas Mann erkannte, daß er in einen politischen Kampf um das Wagner-Erbe verwickelt war – ein Erbe, das von den Nationalsozialisten praktisch widerstandslos reklamiert wurde und das sich ihm, wie Amfortas, immer deutlicher als ein »wehvolles Erbe« darstellte. Diese Erkenntnis dämmerte ihm Mitte der zwanziger Jahre, als er zu ahnen begann, daß in Wagners »ethnischen«, d. h. rassischen Phantasmen ein politisch gefährlicher Faktor seines Nachlebens beschlossen lag. Er hatte lange der Illusion einer unpolitischen Wagner-Rezeption angehangen. Im Gegensatz zu seinem Bruder wehrte er sich heftig gegen die Zumutung einer politischen Funktion von Kunst. Wo Heinrich Mann eine Allianz von ›Geist und Tat‹ forderte, verteidigte Thomas die Politik- und Ideologiefreiheit von Kunst. Eine politische, den autoritären Geist decouvrierende Satire auf Wagners ›Lohengrin‹ wie in ›Der Untertan‹ verletzte ihn an empfindlichster Stelle. Nichts vermochte die Haßgefühle auf den Bruder so leicht zu erneuern wie die Erinnerung an Heinrichs politische Verulkung des ›Lohengrin‹.

Unter diesen Voraussetzungen operierte Thomas Manns Wagner-Kritik zunächst ganz auf künstlerpsychologischer Ebene. Die Stichworte bezog er von Nietzsche, dessen Autorität ihn in dem Bewußtsein stärkte, den »wahren Wagner« (s. Seite 20) doch für sich zu haben. Was er gegen Wagner geltend zu machen hatte, belegen mehrere Projekte: zunächst der ›Versuch über das Theater‹, geschrieben aus einem Bedürfnis nach Selbstvergewisserung nach dem Mißerfolg von ›Fiorenza‹ auf dem Theater, der Domäne Wagners;

sodann die Fragmente zu ›Geist und Kunst‹, einer Art Bilanz der Moderne; schließlich der Wagner-Essay von 1911, das Seitenstück zum ›Tod in Venedig‹. Die dort proklamierte »neue Klassizität« ist Ausdruck eines Überdrusses an Wagners kollossalischen Gebilden und Gesten; das dort artikulierte Verlangen nach einer »gesündere[n] Geistigkeit« (s. Seite 46) als dem von Bayreuth ausgehenden Ungeist darf als der gemeinsame Nenner aller Ansätze zu einer Wagner-Kritik vor 1914 gelten.

Alle Vorbehalte gegen Wagner wurden jedoch verdrängt von dem patriotischen Fieber, das der Ausbruch des Krieges auch bei Thomas Mann bewirkte. Er war des Glaubens, in diesem Krieg stehe die kulturelle Identität Deutschlands auf dem Spiel, sein Recht anders zu sein, unpolitisch, seinem in der Musik gipfelnden Kulturbegriff treu. So verklärte sich ihm sein Wagner-Erlebnis in Rom zur Urszene seines Patriotismus, der im Grunde ein Stolz war auf seine kulturelle Identität, erweckt von Wagner auf europäischer Bühne. In Wagner erkennt er nun die »Heimat« (s. Seite 54) seiner Seele, und diese seelische Heimat, bedroht von den Segnungen der westlichen »Zivilisation«, ist er entschlossen, noch leidenschaftlicher zu verteidigen als die geographische. Letztlich will er die in Wagner gipfelnde deutsche Musik verteidigen, denn sie, die »Nationalkunst« (s. Seite 65) der Deutschen, stiftet Einheit und Identität. Daß diese deutsche Musik noch lebendig sei, belegt ›Palestrina‹, die »musikalische Legende« von Hans Pfitzner, die von manchen als noch »Wagnerischer als irgend ein anderes Werk der ganzen Wagner-Nachfolge« empfunden wurde.[22]

Bezeichnenderweise wird Wagners Satz, daß der Deutsche im Grunde ein unpolitisches Wesen sei (s. Seite 60f.), ins Feld geführt, um eine eminent politische Stellungnahme gegen die Ideen des »Westens« zu legitimieren. Hier wie auch sonst ist mit Händen zu greifen, was der Autor der ›Betrachtungen‹ lange nicht wahrhaben wollte, daß eine rein ästhetische Rezeption Wagners nicht möglich ist und daß er mit »Wagner« mehr »Bayreuth« mitrezipiert hatte als ihm bewußt war. Diese Affinität im Ideologischen läßt sich allein schon anhand seiner Zitierweise dokumentieren: praktisch alle

22 Alfred Einstein, ›Von Schütz bis Hindemith. Essays über Musik und Musiker‹, Zürich / Stuttgart 1957, S. 121.

Wagner-Zitate in den ›Betrachtungen‹ stammen aus dem Wagner-Buch von Chamberlain, dem Chefideologen Bayreuths.[23]

Die politische Umorientierung Thomas Manns in den Jahren 1921/22 berührte auch sein Verhältnis zu Wagner. Es ist immer noch ein Streitpunkt der Forschung, ob er in seinen politischen Überzeugungen eine Wende vollzogen oder eine »flexible Kontinuität« praktiziert habe.[24] Was jedoch Wagner und Bayreuth betrifft, so zeichnen sich spätestens 1924 klare Verhältnisse ab: alles, was mit Bayreuth zu tun hat, »wie es sich heute darstellt« (s. Seite 72), wird nun abgelehnt. Hier ist eine Wende zu konstatieren, die sich jedoch schon 1921 ankündigte, als er anregte, »›Bayreuth‹ von Wagner loszulösen« (s. Seite 71) und statt dessen eine Art Nationaltheater zu schaffen. Die Werke Wagners betreffend bleibt es jedoch bei der vertrauten, zwischen Liebe und Zweifel changierenden Faszination. Die Frontstellung gegen Bayreuth war zweifellos politisch motiviert. Mit der Wiedereröffnung 1924 waren die Festspiele zum Mekka der Feinde der Weimarer Republik geworden, einer Staatsform, die auf den einst bekämpften politischen Ideen des »Westens« gründete. Diese Rolle wurde Bayreuth nicht aufgezwungen, sie war gewollt: am 30. September 1923 wurde Adolf Hitler, der entschlossenste Feind der neuen Republik, in Wahnfried willkommen geheißen. Wenig später ließen Chamberlain und Winifred Wagner, eine glühende Hitler-Verehrerin, die Getreuen wissen, daß in Hitler der neue, von Wahnfried lang ersehnte Parsifal erstanden sei. Bezeichnenderweise stützte sich diese folgenreiche Unbedenklichkeitserklärung auf Hitlers »Mut« und Entschlossenheit, den »todbringenden Einfluß des Judentums« zu beenden.[25]

Ähnlich ominöse Signale konnte Thomas Mann in seiner unmittelbaren Umgebung beobachten in den Intrigen gegen Generalmusikdirektor Bruno Walter. Dessen Stellung war seit seinem Amts-

23 Siehe Essays IV, 319.

24 Herbert Lehnert und Eva Wessell, ›Nihilismus der Menschenfreundlichkeit. Thomas Manns «Wandlung» und sein Essay ›Goethe und Tolstoi‹, Frankfurt am Main 1991. (= Thomas-Mann-Studien Band IX)

25 Zitiert nach Hartmut Zelinsky, ›Richard Wagner. Ein deutsches Thema, 1876–1976‹, Frankfurt am Main 1976, S. 170.

antritt 1913 umstritten. In den Augen der Münchner Musikkritik, angeführt von Alexander Dillmann, war es ein Affront, daß die Pflege der deutschen Musik nun wiederum – nach Hermann Levi – in den Händen eines jüdischen Musikers lag. Einem verbreiteten Vorurteil zufolge standen Juden in keinem ursprünglichen Verhältnis zur deutschen Musik, da sie an der deutschen Kultur prinzipiell nur hospitierend teilzunehmen vermochten. Die Herkunft dieses Ideologems aus Wagners Schrift über ›Das Judentum in der Musik‹ ist nicht zu verkennen. Nach zehn Jahren zermürbender Angriffe verließ Bruno Walter München. Später verbuchten die Nazis seine Vertreibung als einen der ersten Erfolge der Hitler-Bewegung; München war die »Stadt des Hakenkreuzes« (GW XIII, 288) geworden. Thomas Mann hatte sich bereits 1917 (›Musik in München‹) für Bruno Walter engagiert; von seiten Pfitzners, dessen ›Palestrina‹ von Walter zu einem denkwürdigen Erfolg geführt worden war, blieb eine solche Geste aus.

Pfitzner und seine Freunde verziehen es Thomas Mann nicht, daß er sich zur Republik bekannt und damit die nationale Gesinnung der ›Betrachtungen‹ verraten hatte; der fanatisch deutsch gesinnte Komponist kündigte ihm darob förmlich die Freundschaft. Man hat in München lange nicht glauben wollen, daß es nicht die Nazis waren, die die Aktion gegen Thomas Mann angezettelt haben, sondern Hans Knappertsbusch, der Nachfolger Bruno Walters. Er sah 1933 offenbar die Zeit für gekommen, sich bei Hitler als kompromißloser Hüter des Grals in Erinnerung zu bringen – vergeblich, wie man weiß. Hitler hatte sehr entschiedene Vorstellungen von einem idealen Wagner-Dirigenten und favorisierte Clemens Krauss, der denn auch der Nachfolger Knappertsbuschs wurde.[26] Was jedoch Pfitzner anbelangt, so war er, nach eigenem Zeugnis, an der Konzeption des ›Protests‹ beteiligt (s. Seite 263); Thomas Mann hat den notorischen Polemiker zu Recht als einen Hauptverantwortlichen betrachtet.

Der Münchner ›Protest‹ hat neben der politischen Motivation auch eine klar erkennbare Wagner-spezifische Dimension, die ihn als ein Schlüsseldokument in dem Kampf um das Wagner-Erbe aus-

26 Siehe Michael H. Kater, ›The Twisted Muse. Musicians and their Music in the Third Reich‹, Oxford 1997, S. 98f.

weist. Hier ging es darum, eine sprachlich und intellektuell unvergleichlich überlegene Wagner-Deutung, die die Legitimität der eigenen »Wagner-Pflege« entschieden in Frage stellte, auf dem Wege der politischen Denunziation zu erledigen. Es sind in der Hauptsache drei Punkte, an denen man Anstoß nahm. Thomas Mann habe, so lautet der erste Vorwurf, die Gestalten Wagners zur »›Fundgrube für die Freudsche Psycho-Analyse‹« erklärt. Hier wird mit Anführungszeichen so getan, als handle es sich um ein authentisches Zitat aus der Wagner-Rede, in der zwar allgemein von der Nähe Wagners zu Freud die Rede ist, aber nicht in dieser zugespitzten Form. Eine charakteristische und aufschlußreiche Art des Vorgehens. Thomas Mann galt in diesem Punkt als vorbelastet, denn vier Jahre zuvor hatte er an gleicher Stelle, im Auditorium Maximum der Universität, Sigmund Freud als großen Aufklärer gefeiert. Der Gedanke, daß ein identitätsstiftendes Kulturgut wie Wagner in die »falschen« Hände geraten könnte, löste offenbar chimärische Ängste aus, wobei es offenbleibt, was in den Augen der Protestler schwerer wog: die jüdische Herkunft der Psychoanalyse oder ihr Rekurs auf die Sexualität. Gleichviel, wer Wagner an die Psychoanalyse ausliefern will, überliefert ihn dem Judentum und dem Bolschewismus; er begeht Verrat an dem geschichtlichen Auftrag von Wagners Judenfeindschaft.

Der zweite Vorwurf bezieht sich auf die Rede von Wagners Dilettantismus. Wiederum wird Thomas Mann auf sinnentstellende Weise zitiert und ohne jede Ahnung davon, daß hier ein Stichwort Nietzsches und Wagners aufgegriffen wurde. In einem Land, in dem die Verehrung Wagners als Genie zur Staatssache erklärt und sein Werk als Beleg für die kulturschaffende Superiorität der arischen Rasse ausgegeben wurde, war »Dilettantismus« ein gefährliches Reizwort. Wer Wagner mit Dilettantismus assoziiert, verunglimpft nicht nur »unser großes deutsches Musikgenie«, sondern auch die deutsche Kultur, die Wagner hervorgebracht hat, und nicht zuletzt den führenden Wagnerianer des Landes, dessen eigene Genialität die Wagners beglaubigt: Adolf Hitler. Schließlich wird Thomas Mann vorgeworfen, Wagner zugleich »Deutschheit und Modernität« bescheinigt zu haben – ein gänzlich unsinniges Argument, da vielmehr von »Deutschheit und Mondänität« (s. Seite 138) die Rede ist.

Der eigentlich Nietzschesche Gedanke, daß Wagners proteische Natur auch den Überdruß an dem Nichts-als-Deutschen kannte, war den Münchner Gralshütern so unerträglich, daß sie ihn verdrängten. Zwei unversöhnliche Auffassungen von Wagner stehen sich somit hier gegenüber: eine deutsch-nationale mit dem Gravitationszentrum Bayreuth und eine europäisch-kosmopolitische mit dem Gravitationszentrum Paris.

Diese mehr oder weniger sachlichen Vorwürfe erhielten nun aber dadurch eine gefährliche politische Brisanz, daß eingangs die »nationale Erhebung Deutschlands« beschworen wird, die eben gerade ein »festes Gefüge« (s. Seite 234) angenommen habe. Gemeint sind Hitlers Regierungsantritt und das Ermächtigungsgesetz vom 23. März 1933, zwei Wochen vor Beginn der Protestaktion. Mit anderen Worten, diese gezielten Anspielungen kommen einer Anrufung Hitlers gleich; sie machten aus der Rede Thomas Manns eine Staatssache. Für den Betroffenen bedeutete die Anbiederung der Münchner Wagnerianer an die neuen Machthaber eine ungeheure, in ihren Auswirkungen nicht abzusehende Bedrohung. Wenig später erließ die Politische Polizei in der Tat einen Schutzhaftbefehl, unterzeichnet von Reinhard Tristan Heydrich, der Thomas Mann beim Wiederbetreten des Landes nach Dachau gebracht hätte.[27]

Von nun an intensivierte sich Thomas Manns Aufmerksamkeit auf die Hitler-Wagner-Konnexion. Hitler war des festen Glaubens, daß »das geistige Schwert [...], mit dem wir heute fechten in Bayreuth geschmiedet«[28] wurde; er beanspruchte somit, im Geiste Wagners zu handeln. Der »Bursche« (s. Seite 177) entpuppte sich als der gefährlichste Gegenspieler. Diese Entwicklung zeitigte Einsichten, die Thomas Mann als eine Schlüsselfigur in der historisch befrachteten Debatte über die Bedeutung Wagners für Hitler und die Bedeutung Hitlers im Nachleben Wagners ausweisen.

Hier ist zunächst zu konstatieren, daß Hitlers Identifikation mit

27 Siehe Paul Egon Hübinger, ›Thomas Mann und Reinhard Heydrich in den Akten des Reichsstatthalters v. Epp‹, in: Vierteljahreshefte für Zeitgeschichte 28, 1980, S. 111–143.

28 Zitiert nach Michael Karbaum, ›Studien zur Geschichte der Bayreuther Festspiele (1876–1976)‹, Teil II, a. a. O., S. 66.

Wagner – der eigenen auf so beklemmende Weise verwandt – in den beiden großen Wagner-Reden von 1933 und 1937 noch keine Rolle spielt. Noch bemerkenswerter ist der Umstand, daß aus keiner der Wagner-Schriften Thomas Manns auf Wagners Judenfeindschaft zu schließen wäre, wie umgekehrt der Zusammenhang zwischen der Verfolgung und Vernichtung der Juden im Dritten Reich und der Langzeitwirkung der antijüdischen Schriften Wagners nirgends thematisiert wird. Der Verdacht, daß wir hier vor einer Blindstelle in seinem Wagnerbild stehen, liegt immerhin nahe. Die Briefe und Tagebücher lassen jedoch erkennen, daß ihm diese »schlimmen Zusammenhänge« (s. Seite 148) sehr wohl bewußt waren; schon 1928 hatte er an entlegener Stelle die Vermutung geäußert: »Wagners ethnische Üppigkeit ist sein posthumer Ruin.«[29] Damit stellt sich aber die wohl beunruhigendste Frage: warum Thomas Mann das explosive antisemitische Potential des Wagner-Erbes nicht entschiedener in seine Wagner-Kritik einbezogen hat?

Eine entscheidende Station in seinem Nachdenken über Hitler und Wagner war die Lektüre einer bedeutenden Schrift von J. E. de Sinoja: ›Das Antisemitentum in der Musik‹. Thomas Mann las dieses Buch – eine Verteidigung Meyerbeers gegen Wagner und die Wagnerianer – im Februar 1935 und notierte im Tagebuch: »Grausiges Gefühl davon, wieviel dieser als Charakter abscheuliche Kleinbürger tatsächlich vom Nationalsozialismus antizipiert« (s. Seite 146) – kleinbürgerliche Abscheulichkeiten wie Wagners Anmaßung und Größenwahn, seine Lust an der Ausübung von künstlerischem Terrorismus, seine Undankbarkeit gegenüber Wohltätern sowie vor allem die »antisemitischen Velleitäten«. Sinoja brandmarkt den »Judenhaß« als »häßlichen Fleck auf Wagners geistiger Physiognomie«; es bleibt ihm aber unbegreiflich, daß fünfzig Jahre nach Wagners Tod die Menschen sich anschicken, einem »eigentlich heimat- und gewissenlosen Abenteurer« Folge zu leisten, »dessen gesamte Bildung und Kenntnisse in dem Ausrufe ›Schlagt den Juden tot‹ kulminieren«[30]. Hier wird also eine gewisse Kontinuität von Wagner zu Hit-

29 ›Thomas Mann gegen die ‹Berliner Nachtausgabe›‹, in: Essays III, 81.

30 J. E. de Sinoja, ›Das Antisemitentum in der Musik‹, Zürich/Wien/Leipzig 1933, S. 205, 274, 278.

ler angenommen, aber erst Thomas Mann deutet den Zusammenhang als Antizipation, was wohl so zu verstehen ist, daß der Keim des Kommenden bei Wagner schon angelegt ist. Während aber Sinoja die entscheidende Gemeinsamkeit Hitlers und Wagners im Antisemitismus erblickt, scheint sich Thomas Mann gegen eine solche spezifische Festlegung zu sträuben. So auch in einem Brief an Beidler, wo er lediglich bemerkt, »wieviel Nationalsozialismus im Bayreuthianismus schon steckt« (s. Seite 147); wenige Monate nach Verkündung der Nürnberger Gesetze ist ihm der Antisemitismus Wagners keine Erwähnung wert. Wie weitgehend Thomas Mann und Beidler in diesem Punkt übereinstimmten, ist an dessen kritischer »Jubiläumsbetrachtung« von 1951, ›Bedenken gegen Bayreuth‹, abzulesen. Dort heißt es, durchaus im Sinne Thomas Manns: »Wenn im Nationalsozialismus überhaupt eine Ideologie [...] ist, so ist es zu einem erschreckend großen Teil Bayreuther Gesinnung.«[31]

Der kühnerweise ›Bruder Hitler‹ betitelte Essay von 1938 versucht eine Gesamtdeutung Hitlers als eines in die Politik versetzten Wagnerianers. Das ganze Hitler-Phänomen erscheint ihm nun als »Wagnerisch, auf der Stufe der Verhunzung« (s. Seite 179). Hier schlägt ein psychologisches Interesse an dem »politischen Wundermann« (ebda.) durch, der nun – angewidert, doch ehrlich – als dunkler Bruder und peinlicher Verwandter anerkannt wird. Indem der ›Joseph‹-Autor abschließend von der Kunst einen »helleren Zauber« fordert und Hitler als einen Zauberer von der finsteren Sorte hinstellt, wird noch einmal die gemeinsame Abkunft von dem Erzzauberer konzediert. Das aber bedeutet, daß er selbst und Hitler auf einer psychohistorischen Ebene zusammengehören, ja mehr noch, daß sein von Wagner inspiriertes Werk mitbetroffen ist von den Taten des mißratenen Bruders. Unausgesprochen steht damit auch die Frage der Mitverantwortung im Raum. Es sind dies schwerwiegende und schwermütige Implikationen, denen er sich im ›Doktor Faustus‹ stellte.

Noch entschiedener weist der Wagner-Aufsatz von 1940, die Replik auf Peter Viereck, auf den Deutschland-Roman voraus. Hier

31 Franz W. Beidler, ›Cosima Wagner-Liszt, Der Weg zum Wagner-Mythos‹, a. a. O., S. 301.

wird zum ersten Mal die Identität des »guten« und »bösen« Deutschland statuiert, wobei nun eindeutig das Hitler-Deutschland von Wagner hergeleitet wird: Wagners Werk sei »die genaue geistige Vorform« jener Ideologie, »die heute den Schrecken der Welt bildet« (s. Seite 187). Eine Vorform trägt die Möglichkeit ihrer Entfaltung schon in sich; sie ist nicht unschuldig. Konsequenterweise wird hier auch das musikdramatische Werk in Frage gestellt, vor allem der ›Ring‹ und ›Die Meistersinger‹; eine ausdrückliche Reflexion auf die zentrale antisemitische Komponente des Wagner-Erbes fehlt jedoch auch hier. Gleichwohl belegt dieser Aufsatz, in wie hohem Maße sich die Konzeption des ›Doktor Faustus‹ von dem Nachdenken über Wagner herschreibt.

Während der Arbeit am Roman, im September 1944, liest Thomas Mann die Wagner-Studien seines neuen musikalischen Beraters, Theodor W. Adorno. Diese Schrift ist ein Versuch, im Werk Wagners die »Urlandschaft des Faschismus zu erhellen«[32]. Zum Thema Antisemitismus vertritt Adorno zwei heute noch umstrittene Thesen: daß alle »Zurückgewiesenen in Wagners Werk [...] Judenkarikaturen« seien und daß Wagners Musik mit seinen Bösewichtern so verfährt wie der übermütige Held im Märchen vom ›Juden im Dorn‹: er maltraitiert den Juden, zwingt ihn mit seiner Zaubergeige, zu seiner Qual in einer Dornenhecke zu tanzen und liefert ihn schließlich an den Galgen.[33] Es war die bis dato rigoroseste Inkriminierung nicht nur Wagners und seiner Schriften, sondern auch der musikdramatischen Werke, die Adorno als Vehikel von Antisemitismus diagnostizierte. Thomas Mann hatte selbst schon, wie wir sahen, den ›Juden im Dorn‹ ins Spiel gebracht, doch bleibt dort, in dem Hitler-Essay von 1938, noch offen, inwieweit der Geist des antijüdischen Märchens auf Wagner oder Hitler zu beziehen ist.

In dem bedeutenden Kommentar von 1949 zu einer Wagner-Schrift von Emil Preetorius, der von 1933 bis 1939 szenischer Leiter der Bayreuther Festspiele war, scheint sich Thomas Mann die Position Adornos zu eigen zu machen, wenn er Beckmesser als ›Juden

32 ›Selbstanzeige des Essaybuches ‹Versuch über Wagner›‹, in: Theodor W. Adorno, Gesammelte Schriften, Bd. XIII, a. a. O., S. 504.

33 ›Versuch über Wagner‹, ebda, S. 19 ff.

im Dorn‹ bezeichnet: »Können Sie Hans Sachsens Theatersinnigkeit noch recht vertragen, die Gans, Evchen traut, den ›Juden im Dorn‹, Beckmesser« (s. Seite 205)? Es folgt der viel und oft mißverständlich zitierte Satz: »gewiß, es ist viel ›Hitler‹ in Wagner«, wobei Hitler in Anführungszeichen steht, weil nicht die historische Figur gemeint ist, sondern der Hitlerismus. Dies entspricht einerseits seiner Erkenntnis nach der Sinoja-Lektüre von 1935, andererseits ist es eine Replik auf Preetorius' Ansinnen, Thomas Mann möge eine »Apologie Wagners« schreiben, »die der irrigen und irreführenden Meinung entgegentritt, Wagner sei eine Art Nazi und seine Musik und Philosophie als nazistische Regungen fördernd zu boykottieren«[34]. Preetorius, der sich zur inneren Emigration rechnete und mit dem Antisemitismus nichts zu tun haben wollte, betrachtete Bayreuth nach wie vor als das »verpflichtende Vermächtnis eines von hoher Mission erfüllten, großen deutschen Menschen«[35].

Der erste Eindruck, daß mit dem Satz, es sei viel »Hitler« in Wagner, Adornos Generalinkriminierung von Werk und Person Wagners akzeptiert sei, bestätigt sich jedoch nicht. Der Hitlerismus *avant la lettre* ist hier eindeutig auf die Person Wagners zu beziehen, auf »Wagners Bramarbasieren, ewige[s] Perorieren, Allein-reden-Wollen, über alles Mitreden-Wollen«, die ganze »namenlose Unbescheidenheit«. Im Grunde ist es wiederum die Auffassung, die Thomas Mann nach der Sinoja-Lektüre geäußert hatte, nämlich daß Wagners kleinbürgerlicher Größenwahn den Hitlerschen antizipiere. Eine direkte Linie von Wagners Judenhaß zu dem Hitlers wird auffallenderweise nicht gezogen. Auch die heute vielfach vertretene These eines Kausalzusammenhangs zwischen der Wagner-Werk-Rezeption und der Identitätsbildung zum Antisemiten, sei es Adolf Hitlers oder der gewöhnlichen Deutschen, findet bei Thomas Mann keine Stütze. Das aber heißt, daß nach seiner Auffassung Hitlers Judenhaß nicht von den ›Meistersingern‹ oder einem anderen Bühnenwerk herrühren kann, sondern allenfalls von Wagners Schriften.

34 Zitiert nach Essays VI, 466.

35 Brief an Thomas Mann, zitiert nach ›Die große Kontroverse. Ein Briefwechsel um Deutschland‹, hg. und bearbeitet von J. F. G. Grosser, Hamburg 1963, S. 59.

Es ist somit nicht zu verkennen: Thomas Mann schließt sich der Pauschalverdächtigung Adornos nicht an. Seine Wagner-Erfahrung, die beträchtlich war, seine eigene musikalische Bildung und nicht zuletzt sein Liberalismus setzten ihn sehr wohl in den Stand, der formidablen Intellektualität Adornos Paroli zu bieten und seinem eigenen Urteil zu vertrauen. So quittiert er Adornos Verdikt, daß Wagner »sehr oft ganz einfach ›schlecht komponiert‹« habe, mit der spitzen Bemerkung: »Ich habe kein Urteil darüber, wie Adorno komponiert« (GW XI, 173). Seine Skepsis im Detail und im Prinzip konkretisiert sich in einer charakteristischen rhetorischen Geste in dem großen Brief zu Adornos Wagner-Buch: »Ganz so ist es doch nicht« (s. Seite 222). Sein Vorbehalt gilt vor allem der Inkriminierung der Bühnenwerke, die, wie das Tagebuch belegt, seinen Ärger erregte (s. Seite 198). Über ›Parsifal‹ hatte Adorno geschrieben: »Die darin verkündete Religion der Liebe und des Mitleids ist nicht mehr wert als Hermann Goerings Erklärungen zum Schutze von Tieren. Bei Wagner ist Erlösung gleichbedeutend mit Vernichtung: Kundry wird auf dieselbe Weise erlöst wie die Gestapo behaupten könnte, die Juden erlöst zu haben.«[36] Dies ging Thomas Mann offenbar zu weit; es war ihm zu plakativ. Daß Wagner als Person Hitler vorwegnimmt, galt ihm längst als erwiesen; daß ›Parsifal‹ die sogenannte Endlösung der Judenfrage antizipierte, erschien ihm nicht plausibel.

Bezeichnenderweise bleibt denn auch die Deutung der Beckmesser-Figur als Juden unerwähnt, als er sich zum letzten Mal öffentlich über ›Die Meistersinger‹ äußerte, aus Anlaß einer Neuinszenierung in Basel. Unberührt von Hitler oder dem Holocaust steht ihm das Werk als ein »herrliches [...] Festspiel« vor Augen, »worin Weisheit und Kühnheit, das Würdige und das Revolutionäre, Tradition und Zukunft sich auf eine großartig heitere, Begeisterung für das Leben und die Kunst tief aufweckende Weise vermählen« (s. Seite 219f.). Dies war sein öffentliches Wort. Im Tagebuch jedoch ließ sich der Verdacht bezüglich Wagners Intentionen mit diesem Werk nicht so leicht beiseite schieben, denn man müsse bei Beckmesser doch »[i]mmer wieder« (s. Seite 228) an den ›Juden im Dorn‹ denken – ein heik-

36 ›Wagner, Nietzsche and Hitler‹, in: Theodor W. Adorno, Gesammelte Schriften, Bd. XIX, a. a. O., S. 411.

ler Punkt, der die Wagner-Experten noch heute beschäftigt. Thomas Manns Weigerung, Adorno in diesem zentralen Punkt zu folgen, wird verständlicher, wenn wir den gleichfalls großen Brief an Hans Mayer über dessen Wagner-Schrift zum Vergleich heranziehen. Mayers Wagner-Schrift war ihm sympathischer, weil sie »nie [...] die fabelhafte Größe dieses Künstlertums vergessen« (s. Seite 227) läßt. Daran also hatte Adorno es fehlen lassen!

So ist denn das Ende seiner Lebensodyssee – seiner Meerfahrt mit Wagner – nicht Verzweiflung, sondern »enthusiastische Ambivalenz« (s. Seite 219) und ambivalenter Enthusiasmus. Mehr denn je ist sein Verhältnis zu Wagner Ausdruck eines »und-doch-Geistes«, einer melancholischen Liebe, die dem Wissen um schlimme Zusammenhänge abgetrotzt ist. Soweit seine sehr kritischen Anmerkungen zu Wagner in den dreißiger und vierziger Jahren den Sinn hatten, den Zauber zu bannen, war es ein vergeblicher Exorzismus.[37] Am Ende überwog die Dankbarkeit für eine »für immer nachzitternde[n] geistige[n] Beglückung« (s. Seite 118). »Es gibt Fälle,« schreibt er zu Wagners Verteidigung, »bei denen man alles mögliche zugeben mag, und es bleibt immer etwas Überwältigendes zurück« (s. Seite 185 f.). Die Fähigkeit, sich von Wagner überwältigen zu lassen, hat er sich bis zum Ende erhalten: es war seine Form von wiederholter Pubertät im Sinne Goethes. Noch melancholischer klingt, was er 1937 Kuno Fiedler gesteht: »Wagner – – ach, alles, was Sie sagen und noch sagen könnten, habe ich auch hinunterzuschlucken gehabt [...] Ich weiß Bescheid« (s. Seite 177). Ob und inwieweit er Bescheid wußte, möge jeder Leser anhand der einschlägigen Zeugnisse selbst entscheiden.

Was immer der Befund, es bleiben Fragen: Wieviel von den schlimmen Zusammenhängen hat er wirklich zugegeben? Warum nicht alles, was er wußte oder ahnte? Was bewog ihn überhaupt, etwas hinunterzuschlucken, anstatt die schlimmen Dinge beim Namen zu nennen? Warum gehört zu dem Verschwiegenen und Hinuntergeschluckten ausgerechnet die schwerste Bürde von Wagners »wehvollem Erbe« – seine zentrale, nicht zu bagatellisierende Rolle

37 Raymond S. Furness, ›The Unsuccessful Exorcism: Thomas Mann and Richard Wagner‹, in: Publications of the English Goethe Society 62, 1991/92, 59–75.

in der Geschichte des deutschen Antisemitismus? Es sind Fragen, die nicht nur Thomas Mann betreffen, sondern uns alle.

In seinem sehr besonderen Fall läßt sich eine Erklärung immerhin in Erwägung ziehen. Wer Wagner soviel verdankt wie Thomas Mann, der wird sich, wenn der Anblick unerträglich wird, schützend vor ihn stellen. Wem Wagner zeitlebens eine Quelle der Inspiration und Kreativität war, der neigt dazu, diese Quelle möglichst rein zu erhalten. Thomas Manns Identität als deutscher Schriftsteller ist ohne Wagner nicht zu denken; sich selbst mit dem größten Verbrechen, das im Namen Deutschlands begangen wurde, in einen wie immer gearteten Zusammenhang zu bringen, hätte bedeutet, sich ins eigene Fleisch zu schneiden. Soweit er dazu imstande war, hat er diese, die eigene historische Rolle nicht schonende Konfession im ›Doktor Faustus‹ in dichterischer Form abgelegt; doch auch in diesem Roman seiner Epoche erscheint das deutsche Musikleben durch keinerlei Antisemitismus kompromittiert, und in der großen Bilanz der »Anti-Humanität« (GW VI, 378), die der Erzähler zu Beginn des 46. Kapitels (GW VI, 636ff.) zieht, wird des Schicksals der Juden nicht gesondert gedacht. »Schließlich, was wollen Sie« – wiederum ist Kuno Fiedler der Adressat – Wagner ist »meine Heimat, ich werde gerührt, wenn ich darauf komme«. Und dies noch: »es ist eben doch das alte, große Deutschland, wenn auch schon auf der Kippe [...] Aber welches Niveau, welche Kunst, welche Humanität immer noch« (s. Seite 177)! Das alte, große Deutschland auf der Kippe – Thomas Mann wäre nie in den Sinn gekommen, was er an vielen zum Vergessen entschlossenen Deutschen beanstandete: nämlich »seine Geschichte, sein Deutschtum abschütteln« (s. Seite 199) zu wollen. Auch darin taugt dieses exemplarische Leben im Schatten Wagners als Lehrstück.

Siglenverzeichnis

ARE I-III	Thomas Mann, *Aufsätze, Reden, Essays,* hg. von Harry Matter, Band I: 1893–1913, Band II: 1914 bis 1918, Band III: 1919–1925, Berlin 1983–1986
Beidler / Borchmeyer	*Cosima Wagner-Liszt. Der Weg zum Wagner-Mythos.* Ausgewählte Schriften des ersten Wagner-Enkels und sein unveröffentlichter Briefwechsel mit Thomas Mann, hg. und mit einem Nachwort versehen von Dieter Borchmeyer, Bielefeld 1997
Br. I-III	Thomas Mann, *Briefe,* hg. und eingel. von Erika Mann, Band I: 1889–1936, Band II: 1937–1947, Band III: 1948–1955 und Nachlese, Frankfurt am Main 1961–1965
DüD I-III	*Dichter über ihre Dichtungen. Thomas Mann,* hg. von Hans Wysling und Marianne Fischer, 3 Bände, Zürich / München, Frankfurt am Main 1975–1981
Entwürfe	*Richard Wagner, Entwürfe, Gedanken, Fragmente.* Aus nachgelassenen Papieren zusammengestellt (von Hans von Wolzogen), Leipzig 1885
Essays I-VI	Thomas Mann, *Essays,* hg. von Hermann Kurzke und Stephan Stachorski, 6 Bände, Band I: Frühlingssturm, Essays 1893–1918, Band II: Für das neue Deutschland, Essays 1919–1925, Band III: Ein Appell an die Vernunft, Essays 1926–1933, Band IV: Achtung, Europa!, Essays 1933–1938, Band V: Deutschland und die Deutschen, Essays 1938–1945, Band VI: Meine Zeit, Essays 1945–1955, Frankfurt am Main 1993–1997
FAZ	Frankfurter Allgemeine Zeitung, Frankfurt a. Main
GSD I-X	Richard Wagner, *Gesammelte Schriften und Dichtungen I-X,* Leipzig 1871–1883
GW I-XIII	Thomas Mann, *Gesammelte Werke in dreizehn Bänden,* Frankfurt am Main 1974, Nachdruck 1990

GKFA	Thomas Mann, *Große kommentierte Frankfurter Ausgabe – Werke, Briefe, Tagebücher*, Frankfurt am Main 2002 ff.
Glasenapp I-VI	Carl Friedrich Glasenapp, *Das Leben Richard Wagners*, 6 Bände, Leipzig 1894–1911
Heckel	*Richard Wagner an Emil Heckel*. Zur Entstehungsgeschichte der Bühnenfestspiele in Bayreuth, hg. von Karl Heckel, Leipzig 1912
JA I-X	Richard Wagner, *Dichtungen und Schriften.* Jubiläumsausgabe in zehn Bänden, hg. von Dieter Borchmeyer, Frankfurt am Main 1983
KSA I-XV	Friedrich Nietzsche, *Sämtliche Werke. Kritische Studienausgabe in 15 Bänden*, hg. von Giorgio Colli und Mazzino Montinari, Berlin 1980
KSB I-VIII	Friedrich Nietzsche, *Sämtliche Briefe. Kritische Studienausgabe in 8 Bänden*, hg. von Giorgio Colli und Mazzino Montinari, Berlin 1986
ML	*Richard Wagner, Mein Leben*. Vollständige, kommentierte Ausgabe, hg. von Martin Gregor-Dellin, München 1976
MNN	Münchner Neueste Nachrichten
MW	*Richard Wagner an Mathilde Wesendonk*. Tagebuchblätter und Briefe 1853–1871, Leipzig 1908
NZZ	Neue Zürcher Zeitung
OW	*Briefe Richard Wagners an Otto Wesendonk 1852 bis 1870*. Neue vollständige Ausgabe, Berlin 1905
Regesten I-V	*Die Briefe Thomas Manns. Regesten und Register*, hg. von Hans Bürgin und Hans-Otto Mayer, unter Mitarbeit von Gert Heine und Yvonne Schmidlin, 5 Bände, Band I: Die Briefe 1889–1933, Band II: Die Briefe 1934–1943, Band III: Die Briefe 1944–1950, Band IV: Die Briefe 1951–1955 und Nachträge, Band V: Empfängerverzeichnis und Gesamtregister, Frankfurt am Main 1976–1987
SB I-VIII	Richard Wagner, *Sämtliche Briefe*, hg. im Auftrag der Richard-Wagner-Stiftung Bayreuth von Gertrud Strobel und Werner Wolf, 8 Bände (1830 bis Juli 1857), Leipzig 1967–1991
Tb I-X	Thomas Mann, *Tagebücher*, hg. von Peter de Mendelssohn (bis 1943) und Inge Jens (ab 1944), 10 Bände, Band I: 1918–1921, Band II: 1933–1934, Band III: 1935–1936, Band IV: 1937–1939, Band V: 1940 bis

1943, Band VI: 1944–1946, Band VII: 1946 bis 1948, Band VIII: 1949–1950, Band IX: 1951–1952, Band X: 1953–1955, Frankfurt am Main 1977–1995

TM / AM — *Thomas Mann – Agnes E. Meyer, Briefwechsel 1937–1955*, hg. von Hans R. Vaget, Frankfurt am Main 1992

TM-Bl. 2–26 — Blätter der Thomas Mann Gesellschaft Zürich, 2 (1959) bis 26 (1995–1996))

TM / EB — *Thomas Mann an Ernst Bertram, Briefe aus den Jahren 1910–1955*, hg. von Inge Jens, Pfullingen 1960

TM / HM — *Thomas Mann – Heinrich Mann. Briefwechsel 1900–1949*, hg. von Hans Wysling, 3. erweiterte Ausgabe, Frankfurt am Main 1995

TMJ 1–10 — Thomas-Mann-Jahrbuch, Frankfurt am Main: 1 (1988) bis 10 (1997)

TM / OG — Thomas Mann, *Briefe an Otto Grautoff 1894–1901 und Ida Boy-Ed 1903–1928*, hg. von Peter de Mendelssohn, Frankfurt am Main 1975

TMS VIII — *Dichter oder Schriftsteller? Der Briefwechsel zwischen Thomas Mann und Josef Ponten 1919–1930*, hg. von Hans Wysling, Bern / München 1988 (= *Thomas-Mann-Studien* Band VIII)

TMS X — *Jahre des Unmuts. Thomas Manns Briefwechsel mit René Schickele 1930–1940*, hg. von Hans Wysling und Cornelia Bernini, Frankfurt am Main 1992 (= *Thomas-Mann-Studien* Band X)

TM / TWA — Theodor W. Adorno – Thomas Mann, *Briefwechsel 1943–1955*, hg. von Christoph Gödde und Thomas Sprecher, Frankfurt am Main 2002

WLBr. — *Briefwechsel zwischen Wagner und Liszt*, 3. erweiterte Auflage, hg. von Erich Kloss, Leipzig 1910

WuZ — *Thomas Mann, Wagner und unsere Zeit*. Aufsätze, Betrachtungen, Briefe, hg. von Erika Mann mit einem Geleitwort von Willi Schuh, Frankfurt am Main 1983

Literaturnachweise

Stefan Beulerz, »Erhabener Lärm«, Thomas Mann und der Ring des Nibelungen, in: Zeitschrift für Ästhetik und allgemeine Kunstwissenschaft 41, 1996, S. 313–324

Wesley V. Blomster, Thomas Mann and the Munich Manifesto, in: German Life and Letters 22, 1969, S. 134–146

Dieter Borchmeyer, Das Theater Richard Wagners. Idee – Dichtung – Wirkung, Stuttgart 1982

–, Thomas Mann und der ›Protest der Richard-Wagner-Stadt München‹ im Jahre 1933, in: Jahrbuch der Bayerischen Staatsoper München 1983, S. 51–103

–, »Ein Dreigestirn ewig verbundener Geister«. Wagner, Nietzsche, Thomas Mann und das Konzept einer übernationalen Kultur, in: Heinz Gockel, a. a. O., S. 1–15

–, Wagner-Literatur. Eine deutsche Misere. Neue Ansichten zum »Fall Wagner«, in: Internationales Archiv für Sozialgeschichte der deutschen Literatur, 3. Sonderheft, Tübingen 1990

Dieter Borchmeyer, Jörg Salaquarda (Hg.), Nietzsche und Wagner. Stationen einer epochalen Begegnung, 2 Bde, Frankfurt am Main und Leipzig 1994

Christine Emig, Arbeit am Inzest. Richard Wagner und Thomas Mann, Frankfurt am Main 1998.

Wolfram Ette, Vom Ursprung weg und in den Ursprung hinein. Zum Mythos bei Wagner und Thomas Mann, in: Richard Wagner. Konstrukteur der Moderne, hg. von Claus Steffen-Mahnkopf, Stuttgart 1999, S. 252–269

Joachim Fest, Um einen Wagner von außen bittend. Zur ausstehenden Wirkungsgeschichte eines Großideologen, in: J. Fest, Fremdheit und Nähe. Von der Gegenwart des Gewesenen, Stuttgart 1996, S. 275–298

Gabriele Förg (Hg.), Unser Wagner: Joseph Buys, Heiner Müller, Karlheinz Stockhausen, Hans Jürgen Syberberg, Frankfurt am Main 1984

Raymond Furness, Wagner and Literature, New York 1982

–, The Unsuccessful Exorcism: Thomas Mann and Richard Wagner, in: Publications of the English Goethe-Society 62, 1991 / 92, S. 59–76

Ernst Hanisch, Ein Wagnerianer namens Adolf Hitler, in: Richard Wagner 1883–1983. Die Rezeption im 19. und 20. Jahrhundert, Stuttgart 1984, S. 65–76

Eckhard Heftrich, Richard Wagner im Werk Thomas Manns, in: Hefte der Deutschen Thomas-Mann-Gesellschaft, Sitz Lübeck, Heft 5, 1985, S. 5–18

–, Richard Wagner in Thomas Manns Josephs-Tetralogie, in: Literaturwissenschaftliches Jahrbuch 35 (1994), S. 275–290

Erich Heller, Introduction, in: Thomas Mann: Pro and Contra Wagner, translated by Allan Blunden, Chicago 1985

Paul Egon Hübinger, Thomas Mann, die Universität Bonn und die Zeitgeschichte. Drei Kapitel deutscher Vergangenheit aus dem Leben des Dichters 1905–1955, München 1974

–, Thomas Mann und Reinhard Heydrich in den Akten des Reichsstatthalters von Epp, in: Vierteljahrshefte für Zeitgeschichte 28, 1980, S. 111–143

Joachim Kaiser, Thomas Mann, die Musik und Wagner, in: Carl Dahlhaus, Norbert Miller (Hg.), Beziehungszauber. Musik in der modernen Dichtung, München 1988, S. 19–28

Michael Karbaum, Studien zur Geschichte der Bayreuther Festspiele (1876–1976), Regensburg 1976

Thomas Klugkist, Glühende Konstruktion. Thomas Manns ›Tristan‹ und das »Dreigestirn«: Schopenhauer, Nietzsche und Wagner, Würzburg 1995

Jürgen Kolbe, Heller Zauber. Thomas Mann in München 1894–1933, Berlin 1987

Erwin Koppen, Vom Decadent zum Proto-Hitler. Wagner-Bilder Thomas Manns, in: Peter Pütz (Hg.), Thomas Mann und die Tradition, Frankfurt am Main 1971, S. 201–224

–, Dekadenter Wagnerismus. Studien zur europäischen Literatur des Fin de siècle, Berlin 1973

–, Wagner und die Folgen. Der Wagnerismus – Begriff und Phänomen, in: Ulrich Müller, Peter Wapnewski (Hg.), Richard-Wagner-Handbuch, Stuttgart 1986, S. 609–624

Klaus Kropfinger, Thomas Manns Musikkenntnisse, in: Thomas Mann Jahrbuch 8, 1995, S. 241–280

Timothy Martin, Joyce and Wagner. A Study of Influence, Cambridge 1991.

James Northcote-Bade, Die Wagner-Mythen im Frühwerk Thomas Manns, Bonn 1975

Joachim Radkau, Richard Wagners Erlösung vom Faschismus durch die Emigration, in: Exilforschung. Ein internationales Jahrbuch 3, 1985, S. 71–105

Marcel Reich-Ranicki, O sink hernieder, Nacht der Liebe. Der junge Thomas Mann, der Eros und die Musik, in: Thomas Mann Jahrbuch 7, 1994, S. 187–198

Claudius Reinke, Musik als Schicksal. Zur Rezeptions- und Interpretationsproblematik der Wagnerbetrachtung Thomas Manns, Osnabrück 2002.

Frederic Spotts, Bayreuth. A History of the Wagner Festival, New Haven 1994

Thomas Sprecher, Thomas Mann in Zürich, Zürich 1992

Hans Rudolf Vaget, Thomas Mann und Wagner. Zur Funktion des Leitmotivs in ›Der Ring des Nibelungen‹ und ›Buddenbrooks‹, in: Steven Paul Scher (Hg.), Literatur und Musik. Ein Handbuch zur Theorie und Praxis eines komparatistischen Grenzgebiets, Berlin 1984, S. 326–347

–, Thomas Mann und James Joyce. Zur Frage des Modernismus im ›Doktor Faustus‹, in: Thomas Mann Jahrbuch 2, 1989, S. 121–150

–, The Rivalry for Wagner's Mantle: Strauss, Pfitzner, Mann, in: Reinhold Grimm, Jost Hermand (Hg.), Re-Reading Wagner. Madison (Wisconsin) 1993, S. 136–158

–, Musik in München. Kontext und Vorgeschichte des ›Protests der Richard-Wagner-Stadt München‹ gegen Thomas Mann, in: Thomas Mann Jahrbuch 7, 1994, S. 41–70

–, Whose Legacy? Thomas Mann, Franz W. Beidler, and Bayreuth, in: Wagner 18 (1997), S. 3–19

–, »Ein Traum von Liebe«. Musik, Homosexualität und Wagner in Thomas Manns ›Der Zauberberg‹, in: Thomas Sprecher (Hg.), Auf dem Weg zum ›Zauberberg‹. Die Davoser Literaturtage 1996, Frankfurt am Main 1997, S. 111–142

–, Opernszenen bei Thomas Mann. Tradition und Innovation, in: Dazwischen. Zum transitorischen Denken in Literatur- und Kulturwissenschaft. Festschrift für Johannes Anderegg, hg. von Andreas Härter u. a., Göttingen 2003, 249–266.

–, »Von hoffnungslos anderer Art«. Thomas Manns ›Wälsungenblut‹ im Lichte unserer Erfahrung, in: Thomas Mann und das Judentum. Die Vorträge des Berliner Kolloquiums der deutschen Thomas-Mann-Gesellschaft, hg. von Manfred Dierks und Ruprecht Wimmer, Frankfurt am Main 2004, S. 35–57.

Nike Wagner, Wagner Theater, Frankfurt am Main 1998

Ruprecht Wimmer, »Ah, ça c'est bien allemand, par exemple!« Richard Wagner in Thomas Manns ›Doktor Faustus‹, in: Heinz Gockel, a. a. O., S. 49–68

Hans Wißkirchen, Thomas Manns »Fall Wagner«. Zu den Spuren von Nietzsches Wagner-Kritik in Thomas Mann, in: Thomas Steiert

(Hg.), Der Fall Wagner: Ursprünge und Folgen von Nietzsches Wagner-Kritik, Laaber 1991, S. 293–322

Hartmut Zelinsky, Richard Wagner und die Folgen, in: H. Zelinsky, Richard Wagner – ein deutsches Thema. Eine Dokumentation zur Wirkungsgeschichte Richard Wagners 1876–1976, Frankfurt am Main 1976, S. 6–22, 278–284

Viktor Žmegač, Die Musik im Schaffen Thomas Manns, Zagreb 1959

Verzeichnis der erwähnten Werke Thomas Manns

Die halbfetten Ziffern verweisen auf die vom Herausgeber zitierten Textstellen.

Verzeichnis der erwähnten Namen, Personen und fremden Werke